山东省
标准地名诠释

聊城市卷

《山东省标准地名诠释》编纂委员会 编

山东城市出版传媒集团·济南出版社

《山东省标准地名诠释》

编纂委员会

前　言

地名是重要的基础地理信息和社会公共信息，与经济社会发展、人们日常生产生活息息相关。编纂出版《山东省标准地名诠释》是地名管理服务工作的一项基础工程，对进一步推行山东省地名标准化，推广普及地名知识，适应改革开放和高质量发展的需要，以及国家和社会治理、经济发展、文化建设、国防外交等方面具有重要的意义和作用。

2014 年 7 月，国务院印发通知开展第二次全国地名普查。2015 年，国务院地名普查办印发《第二次全国地名普查成果转化规划（2015—2020 年）》（国地名普查办发〔2015〕6 号），山东省地名普查办依此制定了《山东省第二次全国地名普查成果转化规划（2016—2020 年）》（鲁地名普查办发〔2016〕4 号），部署开展成果转化相关工作，其中包括组织编制出版标准地名图、录、典、志等出版物。编纂出版《山东省标准地名诠释》是贯彻落实“边普查、边应用”指示要求，及时发布并推动第二次全国地名普查成果社会应用的重要举措，也是落实规划目标任务的重要内容。

《山东省标准地名诠释》编纂委员会按照公开出版的要求，在全省第二次全国地名普查成果数据基础上，进行成果的整理挖掘（包括资料收集、数据考证等），编辑出版《山东省标准地名诠释》，并将本书定位为第二次全国地名普查重要的省级成果，是一部以“地名”为主题的省级标准地名工具书。

本书在资料整理和编辑加工的过程中力求做到内容权威、文字精练、编写精心、编辑独到、设计新颖，以期达到当前编辑出版水平的先进行列。在词目释义编写上，本书着力突出“三个重点”（即地名基本要素、地名文化属性、地名所指代地理实体性质与特征），具备四个特点（即广、新、准、实）。其中，“广”即收词广泛，应录尽录，要涵盖重要地名类别及其主要地名；“新”即资料新、信息新，要充分利用地名普查最新成果，反映全省各地地名的新情况、发展建设取得的新成就；“准”即实事求是、表述准确、考证严谨，要求词目释文中的资料、数据翔实有据，表述准确、规范，做到地名拼写准确无误、词条诠释准确无误；“实”即具有实用性。在采词、释文内容和词目编排上都力求符合读者需要，便于读者使用，使之有较高的实用和收藏价值。

本次《山东省标准地名诠释》编纂得到多方面的支持，全省各级地名主管部门的领导和地名工作者，不辞辛苦，埋头于本书所需资料的搜集、整理，根据《山东省标准地名诠释》的编写要求，认真组织撰稿，力求做到精益求精。在此，我们对为本书的编纂、出版工作提供了帮助和支持的所有单位、领导和工作人员，表示诚挚的感谢。编纂出版《山东省标准地名诠释》工作任务重、涉及内容多、标准要求高，限于我们的人员专业水准和时间等因素，书中难免存在错误或不足，恳请广大读者批评指正。

凡　例

一、《山东省标准地名诠释》采收山东省17市137县（市、区）范围内，包括乡镇以上行政区划名称、主要的居民点和自然实体及主要社会、经济设施等重要地名词条，按照行政区域划分和地名类别特点分列18卷。

二、采收地名分为六个大类：

1. 政区类：包括山东省政区建制镇、乡、街道及以上全部行政区划单位；国家和省正式批准的各类经济功能区（含开发区、高新区、工业区、保税区、科技园区、新区等）；1949—2014年间曾经设立而现已废置的地区行署、县级和乡级行政区，特指被撤销建制、被合并或拆分不继续使用原专名的情况。另，城乡社区是社会治理的基本单元，故也收录了部分建有综合服务中心且统一开展基本公共服务的社区名称。

2. 居民点类：具有地标意义或文化意义的住宅区；镇、乡人民政府驻地居民点；经省级以上人民政府或有关部门批准的“历史文化名村”“传统村落”；具有明显特点的非镇、乡驻地的居民点（如：文化底蕴浓厚、存续历史悠久、人口数量多、占地面积广、重要历史事件发生地、名人故里、重要少数民族聚居地、交通要口、物资集散地、土特产品产地等）等。

3. 交通运输类：包括城市道路与城镇街巷、铁路、公路、航道、桥梁、车站、港口、机场等。城市道路收录市辖区城区内的快速路、主干道、次干道，县和县级市驻地城区主干道，及其他具有突出特色的一般街巷；铁路收录公开运营的国有铁路（含高铁、干线、支线和专用线）和地方铁路；公路收录省级以上普通公路、高速公路；桥梁和立交桥只收录规模大、历史久、有特色的；隧道只收录500米以上的及其他有特色的；港口只收年吞吐量在10万吨以上的；码头、船闸只收录大型的、特别重要的；渡口只收录正在使用的重要渡口。

4. 自然地理实体类：包括平原、盆地、山地、丘陵、沼泽、洞穴、河流、峡谷、三角洲、湖泊、陆地岛屿、瀑布、泉、海、海湾、海峡、海洋岛屿、半岛、岬角等。其中河流主要收录长度在30千米及以上的，以及具有航运价值的人工水道；湖泊主要收录面积在3平方千米及以上的。

5. 名胜古迹、纪念地和旅游地类：包括纪念地、重点文物保护单位、风景名胜区、重要景点和一般名胜古迹、自然保护区。其中纪念地收录市级及以上级别的；重点文物保护单位收录经过正式批准的市级（含）以上的；城市公园收录 AAA 级以上的；风景名胜区、自然保护区收录经过正式批准的国家和省级的词条。

6. 农业和水利类：包括农场、牧场、林场、渔场、水利枢纽、水库、灌区、渠道、堤防（海塘）等。其中水库收录库容 0.5 亿立方米以上的，灌区收录 3 平方千米以上的。

三、词目排列按分市与分类相结合的原则。即先将全部词目按市大类划分，大类下面分亚类，亚类下面再分小类。在同一亚类或小类词目中，先排全市性的大条目，再按区、县、街道、镇、乡的顺序排出市内条目。各市跨区县的条目在市本级单独排列。

四、本地名诠释资料截止日期为 2014 年 12 月 31 日，所选地名主要来源于第二次全国地名普查成果，主要兼顾反映普查成果和普查期间地名的存量情况，其中少量地名为非标准地名，此类地名需标准化处理，不作为判定标准名称的依据。

五、按照词条释文编写规则，本书相关词条中所列人口数做了技术处理，均为约数，不作为人口统计的依据。

六、本地名诠释中地名罗马字母拼写，遵从《中国地名汉语拼音字母拼写规则（汉语地名部分）》的规定。一般地名的专名与通名分写。专名和通名中的修饰、限定成分，单音节的与其相关部分连写，双音节和多音节的与其相关部分分写；通名已专名化的，按专名处理；居民点中的村名均不区分专名和通名，各音节连写。

地名用字的读音以普通话法定读音为主，同时适当考虑地方读音，如“崖”我省部分地区的地名中读“yái”，标准读音为“yá”；“垓”我省部分地区的地名中读“hǎi”，标准读音为“gāi”；“国”我省部分地区的地名中读“guī”，标准读音为“guó”；“郝”我省部分地区的地名中读“hè”，标准读音为“hǎo”，等等。

七、在每卷卷首，均有本卷地名的词目表。为方便读者检索，在每卷卷末，设有本卷地名的汉语拼音音序索引。

聊城市卷　目录

莘县

茌平县

东阿县

冠县

高唐县

临清市

阳谷县

莘县

茌平县

东阿县

冠县

高唐县

高唐县

四　自然地理实体

聊城市

临清市

阳谷县

东阿县

五　名胜古迹、纪念地和旅游地

东昌府区

临清市

冠县

高唐县

聊城市

临清市

莘县

茌平县

东阿县

冠县

高唐县

一　政区

聊城市

聊城市 371500

[Liáochéng Shì]

山东省辖地级市。北纬 35°47′—37°02′，东经 115°16′—116°32′。在省境西部。面积 8 715 平方千米。户籍人口 612.1 万，常住人口 593.6 万。以汉族为主，还有回、蒙古、满等民族。辖东昌府 1 区，阳谷、莘县、茌平、东阿、冠县、高唐 6 县，代管临清 1 县级市。市人民政府驻东昌府区。春秋分属邢、卫、齐国地。战国大部属齐。秦、西汉属东郡。东汉以后分属东郡、平原、济北等郡国。隋开皇十六年（596）置博州，大业初废。唐武德四年（621）复置，治聊城。宋、金因之。元至元四年（1267）升为博州路，十三年（1276）改为东昌路。明洪武初改为东昌府。1913 年废府州，属济西道（翌年更名东临道）。1925 年主属东昌道。1928 年道废，各县直隶于省。1937 年属第六、第四行政督察区，1940 年抗日民主政权于此置鲁西北和运东等专区，属鲁西行政区。1941 年改隶冀鲁豫行政区。1943 年鲁西北专区划入冀南行政区为第七专区。1946 年分属冀南行政区第一、二专区及冀鲁豫行政区第一、二专区。1949 年冀鲁豫、冀南两行政区撤销，辖县分属平原省聊城、濮阳专区和河北省邯郸专区。1952 年平原省撤销，聊城专区划归山东省。1958 年德州专区并入，1961 年析出。1967 年更名聊城地区。1997 年撤销聊城地区和县级聊城市，分别设立地级聊城市和东昌府区。（资料来源：《中华人民共和国地名大词典》）

地势平坦，间有缓岗、坡地和洼地，由西南向东北微倾。海拔 22.6~49 米。年均气温 13.5℃，1 月平均气温 −1.8℃，7 月平均气温 26.8℃。年均降水量 540.4 毫米。年均无霜期 208 天。有黄河、金堤河、徒骇河、马颊河、京杭运河流经。有煤炭、石油、天然气、石膏、石灰石等矿产资源。有野生植物 130 余种，其中国家重点保护野生植物有野生大豆 1 种。有野生动物 295 种，其中国家重点保护野生动物有大鸨、白枕鹤、白天鹅等 10 种。有国家级工程技术研究中心 2 个，省级技术研究中心 24 个。有高等院校 1 所，中小学 414 所，图书馆 8 个，博物馆 12 个，知名文艺团体 2 个，体育场馆 6 个，三级以上医院 4 个。有国家级文物保护单位光岳楼、山陕会馆、隆兴寺铁塔等 13 个，省级文物保护单位海源阁、堂邑文庙等 69 个，有国家级爱国主义教育基地孔繁森同志纪念馆，省级爱国主义教育基地刘邓大军强渡黄河战役纪念园、范筑先纪念馆等 8 个，有国家级非物质文化遗产聊城杂技、佛教音乐（鱼山梵呗）、鼓舞（柳林花鼓）等 11 个，省级非物质文化遗产山东八角鼓、聊城杂技、聊城铁公鸡制作技艺、东昌澄泥烧制技艺等 33 个，重要古迹、景点 4 个。三次产业比例为 12.4 : 51.5 : 36.1。农业以小麦、玉米以及瓜果蔬菜种植为主，为国家现代农业示范区。工业以金属及有色金属、运输设备、化工、电力、造纸、纺织、食品、医药等产业为主，新能源汽车、有色金属冶炼等研究居全国领先地位，为国家汽车整车出口基地、国家火炬计划有色金属材料及制品特色产业基地。有国家级开发区1个、省级开发区6个。境内有铁路207.8千米，公路18 000千米。京九铁路、聊济铁路在境内交会，济聊、青银高速，国道105、106、308、309及省道德商、临博、临邹、永馆等19条线路过境。

聊城 371500-Z01

[Liáochéng]

聊城市聚落。在市境中部。面积1 443平方千米。人口117万。以汉族为主，还有回、蒙古、满等民族。传为黄帝之孙颛顼莅临故地，后修颛顼庙于此，俗称聊古庙，是聊城的第一个城址。南北朝时，聊城为北魏之地，北魏太和二十三年（499），聊城县治所由聊古庙迁往王城。宋改郡为博州，州、县治所在巢陵，即现在的许营乡西北徐田庄一带。自宋淳化三年（992）黄河决口，巢陵城毁迁至孝武渡西，即今城址，其位置即今闸口南、聊城一中附近。宋熙宁三年（1070），筑土城。明洪武元年（1368），置东昌府治所、聊城县治所。洪武五年（1372），因军事需要将宋筑土城扩筑为砖城，“周七里一百九步，高三丈五尺，厚二丈，地阔三丈，深二丈。附城为郭，郭外各为水门，吊桥横跨水上，池深二十尺，广加十尺，阔倍之三。护城堤延亘二十里以御水涨”。扩建后，城高池深，布局严密，易守难攻，时称“能陷不失的凤凰城”。洪武七年（1374），在城中央建造更鼓楼一座，即现存至今的光岳楼。永乐九年（1411），会通河疏通，聊城成为运河沿岸九大商埠之一。清代聊城仍为府、县治所。清雍正九年（1731），为防水患，重修护城堤。乾隆年间为“漕挽之咽喉，天都之肘腋”“江北一都会”，漕运带来的兴隆繁盛延至清咸丰四年（1854）。1947年1月聊城解放后，城墙拆除。1958年始建以闸口为中心，南至四河头、北至何官屯、东至飞机场、西至环城堤的新城，面积11.5平方千米。20世纪60—80年代先后对东昌湖实施改造扩建工程。至2014年成现状，分新、老两个城区。老城方正，面积1平方千米，环城皆湖，光岳楼坐落中心，四周楼舍古朴典雅，具有明代建设风格。新城多为现代高层建筑，街道纵横正交。战国时期，聊城邑为齐国西部的重要城邑，聊城之名由此而来。（资源来源:《聊城市志》）老城区以光岳楼、山陕会馆为标志性建筑物，商业网点及民居沿东昌湖分布。新城区沿京杭大运河和徒骇河建设，形成了城中有水、水中有城、城水一体的城市布局特点。城区北部、东部为工业区，中部为商务区，东南部为文化娱乐区，西部为休养游览区，居住区多集中于中南部。交通便捷，有多种交通方式，干支线交错，街巷密布，四通八达。

旧地名

聊城专区（旧） 371500-U01

[Liáochéng Zhuānqū]

原属平原省。在山东省西部。1949年8月设置。1952年11月平原省撤销，划归山东省。1956年2月，德州专区撤销，将其所属德州市及夏津、武城、德县、平原、禹城、齐河等部分县划入；同年3月又撤堂邑、博平、观朝、清平等县。1961年9月，德州市及夏津、武城、平原、禹城、齐河等县复归德州专区。1967年2月改设为聊城地区。

观城县（旧） 371500–U02

[Guānchéng Xiàn]

属平原省聊城专区。在山东省西部。1951 年划入山东省。1953 年撤销，与朝城县合置观朝县。

朝城县（旧） 371500–U03

[Cháochéng Xiàn]

属平原省聊城专区。在山东省西部。1951 年划入山东省。1953 年撤销，与观城县合置观朝县。

观朝县（旧） 371500–U04

[Guāncháo Xiàn]

属聊城专区。在山东省西部。1952 年 7 月以朝城、观城二县合置。1956 年 3 月撤销，其辖区分别划入山东省莘县、阳谷县和河南省范县。

堂邑县（旧） 371500–U05

[Tángyì Xiàn]

属聊城专区。在山东省西部。1956 年 3 月撤销，辖区分别划入聊城、冠县。

博平县（旧） 371500–U06

[Bópíng Xiàn]

属聊城专区。在山东省西部。1956 年 3 月撤销，辖区分别划入茌平、高唐二县。

清平县（旧） 371500–U07

[Qīngpíng Xiàn]

属聊城专区。在山东省西部。1956 年 3 月撤销，辖区划入临清市、高唐县。

寿张县（旧） 371500–U08

[Shòuzhāng Xiàn]

属聊城专区。在山东省西部。1964 年撤销，辖地以金堤为界，堤南划归河南省范县，堤北划归山东省阳谷县。

聊城县（旧） 371500–U09

[Liáochéng Xiàn]

属聊城专区。在山东省西部。1958 年撤县改市。1963 年 3 月复县。1983 年 8 月复撤县为市。

武训县（旧） 371500–U10

[Wǔxùn Xiàn]

属冀南区第七专区。在山东省西部。1943 年冬，将冠县原第六区划归武训县。1945 年冬，第六区由武训县回归，年底复名冠县。

东昌府区

东昌府区 371502

[Dōngchāngfǔ Qū]

聊城市人民政府驻地。在市境中部。面积 1 443 平方千米。人口 125.3 万。以汉族为主，还有回、蒙古等民族。辖 10 街道、11 镇、2 乡。区人民政府驻柳园街道。1949 年，聊城县属平原省聊城专区。1952 年划归山东省。1958 年更名聊城市，归山东省直辖。1963 年改市为县，复属聊城专区。1983 年恢复聊城市，为地区行政公署驻地。1998 年撤销聊城地区和县级聊城市，在原县级聊城市的行政区域设立东昌府区至今。汉为东郡地，孝宣帝封清河刚王子成为东昌侯于此。元至元十三年（1276），设东昌路总管府，聊城为其治所。明洪武元年（1368），改东昌路为东昌府，由此得名。徒骇河、马颊河、小湄河、西新河、周公河、赵王河、京杭大运河从区境内穿过。有省级重点实验室 2 个。有高等院校 2 所，中小学 158 所，图书馆 1 个，体育场馆 2 个，三级以上医院 1 个。有国家级文物保护单位光岳楼、山陕会馆、隆兴寺铁塔、土桥闸遗址4个，省级文物保护单位6个，国家级非物质文化遗产东昌府木版年画等3个，省级非物质文化遗产8个，重要古迹、景点2个。城区由古城和新城组成。古城由东昌湖环绕，呈正方形。1963年、1964年、1977年三次对东昌湖进行清淤扩建，1982年对东昌湖沿岸进行改造。2009年对古城进行保护性改造，以光岳楼为中心向四面辐射形成楼东、楼西、楼南、楼北四条大街，道路垂直交叉，形成“井”字与“回”字相结合的棋盘式格局。沿四条大街的居住建筑，充分体现北方传统民居风貌。1958年聊城县改市时始建新城，后停滞，1978年至今逐步建成现状。新城北部、东部为工业园，中部为商业区，东南部为文化区，西部为休养游览区。三次产业比例为10.7∶49.9∶39.4。农业以种植业为主，主产小麦、玉米、棉花、蔬菜。工业形成了钢管制造、轴承及保持器、化工建材、机械电子、纺织服装、农副产品加工六大主导产业。服务业以产品批发和旅游业为主。有国家级开发区1个，省级开发区3个。有聊城火车站、聊城市长途汽车总站、聊城市长途汽车总站西站，有多条公交线路。

聊城经济技术开发区 371502–E01

[Liáochéng Jīngjìjìshù Kāifāqū]

在区境东部。东至茌平县乐平铺镇，西至东昌府区柳园街道、新区街道、闫寺街道，南至黄河路、长江路和韩集乡、许营镇，北至茌平县洪官屯镇、杨官屯乡、博平镇、温陈街道。面积19 100公顷。因所在政区和功能定位得名。2013年3月经国务院正式批准为国家级开发区，由市级政府管理。着力发展高端制造业和现代服务业，有新能源汽车及零部件、高端装备制造、金属深加工、生化食品医药等业和现代精致农业产业园。有企业195家，韩国希杰集团、香港华润集团、中通客车、日发纺机、乖宝集团等知名企业入驻园区，主要产品有生物饲料添加剂、整车、钢管等。交通便利。

聊城高新技术产业开发区 371502–E02

[Liáochéng Gāoxīnjìshùchǎnyè Kāifāqū]

在区境东南部。西至东昌府区柳园街道，北与聊城经济技术开发区接壤，南邻东阿县，东接茌平县。面积20 600公顷。因所在政区和功能定位得名。2008年1月经省政府正式批准建立省级开发区，由市级政府管理。规划建设化工新材料、智能装备、健康养生、生物医药、环保科技、智慧电商六大产业园区，拥有国家高新技术企业15家，聚集了鲁西集团、鑫亚集团、诺伯特智能机器人制造、中宇航空无人机制造、博奥克生物、瑞柏生物等企业。境内道路四通八达，交通便捷。

聊城江北水城旅游度假区 371502–E03

[Liáochéng Jiāngběishuǐchéng Lǚyóudùjiàqū]

在区境南部。东至顾官屯镇，西至京九铁路，南至阳谷县界，北至湖南路。面积22 600公顷。因所在政区和发展特色得名。2014年8月经省政府正式批准建立省级旅游区，由市级政府管理。以文旅、农旅、文创、医养健康、总部经济等作为主导产业，聚焦绿色发展理念，依托水资源禀赋的优势，科学布局特色产业项目，努力构建全域旅游大格局和全域水城大水系，逐步塑造“江北水乡”的独特风貌，着力打造高质量旅游度假示范区。入驻规模以上生产企业10家，其中有奥翔禽业等知名企业。交通便利。

山东聊城嘉明经济开发区 371502–E04

[Shāndōng Liáochéng Jiāmíng Jīngjì Kāifāqū]

在区境西北部。东至古运河，西、北、

南到闫寺街道辖区。面积 2 260 公顷。因嘉言和功能定位得名。1997 年经省政府正式批准为省级开发区，由区级政府管理。入驻企业 175 家，其中，有雨润集团、龙大肉食、暖频道服饰、齐鲁漆业等一批重点企业。开发区内形成“一纵两横”的主干道路网，与主城区交通联系密切，通公交车。

柳园街道 371502-A01

[Liǔyuán Jiēdào]

东昌府区人民政府驻地。在区境东南部。面积 18 平方千米。人口 13.0 万。以汉族为主，还有回族。1984 年设立。因辖区主干道柳园路得名。相继建设柳园新村、聊大花园小区，对街道内主要干道和街巷翻修扩建，更新维护道路排水设施。徒骇河从境内穿过。有高等院校聊城大学，中小学 9 所，医疗卫生机构 12 个。有省级非物质文化遗产八角鼓。有聊城影剧院等标志性建筑物。农业以种植小麦、玉米为主，主要经济作物为林果。工业以金属制造、建材生产、家具生产为主。服务业以商贸业为主。通公交车。

古楼街道 371502-A02

[Gǔlóu Jiēdào]

属东昌府区管辖。在区境中部。面积 21 平方千米。人口 22.5 万。以汉族为主，还有回族。1984 年设立。因有光岳楼而得名。1987 年完成古楼西街道路工程，1988 年翻修东关路、楼东大街，2009 年 5 月开始古城区改造。有中小学 14 所，知名文艺团体 3 个，医疗卫生机构 12 个。有国家级文物保护单位光岳楼、山陕会馆、隆兴寺铁塔，国家级爱国主义教育基地孔繁森纪念馆，省级爱国主义教育基地聊城中国运河文化博物馆，纪念地傅斯年纪念馆、范筑先纪念馆，重要名胜古迹东昌湖、中华水上古城等。有水城明珠大剧场等标志性建筑物。农业以种植小麦、玉米为主。工业有以印刷、机械制造、机械加工、建材生产为主的传统工业和华建粉煤灰钢板仓、中瑞电动车项目等新材料、新能源项目。服务业以商贸业为主。有聊城市火车站、聊城市长途汽车总站西站，通公交车。

新区街道 371502-A03

[Xīnqū Jiēdào]

属东昌府区管辖。在区境东南部。面积 25 平方千米。人口 20.0 万。以汉族为主，还有回族。1984 年设立。因部分为新建城区而得名。1985 年对主要街道进行翻修改建。有中小学 12 所，知名文艺团体 24 个，医疗机构 1 个。有聊城广播电视总台等标志性建筑物。农业以粮、棉种植为主。工业有砖厂、磷肥厂、水泥厂、线路板厂、摩托车配件厂、饮料厂、棉纺厂、鞋厂等。服务业以商贸业为主。有聊城市长途汽车总站、凤城客运站，通公交车。

湖西街道 371502-A04

[Húxī Jiēdào]

属东昌府区辖。在区境西南部。面积 49 平方千米。人口 2.6 万。以汉族为主，还有回族。1995 年设立。因街道办事处驻东昌湖西岸而得名。2013 年起对明堤、白堤等村进行城中村改造。徒骇河从境内穿过。有中小学 2 所，医疗卫生机构 1 个。有姜堤乐园、聊城动物园、聊城湿地公园等景点。经济以农业和旅游业为主。通公交车。

凤凰街道 371502-A05

[Fènghuáng Jiēdào]

属东昌府区管辖。在区境南部。面积 55 平方千米。人口 3.6 万。以汉族为主，还有回、壮、满等民族。2003 年设立。因聊城素有“凤凰城”之称，故名。有中小学5所，医疗卫生机构1个。有省级文物保护单位权寺遗址，名胜古迹白庄遗址、金水湖等。经济以农业为主。通公交车。

闫寺街道 371502–A06

[Yánsì Jiēdào]

属东昌府区管辖。在区境西北部。面积86平方千米。人口7.1万。以汉族为主，还有回、苗等民族。2003年设立。据传明朝成化年间，僧人阎觉在村西北建寺，称阎觉寺，后简称闫寺，故名。西新河从境内穿过。有国家级技术研究中心1个，省级技术研究中心1个。有中小学10所，医疗卫生机构1个。有省级文物保护单位傅氏祠堂、聊古庙遗址，纪念地凤凰集烈士陵园，古迹傅光宅墓地（含石刻）等。经济以工业为主。农业以种植小麦、玉米、蔬菜为主，蔬菜主要品种有韭菜、大蒜等。工业以化工、制药、农副产品加工、计算机、纺织、建材为主，拥有全国驰名商标2个，国家级中药保护品种1个。服务业以商业服务为主。有闫寺客运站，通公交车。

道口铺街道 371502–A07

[Dàokǒupù Jiēdào]

属东昌府区管辖。在区境西部。面积48平方千米。人口3.7万。以汉族为主，还有回、满等民族。2003年设立。隋开皇年间，该地是聊城至堂邑、沙镇至梁水镇交叉路口，始设店铺，故名。先后进行小城镇提升建设，拆迁旧房，翻修改建街道内主要干道。西新河从境内穿过。有中小学9所，知名文艺团体15个，医疗卫生机构1个。有国家级非物质文化遗产秃尾巴老李的传说，省级非物质文化遗产东昌毛笔制作技艺、东昌澄泥烧制技艺。经济以工业为主。农业多种植小麦、玉米、蔬菜等。工业以建筑材料、化工、铸造、机械加工为主。服务业以商业服务为主。有道口铺客运站，通公交车。

东城街道 371502–A08

[Dōngchéng Jiēdào]

属东昌府区管辖。在区境东部。面积15平方千米。人口4.3万。2001年设立。因地处市辖区东部又属城乡接合部而得名。进行了道路翻修及排水和配套工程建设、旧村迁建安置等。小湄河从境内穿过。有高等院校1所，中小学3所，医疗卫生机构30个。有聊城国际会展中心、创业大厦等标志性建筑物。农业以种植小麦、玉米为主。工业以铜铝深加工、新能源、建筑、食品加工为主。通公交车。

蒋官屯街道 371502–A09

[Jiǎngguāntún Jiēdào]

属东昌府区管辖。在区境东部。面积42平方千米。人口4.1万。2003年设立。明朱棣部蒋明远在此屯兵屯粮，故名。2014年启动城乡环卫一体化工程。同年，启动江北水镇建设工程。四新河、小湄河从境内穿过。有中小学8所，医疗卫生机构1个。农业以种植小麦、玉米为主。工业以钢管生产和加工等为主。服务业以商贸物流为主，有无缝钢管集散地大东钢管市场。通公交车。

北城街道 371502–A10

[Běichéng Jiēdào]

属东昌府区管辖。在区境北部。面积65平方千米。人口4.2万。以汉族为主，还有回族。2003年设立。因管辖范围在聊城市城区北部而得名。先后进行了府前街改造，在东部建现代农业示范园，西部建物流园区、保税区、农贸交易中心，并对西部部分村庄拆迁安置。徒骇河、周公河等从境内穿过。有中小学 5 所，医疗卫生机构 1 个。有国家级文物保护单位辛闸（京杭运河东昌府区段），省级非物质文化遗产八角鼓。有滨河野生动物世界、周公河湿地公园等旅游资源。经济以现代物流业和现代农业为主。通公交车。

沙镇镇 371502-B01

[Shāzhèn Zhèn]

东昌府区辖镇。在区境西南部。面积 131 平方千米。人口 9.7 万。以汉族为主，还有回、蒙古等民族。辖 119 村委会，有 137 自然村。镇人民政府驻沙镇。1949 年为聊城县第十区。1950 年为聊城县第七区。1956 年设沙镇区。1958 年撤区设乡，同年成立卫星（沙镇）公社。1961 年复置沙镇区。1971 年撤区设沙镇公社。1984 年设沙镇镇。2001 年大张乡并入。以镇政府驻地得名。徒骇河从境内穿过。有国家级技术研究中心国家农业部禽产品加工技术研发中心。有中小学 17 所，卫生院 2 个。有聊城市文物保护单位朱延禧墓、王汝训家庙。农业以种植蔬菜、小麦、玉米为主，主要蔬菜品种有西葫、茄子、西红柿、白菜、大葱等。工业以化工、铸造、机械加工、食品加工、纺织品加工、饲料生产、建材生产为主，有重点龙头企业 2 个，山东省知名品牌产品 2 个。服务业以商业服务为主。京九铁路、聊莘公路过境。设沙镇客运站。

侯营镇 371502-B02

[Hóuyíng Zhèn]

东昌府区辖镇。在区境西南部。面积 76 平方千米。人口 4.6 万。以汉族为主，还有回族。辖 64 村委会，有 71 自然村。镇人民政府驻侯营。1947 年建区，1958 年撤区并乡。1958 年建公社。1961 年建侯营区。1971 年撤区建侯营公社。1984 年改置镇。以镇政府驻地得名。京杭运河、西新河、周公河、徒骇河从境内穿过。有中小学 11 所，卫生院 1 个。经济以工业为主。农业以种植小麦、玉米、蔬菜为主，主要蔬菜品种有黄瓜、茄子、西红柿、西葫等。工业以刀具加工、汽车配件、钢管、化工、农副产品深加工为主。服务业以商业服务为主。京九铁路、德商高速、西环高速过境。

堂邑镇 371502-B03

[Tángyì Zhèn]

东昌府区辖镇。在区境西部。面积 66 平方千米。人口 3.6 万。辖 59 村委会，有 65 自然村。镇人民政府驻堂邑。1956 年县建制撤销，为聊城县堂邑区。1958 年设堂邑公社。1984 年改置镇。以镇政府驻地得名。有中小学 8 所，卫生院 1 个。有省级文物保护单位堂邑文庙，国家级非物质文化遗产东昌葫芦雕刻、东昌府木版年画，有重要古迹、景点穆孔辉阁老墓、明代“四知堂”遗址、许家祠堂等。经济以工业为主。农业以种植小麦、玉米、大蒜等为主。工业以农机配件、制刷、建材、家具加工、农副产品加工为主。服务业以商业服务为主。济邯铁路、济聊馆高速公路、省道薛馆路过境。设堂邑客运站。

梁水镇镇 371502-B04

[Liángshuǐzhèn Zhèn]

东昌府区辖镇。在区境西北部。面积 143 平方千米。人口 7.3 万。辖 108 村委会，有 134 自然村。镇人民政府驻梁水镇。1958 年设梁水镇公社，1984 年改置镇，2001 年八甲刘乡并入。以镇政府驻地得名。马颊河从境内穿过。有中小学 17 所，卫生院 1 个。有国家级文物保护单位土桥闸遗址，省级文物保护单位范公祠、梁乡闸，重要古迹任家祠堂等。经济以工业为主。农业以种植小麦、玉米、蔬菜为主，主要蔬菜品种有韭菜、西红柿、黄瓜、茄子、豆角等。

工业以化工、食品加工、机械制造为主。服务业以商业服务为主。京九铁路、省道聊临公路过境。

斗虎屯镇 371502-B05

[Dòuhǔtún Zhèn]

东昌府区辖镇。在区境西北部。面积83平方千米。人口4.3万。辖62村委会，有62自然村。镇人民政府驻斗虎屯。1949年为堂邑县第五区。1956年为聊城县第六区。1958年设斗虎屯公社。1961年改置区。1971年复改公社。1984年分设斗虎屯镇和堠堌乡。2001年堠堌乡并入。以镇政府驻地得名。德王河从境内穿过。有中小学13所，卫生院1个。有省级文物保护单位堠堌汉墓。经济以工业为主。农业以种植小麦、玉米、蔬菜为主，主要蔬菜品种有黄瓜、西红柿、茄子等。工业以铸造、机械加工、塑料制品、小麦深加工为主。服务业以商业服务为主。京九铁路、246省道过境。

张炉集镇 371502-B06

[Zhānglújí Zhèn]

东昌府区辖镇。在区境西部。面积52平方千米。人口3.5万。以汉族为主，还有回族。辖47村委会，有47自然村。镇人民政府驻张炉集。1955年建张炉集乡。1956年设张炉集公社。1961年改置区。1971年复设张炉集公社。1984年改置乡。1999年撤乡设镇。因镇政府驻地得名。有中小学8所，卫生院1个。有古迹宋占一墓等。经济以工业为主。农业以种植小麦、玉米、蔬菜为主，主要蔬菜品种有芸豆、尖椒、茄子、西葫芦等。工业以农机配件、汽车配件、轴承配件加工为主。服务业以商业服务为主。有公路经此。

于集镇 371502-B07

[Yújí Zhèn]

东昌府区辖镇。在区境东南部。面积70平方千米。人口4.2万。以汉族为主，还有回族。辖53村委会，有81自然村。镇人民政府驻于集。1940年属聊城县第二区。1958年撤区设于集乡。1962年改置区。1971年设于集公社。1984年改置乡。1999年撤乡设镇。以镇政府驻地得名。四新河从境内穿过。有中小学7所，卫生院1个。农业以种植蔬菜、小麦、玉米、棉花为主。有公路经此。

郑家镇 371502-B08

[Zhèngjiā Zhèn]

东昌府区辖镇。在区境西南部。面积68平方千米。人口5.2万。辖55村委会，有62自然村。镇人民政府驻郑家。1971年设郑家公社，1984年改置乡。1995年撤乡设镇。因镇政府驻地得名。有省级科研中心山东省轴承保持架工程技术研究中心、山东省风电轴承保持架工程实验室、山东省企业技术中心等。有中小学7所，卫生院1个。有纪念地朱光将军纪念馆。经济以工业为主。农业以种植小麦、玉米、蔬菜为主，主要蔬菜品种有西葫、大葱、西红柿、尖椒等。工业以生产轴承保持架、平垫等各种冲压件为主。服务业以商业服务为主。有公路经此。

朱老庄镇 371502-B09

[Zhūlǎozhuāng Zhèn]

东昌府区辖镇。在区境南部。面积62平方千米。人口3.9万。辖59村委会，有67自然村。镇人民政府驻朱老庄。1958年设朱老庄公社。1984年改设乡。2010年撤乡设镇。以镇政府驻地得名。徒骇河、赵王河从境内穿过。有中小学9所，体育场8

个，卫生院1个。经济以种植业和畜牧业为主。有公路经此。

许营镇 371502–B10
[Xǔyíng Zhèn]

东昌府区辖镇。在区境东部。面积65平方千米。人口3.6万。以汉族为主，还有回、藏等民族。辖44村委会，有60自然村。镇人民政府驻侯营。1958年设许营乡。同年划归于集公社。1971年设许营公社。1984年改设乡。2010年改置镇。明时许姓在此立村，因许姓从军并在此扎营，故名。回新河从境内穿过。有中小学7所，卫生院1个。农业以种植小麦、玉米、棉花为主，主要经济作物为大棚西瓜。工业以化工、铸造、机械加工、塑料制品、建筑材料为主。省道薛馆公路、东阿至聊城连接路过境。

顾官屯镇 371502–B11
[Gùguāntún Zhèn]

东昌府区辖镇。在区境东南部。面积72平方千米。人口4.1万。辖52村委会，有56自然村。镇人民政府驻顾官屯。1950年为东阿县第二区。1957年撤区设乡。1958年设顾官屯公社。1962年设区。1971年撤区设公社。1984年改置乡。2002年撤乡设镇。以镇政府驻地得名。赵牛河从境内穿过。有中小学8所，卫生院1个。经济以钢球加工、建材生产、电子衡器加工、木材加工、化工为主。省道薛馆公路、省道东阿至聊城连接路过境。

韩集乡 371502–C01
[Hánjí Xiāng]

东昌府区辖乡。在区境东部。面积55平方千米。人口3.1万。辖37村委会，有52自然村。乡人民政府驻东集。1971年设韩集公社，1984年改置乡。明洪武二年（1369），韩敬先从山东登州府蓬莱县韩家沟迁此立村，后设集市，名韩家集，简称韩集。茌新河从境内穿过。有中小学6所，卫生院1个。经济以酿酒、钢管加工、面粉加工、饲料生产等为主。105省道过境。

广平乡 371502–C02
[Guǎngpíng Xiāng]

东昌府区辖乡。在区境东部。面积61平方千米。人口3.5万。辖45村委会，有66自然村。乡人民政府驻北街。金代置广平镇。1957年为广平乡。1958年改公社。1984年复设乡。2010年由茌平县划归东昌府区。以地广阔平坦得名。茌新河从境内穿过。有中小学7所，卫生院1个。农业以种植小麦、玉米为主。工业以钢管加工和铁件加工为主。有公路经此。

旧地名

堠堌乡（旧） 371502–U01
[Hòugù Xiāng]

东昌府区辖乡。在区境西北部。1984年设立。2001年撤销，并入斗虎屯镇。

大张乡（旧） 371502–U02
[Dàzhāng Xiāng]

东昌府区辖乡。在区境西南部。1984年设立。2001年并入沙镇镇。

八甲刘乡（旧） 371502–U03
[Bājiǎliú Xiāng]

东昌府区辖乡。在区境西北部。1984年设立。2001年撤销，并入梁水镇镇。

社区

聚源社区 371502-A01-J01

[Jùyuán Shèqū]

属柳园街道管辖。在东昌府区北部。面积 1 平方千米。人口 8 200。因相邻聚源巷而得名。2014 年成立。有楼房 88 栋，现代建筑风格。驻有聊城市人民政府、聊城市自来水公司等单位。通公交车。2014 年被评为省文明社区。

和平社区 371502-A01-J02

[Hépíng Shèqū]

属柳园街道管辖。在东昌府区东部。面积 1 平方千米。人口 13 000。本着“廉洁勤政、为民务实、贴心服务、共创和谐”的理念，打造以“和”为主题，以“和美、和平、和谐”为内容的社区文化，由此得名和平社区。2014 年成立。有楼房 103 栋，现代建筑风格。驻有牧琳爱中美友好合作医院、聊城市盐业公司、聊城市耳鼻喉医院等单位。通公交车。2014 年被评为省文明社区。

利民社区 371502-A01-J03

[Lìmín Shèqū]

属柳园街道管辖。在东昌府区中部。面积 1 平方千米。人口 17 400。取吉利惠民之意，又紧邻利民路，故名。2003 年成立。有楼房 105 栋，现代建筑风格。驻有柳园派出所等单位。通公交车。2014 年被评为省文明社区。

湖北社区 371502-A02-J01

[Húběi Shèqū]

属古楼街道管辖。在东昌府区西部。面积 0.4 平方千米。人口 5 100。因管辖范围在东昌湖以北而得名。2003 年成立。有楼房 105 栋，现代建筑风格。驻有东昌府区工商局、东昌府区国土局等单位。通公交车。2014 年被评为省文明社区。

向阳社区 371502-A02-J02

[Xiàngyáng Shèqū]

属古楼街道管辖。在东昌府区中部。面积 0.3 平方千米。人口 12 700。因向阳路贯穿辖区，寓意向着太阳和光明而得名。2003 年成立。有楼房 49 栋，现代建筑风格。驻有聊城市实验中学等单位。通公交车。2014 年被评为省文明社区。

王口社区 371502-A02-J03

[Wángkǒu Shèqū]

属古楼街道管辖。在东昌府区东部。面积 2 平方千米。人口 10 700。许久以前，古运河渡口有一王姓夫妇在此摆渡为生，故名王口。2003 年成立。有楼房 76 栋，现代建筑风格。驻有东昌府区财政局、东昌府区鼎舜小学等单位。通公交车。2014 年被评为省文明社区。

站前社区 371502-A02-J04

[Zhànqián Shèqū]

属古楼街道管辖。在东昌府区西南部。面积 2 平方千米。人口 14 700。因位于站前街中段路西，紧靠聊城火车站而得名。2003 年成立。有楼房 193 栋，现代建筑风格。驻有聊城市国税局、聊城市交通局、聊城市烟草公司等单位。通公交车。2014 年被评为省文明社区。

铁塔社区 371502-A02-J05

[Tiětǎ Shèqū]

属古楼街道管辖。在东昌府区中部。面积 1 平方千米。人口 10 700。因有名胜古迹宋代铁塔而得名。2003 年成立。有楼房 900 栋，现代建筑风格。驻有东昌府区药监局、东昌府区粮局、东昌府区商业局等单位。通公交车。2014 年被评为省文明社区。

广场社区 371502-A03-J01
[Guǎngchǎng Shèqū]

属新区街道管辖。在东昌府区中部。面积 1 平方千米。人口 8 500。以辖区内人民广场而得名。2003 年成立。有楼房 90 栋，现代建筑风格。驻有聊城市地税局、聊城市林业局、聊城市人民医院等单位。通公交车。2014 年被评为省文明社区。

八一社区 371502-A03-J02
[Bāyī Shèqū]

属新区街道管辖。在东昌府区中部。面积 1 平方千米。人口 9 900。因社区靠近军区和八一宾馆而得名。2003 年成立。有楼房 267 栋，现代建筑风格。驻有聊城市委等单位。通公交车。2014 年被评为省文明社区。

中通社区 371502-A03-J03
[Zhōngtōng Shèqū]

属新区街道管辖。在东昌府区东北部。面积 1 平方千米。人口 11 000。以辖区内企业中通客车厂而得名。2014 年成立。有楼房 70 栋，现代建筑风格。驻有聊城第七中学、中通客车厂等单位。通公交车。2014 年被评为省文明社区。

新世纪社区 371502-A03-J04
[Xīnshìjì Shèqū]

属新区街道管辖。在东昌府区中部。面积 1 平方千米。人口 7 600。取“跨入新世纪”之意而得名。2003 年成立。有楼房 75 栋，现代建筑风格。驻有山东活塞环总厂、聊城市安监局、聊城市中级人民法院等单位。通公交车。2014 年被评为省文明社区。

大胡社区 371502-A08-J01
[Dàhú Shèqū]

属东城街道管辖。在东昌府区东部。面积 4 平方千米。人口 14 600。因地处大胡村辖区内得名。2006 年成立。有楼房 84 栋，现代建筑风格。通公交车。2014 年被评为省文明社区。

五乡杜社区 371502-B09-J01
[Wǔxiāngdù Shèqū]

属朱老庄镇管辖。在东昌府区南部。面积 0.5 平方千米。人口 2 700。传说清代为便于收缴税银，称当时协和寨以南为上五乡，以北为下五乡，后来杜氏人口增多，将协和寨更名为五乡杜，后简称杜庄，因有重名村，又复名五乡杜，社区沿用村名。2008 年成立。通公交车。2009 年被评为省文明社区。

临清市

临清市 371581
[Línqīng Shì]

山东省直辖县级市，由聊城市代管。北纬 36°83′，东经 115°69′。在聊城市境西北部。面积 992 平方千米。人口 78.1 万。以汉族为主，还有回、蒙、彝等民族。辖 4 街道、12 镇。市人民政府驻青年路街道。战国为丘邑地。西汉置贝丘、厝两县（今市境东半部），属冀州清河郡（国）；又置清渊县（今市境西南部），治所在今河北省馆陶县境，属魏郡。东汉改厝县为甘陵县，西晋又改为清河县。后赵建平元年（330）析清渊县置临清县，治所在今河北省临西县，因城临古清河而得名，不久即废。北魏太和二十一年（497）复置临清县。隋开皇十六年（596）于原贝丘地置清平县。北宋元丰年间清平县治徙离境。金天会五年（1127）因水患治理移于曹仁镇（今旧县），属大明路恩州。元属濮州。明洪武二年（1369）临清属山东省布政使司东昌府区，县治所由曹仁镇迁至中洲纸马巷（现市区内福德街）。弘治二年（1489）升为临清州，属东昌府。清乾隆四十一年（1776）升为直隶州。1912 年废州为县，属济西道。1913 年属东临道。1925 年属德临道。1928 年废道直属于省。1937 年属第四行政督察区，为专员公署驻地。1939 年抗日民主政权析卫运河以西部分置临西县，1940 年属冀南行政区第四专区。1943 年析卫运河以东及馆陶县东北部地合置卫东县，属冀南行政区第七专区。1945 年临西、卫东二县撤销，地归原属。同年于临清县城及卫运河西部分地置临清市，属冀南行政区第一专区。1949 年废市置镇（县级），县、镇俱属河北省邯郸专区。1952 年划归山东省聊城专区。1954 年废镇置市。1958 年撤县入市。1963 年撤市复县。1964 年 12 月，山东、河北两省以卫河为界，将临清县卫运河以西的部分区域由山东省划出，置临西县，隶属河北省。馆陶县在卫运河以东的潘庄、分岔路两区划入临清县。1983 年撤县复市。1997 年由山东省直辖，聊城市代管。地处鲁西北黄河中下游冲积平原，地势低平，由西南向东北微倾，海拔高度 29~38 米。年均气温 13.5℃，1 月平均气温 −1.6℃，7 月平均气温 27.3℃。年均降水量 520.4 毫米。有卫运河、会通河、马颊河等流经。有地热、石油、天然气、黏土等矿产资源。有野生植物 239 种，其中国家重点保护野生植物有银杏、水杉、杜仲、玫瑰 4 种。有野生动物 252 种，其中国家重点保护野生动物有东方白鹳、燕隼、灰鹤等 38 种。有省级自然保护区 1 个。森林覆盖率 30.3%。有中小学 114 所，图书馆 1 个，博物馆 1 个。有国家级文物保护单位临清运河钞关等 11 个，省级文物保护单位 14 个，有省级爱国主义教育基地 1 个，国家级非物质文化遗产 1 个，省级非物质文化遗产临清架鼓、临清时调等 7 个，重要古迹、景点 3 个。三次产业比例为 6.7 : 60 : 33.3。农业以棉花、蔬菜、林果、畜牧、良种五大特色产业为主，建有多个蔬菜瓜果基地，开发了丰水梨、油桃、银杏等名、优、特林果产品，形成了牛、甲鱼、淡水鱼等一批规模养殖基地，是国家优质棉、出口棉和商品粮基地。工业以造纸、电铜、棉纺织、机械、轴承、农机件六大产业为主。服务业以商贸物流为主，有城北消费购物中心、城南专业市场、烟店潘庄轴承市场。境内有铁路 28.5 千米，公路 167.3 千米，高速 46.097 千米。有京九铁路、240 国道、514 国道和省道临博路、临邹路、临观路、乐馆路、临高路过境。

青年路街道 371581–A01
[Qīngniánlù Jiēdào]

临清市人民政府驻地。在市境西部。面积 80 平方千米。人口 8.6 万。1981 年设立。因邻近青年路得名。2011 年完成新华路、青年路、温泉路的改扩建，2013 年规划建设了城南新区。济津河从境内穿过。有中小学 4 所，图书馆 1 个，体育场 1 个，医疗卫生机构 2 个。有国家级文物保护单位临清运河钞关、临清砖闸，省级文物保护单位冀家大院。经济以工业为主，有轴承、纺织、食品加工、机械制造等企业。通公交车。

新华路街道 371581–A02
[Xīnhuálù Jiēdào]

属临清市管辖。在市境东部。面积 70 平方千米。人口 11.3 万。1981 年设立。因原办事处位于新华路而得名。1999 年公安局家属院拆迁，2001 年建成；2004 年锦绣青城拆迁，2006 年建成；2010 年桑树园大顺花园拆迁，2012 年建成；同年黑庄回民小区拆迁，2013 年建成；2012 年龙凤城、星悦城、未来城、南桥苑相继开始拆迁改建工作。刁金河、胡姚河、小运河从境内穿过。有中小学 6 所，医疗卫生机构 1 个。有省级爱国主义教育基地张自忠将军纪念馆，纪念地季羡林先生纪念馆。有运河文化广场等标志性建筑物。经济以工业为主，有有色金属、特种钢材、机械装备、轴承加工和纺织服装五大产业，建材、家具、蔬菜、商贸、农贸、小商品六大专业批发市场。有临清火车站、临清长途汽车站，通公交车。

先锋路街道 371581–A03

[Xiānfēnglù Jiēdào]

属临清市管辖。在市境北部。面积 65 平方千米。人口 6.3 万。以汉族为主，还有回族。1966 年设立。因辖区内有临清先锋大桥而得名。2010 年完成了东环路、运河路、解放路东延、北环路东延、高邢高速建设。元运河重修、申遗。卫运河、京杭大运河从境内穿过。有中小学 2 所，医疗卫生机构 1 个。有国家级文物保护单位鳌头矶、舍利宝塔、清真寺。经济以农业为主，主产小麦、玉米、大豆、花生，土特产有孟店桃、范尔庄西瓜、郭堤桑葚。工业以热电、纺织、纸业、机电等产业为主。通公交车。

大辛庄街道 371581–A04

[Dàxīnzhuāng Jiēdào]

属临清市管辖。在市境东南部。面积 48 平方千米。人口 3.8 万。以汉族为主，还有回族。2001 年设立。因原驻地大辛庄村而得名。2013 年建设了致城御龙湾小区、大辛庄中心敬老院等，实施整治郭屯小城镇等工程。小运河从境内穿过。有中小学 1 所，医疗卫生机构 1 个。有古迹贝丘遗址等。经济以工业为主，主要有玉米深加工、汽车部件加工、棉纺织、电机制造、木材加工等业。通公交车。

松林镇 371581–B01

[Sōnglín Zhèn]

临清市辖镇。在市境东北部。面积 51 平方千米。人口 3.7 万。以汉族为主，还有回族。辖 26 村委会，有 23 自然村。镇人民政府驻松林。1950 年属清平县第三区（王集区）。1956 年划归临清县后仍属王集区辖。1958 年建立松林人民公社。1962 年改为松林区。1971 年撤区并社后仍为松林公社。1984 年由松林公社改镇。以镇政府驻地得名。胡姚河从境内穿过。有中小学 2 所，卫生院 1 个。有重要古迹马张村张氏祠堂。经济以农业为主，主要种植小麦、玉米等。工业有棉纺织、农机件、轴承和仿古家具加工等业。高邢高速、德商高速、省道乐馆路过境。

老赵庄镇 371581–B02

[Lǎozhàozhuāng Zhèn]

临清市辖镇。在市境东部。面积 51 平方千米。人口 4.4 万。以汉族为主，还有回族。辖 32 村委会，有 37 自然村。镇人民政府驻老赵庄。1958 年建红旗人民公社。1962 年设立老赵庄区。1971 年撤区并社，为老赵庄人民公社。1984 年改称老赵庄乡。1996 年撤乡设镇 。以镇政府驻地得名。胡姚河从境内穿过。有中小学 2 所，图书馆 1 个，卫生院 1 个。经济以农业为主，种植业发达，棉花高产。企业有建筑、制衣、轴承配件等厂。省道临高路、临博路过境。

康庄镇 371581–B03

[Kāngzhuāng Zhèn]

临清市辖镇。在市境东南部。面积 100 平方千米。人口 6.2 万。以汉族为主，还有回族。辖 66 村委会，有 70 自然村。镇人民政府驻康庄。1949年为清平县驻地。1956年清平县撤销后划归临清县。1958年为康庄人民公社。1962年为康庄区。1971年撤区并社后建康庄公社。1984年改为镇。2001年原康盛庄乡并入康庄镇。以镇政府驻地得名。马颊河、德王河从境内穿过。有中小学2所，卫生院1个。经济以农业、工业为主。农业主要种植大蒜、香菜，养殖肉牛、奶牛、肉用驴等。工业有纺织、机械制造、皮革加工、农机件加工、农副产品加工、木板加工等业。服务业以商贸为主，有大蒜专业批发市场、前善香菜批发市场。德商高速和省道聊夏路、临博路、临高路过境。

魏湾镇 371581-B04
[Wèiwān Zhèn]

临清市辖镇。在市境东南部。面积59平方千米。人口2.9万。以汉族为主，还有藏、瑶等民族。辖27村委会，有27自然村。镇人民政府驻三里铺村。1956年属康盛庄一区。1958年成立魏湾镇人民公社。1959年3月设立魏湾镇，9月改称东升人民公社。1962年改为魏湾区。1971年改为魏湾人民公社。1984年改为魏湾乡。1994年撤乡设镇。以原镇政府驻地魏湾村而得名。马颊河、德王河、德王河东支从境内穿过。有中小学2所，卫生院1个。有重要古迹丁马庄贡砖窑遗址、董氏墓群。经济以农业、工业为主。农业主要种植小麦、玉米。工业以纺织、装饰材料加工、甲鱼深加工、贡砖生产为主。有公路经此。

刘垓子镇 371581-B05
[Liúhǎizi Zhèn]

临清市辖镇。在市境东南部。面积41平方千米。人口3.1万。以汉族为主，还有回族。辖35村委会，有35自然村。镇人民政府驻刘垓子。1950年为清平县戴湾区。1956年清平县撤销后入临清县。1958年为戴湾公社。1971年改刘垓子公社。1984年改置镇。以镇政府驻地得名。有中小学2所，卫生院1个。有武训分校旧址。经济以农业、工业为主。农业主要种植小麦、玉米、蔬菜。工业以服装制作、机械制造、面粉加工、建材生产、轮胎加工、短绒加工为主。京九铁路、省道临邹路过境。

八岔路镇 371581-B06
[Bāchàlù Zhèn]

临清市辖镇。在市境西南部。面积48平方千米。人口3.3万。以汉族为主，还有回族。辖25村委会，有25自然村。镇人民政府驻路庄。1961年为馆陶县八岔路区。1964年划归临清县设八岔路区。1971年撤区并社后为八岔路人民公社。1984年恢复乡制改为路庄乡。1994年重新更名为八岔路乡。1999年撤乡设镇。相传此地为八条路的交会处，宋太祖曾在此逃避追兵，后赐名八岔路，故名。有中小学2所，卫生院1个。有省级文物保护单位汪广洋家族墓。经济以农业、工业为主。农业主要种植小麦、玉米、林果。工业以轴承加工、木材加工为主。省道临观路过境。

潘庄镇 371581-B07
[Pānzhuāng Zhèn]

临清市辖镇。在市境西南部。面积45平方千米。人口3.3万。以汉族为主，还有回族。辖30村委会，有28自然村。镇人民政府驻潘庄。1949年属山东省馆陶县。1958年设潘庄区。1964年脱离馆陶县并入临清县。1970年撤区并社后称潘庄公社。1984年改建为潘庄镇。以镇政府驻地得名。有中小学2所，卫生院1个。有市级文物保护单位霍氏先茔。经济以农业、工业为主。农业主要种植小麦、玉米、棉花、蔬菜。工业以轴承加工、酒精生产、特钢生产为主。省道乐馆路过境。

烟店镇 371581–B08

[Yāndiàn Zhèn]

临清市辖镇。在市境西南部。面积52平方千米。人口4.1万。以汉族为主，还有回族。辖34村委会，有34自然村。镇人民政府驻牛张寨。中华人民共和国成立后，隶属河北邯郸专区馆陶潘庄公社。1962年属馆陶县潘庄区。1964年划入临清县。1971年撤区并社成立烟店公社，社址由刘烟店西迁至牛张寨。1984年公社改乡。1994年撤乡设镇。因原驻地为刘烟店村，且此地烟叶交易繁盛，故名烟店。卫运河从境内穿过。有中小学2所，卫生院1个。经济以工业为主。农业主要种植小麦、玉米、棉花。工业形成生产、加工、销售为一体的轴承产业集群，是全国著名的轴承加工基地、轴承交易中心。省道乐馆路过境。

唐园镇 371581–B09

[Tángyuán Zhèn]

临清市辖镇。在市境西南部。面积52平方千米。人口4.2万。以汉族为主，还有回族。辖32村委会，有32自然村。镇人民政府驻唐园。1949年划归河北邯郸专区临清县朱庄区。1958年属朱庄人民公社。1963年属朱庄区。1971年撤区设唐园公社。1984年建唐园乡。2000年撤乡设镇。以镇政府驻地得名。卫运河从境内穿过。有中小学2所，卫生院1个。经济以轴承、农副产品深加工为主导产业。农作物主产小麦、玉米，特产茅寨牛肉、黄金梨、瑶坡杏、瑶坡苹果等，有以孙寨工业园区、马虎寨轴承保持器工业园区、李官寨中小企业创业基地为重点的轴承产业集群。省道乐馆路过境。

金郝庄镇 371581–B10

[Jīnhǎozhuāng Zhèn]

临清市辖镇。在市境东北部。面积86平方千米。人口6.2万。以汉族为主，还有回族。辖57村委会，有45自然村。镇人民政府驻金郝庄。1956年由清平县二区划归临清县。1962年改金郝庄区。1971年撤区并社后为金郝庄人民公社。1983年改建为金郝庄乡。2001年肖寨乡划归金郝庄乡。2010年撤乡设镇。以镇政府驻地得名。马颊河、胡姚河从境内穿过。有中小学2所，卫生院1个，广场1个。有民间艺术木雕仿古家具、金派古筝、木板大鼓。经济以农业、工业为主，农业主要种植小麦、玉米，工业有棉纺织、木材加工、机械加工、电动汽车制造等企业。省道聊夏路、临高路过境。设金郝庄镇长途汽车站。

戴湾镇 371581–B11

[Dàiwān Zhèn]

临清市辖镇。在市境东南部。面积68平方千米。人口3.3万。以汉族为主，还有回族。辖40村委会，有26自然村。镇人民政府驻戴湾。1956年划归临清县戴湾区。1958年成立戴湾人民公社。1984年建戴湾乡。2010年6月撤乡设镇。以镇政府驻地得名。德王河从境内穿过。有中小学2所，卫生院1个。有国家级文物保护单位河隈张庄明清砖窑遗址、戴湾闸，重要古迹皇殿岗。经济以种植蔬菜、林果和畜牧养殖等为主。有纺织、面粉、铸造、轴承等企业。省道临博路过境。

尚店镇 371581–B12

[Shàngdiàn Zhèn]

临清市辖镇。在市境南部。面积49平方千米。人口3.3万。以汉族为主，还有回族。辖34村委会，有34自然村。镇人民政府驻尚店。1949年后属临清县第二区。1958年属朱庄人民公社。1963年属朱庄管辖。1971年撤区后设尚店公社。1984年改建为尚店乡。2010年撤乡设镇。以镇政府驻地得名。有民间艺术仓上村竹马高跷舞、"赶犟驴"和洼里村秧歌舞。经济以农业、加工业为主。农作物主产小麦、玉米、大豆、花生，养殖牛、羊等。工业以地毯加工、建材加工、粮油加工为主。省道临莘路过境。设尚店镇客运汽车站。

旧地名

临东镇（旧） 371581-U01
[Líndōng Zhèn]

临清市辖镇。在市境东部。1994年设立。2001年撤销，其行政区域分别划归先锋路街道、新华路街道、青年路街道。

胡里庄镇（旧） 371581-U02
[Húlǐzhuāng Zhèn]

临清市辖镇。在市境东部。1984年设立。2001年撤销，其行政区域划归新华路街道。

路庄乡（旧） 371581-U03
[Lùzhuāng Xiāng]

临清市辖乡。在市境西南部。1984年设立。1994年更名为八岔路乡，1999年八岔路撤乡设镇。

朱庄乡（旧） 371581-U04
[Zhūzhuāng Xiāng]

临清市辖乡。在市境西南部。1984年设立。2001年撤销，其行政区域划归青年路街道。

肖寨乡（旧） 371581-U05
[Xiāozhài Xiāng]

临清市辖乡。在市境东部。1984年设立。2001年撤销，其行政区域并入金郝庄乡。

康盛庄乡（旧） 371581-U06
[Kāngshèngzhuāng Xiāng]

临清市辖乡。在市境东南部。1984年设立。2001年撤销，其行政区域并入康庄镇。

石槽乡（旧） 371581-U07
[Shícáo Xiāng]

临清市辖乡。在市境东部。1983年设立。2001年撤销，其行政区域并入先锋路街道。

杨桥乡（旧） 371581-U08
[Yángqiáo Xiāng]

临清市辖乡。在市境东南部。1984年设立。1994年撤销，设立临东镇。

社区

龙山社区 371581-A01-J01
[Lóngshān Shèqū]

属青年路街道管辖。在临清市南部。面积4平方千米。人口12 500。因龙山公园而得名。2012年成立。有楼房45栋，现代建筑风格。驻有武训实验小学等单位。通公交车。

温泉社区 371581-A01-J02
[Wēnquán Shèqū]

属青年路街道管辖。在临清市西南部。面积1平方千米。人口9 000。因辖区内有温泉而得名。2002年成立。有楼房165栋，现代建筑风格。驻有临清市民政局、临清市水务局等单位。通公交车。2008年被评为省文明社区。

迅力社区 371581-A01-J03

[Xùnlì Shèqū]

属青年路街道管辖。在临清市西南部。面积4平方千米。人口9 100。原迅力集团坐落辖区内，故名。2002年成立。有楼房67栋，现代建筑风格。驻有临清市卫健局、武训实验小学南校、漳卫南运河管理所等单位。通公交车。

胡家湾社区 371581-A01-J04

[Hújiāwān Shèqū]

属青年路街道管辖。在临清市西南部。面积5平方千米。人口4 800。因辖区内有胡家湾而得名。2002年成立。以平房为主。驻有聊城幼儿师范及附属幼儿园、临清市特殊教育学校等单位。通公交车。

华润社区 371581-A02-J01

[Huárùn Shèqū]

属新华路街道管辖。在临清市东部。面积4平方千米。人口24 300。因辖区内有大型企业华润纺织有限公司，故名。2002年成立。有楼房135栋，现代建筑风格。驻有临清市交通局、彩虹集团、华润集团等单位。通公交车。2008年被评为省文明社区。

元仓社区 371581-A02-J02

[Yuáncāng Shèqū]

属新华路街道管辖。在临清市东部。面积8平方千米。人口25 700。因境内有两个圆形粮仓而得名圆仓街，后演变为元仓街，故名。2002年成立。有楼房48栋，现代建筑风格。通公交车。

古楼社区 371581-A02-J03

[Gǔlóu Shèqū]

属新华路街道管辖。在临清市中部。面积11平方千米。人口45 000。此地有临清著名的古楼遗址，辖区内主要街巷为古楼街，故名。2002年成立。有楼房370栋，现代建筑风格。驻有临清市国税局、临清市人民法院等单位。通公交车。2007年被评为省文明社区。

银河社区 371581-A03-J01

[Yínhé Shèqū]

属先锋路街道管辖。在临清市西部。面积8平方千米。人口7 000。紧邻银河路，有大型企业银河纸业集团在辖区内，故名。2002年成立。有楼房40栋，现代建筑风格，还有平房。驻有三和集团、聊城市第二人民医院等单位。通公交车。2007年被评为省文明社区。

歇马亭社区 371581-A04-J01

[Xiēmǎtíng Shèqū]

属大辛庄街道管辖。在临清市东南部。面积1平方千米。人口8 100。历史古迹歇马亭位于该社区内，故名。2004年成立。有楼房52栋，现代建筑风格。驻有临清市检察院、临清市中医院、临清市气象局等单位。通公交车。2010年被评为省文明社区。

阳谷县

阳谷县 371521

[Yánggǔ Xiàn]

聊城市辖县。北纬36°06′，东经115°47′。在市境西南部。面积1 065平方千米。人口80.9万。辖3街道、13镇、2乡。县人民政府驻侨润街道。秦置东阿县，属东郡。两汉因之。三国魏、晋属济北国。西晋末县废。北魏复置。隋开皇十六年（596）析东阿县，置阳谷县，取古阳谷亭为名，属济州，后属济北郡。唐初属济州，后属郓州。北宋景德三年（1006）徙治孟店，属京东西路东平府。五代时仍属郓州。金属东平府。元属东平路。明清属兖州府。1913 年属东临道。1925 年属东昌道。1928 年属省。1936 年属第六行政督察区。1939 年建立抗日民主政权。1940 年属鲁西行政区（鲁西第四）专区。1941 年后属冀鲁豫行政区第四、六、九专区。1949 年属平原省聊城专区。1952 年划归山东省。1958 年并入寿张县，1961 年复置。1964 年寿张县撤销，金堤以北地区并入。1967 年属聊城地区。1998 年改属聊城市。（资料来源：《阳谷县志》）地处黄河冲积平原，地势由西南向东北缓倾，平均海拔 34.5~44.7 米。年均气温 13.5℃，1 月平均气温 −1.8℃，7 月平均气温 26.8℃。年均降水量 573.9 毫米。有黄河、金堤河、小运河、赵王河、羊角河、新金线河、徒骇河等流经。有煤、地热、矿泉水、黏土等矿产资源。有国家级工程技术研究中心 1 个，省级工程技术研究中心 4 个。有中小学 123 所，图书馆 1 个，体育场馆 1 个，二级以上医院 2 个。有国家级文物保护单位景阳冈遗址、京杭运河阳谷段等 7 个，省级文物保护单位 7 个，有国家级非物质文化遗产张秋木版年画，风景名胜区和重要古迹、景点景阳冈等 11 个。三次产业比例为 14.7∶56.7∶28.6。农业以畜牧、种植业为主，农作物有小麦、玉米、棉花、蔬菜等。工业以铜精深加工、光纤光缆加工、塑料化工、绿色食品加工、轻纺和汽车饰品加工为主导产业，拥有世界上技术先进、环保、节能、高效的大型铜冶炼企业阳谷祥光铜业。服务业以商贸业为主，出口鸡肉制品、防焦剂、阴极铜板等。境内铁路 38 千米，公路 2 400 千米。有京九铁路，德上高速，省道德商路、临邹路、齐南路、蒙馆路过境。

侨润街道 371521–A01

[Qiáorùn Jiēdào]

阳谷县人民政府驻地。在县境东北部。面积 46 平方千米。人口 5.8 万。2004 年设立。因部分华侨筹建国际高科制造工业园得名侨润。2010 年起，先后完成了北环路改造、谷山路北延、中心街等道路建设，并完成了县人民医院、汽车站、保健站、变电站等单位的迁建工作。赵王河从境内穿过。有省级工程技术研究中心 1 个。有中小学 7 所，卫生院 2 个。农业以环保、生态农业为主，种植大棚蔬菜、小麦、玉米，大力发展林业。工业以电缆加工、塑胶制造、纺织业、挂车零部件生产等特色产业为主，有国家生态工业示范园区阳谷祥光生态工业园。有阳谷汽车站，通公交车。

博济桥街道 371521–A02

[Bójìqiáo Jiēdào]

属阳谷县管辖。在县境东南部。面积 53 平方千米。人口 6.3 万。以汉族为主，还有回、朝鲜等民族。2004 年设立。因辖区内有明代古桥博济桥而得名。锦绣园小区、国泰花园、怡博园、景阳冈四星级酒店等项目相继完成，谷山路南延、景阳路改造、宁津路南延建设完成，紫汇湖、金水湖公园建成。赵王河从境内穿过。有中小学 7 所，医疗卫生机构 66 个。有古迹博济桥。经济有化肥生产、挂车制造、电缆加工、彩印包装、新型钢结构制造等优势产业，有中小企业创业辅导基地等。农业以特色养殖业、种植业等为主，有丰源千亩现代农业示范基地。有阳谷火车站，通公交车。

狮子楼街道 371521–A03

[Shīzilóu Jiēdào]

属阳谷县管辖。在县境西部。面积 33

平方千米。人口 3.5 万。2004 年设立。因辖区内有狮子楼得名。建成阳谷综合大市场，对老城区内金河路、西城路、北环路、南环路、西环路等主干街道进行改造，完成紫石仿宋商业步行街、县廉租房等建设项目。有中小学 6 所，医疗卫生机构 1 个。有名胜古迹狮子楼旅游城、文庙、会盟台、吴凯墓、紫荆堂等。经济形成化工、针织、电缆加工、造纸、密度板生产、挂车制造、建筑建材生产、包装印刷等主导产业。农业以小麦、玉米种植和畜牧业为主。通公交车。

阿城镇 371521–B01
[Ēchéng Zhèn]

阳谷县辖镇。在县境东部。面积 115 平方千米。人口 7.1 万。以汉族为主，还有满、回、蒙古等民族。辖 83 村委会，有 93 自然村。镇人民政府驻阿城村。1954 年属阳谷县第二区。1958 年并入寿张县为阿城公社。1984 年改置阿城镇。2001 年范海镇并入。以镇政府驻地得名。黄河、金堤河、小运河从境内穿过。有中小学 18 所，医院 1 个。有国家级文物保护单位阿城上闸、阿城下闸，省级文物保护单位海会寺、阿城故城址、陶城铺魏氏家族墓。经济以农业为主，主要种植玉米、小麦、棉花、蔬菜等，名优特产品有西葫芦、长茄、石榴、葡萄等，有冬暖式蔬菜大棚。工业有阿胶生产、化工、酿酒、彩印、机械配件加工、清真肉联厂等企业。324 省道、258 省道过境。

七级镇 371521–B02
[Qījí Zhèn]

阳谷县辖镇。在县境东北部。面积 68 平方千米。人口 4.1 万。以汉族为主，还有回等民族。辖 50 村委会，有 74 自然村。镇人民政府驻七级村。1949 年为阳谷县第四区。1958 年入寿张县为七级公社。1961 年复归阳谷县仍为七级公社。1984 年改置镇。以镇政府驻地得名。小运河从境内穿过。有中小学 11 所，卫生院 1 个。有古迹狄大光故宅。经济以农业为主，主要种植蔬菜。工业以机械制造、耐火材料生产、建材生产、农副产品加工为主，有工业园区 1 个。258 省道过境。

安乐镇 371521–B03
[Ānlè Zhèn]

阳谷县辖镇。在县境东北部。面积 66 平方千米。人口 3.7 万。以汉族为主，还有回、满、黎等民族。辖 45 村委会，有 55 自然村。镇人民政府驻安乐村。1949 年为阳谷五区。1958 年设安乐镇公社。1984 年改置镇。以镇政府驻地得名。赵王河从境内穿过。有中小学 7 所，卫生院 1 个。农业以种植业、养殖业为主，规模化养殖肉鸡。工业以食品加工等为主，是全县重要的食品工业生产基地，建设百亿绿色食品工业园。有公路经此。

寿张镇 371521–B04
[Shòuzhāng Zhèn]

阳谷县辖镇。在县境南部。面积 69 平方千米。人口 7.2 万。以汉族为主，还有回族。辖 67 村委会，有 78 自然村。镇人民政府驻寿张村。1958 年设寿张公社。1982 年改置镇。2001 年四棚镇并入。以镇政府驻地得名。金堤河从境内穿过。有中小学 20 所，卫生院 3 个。有纪念地刘邓大军强渡黄河指挥部旧址，省级非物质文化遗产寿张黄河夯号，古迹唐张公祠、五代名将王彦章故里碑等。经济以农业为主。有彩印、化工、食品加工、酿造、建材生产、木器加工等业，有布匹、木材、水果、蔬菜四大专业批发市场。京九铁路、省道聊商公路过境。

张秋镇 371521-B05

[Zhāngqiū Zhèn]

阳谷县辖镇。在县境东南部。面积 52 平方千米。人口 5.1 万。以汉族为主，还有回、蒙古、维吾尔、彝、满等民族。辖 51 村委会，有 49 自然村。镇人民政府驻张秋村。1952 年设寿张县五区。1958 年改张秋公社。1964 年划归阳谷县。1984 年改置镇。以镇政府驻地得名。金堤河、小运河从境内穿过。有中小学 10 所，卫生院 1 个。有国家级文物保护单位景阳冈遗址、京杭大运河，省级文物保护单位张秋陈氏故居、红堌堆遗址、张秋山陕会馆、龙山文化古城，国家级非物质文化遗产张秋木版年画。农业以种植小麦、玉米等为主。工业以食品加工、机械加工、塑料化工等为主，“新世纪”牌清真食品销往阿拉伯、中东等国家和地区。有公路经此。

阎楼镇 371521-B06

[Yánlóu Zhèn]

阳谷县辖镇。在县境东部。面积 66 平方千米。人口 5.2 万。以汉族为主，还有回、壮等民族。辖 52 村委会，有 71 自然村。镇人民政府驻阎楼村。1949 年为第七区。1958 年改阎楼公社。1984 年设乡。1995 年撤乡设镇。以镇政府驻地得名。赵王河从境内穿过。有中小学 9 所，卫生院 1 个，广场 60 个。农业以种植小麦、玉米、棉花、油料作物为主。工业以塑化、纺织、钢铁等产业为主，建有省级塑料制品生产基地。省道齐南路过境。

石佛镇 371521-B07

[Shífó Zhèn]

阳谷县辖镇。在县境北部。面积 58 平方千米。人口 3.9 万。以汉族为主，还有回、苗、彝等民族。辖 42 村委会，有 55 自然村。镇人民政府驻石佛村。1950 年设第八区。1958 年并入定水镇公社。1971 年析设石佛公社。1984 年改设乡。1995 年撤乡建镇。以镇政府驻地得名。羊角河从境内穿过。有中小学 7 所，卫生院 1 个。有名胜古迹孟母祈蚕之地、“蔡伦造纸术”发源地。农业以种植小麦、玉米为主。工业以铜及铜制品加工、电线电缆制造、机械加工及食品加工等为主，有祥光生态工业园区。京九铁路、254 省道过境。

李台镇 371521-B08

[Lǐtái Zhèn]

阳谷县辖镇。在县境南部。面积 42 平方千米。人口 3.7 万。辖 54 村委会，有 35 自然村。镇人民政府驻李台村。1958 年设李台公社。1984 年改设乡。1998 年撤乡设镇。以镇政府驻地得名。金堤河从境内穿过。有中小学 7 所，卫生院 1 个。有地方特色民间艺术苇编。农业以种植小麦、玉米、蔬菜为主，冬暖式大棚形成规模，是鲁西无公害蔬菜生产基地之一。工业以注塑模具和环保材料生产为主，是县内最大的家具制造、销售集散地。有公路经此。

十五里园镇 371521-B09

[Shíwǔlǐyuán Zhèn]

阳谷县辖镇。在县境东南部。面积 56 平方千米。人口 4.2 万。以汉族为主，还有回、苗等民族。辖 53 村委会，有 63 自然村。镇人民政府驻十五里园村。1950 年设寿张县第七区。1955 年改十五里园区。1958 年改公社。1964 年划归阳谷县。1984 年改设十五里园乡。1998 年撤乡设镇。以镇政府驻地得名。金堤河从境内穿过。有中小学 13 所，卫生院 1 个。有省级文物保护单位蚩尤冢遗址。经济以工具制造业、樱桃特色产业为主。有公路经此。设十五里园汽车站。

定水镇 371521-B10
[Dìngshuǐ Zhèn]

阳谷县辖镇。在县境北部。面积 58 平方千米。人口 2.9 万。辖 39 村委会，有 46 自然村。镇人民政府驻定水村。金代于此设镇（军事驻防机构）。1949 年为第八区。1958 年改定水镇公社。1984 年改设乡。1995 年改置镇。以镇政府驻地得名。徒骇河、金线河从境内穿过。有中小学 9 所，卫生院 1 个，广场 41 个。为坡里暴动纪念地。经济以农机配件制造、化工、力缆制造、金刚石制造等地方特色工业和白莲藕、大蒜、芹菜种植、特种养殖为主。有公路经此。

西湖镇 371521-B11
[Xīhú Zhèn]

阳谷县辖镇。在县境西部。面积 79 平方千米。人口 4.1 万。以汉族为主，还有回、壮等民族。辖 48 村委会，有 71 自然村。镇人民政府驻孔桥村。1949 年为一区。1958 年改西湖公社。1984 年改设乡。2001 年原翟庄乡并入。2010 年改置镇。因镇政府原驻地西湖村得名。新老金线河从境内穿过。有中小学 14 所，体育场 4 个，卫生院 2 个。经济以特色产业电缆、钎具制造为主，有省级技术开发中心、电线电缆科研基地，代表企业有阳谷电缆集团、耐克森阳谷新日辉电缆、太平洋光缆和电力电缆等。农业主要以蔬菜种植、畜牧养殖为主。省道蒙馆路、齐南路过境。

郭屯镇 371521-B12
[Guōtún Zhèn]

阳谷县辖镇。在县境东北部。面积 57 平方千米。人口 3.1 万。以汉族为主，还有回、壮、苗等民族。辖 53 村委会，有 59 自然村。镇人民政府驻郭店屯。1949 年属阳谷县八区。1958 年并入安乐镇人民公社。1961 年改属安乐镇区郭店屯公社。1984 年改设乡。2010 年撤乡设镇。以镇政府驻地得名。赵王河、羊角河从境内穿过。有中小学 8 所，卫生院 1 个。农业以种植小麦、玉米、蔬菜和畜牧养殖为主。工业以电缆、钎具、五金工具加工为主。254 省道过境。

高庙王镇 371521-B13
[Gāomiàowáng Zhèn]

阳谷县辖镇。在县境西南部。面积 62 平方千米。人口 4.2 万。辖 58 村委会，有 72 自然村。镇人民政府驻高庙王村。1971 年析西湖、李台、金斗营 3 公社地设高庙王公社。1984 年设乡。2013 年撤乡设镇。以镇政府驻地得名。老金线河从境内穿过。有中小学 7 所，卫生院 1 个。有古迹三国时期仓亭津、曹魏积粮屯兵的军仓遗址。经济以辣椒种植和玻璃制造为主，有万亩辣椒种植基地。有公路经此。

大布乡 371521-C01
[Dàbù Xiāng]

阳谷县辖乡。在县境北部。面积 58 平方千米。人口 3.8 万。以汉族为主，还有回、壮等民族。辖 48 村委会，有 58 自然村。乡人民政府驻大布村。1950 年设第六区。1956 年改大布区。1958 年改公社。1984 年设乡。2001 年大布乡、杨庄乡合并为大布乡。2004 年大布乡 19 个村庄划归侨润街道。以乡政府驻地得名。金线河、羊角河从境内穿过。有中小学 8 所，卫生院 1 个。农业以种植小麦、玉米、蔬菜为主。工业有木材加工、彩印包装、电线电缆加工、淀粉加工、橡胶软管和机械铸造、板材加工为特色产业。京九铁路、省道聊商路过境。

金斗营乡 371521-C02
[Jīndǒuyíng Xiāng]

阳谷县辖乡。在县境西南部。面积 38

平方千米。人口 3.1 万。以汉族为主，还有回、壮等民族。辖 27 村委会，有 12 自然村。乡人民政府驻金斗营村。1971 年由李台公社析设金斗营公社。1984 年改设乡。以乡政府驻地得名。金堤河从境内穿过。有中小学 8 所，卫生院 1 个。农业以特色种植为主，产蔬菜、杂果、中药材等。有服装加工、肉鸡宰杀、家具制造、汽车坐垫加工等企业。有公路经此。

社区

谷山社区 371521–A01–J01
[Gǔshān Shèqū]

属侨润街道管辖。在阳谷县中部。面积 8.5 平方千米。人口 10 500。因谷山路通过该社区得名。2004 年成立。有楼房 50 余栋，现代建筑风格。有便民服务。通公交车。2014 年被评为省文明社区。

博济社区 371521–A02–J01
[Bójì Shèqū]

属博济桥街道管辖。在阳谷县东南部。面积 1.6 平方千米。人口 1 500。因博济桥得名。2004 年成立。有楼房 60 余栋，现代建筑风格，还有平房。驻有世纪园小学、阳谷第二实验小学等单位。通公交车。2014 年被评为省文明社区。

会盟社区 371521–A03–J01
[Huìméng Shèqū]

属狮子楼街道管辖。在阳谷县西部。面积 3.91 平方千米。人口 5 000。据记载，春秋鲁僖公三年（前 687），作为周边霸主的齐桓公约宋、江、黄三国诸侯会盟于阳谷，故名。2004 年成立。有楼房 70 余栋，现代建筑风格。通公交车。

莘县

莘县 371522
[Shēn Xiàn]

聊城市辖县。北纬 36°23′，东经 115°66 ′。在市境西南部。面积 1 420 平方千米。人口 103.8 万。以汉族为主，还有回、蒙古等民族。辖 4 街道、20 镇。县人民政府驻燕塔街道。春秋为卫莘邑地。西汉置阳平县，又置东武阳县，同属东郡。三国魏阳平县改属阳平郡。北魏改东武阳县为武阳县。北齐改阳平县为乐平县，废武阳县。隋开皇六年（586）乐平县复名阳平县，八年改名清邑县，十六年置莘州。大业初废州，改清邑县为莘县，因县北古莘亭而名，属武阳郡。唐属魏州。宋、金属大名府。元属东昌路。明、清属东昌府。1914 年属东临道。1925 年属东昌道。1928 年属省。1936 年属第六行政督察区。1940 年属鲁西行政区鲁西北专区。后属冀鲁豫行政区第三专区（1941），冀南行政区第七专区（1943）、第一专区（1945）、平原省聊城专区。1952 年属山东省聊城专区。1956 年观朝县撤销，北部并入莘县。1958 年撤莘县入范、冠 2 县。1961 年复置。1964 年范县北部 5 个区划归莘县。1967 年属聊城地区。1998 年改属聊城市。（资料来源：《莘县县志》）地处鲁西北平原，地势西南高东北低。年均气温 13.4℃，1 月平均气温 −1.9℃，7 月平均气温 26.8℃。年均降水量 501.9 毫米。有金堤河、徒骇河、马颊河、金线河等流经。有黏土、煤、岩盐、地热、石油、镍等矿产资源。有野生植物 200 多种，其中国家重点保护野生植物有紫花补血草、玫瑰、单叶蔓荆等 7 种。有野生动物 96 种，其中国家重点保护野生动物有白鹳、大天鹅、中华秋沙鸭、黑嘴鸥等 31 种。有省级自然保护区 1 个。森林覆盖率14%。有市级以上工程技术研究中心10个。有中小学211所，图书馆1个，博物馆1个，档案馆1个，知名文艺团体3个，体育场馆2个，二级以上医院4个。有国家级文物保护单位1个，省级文物保护单位8个，爱国主义教育基地、纪念地鲁西北革命烈士陵园等7个，省级非物质文化遗产2个，重要古迹、景点19个。三次产业比例为16.9∶48.6∶34.5。农业以种植业、畜牧业为主，主产小麦、玉米、瓜果、蔬菜、食用菌，莘县绿色瓜菜菌种植科技园区为国家级农业科技园区，燕店镇和董杜庄镇为国家级标准化香瓜和西瓜生产示范区，"莘县香瓜""莘县蘑菇"为国家地理标志证明商标。是畜禽养殖大县，主要养殖生猪和肉食鸡。工业以石油化工、盐化工、塑编加工、玻璃制品、食品加工、畜禽肉食及饲料加工、木材加工、轴承及轴承保持器加工、机械铸造、大豆蛋白加工为主。服务业以商贸物流业为主，鲁西国际现代物流园为全省服务业重点园区，建有电子商务产业园和阿里巴巴农村淘宝莘县服务中心。境内公路196.3千米。德商高速、莘县至南乐(鲁豫界)高速公路和省道永莘路、临商路、临观路、齐南路、蒙馆路过境。

燕塔街道 371522-A01

[Yàntǎ Jiēdào]

莘县人民政府驻地。在县境西部。面积41平方千米。人口6.2万。以汉族为主，还有回族。2004年设立。因境内燕塔得名。2006年重修燕塔，建燕塔公园。拆迁改造建设了燕塔小区、府前片区、立信小区等住宅区。对健康路、滨河北路、滨河南路等道路拓建改造。安庄清水河从境内穿过。有中小学14所，医疗卫生机构5个。有省级文物保护单位莘县文庙。经济以农业为主。农作物产小麦、玉米等，有棚菜种植和畜禽养殖业，是市有机蔬菜生产基地。工业、服务业以机械制造、食品加工、房地产开发、商贸物流等为主，有燕塔农业科技园。通公交车。

莘州街道 371522-A02

[Shēnzhōu Jiēdào]

属莘县管辖。在县境南部。面积31平方千米。人口2.7万。以汉族为主，还有回、白等民族。2004年设立。因隋唐莘州治位于辖区内而得名。2009年后，先后拆迁改造法官公寓、鑫苑小区等住宅区，新建老年公寓、莘州大桥，拓宽了武阳街、通运路，修建了观光湖。徒骇河从境内穿过。有中小学5所，图书馆27个，医疗卫生机构8个。有市级文物保护单位东武阳故城遗址。境内有徒骇河公园、燕塔广场、古文庙、观光湖，一塔一河、一庙一湖旅游发展新格局正在形成。经济以农业为主。农业主产小麦、玉米、棉花，饲养猪、羊、家禽等。工业有木塑制品加工、金属品加工、蓄电池生产、环保机械制造、化工、食品加工、服装加工、饲料生产等企业，有莘州高新技术产业园。通公交车。

莘亭街道 371522-A03

[Shēntíng Jiēdào]

属莘县管辖。在县境北部。面积44平方千米。人口3.4万。2004年设立。商相伊尹在出仕前曾隐耕于此，后建莘亭，隋唐于此两置莘亭县，故名。2009年后先后改造建成名相龙城、金审小区等住宅区，拓宽修建鸿图、创业、耕莘等道路。有中小学8所，图书馆27个，医疗卫生机构10个。有市级文物保护单位伊尹耕莘碑亭。经济以农业为主。农业主产小麦、玉米、花生、大棚蔬菜等，养殖肉食鸡、生猪等。工业有大豆蛋白加工、食品加工、机械制造、白酒酿造等企业。通公交车。

东鲁街道 371522-A04

[Dōnglǔ Jiēdào]

属莘县管辖。在县境东部。面积 36 平方千米。人口 4.3 万。以汉族为主，还有回、白等民族。2004 年设立。以境内东鲁店得名。先后改造建成金水温泉酒店、伊尹酒店、莘县第一中学、温州商贸城、中原国际商贸城、莘县会展中心等，新修、拓建了槐堂路、甘泉路、东升路等多条道路。徒骇河、金线河从境内穿过。有中小学 6 所，医疗卫生机构 2 个。有省级文物保护单位王旦墓、唐代相庄遗址。经济以农业为主。农业主产小麦、玉米、蔬菜，有鲁西现代农业示范园。工业形成化工、铸造、纺织、食品、饲料五大主导企业。服务业以商贸物流为主，有鲁西国际现代物流城。有莘县长途汽车站，通公交车。

张鲁回族镇 371522-B01

[Zhānglǔ Huízú Zhèn]

莘县辖镇。在县境西部。面积 83 平方千米。人口 5.6 万。以汉族为主，还有回、朝鲜等民族。辖 51 村委会，有 37 自然村。镇人民政府驻南无村。1943 年设莘朝县第四区。1945 年分属元朝县第七区、莘县第四区和第五区。1950 年为莘县第四区。1955 年改称张鲁区。1958 年设张鲁乡，9 月改张鲁公社，12 月属范县。1961 年复归莘县。1962 年又设张鲁区。1971 年复设张鲁公社。1984 年撤社建张鲁回族镇和刘庄乡。2001 年刘庄乡撤入张鲁回族镇。因镇政府原驻地张鲁集，且为回民聚居地，故名。马颊河从境内穿过。有中小学 11 所，卫生院 12 个。有市级文物保护单位马本斋烈士陵园。经济以农业为主。农产小麦、玉米、蔬菜、水果，高富硒苹果注册“一品翠”商标，获绿色食品称号。畜牧业以养殖羊、家禽等为主，是山东省小尾寒羊、波尔山羊繁育调拨基地。工业有化工、粮油加工、高科技环保材料加工、木材加工、食品加工等厂。有公路经此。

朝城镇 371522-B02

[Cháochéng Zhèn]

莘县辖镇。在县境南部。面积 71 平方千米。人口 5.5 万。以汉族为主，还有回、藏等民族。辖 97 村委会，有 105 自然村。镇人民政府驻后口村。1949 年为朝城县城关区。1950 年改名一区。1953 年改属观朝县。1956 年设莘县朝城区。1958 年 2 月置朝城镇，9 月设朝城公社，12 月改属范县。1961 年复属莘县。1962 年复置朝城区。1971 年再称朝城公社。1984 年撤社置朝城镇。因曾为朝城县治，故以旧朝城县得名。有中小学 15 所，医院 1 个。有省级文物保护单位朝城天主教堂、朝城耶稣教堂、朝城清真寺、孟洼遗址。经济以农业为主。农产小麦、玉米、蔬菜、食用菌、水果。有蔬菜加工、面粉加工、化工、食用菌深加工、肉食深加工等企业，建有化工产品、牛羊肉、建材、生资、农机、家电、百货、木材等专业市场，是冀、鲁、豫三省交界地区规模较大的商品集散地。省道齐南路、临商路过境。设朝城汽车站。

观城镇 371522-B03

[Guànchéng Zhèn]

莘县辖镇。在县境西南部。面积 65 平方千米。人口 4.1 万。以汉族为主，还有回族。辖 56 村委会，有 65 自然村。镇人民政府驻观城。1949 年初为观城县一区。1953 年改名四区。1955 年改设观城区。1956 年改属范县。1958 年设观城乡，9 月设观城公社。1962 年复设观城区。1964 年划归莘县。1971 年复置观城公社。1984 年改置观城镇。以镇政府驻地得名。有中小学 10 所，卫生院 2 个。有市级文物保护单位明代韩氏家族墓地。经济以农业为主，盛产小麦、玉米、甜杏、雪梨、食用菌等。工业以纺织、电气设备制造、植物纤维提取、生物制剂生产等为主。服务业以商贸物流为主。省道临商公路过境。

古城镇 371522-B04

[Gǔchéng Zhèn]

莘县辖镇。在县境东南部。面积 75 平方千米。人口 5.4 万。辖 67 村委会，有 70 自然村。镇人民政府驻古城。中华人民共和国成立初为范县城镇。1950 年为范县一区。1956 年复称城镇区。1956 年改岔楼区。1958 年分置舍利寺、古城 2 乡。1964 年古城乡划归莘县。1971 年建古城公社。1984 年分置古城镇和舍利寺乡。2001 年舍利寺乡并入古城镇。以镇政府驻地得名。金堤河、金线河从境内穿过。有中小学 9 所，卫生院 1 个。有市级文物保护单位金代铁钟。经济以农业为主，盛产小麦、玉米等，有食用菌、露地菜、淡水养殖、畜禽养殖等产业，有花香菇生产基地，产品远销日本、新加坡、韩国等国际市场。工业以建材加工、木材加工、肉食冷藏及深加工为主。服务业以运输为主。德商高速过境。

大张家镇 371522-B05

[Dàzhāngjiā Zhèn]

莘县辖镇。在县境西南部。面积 60 平方千米。人口 4.3 万。辖 47 村委会，有 47 自然村。镇人民政府驻大张家。中华人民共和国成立后，初为观城县三区。1953 年改五区。1955 年改名大张区。1956 年属观城区。1958 年改设大张乡，同年撤入观城公社。1962 年设大张小公社。1964 年划归莘县。1971 年设立大张公社。1984 年建大张家乡。1986 年撤乡设镇。以镇政府驻地得名。徒骇河从境内穿过。有中小学 10 所，卫生院 1 个。有市级文物保护单位马陵古战场遗址。经济以农业为主，农作物主产小麦、玉米、花生。工业以特钢铸造、塑编为主。服务业以商贸物流为主。有公路经此。

古云镇 371522-B06

[Gǔyún Zhèn]

莘县辖镇。在县境西南部。面积 60 平方千米。人口 4.7 万。辖 44 村委会，有 45 自然村。镇人民政府驻古云集。中华人民共和国成立后，初属濮县第一区。1955 年属濮县城区。1956 年属范县马陵区。1958 年 1 月设古云乡，8 月改古云公社。1963 年改设古云区。1964 年划归莘县。1971 年又置公社。1984 年撤社建乡。1987 年改置古云镇。以镇政府驻地得名。金堤河从境内穿过。有中小学 14 所，卫生院 1 个。有爱国主义教育基地鲁西第一党支部纪念馆。经济以农业为主。农业以种植小麦、玉米、花生、蔬菜为主。工业以盐化工、石油化工、塑料编织、玻璃制品、热电联产、特钢制造为主。服务业以旅游、商贸物流为主。有公路经此。设古云镇客运站。

十八里铺镇 371522-B07

[Shíbālǐpù Zhèn]

莘县辖镇。在县境中部。面积 80 平方千米。人口 4.4 万。以汉族为主，还有苗、蒙古、藏等民族。辖 69 村委会，有 85 自然村。镇人民政府驻十八里铺。中华人民共和国成立后，初属莘县六区。1958 年 2 月始设十八里铺乡，9 月改十八里铺公社，12 月划归范县。1961 年复归莘县。1962 年改十八里铺区。1971 年改十八里铺公社。1984 年分设十八里铺、王铺 2 乡。1996 年十八里铺乡改置镇。2001 年王铺乡并入。以镇政府驻地得名。徒骇河从境内穿过。有中小学 14 所，卫生院 1 个。有省级文物保护单位张庄古墓。经济以农业为主。农业以种植小麦、玉米、蔬菜为主。工业以印染纺织、塑料制品加工、电线电缆制造、炼铁铸造等为主。服务业以商贸物流为主。省道临商公路过境。

燕店镇 371522-B08
[Yāndiàn Zhèn]

莘县辖镇。在县境西北部。面积 46 平方千米。人口 4.0 万。辖 34 村委会，有 43 自然村。镇人民政府驻燕店。中华人民共和国成立后，初为莘县二区。1955 年改称燕店区。1958 年设燕店乡，8 月改燕店公社，12 月属冠县。1961 年复归莘县。1962 年复称燕店区。1971 年称燕店公社。1984 年又设燕店乡。2000 年置镇。以镇政府驻地得名。有中小学 6 所，卫生院 1 个。经济以农业为主，盛产小麦、玉米、棉花等，香瓜种植为特色产业，建有燕店绿博园农业生态示范基地、香瓜生产标准化基地和韭菜生产基地。工业以食品加工、机制门加工、纺织织造、塑编为主。服务业以餐饮为主。省道蒙馆路过境。

董杜庄镇 371522-B09
[Dǒngdùzhuāng Zhèn]

莘县辖镇。在县境西部。面积 51 平方千米。人口 3.2 万。以汉族为主，还有回族。辖 42 村委会，有 44 自然村。镇人民政府驻董杜庄。中华人民共和国成立后，初属莘县五区。1955 年属大宋庄区。1958 年 2 月属俎店乡，9 月属俎店公社，12 月划属范县。1960 年俎店、张鲁两公社合并，建董杜庄公社。1961 年张鲁公社析出。1961 年复归莘县。1962 年复设俎店区。1971 年改董杜庄公社。1984 年分设董杜庄、俎店 2 乡。2000 年 2 乡合并设董杜庄镇。以镇政府驻地得名。徒骇河、马颊河从境内穿过。有中小学 6 所，卫生院 3 个，广场 20 个。有国家级文物保护单位唐代韩氏家族墓，爱国主义教育基地曾广福事迹陈列馆。经济以农业为主，主要种植西瓜、蔬菜、小麦、玉米。工业以纺织、化工、饲料生产、农副产品加工为主。服务业以商贸、旅游为主。省道临观路过境。

王奉镇 371522-B10
[Wángfèng Zhèn]

莘县辖镇。在县境西北部。面积 87 平方千米。人口 5.2 万。以汉族为主，还有回族。辖 41 村委会，有 41 自然村。镇人民政府驻王奉集。中华人民共和国成立后，初为莘县第八区。1950 年改三区。1955 年改称王奉区。1958 年 2 月设王奉乡，9 月改设王奉公社，12 月划归冠县。1961 年复归莘县。1962 年又设王奉区。1971 年复设王奉公社。1984 年分设岩集、王奉 2 乡。2001 年岩集乡并入。2001 年撤乡设镇。以镇政府驻地得名。有中小学 13 所，卫生院 1 个。经济以农业为主，主要种植小麦、玉米、花生、棉花、蔬菜、葡萄等，是无公害葡萄、花生生产基地。有榨油、预制件、食品加工、轴承制造、不锈钢制造等企业。服务业以交通运输为主。有公路经此。

樱桃园镇 371522-B11
[Yīngtáoyuán Zhèn]

莘县辖镇。在县境南部。面积 81 平方千米。人口 6.1 万。辖 58 村委会，有 61 自然村。镇人民政府驻百寨。中华人民共和国成立后，初属范县第四区。1956 年改属颜村铺区。1958 年 1 月置范镇乡，8 月建范镇公社。1963 年改置城镇区。1964 年划归莘县，改设樱桃园区。1971 年改建公社。1984 年设樱桃园乡。2001 年撤乡设镇。以镇政府原驻地樱桃园村得名。有中小学 21 所，卫生院 1 个。有市级文物保护单位清朝宁氏家族墓地。经济以农业为主，主要种植小麦、玉米、蔬菜。工业以金属制品加工、服装纺织、木材加工、化工原料生产等为主。服务业以交通运输为主。省道临商路、临观路过境。设樱桃园汽车站。

河店镇 371522-B12
[Hédiàn Zhèn]

莘县辖镇。在县境北部。面积 41 平方千米。人口 3.6 万。辖 35 村委会，有 40 自然村。镇人民政府驻河店。中华人民共和国成立后，初为莘县二区。1955 年 9 月属燕店区。1958 年建燕店公社，12 月划归冠县。1961 年复归莘县。1962 年又设燕店区。1971 年撤区置河店公社。1984 年设河店乡。2002 年改置河店镇。以镇政府驻地得名。有中小学 6 所，卫生院 11 个。有市级文物保护单位汉代发干故城遗址。经济以农业为主，主要种植小麦、玉米、香瓜、西红柿等。工业以轴承配件加工、农副产品加工、棉纺织加工等为主。服务业以商贸为主，设有瓜果菌菜交易市场。省道临商路过境。

妹冢镇 371522-B13
[Mèizhǒng Zhèn]

莘县辖镇。在县境中部。面积 67 平方千米。人口 5.4 万。以汉族为主，还有回族。辖 65 村委会，有 73 自然村。镇人民政府驻李庄。中华人民共和国成立后，初为朝城县二区。1953 年为观朝县二区。1955 年改称妹冢区。1958 年 2 月设妹冢乡，8 月改建公社，12 月划归范县。1961 年复归莘县。1962 年复置妹冢区。1971 年又改公社。1984 年建妹冢乡。2002 年改置镇。因镇政府原驻地西妹冢村而得名。徒骇河从境内穿过。有中小学 9 所，卫生院 1 个，广场 1 个。经济以农业为主，主要种植蔬菜、小麦、玉米，食用菌种植和鸡鸭养殖为新兴产业。工业以纺织为主。服务业以餐饮住宿等为主。省道临商路、临观路过境。

魏庄镇 371522-B14
[Wèizhuāng Zhèn]

莘县辖镇。在县境北部。面积 66 平方千米。人口 4.3 万。辖 33 村委会，有 34 自然村。镇人民政府驻魏庄。1971 年由燕店区析出，建魏庄公社。1984 年分置魏庄、邹巷 2 乡。2001 年邹巷乡并入。2010 年改置魏庄镇。以镇政府驻地得名。有中小学 11 所，卫生院 1 个。经济以种植大棚蔬菜瓜果为主，盛产香瓜、双孢菇、芦笋。工业以铸造、建材加工、食品加工、饲料加工、塑料加工为特色。服务业以餐饮为主。省道蒙馆路、临观路过境。

张寨镇 371522-B15
[Zhāngzhài Zhèn]

莘县辖镇。在县境西南部。面积 59 平方千米。人口 5.1 万。以汉族为主，还有回、壮、蒙古等民族。辖 64 村委会，有 75 自然村。镇人民政府驻黄庙。中华人民共和国成立后，初为朝城县二区。1953 年改属观朝县二区、妹冢区。1971 年由妹冢区析置张寨公社。1984 年改设张寨乡。2010 年撤乡设镇。因镇政府驻地距张寨村较近，故以张寨命名。有中小学 12 所，卫生院 1 个。有市级文物保护单位苏村烈士陵园。经济以种植小麦、玉米、韭菜、苗木花卉和畜禽养殖为主，为山东省无公害蔬菜生产基地、山东省科普示范基地、国家农业标准化示范区。工业以水泥建材、生物高科技、饲料加工、食品加工、机械制造为主。服务业以物流运输为主。省道齐南路、临观路过境。

大王寨镇 371522-B16
[Dàwángzhài Zhèn]

莘县辖镇。在县境西北部。面积 71 平方千米。人口 3.7 万。辖 25 村委会，有 26

自然村。镇人民政府驻大王寨。1958 年析王奉区地置大王寨乡，9 月改置大王寨公社，12 月划归冠县。1961 年复归莘县。1962 年复属王奉区。1971 年又析置大王寨公社。1984 年设大王寨乡。2011 年改置镇。以镇政府驻地得名。有中小学 8 所，卫生院 1 个。有省级爱国主义教育基地鲁西北革命烈士陵园。经济以农业为主，主要种植小麦、玉米、蔬菜、花生等。工业以木材加工为主。服务业以交通运输为主。省道蒙馆路、临观路过境。

徐庄镇 371522–B17
[Xúzhuāng Zhèn]

莘县辖镇。在县境东部。面积 48 平方千米。人口 2.9 万。以汉族为主，还有回族。辖 45 村委会，有 45 自然村。镇人民政府驻徐庄。1949 年属朝城县第一区。1953 年属观朝县第一区。1956 年划归莘县属朝城区。1958 年划归范县。1961 年复归莘县。1971 年析朝城区地建徐庄公社。1984 年改设徐庄乡。2012 年改置镇。以镇政府驻地得名。金线河从境内穿过。有中小学 8 所，卫生院 1 个。经济以食用菌种植和肉食鸡养殖为主。农作物盛产小麦、玉米等。工业以新能源电动车、饲料加工、食品加工为主。服务业以物流运输为主。省道临商路、齐南路过境。

王庄集镇 371522–B18
[Wángzhuāngjí Zhèn]

莘县辖镇。在县境西南部。面积 55 平方千米。人口 4.3 万。辖 45 村委会，有 45 自然村。镇人民政府驻王庄集。1958 年 1 月始置王庄集乡，属范县；8 月改置王庄集公社。1960 年改称苏村公社。1961 年复称王庄集公社。1963 年改置王庄区。1964 年划归莘县。1971 年改王庄集公社。1984 年分置马集、王庄集 2 乡。2001 年马集乡复归。2012 年改置镇。以镇政府驻地得名。徒骇河从境内穿过。有中小学 7 所，卫生院 1 个。经济以种植小麦、玉米、蔬菜为主。工业以纺织、木材加工、食品加工、饲料加工为主。服务业以商贸物流为主。省道临观路过境。

柿子园镇 371522–B19
[Shìziyuán Zhèn]

莘县辖镇。在县境南部。面积 51 平方千米。人口 3.4 万。以汉族为主，还有回族。辖 54 村委会，有 55 自然村。镇人民政府驻柿子园。1956 年前属朝城县、观城县。1956 年属范县。1958 年始设柿子园乡。1964 年划归莘县，属王庄集区。1971 年建柿子园公社。1984 年改设柿子园乡。2013 年改置镇。以镇政府驻地得名。金线河从境内穿过。有中小学 9 所，卫生院 1 个。农业以种植小麦、玉米、蔬菜和养殖猪、羊、家禽为主。工业以肉食加工、木业加工等为主。服务业以商贸业为主。省道临观路过境。

俎店镇 371522–B20
[Zǔdiàn Zhèn]

莘县辖镇。在县境西部。面积 41 平方千米。人口 2.4 万。以汉族为主，还有回族。辖 33 村委会，有 33 自然村。镇人民政府驻俎店。中华人民共和国成立后，初属莘县第五区。1955 年改称俎店区。1958 年 2 月分置为俎店、大宋庄 2 乡，8 月置俎店公社，12 月划归范县。1960 年与张鲁公社合置董杜庄公社。1961 年张鲁公社析出，同年复归莘县。1962 年改置俎店区。1971 年复置俎店公社。1984 年分置董杜庄、俎店 2 乡。2014 年改置俎店镇。以镇政府驻地得名。有中小学 7 所，卫生院 1 个。农业以种植小麦、玉米、棉花、瓜果蔬菜为主。工业以化工、塑料编织品加工、建筑建材、榨油、家禽屠宰加工、服装加工等为主。服务业以商贸物流、运输为主。有公路经此。

社区

新华社区 371522-A01-J01
[Xīnhuá Shèqū]

属燕塔街道管辖。在莘县西部。面积3平方千米。人口16 000。因该社区东临新华路，并以创新希望之意得名。2014年成立。驻有莘县实验小学、莘县教育局等单位。通公交车。

振兴社区 371522-A01-J02
[Zhènxīng Shèqū]

属燕塔街道管辖。在莘县东北部。面积2.7平方千米。人口12 600。因南临振兴街，并以振兴腾飞之意得名。2014年成立。驻有莘县住建局、莘县地税局等单位。通公交车。

飞泰社区 371522-A01-J03
[Fēitài Shèqū]

属燕塔街道管辖。在莘县西部。面积6.5平方千米。人口14 000。以辖区内大型企业飞泰纺织有限责任公司命名。2014年成立。驻有翰林中学等单位。通公交车。

永安社区 371522-A01-J04
[Yǒng'ān Shèqū]

属燕塔街道管辖。在莘县西南部。面积2.7平方千米。人口18 000。因东临莘县永安花园得名。2014年成立。驻有莘县国税局、莘县食品药品监督局等单位。通公交车。

皇行社区 371522-A02-J01
[Huángxíng Shèqū]

属莘州街道管辖。在莘县南部。面积1.1平方千米。人口6 000。据传最初县城就一条路，皇帝来也得从此经过，因此取名皇行路，社区以路得名。2011年成立。驻有莘县民政局等单位。有志愿者服务，开展文体活动。通公交车。

兴州社区 371522-A02-J02
[Xīngzhōu Shèqū]

属莘州街道管辖。在莘县南部。面积7.1平方千米。人口5 900。以振兴莘州之意得名。2011年成立。驻有莘县规划执法局等单位。有志愿者服务。通公交车。

伊园社区 371522-A03-J01
[Yīyuán Shèqū]

属莘亭街道管辖。在莘县东北部。面积6.5平方千米。人口5 200。因地处“伊尹耕莘处”得名。2013年成立。通公交车。

明天社区 371522-A03-J02
[Míngtiān Shèqū]

属莘亭街道管辖。在莘县北部。面积6.3平方千米。人口8 400。因临近明天中学得名。2012年成立。驻有明天中学等单位。通公交车。

东方社区 371522-A04-J01
[Dōngfāng Shèqū]

属东鲁街道管辖。在莘县东部。面积2.6平方千米。人口4 000。因社区内有建筑企业东方建业，又位于县城东部而得名。2014年成立。驻有莘县财政局、莘县劳动局等单位。通公交车。

甘泉社区 371522-A04-J02

[Gānquán Shèqū]

属东鲁街道管辖。在莘县东部。面积2.3平方千米。人口1 600。因该社区位于县城甘泉路以西得名。2014年成立。驻有莘县公路局等单位。开展文体活动。通公交车。

茌平县

茌平县 371523

[Chípíng Xiàn]

聊城市辖县。北纬36°58′，东经116°25′。在市境东部。面积1 003平方千米。人口55.5万。辖3街道、10镇、1乡。县人民政府驻振兴街道。秦置茌平县，属东郡，治茌平（今韩集乡高垣墙村）。西汉末王莽建立新朝改茌平县为功崇县。东汉建武元年（25）改功崇县为茌平县，属兖州部济北国。三国时为魏地，属冀州部平原郡。晋、南北朝时治鼓城（今乐平铺镇土城村），属济州部平原国。北魏属济州部平原郡。北齐并入聊城县。隋初复置茌平县，治兴利镇（今杜郎口镇杜郎口村），属贝州清河郡。隋末并入聊城县。唐武德四年（621），析聊城县复置茌平县，属河北道博州博平郡。贞观元年（627），又并入聊城县。金天会八年（1130），复置茌平县，属山东西路博州。元属东昌路总管府。明、清属东昌府。1914年属东临道。1925年属东昌道。1928年改属山东省。1937年属山东省第六行政督察区。1940年建立茌平县抗日民主政府，先后属鲁西区第三（卫东）、第四（运东）专区，晋冀鲁豫边区政府第十九、十六专区，冀鲁豫行政区第一、六专区。1949年8月属平原省聊城专区。1956年3月博平县撤销，并入茌平县。1967年属聊城地区。1997年8月属聊城市。（资料来源：《茌平县志》）因县境在茌山之平陆，故名。地势西南高东北低，岗、坡、洼相间分布。平均海拔32.5米。年均气温13.2℃，1月平均气温 −4.5℃，7月平均气温21.8℃。年均降水量561.3毫米。有马颊河、徒骇河、西新河、赵牛河等流经。有煤、石油、天然气、石膏矿、矿泉水、铁矿、地热等矿产资源。有野生植物215种，其中国家重点保护野生植物有无株法桐、白蜡等20种。有野生动物256种，其中国家重点保护野生动物有苍鹭、草鹭等26种。森林覆盖率30.8%。有中小学88所，图书馆1个，档案馆1个，体育场馆2个，二级以上医院3个。有国家级文物保护单位2个，省级文物保护单位5个，省级非物质文化遗产2个，重要景点2个。三次产业比例为11.4 : 66.1 : 22.5。农业以种植业为主，主产小麦、玉米，金牛湖渔业园区和绿源养殖基地被评为省级现代渔业园区，杨官屯乡种兔繁育场饲养的长毛兔被山东省种畜禽评审委员会命名为“鲁西茌平长毛兔新品系”并在全国推广。工业以铝及铝加工、纺织、味精、制药、人造板、聚氯乙烯等产业为主导。服务业以商贸、餐饮、物流等为主。境内铁路29.4千米，公路198.5千米。济邯铁路、济聊高速、309国道、105国道和省道济聊路、博临路、聊夏路过境。

振兴街道 371523-A01

[Zhènxīng Jiēdào]

茌平县人民政府驻地。在县境中部。面积96平方千米。人口9.0万。2004年设立。因期盼繁荣兴盛的吉语嘉言得名。2008年以来，先后进行了茌山公园、“三馆一场”、枣乡街、人民广场、环城水系、高速西口、金牛湖公园等项目建设。茌新河、管氏河、冯氏河从境内穿过。有中小学14所，医疗卫生机构2个。有国家级文物保护单位尚庄遗址，省级文物保护单位李孝堂遗址。

有京都国际购物广场、茌平人民广场等标志性建筑物。经济以纺织、木地板加工、铝加工、建材等业为主。有茌平汽车站，通公交车。

信发街道 371523-A02
[Xìnfā Jiēdào]

属茌平县管辖。在县境北部。面积 51 平方千米。人口 2.7 万。2004 年设立。因辖区内有信发集团而得名。2004 年起建设了信发公园、人工湿地、污水处理厂。2010 年改造建设了枣乡街、中心街、804 省道、外环路等道路。2009 年建设了向阳庄苑、福禄庄苑、逸翠园、建科康苑 4 个居民小区。茌中河、茌新河从境内穿过。有中小学 4 所，医疗卫生机构 1 个。有传统民间艺术绘画、剪纸、秧歌等。农业以种植业为主，主产小麦、玉米、蔬果。工业以铝加工、密度板加工等业为主导，是全国重要的铝及铝加工基地。有茌平火车站，通公交车。

温陈街道 371523-A03
[Wēnchén Jiēdào]

属茌平县管辖。在县境西部。面积 91 平方千米。人口 4.6 万。2010 年设立。因街道办事处驻温庄村而得名。2010 年后进行了温馨社区、温陈社区、和谐社区等多个新型社区及茌平植物园生态休闲观光园区建设。徒骇河、茌新河从境内穿过。有中小学 6 所，医疗卫生机构 12 个。有重要古迹丁块遗址、张李遗址。经济以铝深加工、生物制剂生产、新型建材加工、机械制造、物流运输等为主。通公交车。

乐平铺镇 371523-B01
[Lèpíngpù Zhèn]

茌平县辖镇。在县境南部。面积 126 平方千米。人口 5.5 万。辖 88 村委会，有 111 自然村。镇人民政府驻乐平铺村。1949 年为三区。1956 年改名三十里铺区。1957 年设乡。1958 年改公社。1982 年更名乐平铺公社。1984 年改置镇。2001 年郝集乡并入乐平铺镇。以镇政府驻地得名。赵牛河、茌中河从境内穿过。有中小学 10 所，体育场 4 个，医院 2 个。有国家级文物保护单位教场铺遗址，重要古迹乐平铺北街遗址、土城遗址。经济以农业为主。农业以蔬菜种植为主，主产西红柿、黄瓜和彩椒。工业以机械制造业为主，有蔬菜加工、纺织、生物肥生产、汽车散热器制造、密度板加工、机械制造、化工和铝加工等厂。服务业以商贸物流为主。105 国道、省道牛聊路过境。

冯官屯镇 371523-B02
[Féngguāntún Zhèn]

茌平县辖镇。在县境东北部。面积 104 平方千米。人口 4.7 万。辖 77 村委会，有 97 自然村。镇人民政府驻后唐村。1949 年为五区。1956 年改冯官屯区。1957 年设乡。1958 年设立冯官屯公社。1962 年改冯官屯区。1971 年复冯官屯公社。1984 年改置镇。2001 年原王老乡撤入冯官屯镇。以境内原冯官屯村得名。四新河、茌中河、管氏河从境内穿过。有中小学 6 所，医院 2 个。有重要古迹蝉州寺遗址、鲁仲连纪念祠。经济以工业为主。农业以种植小麦、玉米为主。工业以蔬菜贮存及深加工、纺织制造、板材加工、食品加工、铝制品加工等为主。服务业以商贸、餐饮业为主。济邯铁路、济聊高速、105 国道过境。

菜屯镇 371523-B03
[Càitún Zhèn]

茌平县辖镇。在县境西北部。面积 59 平方千米。人口 2.8 万。辖 30 村委会，有 39 自然村。镇人民政府驻菜屯村。1912 年属博平县第六区。1949 年为博平县菜屯区。1956 年茌博合县后改称菜屯区。1958 年改菜屯乡，同年设立菜屯公社。1984 年改置菜屯镇。以镇政府驻地得名。马颊河、小沙河、德王河从境内穿过。有中小学 5 所，体育场 5 个。经济以农业为主。农业以粮食种植为主，主产小麦、玉米。工业以木材加工业为主。服务业以商贸、餐饮业为主。省道聊夏路过境。

博平镇 371523–B04

[Bópíng Zhèn]

茌平县辖镇。在县境西部。面积 88 平方千米。人口 5.6 万。辖 75 村委会，有 111 自然村。镇人民政府驻博平村。汉高祖六年（前 201）置博平县。1946 年属冀鲁豫行政区第六专区。1956 年划归茌平县，设博平区。1957 年改乡。1958 年改公社。1984 年改置博平镇。2001 年原大桑乡并入。以镇政府驻地得名。徒骇河、西新河从境内穿过。有中小学 8 所，体育场 9 个，医院 3 个。有省级文物保护单位仰山书院，重要古迹冯玉祥题书碑、袁楼党支部纪念地。经济以工业为主。农业以种植业为主，主产小麦、玉米。工业以机械制造为主，有棉花加工、食品加工、纺织、农机修配等厂。服务业以餐饮、休闲旅游为主。105 国道、309 国道、省道博临路过境。设博平火车站。

杜郎口镇 371523–B05

[Dùlángkǒu Zhèn]

茌平县辖镇。在县境东部。面积 75 平方千米。人口 3.3 万。辖 51 村委会，有 59 自然村。镇人民政府驻杜郎口村。1956 年设杜郎口区。1957 年改设乡。1958 年改公社。1984 年改为杜郎口乡。1997 年改置镇。以镇政府驻地得名。普济沟、管氏河、冯氏河、赵牛河从境内穿过。有中小学 4 所，医院 1 个。有省级文物保护单位台子高遗址、南陈遗址，省级非物质文化遗产董庄中堂画，重要古迹腰庄遗址、大刘遗址。经济以工业为主。农业以种植业为主，主产小麦、玉米、棉花、中药材。工业以造纸、铝制品加工、汽车配件制造、建材加工、生物科技产品生产等为主。服务业以生态观光旅游、餐饮业为主。济聊高速公路过境。

韩屯镇 371523–B06

[Hántún Zhèn]

茌平县辖镇。在县境西北部。面积 66 平方千米。人口 3.4 万。辖 51 村委会，有 65 自然村。镇人民政府驻韩屯村。1949 年为博平县第三区。1956 年茌博合县后为韩屯区。1957 年为韩屯乡。1958 年成立韩屯公社。1962 年复名韩屯区。1971 年更名为韩屯公社。1984 年改韩屯乡，并把北半部划为张营乡。2001 年张营乡并入。2002 年改置镇。以镇政府驻地得名。徒骇河、七里河从境内穿过。有中小学 5 所。经济以工业为主。农业以种植业为主，主产小麦、玉米、棉花、花生、大豆，畜牧业以养殖獭兔、家禽为主。工业以纺织、铝制品加工、机械制造、食品加工、装潢、建筑等业为主。服务业以商贸、餐饮业为主。省道聊高路过境。

胡屯镇 371523–B07

[Hútún Zhèn]

茌平县辖镇。在县境北部。面积 48 平方千米。人口 2.7 万。辖 46 村委会，有 56 自然村。镇人民政府驻胡屯村。1946—1949 年属原博平县第二区。1949 年属博平县第六区。1957 年设胡屯乡。1958 年改胡屯公社。1962 年为胡屯区。1971 年复为胡屯公社。1984 年设乡。2010 年改置镇。以镇政府驻地得名。茌新河、徒骇河从境内穿过。有中小学 5 所，医院 1 个。经济以工业为主。农业以种植业为主，主产小麦、玉米、棉花，畜牧业以养殖牛、猪、家禽为主。

工业以纺织、木业加工、铝加工、汽车配件加工等为主。服务业以商贸、餐饮业为主。105国道过境。

肖家庄镇 371523-B08
[Xiāojiāzhuāng Zhèn]

茌平县辖镇。在县境西北部。面积56平方千米。人口2.7万。辖28村委会，有40自然村。镇人民政府驻蒋庄。原归博平县，1956年博平县建制撤销，辖区划归茌平县。1971年设肖家庄公社。1984年改为肖家庄乡。2011年设镇。以镇政府原驻地得名。徒骇河、七里河从境内穿过。有中小学4所，卫生院1个。有省级文物保护单位王菜瓜遗址，有肖庄圆铃大枣生态园等景点。经济以生态农业为主。农业以种植业为主，主产韭菜、茄子、青椒。工业有煤炭、纺织等产业。服务业以生态旅游观光为主。240国道、省道博临路过境。

贾寨镇 371523-B09
[Jiǎzhài Zhèn]

茌平县辖镇。在县境西部。面积56平方千米。人口2.9万。辖37村委会，有50自然村。镇人民政府驻贾寨村。1949年为博平县第四区。1956年并入茌平县，为贾寨区。1957年改为贾寨乡。1958年改贾寨公社。1962年恢复为贾寨区。1971年复为贾寨公社。1984年设贾寨乡。2012年改置镇。以镇政府驻地得名。马颊河、七里河从境内穿过。有中小学6所。经济以农业为主。农业以种植业为主，主产芸豆、黄瓜、西瓜、大枣等。工业以制造业为主，有制药原料、饲料加工、面粉等厂。服务业以餐饮业为主。省道博临路、聊夏路过境。

洪官屯镇 371523-B10
[Hóngguāntún Zhèn]

茌平县辖镇。在县境西部。面积46平方千米。人口2.4万。辖28村委会，有45自然村。镇人民政府驻洪官屯村。春秋时代属鲁国，隋代始属博平县。1912年属博平县。1957年设洪官屯乡。1958年划归杨官屯公社。1962年属杨官屯区。1971年设洪官屯公社。1984年改设乡。2012年改置镇。以镇政府驻地得名。小运河、西新河、七里河从境内穿过。有中小学3所。经济以农业为主。农业以种植业为主，主产小麦、玉米、棉花。工业以机械制造、建材加工、农产品加工等为主。服务业以商贸、餐饮业为主。240国道过境。

杨官屯乡 371523-C01
[Yángguāntún Xiāng]

茌平县辖乡。在县境西部。面积36平方千米。人口2.8万。辖29村委会，有36自然村。乡人民政府驻杨官屯。春秋时属齐国，汉代始属博平县。1949年为二区。1956年属茌平县。1957年改设乡。1958年改公社。1984年复设乡。以乡政府驻地得名。西新河、七里河从境内穿过。有中小学3所，医院1个。农业以种植业为主，主产小麦、玉米、大蒜、圆铃大枣等，畜牧业以长毛兔养殖为特色。工业以加工制造业为主。服务业以餐饮业为主。有公路经此。

旧地名

茌平镇（旧） 371523-U01
[Chípíng Zhèn]

茌平县辖镇。在县境南部。1984年8月设立。2004年撤销，改为振兴街道。

张营乡（旧） 371523-U02
[Zhāngyíng Xiāng]

茌平县辖乡。在县境西北部。1984年设立。2001年撤销，并入韩屯镇。

丁块乡（旧） 371523-U03
［Dīngkuì Xiāng］

茌平县辖乡。在县境南部。1984年设立。2001年撤销，并入温陈乡。

大桑乡（旧） 371523-U04
［Dàsāng Xiāng］

茌平县辖乡。在县境西部。1984年设立。2001年撤销，并入博平镇。

赵官屯乡（旧） 371523-U05
［Zhàoguāntún Xiāng］

茌平县辖乡。在县境西南部。1984年设立。2001年撤销，并入茌平镇。

孙桥乡（旧） 371523-U06
［Sūnqiáo Xiāng］

茌平县辖乡。在县境东部。1984年设立。2001年撤销，并入杜郎口镇。

郝集乡（旧） 371523-U07
［Hèjí Xiāng］

茌平县辖乡。在县境南部。1984年设立。2001年撤销，并入乐平铺镇。

王老乡（旧） 371523-U08
［Wánglǎo Xiāng］

茌平县辖乡。在县境东部。1984年设立。2001年撤销，并入冯官屯镇。

社区

八一社区 371523-A01-J01
［Bāyī Shèqū］

属振兴街道管辖。在茌平县北部。面积4平方千米。人口3 800。因人民武装部在本社区得名。2008年成立。驻有茌平县人民武装部、茌平实验中学等单位。有老年人日间照料服务。通公交车。2010年被评为省文明社区。

东阿县

东阿县 371524
［Dōng'ē Xiàn］

聊城市辖县。北纬36°20′，东经116°15′。在市境东南部。面积729平方千米。人口40.0万。辖2街道、7镇、1乡。县人民政府驻铜城街道。汉属东郡。西晋属济北国，东晋改国为郡，东阿属之。457年东阿并入谷城县。后魏恢复东阿县；北齐省谷城，入东阿县，属济州。隋朝东阿属兖州济北郡。天宝元年（742）更州为郡，隶济阳郡，同年恢复故城县。隋开皇十六年（596）析置阳谷县。元属东平路。明洪武八年（1375），隶济宁府东平州。1914年属东临道。1925年属泰安道。1928年直隶山东省。1937年属山东省第一行政督察区。1943年与平阴县合并为平阿县。1946年撤销平阿县，复置东阿、平阴两县。1949年属平原省聊城专区。1952年划归山东省。1958年并入茌平、寿张2县。1961年复置。1967年属聊城地区。1997年改属聊城市。（资料来源：《东阿县志》）境内有济水蜿蜒东北，河曲形成大陵，故称“阿”。阿有二，分别在齐、赵两国边境。西者在赵曰西阿，东者在齐曰东阿，东阿县由此得名。地处平原，地势低平且自西南向东北倾斜。黄河故道形成波状起伏的高岗、缓坡和洼地，海拔27.7~40.2米。年均气温14℃，1月平均气温 −1.2 ℃，7月平均气温27.1 ℃。年均降水量577.8毫米。有黄河、赵牛河、中心河等流经。有煤、黏土、石灰石等矿产资源。有野生植物152种，其中重点保护野生植物有酸枣、胡枝子、黄草等70种。

有野生动物252种，其中重点保护野生动物有喜鹊、麻雀、大山雀等50种。有省级自然保护区1个。森林覆盖率34.16%。有中小学51所，图书馆1个，二级以上医院1个。有国家级文物保护单位1个，省级文物保护单位4个，国家级非物质文化遗产东阿阿胶制作技艺等2个，省级非物质文化遗产2个，重要古迹、景点净觉寺、武当庙等9个。三次产业比例为10.9∶53.2∶35.9。农业以种植业、养殖业为主，农作物主要有小麦、玉米，畜产品有猪、牛、羊、肉鸡等，有林场58万余亩，水产养殖以黄河现代生态渔业为主，鱼类有黄河鲤鱼、甲鱼、南美白对虾、蟹等20余个品种。工业以建材生产、机械制造、食品加工、化工、纺织为主，为东阿阿胶重要的生产基地。服务业以旅游、餐饮、住宿为主。境内公路2 110千米。105国道和省道齐南路、聊位路、老聊滑路、薛馆路过境。

山东东阿经济开发区　371524-E01

[Shāndōng Dōng'ē Jīngjì Kāifāqū]

在县境东北部。东临陈集镇，南接铜城街道，西邻新城街道，北邻姚寨镇。面积1 600公顷。因所在政区和功能定位得名。2006年3月经省政府正式批准建立省级开发区，由县级政府管理。以阿胶、钢球、纺织、食品、机械加工五大产业为依托，发展多种中小型企业。入区企业300余家，其中阿胶类企业100余家。知名企业有华润集团东阿阿胶股份有限公司、印尼金光集团华丰方便面有限公司、东阿钢球集团有限公司等。境内道路纵横交错，交通便利。

铜城街道　371524-A01

[Tóngchéng Jiēdào]

东阿县人民政府驻地。在县境南部。面积73平方千米。人口7.7万。2003年设立。镇改街道时，铜城镇以曙光街为界，分设铜城、新城两街道，故名。2008年建成光明花园小区。2009年建成喜鹊广场。2011年建成东阿县图书馆。2013年全面改建老聊滑路，建成铜城街道办事处办公楼。2014年建成第三实验小学。赵牛新河、黄河从境内穿过。有中小学7所，图书馆1个，医疗卫生机构18个。有省级文物保护单位王宗汤遗址、张本家族墓地。有喜鹊广场、图书馆等标志性建筑物。农业以种植业为主，主产小麦、玉米、西红柿、西瓜，有“绿宝”牌无公害食品，建有特色农业示范基地3个和万亩牡丹园。工业盛产阿胶、尿素、钢球等，有东阿阿胶集团、鲁西化工集团、东阿钢球有限公司等企业。服务业以商贸业为主。通公交车。

新城街道　371524-A02

[Xīnchéng Jiēdào]

属东阿县管辖。在县境北部。面积50平方千米。人口3.9万。2003年设立。镇改街道时，铜城镇以曙光街为界，分设铜城、新城两街道，故名。2004年建成东阿广场。2005年建成洛神湖公园和昌隆新天地小区。2009年建成东阿阿胶城景区和东阿药王山景区。2011年建成水韵名邸小区。2012年建成东阿演艺中心。2013年建成昌隆名郡小区。赵牛新河从境内穿过。有中小学10所，医疗卫生机构20个。有药王山景区、东阿阿胶城景区、洛神湖公园等景点。经济以工业为主，主产阿胶及系列产品。农业以高产粮食、油用牡丹、特色畜牧、绿化苗木、有机蔬果生产为主。服务业以商贸业为主。有东阿县长途汽车站，通公交车。

刘集镇　371524-B01

[Liújí Zhèn]

东阿县辖镇。在县境西南部。面积127平方千米。人口7.1万。辖85村委会，有102自然村。镇人民政府驻刘集。1937年前为东阿县三区。1946 年为东阿县八区。1947 年为徐翼五区。1948 年为东阿县五区。1956 年分设刘集、谭庄 2 乡。1958 年合并设刘集公社，同年划归寿张县。1961 年复归东阿县，称刘集区。1971 年改设刘集公社。2001 年关山乡并入。以镇政府驻地得名。黄河从境内穿过。有中小学 9 所，医院 1 个。有重要古迹元代净觉寺、苫山古村落、关山中和寨等。经济以工业为主。农业以粮食、蔬菜、水果种植为主，北崔村黄金梨种植基地被中国科协、财政部联合命名为“全国优质梨科普示范基地”。工业以腐殖酸生产、轴承加工、板材加工等为主。服务业以商贸、餐饮业为主。省道齐南路过境。

牛角店镇 371524–B02

[Niújiǎodiàn Zhèn]

东阿县辖镇。在县境东北部。面积 116 平方千米。人口 5.1 万。辖 83 村委会，有 92 自然村。镇人民政府驻牛角店。1950 年属东阿第七区。1956 年分设牛角店、店子、安孟 3 乡。1958 年合并设牛角店公社。1984 年改置镇。2001 年大李乡并入。以镇政府驻地得名。黄河从境内穿过。有中小学 10 所，卫生院 1 个。有省级非物质文化遗产王皮戏。经济以农业为主。农业以蚕桑、小麦、玉米、蔬菜种植为主，养殖猪、肉牛、家禽等。工业以铸造、纺织、食品加工、木材加工为主。服务业以商贸、餐饮业为主。省道齐南路、105 省道过境。

大桥镇 371524–B03

[Dàqiáo Zhèn]

东阿县辖镇。在县境东部。面积 60 平方千米。人口 2.2 万。辖 31 村委会，有 38 自然村。镇人民政府驻于窝。1949 年由平阴划归东阿。1971 年由张山、太平、八里、毕庄等小公社合并设郭口公社，同年改称大桥公社。1984 年设大桥乡。1986 年撤乡设镇。因 1970 年黄河大桥在此地落成而得名。黄河从境内穿过。有中小学 5 所，卫生院 1 个，广场 1 个。有省级非物质文化遗产“凤凰山传说”，市级非物质文化遗产黄河大秧歌。有山东东阿黄河国家森林公园等景点。经济以工业为主。农业以种植小麦、玉米、蔬菜为主，畜牧业以养殖猪、羊、家禽为主。工业以建材加工、玻璃制品加工、化工产品生产、机械加工、阿胶食品加工等为主。服务业以商贸、餐饮业为主。105 国道、省道老聊滑路过境。设大桥客运站。

高集镇 371524–B04

[Gāojí Zhèn]

东阿县辖镇。在县境东北部。面积 69 平方千米。人口 2.9 万。辖 47 村委会，有 49 自然村。镇人民政府驻高集。1949 年始设高集区。1957 年撤区改乡。1958 年设高集公社。1961 年改设区。1971 年撤区改社。1984 年复设乡。1996 年撤乡设镇。以镇政府驻地得名。赵牛新河、中心河从境内穿过。有中小学 6 所，卫生院 1 个。经济以农业为主。农业以种植小麦、玉米、蔬菜和养殖猪、羊、牛、家禽为主。工业以特钢生产、纺织、面粉加工、铝型材加工、建材加工为主。服务业以商贸、餐饮业为主。有公路经此。

姜楼镇 371524–B05

[Jiānglóu Zhèn]

东阿县辖镇。在县境西南部。面积 55 平方千米。人口 3.1 万。辖 35 村委会，有 38 自然村。镇人民政府驻姜楼。1950 年设姜楼乡。1958 年并入刘集公社。1971 年析设姜楼公社。1984 年复设乡。2002 年撤乡设镇。以镇政府驻地得名。有中小学 7 所，卫生院 1 个，广场 1 个。有省级文物保护单位邓庙汉画像石墓、魏庄牌坊。经济以工业为主。农业以种植业为主，主产小麦、玉米、棉花、果蔬等，有丰产林面积近3万亩。工业以钢铁加工、钢球生产、机械加工、塑料制品加工为主。服务业以商贸、餐饮业为主。省道齐南路过境。

姚寨镇 371524-B06

[Yáozhài Zhèn]

东阿县辖镇。在县境东部。面积 79 平方千米。人口 3.6 万。辖 55 村委会，有 58 自然村。镇人民政府驻寨西。1952 年设姚寨乡。1958 年并入陈集公社。1971 年设姚寨公社。1984 年改设乡。2001 年杨柳乡并入。2002 年撤乡设镇。以镇政府原驻地得名。有中小学 8 所，卫生院 1 个。有重要古迹大窑青冢子遗址和抗战烈士纪念碑等。经济以农业为主。农业以种植小麦、玉米、蔬菜、葡萄、玫瑰、牡丹、核桃等为主。工业以水泵制造、机械加工、泡沫制品生产、搪瓷加工等为主。服务业以商贸、餐饮业为主。105 国道和省道齐南路、济聊路过境。设姚寨客运站。

鱼山镇 371524-B07

[Yúshān Zhèn]

东阿县辖镇。在县境南部。面积 65 平方千米。人口 3.0 万。辖 54 村委会，有 58 自然村。镇人民政府驻曹庙。1962 年设单庄公社。1984年改设乡。2006年更名鱼山乡。2010 年撤乡设镇。因鱼山坐落于境内而得名。有鱼山，黄河从境内穿过。有中小学 7 所，卫生院 1 个，广场 1 个。有国家级文物保护单位曹植墓，国家级非物质文化遗产鱼山梵呗，重要古迹青台陈宗妫故居、曹庙泰山行宫。经济以农业为主。农业主要种植小麦、玉米、西瓜、大蒜、西红柿等，特产鱼山大米、皎月韭菜、周井草莓、黄河鲤鱼等。工业以机械加工、木材加工、面粉加工、塑料制造、建材制造为主。服务业以商贸、餐饮业为主。有公路经此。设鱼山客运站。

陈集乡 371524-C01

[Chénjí Xiāng]

东阿县辖乡。在县境东部。面积 39 平方千米。人口 1.8 万。辖 32 村委会，有 34 自然村。乡人民政府驻陈集。1956 年设陈集乡。1958 年改公社。1984 年复设乡。以乡政府驻地得名。中心河从境内穿过。有中小学 5 所，卫生院 1 个。经济以工业为主。农产品主要有小麦、玉米等粮食作物及苹果、葡萄、黄瓜、西红柿、大蒜等经济作物，畜牧养殖家禽、猪、羊、黑毛驴等。工业以阿胶生产、铸造、服装加工、纤维制造、建材加工为主。服务业以商贸、餐饮业为主。省道齐南路、薛馆路过境。

社区

艾山社区 371524-A01-J01

[Àishān Shèqū]

属铜城街道管辖。在东阿县南部。面积 1 平方千米。人口 4 400。周围有艾山，故名。2003 年成立。以平房为主。驻有东阿县自来水公司、东阿县第三实验小学等单位。通公交车。2014 年被评为省文明社区。

鱼山社区 371524-A01-J02

[Yúshān Shèqū]

属铜城街道管辖。在东阿县北部。面积 8 平方千米。人口 7 500。因周围有鱼山，故名。2003 年成立。以平房为主。驻有东阿县河务局等单位。有老年人日间照料服务，开展免费体检、给高龄老人送菜上门等活动。通公交车。

凌山社区 371524–A01–J03
[Língshān Shèqū]

属铜城街道管辖。在东阿县南部。面积 3 平方千米。人口 2 600。因周围有凌山，故名。2003 年成立。有楼房 268 栋，现代建筑风格，还有平房。驻有东阿县交通局、东阿县邮政局等单位。开展“一对一”帮扶、“关爱孤儿送温暖”等活动。通公交车。

香山社区 371524–A01–J04
[Xiāngshān Shèqū]

属铜城街道管辖。在东阿县南部。面积 1 平方千米。人口 7 100。因周围有香山，故名。2003 年成立。以平房为主。驻有东阿县供电公司、东阿县水利局等单位。开展义工进社区、给留守老人送温暖等活动。通公交车。

曲山社区 371524–A01–J05
[Qǔshān Shèqū]

属铜城街道管辖。在东阿县中部。面积 2 平方千米。人口 11 000。因周围有曲山，故名。2003 年成立。以平房为主。驻有东阿县林业局、东阿县商业局等单位。开展留守儿童、困境儿童心理疏导等活动。通公交车。

琉璃井社区 371524–A01–J06
[Liúlíjǐng Shèqū]

属铜城街道管辖。在东阿县南部。面积 3 平方千米。人口 6 400。因有琉璃井，故名。2003 年成立。有楼房 56 栋，现代建筑风格，还有平房。驻有东阿县工业公司、东阿县外贸局等单位。开展朗诵、阳光心理关爱等活动。通公交车。

位山社区 371524–A01–J07
[Wèishān Shèqū]

属铜城街道管辖。在东阿县西部。面积 3 平方千米。人口 5 400。因周围有位山，故名。2003 年成立。以平房为主。驻有东阿县广播局等单位。开展为社区老人“一对一”服务等活动。通公交车。

曹植公园社区 371524–A02–J01
[Cáozhígōngyuán Shèqū]

属新城街道管辖。在东阿县北部。面积 7 平方千米。人口 11 800。因曹植公园得名。2003 年成立。有楼房 60 栋，现代建筑风格。驻有东阿县公安局等单位。有老年人日间照料服务。通公交车。

广场社区 371524–A02–J02
[Guǎngchǎng Shèqū]

属新城街道管辖。在东阿县北部。面积 5 平方千米。人口 7 900。因社区有东阿广场，故名。2003 年成立。有楼房 70 栋，现代建筑风格。驻有东阿县教育局、东阿县招商局、东阿县环保局等单位。有老年人日间照料服务。通公交车。2014 年被评为省文明社区。

阿胶社区 371524–A02–J03
[Ējiāo Shèqū]

属新城街道管辖。在东阿县北部。面积 10 平方千米。人口 11 900。因有东阿阿胶股份有限公司，故名。2003 年成立。有楼房 90 栋，现代建筑风格。驻有东阿县委党校、东阿县国税局等单位。有老年人日间照料服务。通公交车。

冠县

冠县 371525

[Guàn Xiàn]

聊城市辖县。北纬36°28′，东经115°27′。在市境西部。面积1 161平方千米。人口85.3万。以汉族为主，还有回、蒙古等民族。辖3街道、10镇、5乡。县人民政府驻清泉街道。春秋为晋冠氏邑地。西汉置馆陶县，今县境西部属之，又置发干县，据今县境东部。北齐废发干县。隋开皇六年（586）分馆陶县东界置冠氏县，属武阳郡。唐属魏州。宋、金属大名府。蒙古至元六年（1269）升为冠州。明洪武三年（1370）降州为县，始名冠县，属东昌府。清因之。1914年属东临道。1925年属东昌道。1928年属省。1937年属第六行政督察区。1939年属鲁西行政区鲁西北专区。1941年属冀鲁豫行政区第三专区。1943年属冀南行政区第七专区。1949年属平原省聊城专区。1952年划归山东省。1956年堂邑县撤销，西部划入冠县。1958年馆陶县并入。1961年复置馆陶县。1965年析馆陶县卫河右岸地并入。1967年属聊城地区。1997年改属聊城市。（资料来源：《冠县地名志》）因春秋时期在此设冠氏邑而得名。地处鲁西黄泛平原，地势平坦，自西南向东北倾斜。年均气温13.3℃，1月平均气温−2.9℃，7月平均气温26.7℃。年均降水量544.9毫米。有马颊河、漳卫河等流经。有煤、油气、地热、黏土等矿产资源。有野生植物322种。有野生动物36种。森林覆盖率33.6%。有中小学119所，图书馆1个，体育馆2个，二级以上医院4个。有国家级文物保护单位萧城遗址，国家级非物质文化遗产查拳等3个，省级非物质文化遗产蛤蟆嗡等2个，重要古迹、景点天沐温泉度假区等9个。三次产业比例为16.5∶49.2∶34.3。农业以种植业、畜牧业为主，农作物主产小麦、玉米、蔬菜、花生、棉花，冠县鸭梨闻名，养殖牛、羊、猪、家禽，为国家鲁西黄牛生产基地、山羊板皮出口基地和山羊、细毛绵羊生产基地。工业以精品钢材、纺织服装、机电轴承、农副产品加工等为主。服务业以现代物流、商贸流通、观光旅游为主，有专业市场7个。有省级开发区1个。境内铁路41千米，公路2 748千米。邯济铁路、济馆高速、106国道、309国道和省道临大路、临观路、乐馆路、蒙馆路过境。

冠县经济开发区 371525-E01

[Guànxiàn Jīngjì Kāifāqū]

在县境东北部。东至东环路，西至西环路延长线，南至邯济铁路，北至济馆高速。面积1 600公顷。因所在政区和功能定位得名。2006年4月经省政府正式批准为省级开发区，由县级政府管理。有企业150余家，园区内形成了以冠洲集团为龙头，众冠薄板、东鼎轧钢、星都板业为群体的金属板材加工产业；以冠星集团为龙头，盛达纺织、奥邦纺织、小贝壳服饰为群体的纺织服装加工产业；以新瑞木业为龙头，百佳食品、百果庄园为群体的农副产品加工产业。园区内形成两纵五横的道路网，交通便利。

清泉街道 371525-A01

[Qīngquán Jiēdào]

冠县人民政府驻地。在县境中部。面积66平方千米。人口8.2万。以汉族为主，还有回等民族。2010年设立。因冠县曾称清渊县，唐初为避唐高祖李渊名，而写作清泉县，因此得名。建成清泉河旅游风景区，对多个棚户区拆迁改造，建设新型住宅小区，拓宽冠宜春路三干渠至武训大道路段。有中小学5所，医疗卫生机构1个。有清泉河风景区、中共鲁西北地委旧址等旅游资源。经济以农业为主，主产小麦、玉米、棉花、花生、大豆等，兼种果树，产苹果、梨、桃，畜牧业主要养殖生猪。工业以纸制品加工、轴承制造、交通设施生产、机械加工为主。通公交车。

崇文街道 371525-A02

[Chóngwén Jiēdào]

属冠县管辖。在县境北部。面积 28 平方千米。人口 2.4 万。以汉族为主，还有回等民族。2010 年设立。因明、清设崇文乡得名。2013 年修建白杨路红旗路至清泉路路段、西环路至教育路路段，2013 年修建冉子路南侧辅道。有中小学 8 所，医疗卫生机构 2 个。经济以农业为主，主产小麦、玉米、蔬菜、水果等，养殖猪、羊、家禽等。工业以轴承制造、交通设施生产、塑料制品和橡胶制品加工为主。通公交车。

烟庄街道 371525-A03

[Yānzhuāng Jiēdào]

属冠县管辖。在县境东部。面积 60 平方千米。人口 3.2 万。以汉族为主，还有回、蒙、满、布依、侗、壮等民族。2010 年设立。因街道办事处在烟庄得名。2011 年扩建、改造了与街道办事处驻地相连接道路，修建大型住宅小区。2012 年兴建晓春亭花园小区、园丁苑小区，翻修驻地主要道路。有中小学 7 所，医疗卫生机构 1 个。经济以农业为主，主产小麦、玉米、油料作物、蔬菜，养殖猪、羊。工业有钢板加工、塑料制品加工、交通设施生产等企业。通公交车。

贾镇 371525-B01

[Jiǎ Zhèn]

冠县辖镇。在县境东部。面积 65 平方千米。人口 4.1 万。辖 51 村委会，有 47 自然村。镇人民政府驻贾镇。1952 年设贾镇乡。1958 年改公社。1984 年改置镇。以镇政府驻地得名。有中小学 5 所，卫生院 1 个。经济以农业为主，主产小麦、玉米，养殖猪、牛、羊、家禽等。工业以铸造、机械加工、机械制造、纺织、电子产品生产为主。济邯铁路、济聊馆高速、309 国道过境。

桑阿镇 371525-B02

[Sāng'ē Zhèn]

冠县辖镇。在县境东部。面积 110 平方千米。人口 6.5 万。以汉族为主，还有回等民族。辖 60 村委会，有 55 自然村。镇人民政府驻桑阿镇。1949 年为四区。1956 年改设桑阿镇乡。1958 年改公社。1984 年改置镇。2001 年白塔集乡并入。因镇政府驻地得名。马颊河从境内穿过。有中小学 11 所，卫生院 1 个。有爱国主义教育基地血水井，省级非物质文化遗产传统剧种蛤蟆嗡。经济以农业为主，主要种植小麦、玉米、棉花、蔬菜，养殖猪、羊、家禽。工业以棉纺、砖瓦机械、路桥设施、高档家具、精密钢管、镀锌板加工业为主。省道临商公路、临观公路过境。

柳林镇 371525-B03

[Liǔlín Zhèn]

冠县辖镇。在县境东北部。面积 70 平方千米。人口 5.1 万。辖 50 村委会，有 50 自然村。镇人民政府驻柳林。1956 年设柳林区。1958 年改公社。1984 年改置镇。以镇政府驻地得名。有中小学 9 所，卫生院 1 个。有省级文物保护单位武训墓及祠堂，国家级非物质文化遗产柳林花鼓，省级非物质文化遗产“降狮傩舞”。经济以农业为主，主产小麦、玉米，养殖牛、家禽等。工业有轴承制造、纺织、绳网加工、糖果生产、塑料制品加工、建材生产等企业。省道临商路过境。

清水镇 371525-B04

[Qīngshuǐ Zhèn]

冠县辖镇。在县境北部。面积 54 平方千米。人口 3.7 万。辖 33 村委会，有 22 自然村。镇人民政府驻清水。1949 年为五区。1957 年改设清水乡。1958 年改公社。1984 年改置镇。以镇政府驻地得名。有中小学 9 所，卫生院 1 个。经济以农业为主，主产小麦、玉米、棉花、油料作物、花生等，养殖波尔山羊、鲁西黄牛、小尾寒羊等。工业以轴承、锻造、机械加工为主。省道临观公路过境。

东古城镇 371525-B05

[Dōnggǔchéng Zhèn]

冠县辖镇。在县境西部。面积 113 平方千米。人口 8.1 万。以汉族为主，还有回、朝鲜等民族。辖 84 村委会，有 78 自然村。镇人民政府驻东古城。1949 年为南馆陶区。1957 年改设乡。1958 年改公社。1984 年改置东古城镇。2001 年杨召乡并入。以镇政府驻地得名。漳卫河从境内穿过。有中小学 16 所，医院 1 个。有市级革命文物保护单位六十二烈士墓。经济以农业为主，主产小麦、玉米、林果、蔬菜。工业以农产品加工、轴承制造、机械加工、服装加工、汽车配件生产为主。济邯铁路、济馆高速、106 国道、309 国道、省道永馆公路过境。

北馆陶镇 371525-B06

[Běiguǎntáo Zhèn]

冠县辖镇。在县境西北部。面积 51 平方千米。人口 3.3 万。辖 56 村委会，有 52 自然村。镇人民政府驻北馆陶。1949 年为北馆陶区。1958 年改公社。1984 年改置镇。以镇政府驻地得名。有中小学 6 所，卫生院 1 个。有国家级文物保护单位萧城遗址，国家非物质文化遗产郎庄面塑，地方特色民间艺术四股弦、剪纸、舞狮、花车子、花船、竹马、高跷、秧歌等。经济以农业为主，主产小麦、玉米、梨、葡萄等，养殖猪、羊、家禽等。工业有纸制品加工、轴承制造等企业。省道永馆路过境。

店子镇 371525-B07

[Diànzi Zhèn]

冠县辖镇。在县境中部。面积 43 平方千米。人口 3.4 万。以汉族为主，还有回等民族。辖 28 村委会，有 23 自然村。镇人民政府驻店子。1971 年设店子公社。1984 年改设乡。2010 年撤乡建镇。以镇政府驻地得名。有中小学 7 所，卫生院 1 个。有重要古迹清真寺。农业主产小麦、玉米、花生、大豆、地瓜、灵芝等，养殖猪、羊、家禽等。工业以服装加工、食品加工、面粉加工、建材生产、塑胶生产、轴承加工为主。济馆高速、省道临观路过境。

定远寨镇 371525-B08

[Dìngyuǎnzhài Zhèn]

冠县辖镇。在县境东部。面积 63 平方千米。人口 3.7 万。辖 38 村委会，有 44 自然村。镇人民政府驻闫营。1957 年设定远寨乡。1958 年并入贾镇、桑阿镇公社。1971 年析设定远寨公社。1984 年复设乡。2013 年撤乡改镇。因近定远将军墓得名。有中小学 7 所，医院 1 个、卫生院 1 个。经济以农业为主，主要种植小麦、玉米、蔬菜。工业以纺织、清洁能源生产、机械制造、塑料制品加工、建材生产为主。济邯铁路、济馆高速、309 国道、省道临商路过境。

辛集镇 371525-B09

[Xīnjí Zhèn]

冠县辖镇。在县境东北部。面积 82 平方千米。人口 5.1 万。辖 51 村委会，有 57

自然村。镇人民政府驻辛集。1956年设辛集区。1958年改设乡，同年改公社。1984年复设乡。2001年史庄乡并入。2013年撤乡设镇。以镇政府驻地得名。有中小学7所，卫生院1个。经济以农业为主，主产小麦、玉米、林果，养殖猪、家禽等。工业以冶金、板材加工、纺织、机械制造、彩色印染、轴承加工等为主。济邯铁路、省道临商路过境。

梁堂镇 371525-B10

[Liángtáng Zhèn]

冠县辖镇。在县境东南部。面积55平方千米。人口3.7万。以汉族为主，还有回等民族。辖34村委会，有34自然村。镇人民政府驻赵梁堂。1958年设史村公社。1960年公社驻迁赵梁堂改名梁堂公社。1984年改设乡。2013年撤乡改镇。以镇政府驻地得名。有中小学7所，卫生院1个。经济以农业为主，主产小麦、玉米、蔬菜，养殖猪、羊、家禽等。工业以精品钢板生产、机械铸造、复合陶瓷管生产、高速护栏板加工、木材加工为主。省道临观路、蒙馆路、班桑路过境。

斜店乡 371525-C01

[Xiédiàn Xiāng]

冠县辖乡。在县境西南部。面积56平方千米。人口3.7万。辖28村委会，有27自然村。乡人民政府驻斜店。1951年设斜店乡。1958年并入史村公社。1971年析设斜店公社。1984年复设乡。以乡政府驻地得名。有中小学6所，卫生院1个。有省文物保护单位辛庄遗址。经济以农业为主，主产小麦、玉米、大蒜、黄瓜，养殖猪、羊、家禽等。工业有纺织、冷轧钢板等企业。106国道过境。

范寨乡 371525-C02

[Fànzhài Xiāng]

冠县辖乡。在县境东北部。面积59平方千米。人口3.5万。辖36村委会，有37自然村。乡人民政府驻戴里庄。1971年析辛集公社地设范寨公社。1984年改设乡。以乡政府原驻地得名。京杭运河从境内穿过。有中小学6所，卫生院1个。经济以农业为主，主产小麦、玉米、蔬菜，养殖奶牛、猪、家禽等。工业有纺织、卫生材料加工、机械加工、建筑材料生产等企业。省道临商路过境。

甘官屯乡 371525-C03

[Gānguāntún Xiāng]

冠县辖乡。在县境东北部。面积60平方千米。人口4.6万。辖35村委会，有32自然村。乡人民政府驻甘官屯。1956年设甘官屯乡。1958年并入柳林公社。1971年析设甘官屯公社。1984年复设乡。以乡政府驻地得名。有中小学6所，卫生院1个。经济以农业为主，主产小麦、玉米，兼种花生、蔬菜、果树，养殖猪、羊、牛、家禽等。工业以钢球磨制、轴承制造、花生加工、建筑建材、面粉加工等为主。省道临观路过境。

兰沃乡 371525-C04

[Lánwò Xiāng]

冠县辖乡。在县境东北部。面积54平方千米。人口3.5万。辖28村委会，有26自然村。乡人民政府驻大兰沃。1958年设兰沃乡，同年改公社。1984年复设乡。以乡政府驻地得名。有中小学5所，卫生院1个。有中华第一梨园等景点。经济以农业为主，主要种植小麦、玉米、林果。工业以印刷、机械加工、服装加工为主。309国道和省道临商路、临观路过境。

万善乡 371525-C05

［Wànshàn Xiāng］

冠县辖乡。在县境北部。面积 59 平方千米。人口 3.4 万。以汉族为主，还有回等民族。辖 32 村委会，有 27 自然村。乡人民政府驻大万善。1971 年改万善公社。1984 年改设乡。以乡政府驻地得名。青年河从境内穿过。有中小学 4 所，卫生院 1 个。经济以农业为主，主产小麦、玉米、棉花等，有蔬菜大棚，养殖猪、羊、肉鸡、蛋鸡等。工业以冷轧钢板加工、轴承制造、服装加工、彩色印刷为主。有公路经此。

旧地名

冠城镇（旧） 371525-U01

［Guànchéng Zhèn］

冠县辖镇。在县境西南部。1984 年设立。2010 年撤销，以县城振兴路为界析分为清泉街道和崇文街道。

孙疃乡（旧） 371525-U02

［Sūntuǎn Xiāng］

冠县辖乡。在县境西南部。1984 年设立。2001 年撤销，并入冠城镇。

元造户乡（旧） 371525-U03

［Yuánzàohù Xiāng］

冠县辖乡。在县境东北部。1984 年设立。2001 年撤销，并入柳林镇。

史庄乡（旧） 371525-U04

［Shǐzhuāng Xiāng］

冠县辖乡。在县境东部。1984 年设立。2001 年撤销，并入辛集乡。

白塔集乡（旧） 371525-U05

［Báitǎjí Xiāng］

冠县辖乡。在县境东南部。1984 年设立。2001 年撤销，并入桑阿镇。

杨召乡（旧） 371525-U06

［Yángzhào Xiāng］

冠县辖乡。在县境西北部。1984 年设立。2001 年撤销，并入东古城镇。

高唐县

高唐县 371526

［Gāotáng Xiàn］

聊城市辖县。北纬 36°85′，东经 116°22′。在市境东北部。面积 949 平方千米。人口 50.1 万。以汉族为主，还有回、满、蒙古、壮等民族。辖 3 街道、9 镇。县人民政府驻鱼邱湖街道。春秋为齐高唐邑地，西汉置高唐县，属平原郡，今县东北部属之。又置灵县，治今南镇，属清河郡（国）。西晋废高唐县，北魏复置。改灵县为零县。北齐废零县，徙高唐县治于废清河郡城，县名始与今境合。隋开皇六年（586）复置灵县，大业初废。周长寿二年（693）高唐改称崇武，唐神龙元年（705）复为高唐。唐、宋、金属博州。元置高唐州，州、县同治今高唐镇。明洪武初省县存州，属东昌府。1913 年废州复县，属济西道（翌年更名东临道）。1925 年属东昌道。1928 年属省。1937 年属第四行政督察区。1945 年建立民主政权，属冀南行政区第二专区。1949 年属平原省聊城专区。1952 年划归山东省。1956 年清平县撤销，东部并入高唐县。1967 年属聊城地区。1998 年属聊城市。（资料来源：《高唐县志 1988—2005》）因地处沼泽之高地得名。属黄泛冲积平原，地势平坦，间有缓岗、洼地。

年均气温 13.1℃，1 月平均气温 −2.5℃，7 月平均气温 26.6℃。年均降水量 508.8 毫米。有徒骇河、马颊河流经。有地热等矿产资源。有野生植物 108 种，其中国家重点保护野生植物有银杏。有野生动物 199 种，其中国家重点保护野生动物有猫头鹰等 14 种。森林覆盖率 9.9%。有国家级企业技术中心 12 个，省级企业技术中心 13 个。有中小学 63 所，图书馆 1 个，档案馆 1 个，知名文艺团体 2 个，体育场 9 个，二级以上医院 3 个。有国家级文物保护单位兴国寺塔，省级文物保护单位高唐文庙等 5 个，省级非物质文化遗产地方戏“一勾勾”（四根弦）等 8 个，重要古迹、景点 17 个。三次产业比例为 10∶63.4∶26.6。农业以种植业为主，主产小麦、玉米、谷子、芝麻、棉花。工业以汽车及装备制造、造纸及纸制品、建筑机械、纺织服装为主。服务业以文化旅游、批发零售为主。有省级开发区 1 个。有铁路 4.5 千米，公路 2 062.5 千米。邯济铁路、青银高速、临高高速、105 国道、308 国道和省道永莘路、临高路过境。

高唐经济开发区 371526-E01

[Gāotáng jīngjì Kāifāqū]

在县境中部。东至滨湖路，南至南外环，西至 316 省道，北至 316 省道。面积 2 804 公顷。根据所在行政区域和工作职能性质命名。2006 年 3 月经省政府正式批准建立省级开发区，由县级政府管理。要建设成为高唐经济发展的龙头、对外开放的窗口、招商引资的基地和现代化的新城区。主要产业为机械制造、林浆纸生产、纺织服装，入驻企业 200 余家。区内道路纵横交错，交通便利。

鱼邱湖街道 371526-A01

[Yúqiūhú Jiēdào]

高唐县人民政府驻地。在县境南部。面积 48 平方千米。人口 6.3 万。2002 年设立。因鱼丘湖得名。2010 年完成莱市街村等旧村改造，建兴隆苑小区；2014 年完成南五里片区改造，建新城明珠小区。有鱼丘湖、双海湖。有中小学 8 所，医疗卫生机构 3 个。有省级文物保护单位高唐文庙。有李苦禅文化广场、人民广场、金城广场等标志性建筑物。农业主产小麦、玉米、蔬菜，养殖猪、羊、家禽等。工业有机械制造、饲料生产、食品加工、电子电器制造、纺织等业。通公交车。

人和街道 371526-A02

[Rénhé Jiēdào]

属高唐县管辖。在县境中部。面积 42 平方千米。人口 4.8 万。2002 年设立。以政通人和之意得名。2005 年改造县酒厂，建设时风创业小区。2006 年改造老国棉厂，建设中奕华府小区。2007 年改造老针织厂，建设名仕园小区；3 月北关回民小区改造拆迁，建设温州商贸城。2013 年 6 月改造汪庄片区，建设华银小区、金裕花园小区。2013 年 11 月曲庄村整村改造建设。有中小学 5 所，医疗卫生机构 1 个。有省级非物质文化遗产四根弦。有商博瑞广场等标志性建筑物。农业主要种植小麦、玉米、棉花、蔬菜、花卉苗木，生产黄瓜、茄子、西红柿等，规模化养殖奶牛、鸡、鸭、猪等。工业有纸品加工、建筑机械等厂。服务业以商贸为主。通公交车。

汇鑫街道 371526-A03

[Huìxīn Jiēdào]

属高唐县管辖。在县境西部。面积 83 平方千米。人口 4.1 万。2002 年设立。以聚财聚福之寓意得名。2013 年改造建设四合田村。马颊河从境内穿过。有中小学 8 所，医疗卫生机构 1 个。有谷官屯暴动纪念馆、泉聚苑养生休闲旅游度假区。经济以农业为主。农业主产小麦、玉米、棉花，养殖猪、羊、家禽等。工业以汽车配件生产、机械加工、纺织服装为主。通公交车。

梁村镇 371526-B01

[Liángcūn Zhèn]

高唐县辖镇。在县境北部。面积 57 平方千米。人口 3.9 万。辖 77 村委会，有 81 自然村。镇人民政府驻梁村。1952 年设五区。1958 年设梁村乡，同年改公社。1984 年置镇。以镇政府驻地得名。马颊河从境内穿过。有中小学 6 所，卫生院 2 个。有国家级文物保护单位兴国寺塔。经济以农业为主。农业以蔬菜种植业、畜牧养殖业、林木种植为主导产业。工业以机械配件加工、棉纺织为主。青银高速、105 国道过境。

尹集镇 371526-B02

[Yǐnjí Zhèn]

高唐县辖镇。在县境东北部。面积 88 平方千米。人口 3.5 万。辖 65 村委会，有 71 自然村。镇人民政府驻尹西。1949 年为尹集区。1958 年设乡，同年改公社。1984 年置镇。以原驻地村得名。有中小学 4 所，卫生院 1 个，广场 73 个。经济以农业为主。农业主产小麦、玉米、棉花、大棚蔬菜，养殖猪、羊、禽类。工业以板材加工、棉纺织、生活用纸生产、机械制造等为主，产品主要销往韩国、日本、新加坡、阿联酋等 20 个国家和地区。青银高速、省道永莘路过境。

清平镇 371526-B03

[Qīngpíng Zhèn]

高唐县辖镇。在县境西南部。面积 106 平方千米。人口 4.4 万。辖 60 村委会，有 60 自然村。镇人民政府驻北街。1940 年清平县治所迁往康庄，原址改建旧城区。1956 年清平县撤销，旧城划归高唐县。1958 年设乡，同年改公社。1984 年置旧城镇。1991 年更名清平镇。以旧清平县得名。马颊河从境内穿过。有中小学 7 所，卫生院 1 个。有省级文物保护单位清平文庙、清平迎旭门遗址。经济以农业为主。农业以小麦、玉米、棉花种植为主。工业以板材加工为主。有公路经此。

固河镇 371526-B04

[Gùhé Zhèn]

高唐县辖镇。在县境东北部。面积 96 平方千米。人口 3.8 万。辖 75 村委会，有 75 自然村。镇人民政府驻固河。1958 年设涸河乡，同年并入尹集、后坡公社。1971 年设涸河公社。1984 年复设乡。1996 年撤乡设固河镇。以镇政府驻地得名。徒骇河从境内穿过。有中小学 7 所，卫生院 1 个。有省级文物保护单位涸河墓群，重要古迹东汉华歆墓。经济以农业为主。农业以小麦、玉米、棉花种植为主。工业以棉纺制品生产为主。南部为蔬菜种植基地，北部为生态观光农业园区，中部为工业园区。青银高速、308 国道、省道永莘路和临高路过境。

三十里铺镇 371526-B05

[Sānshílǐpù Zhèn]

高唐县辖镇。在县境西南部。面积 63 平方千米。人口 2.7 万。辖 39 村委会，有 39 自然村。镇人民政府驻三十里铺。1958 年设三十里铺乡，同年改公社。1984 年复设乡。1999 年撤乡设三十里铺镇。以镇政府驻地得名。马颊河从境内穿过。有中小学 5 所，体育场 2 个，卫生院 1 个。经济以农业为主。农业以小麦、玉米、棉花种植和养殖猪、羊、禽类为主。工业以棉纺、轴承制造、电机制造、橡胶制品生产等为主。308 国道、省道临高路过境。

琉璃寺镇 371526-B06

[Liúlísì Zhèn]

高唐县辖镇。在县境东南部。面积 96 平方千米。人口 3.9 万。辖 60 村委会，有 60 自然村。镇人民政府驻琉璃寺。1956 年设琉璃寺区。1958 年设乡，同年改公社。1984 年复设乡。1994 年置镇。以镇政府驻地得名。管氏河、四新河从境内穿过。有中小学 7 所，卫生院 1 个。有省级文物保护单位琉璃寺烈士陵园。经济以农业为主。农业以小麦、玉米、棉花种植为主。工业以板材加工、机械铸造加工等为主。服务业以仓储物流等为主。济邯铁路过境。设高唐站。

赵寨子镇 371526-B07

[Zhàozhàizi Zhèn]

高唐县辖镇。在县境西南部。面积 75 平方千米。人口 3.4 万。辖 43 村委会，有 51 自然村。镇人民政府驻赵寨子。1971 年设赵寨子公社。1984 年设乡。2010 年设镇。以镇政府驻地得名。七里河从境内穿过。有中小学 6 所，卫生院 1 个。经济以农业为主。农业以小麦、玉米、棉花种植为主。工业以平板量具加工、机械加工、针织、酿酒、农业饲料生产、木材加工为主。省道永莘路、赵康公路过境。

姜店镇 371526-B08

[Jiāngdiàn Zhèn]

高唐县辖镇。在县境南部。面积 82 平方千米。人口 4.3 万。辖 69 村委会，有 74 自然村。镇人民政府驻姜店。1958 年设姜店乡，同年改公社。1984 年复设乡。2010 年设镇。以镇政府驻地得名。徒骇河从境内穿过。有中小学 7 所，卫生院 1 个。经济以农业为主。农业以小麦、玉米、棉花种植和养殖猪、羊、禽类为主。工业以化工、建材生产销售、优质小麦精深加工及仓储等为主。105 国道、省道临高路过境。

杨屯镇 371526-B09

[Yángtún Zhèn]

高唐县辖镇。在县境东部。面积 104 平方千米。人口 4.8 万。辖 81 村委会，有 81 自然村。镇人民政府驻杨西。1958 年设杨屯乡，同年改公社。1984 年复设乡。2011 年设镇。以原驻地村得名。徒骇河从境内穿过。有中小学 11 所，卫生院 2 个。经济以农业为主。农业以小麦、玉米、棉花种植为主。工业以陶器生产、酿酒、油料加工等为主。308 国道、省道临高路过境。

旧地名

高唐镇（旧） 371526-U01

[Gāotáng Zhèn]

高唐县辖镇。在县境中部。1984 年设立。2002 年撤销，分设为鱼邱湖、人和、汇鑫 3 个街道。

张庄乡（旧） 371526-U02

[Zhāngzhuāng Xiāng]

高唐县辖乡。在县境中部。1958 年设立。2001 年撤销，17 个村划归原高唐镇，20 个村划归尹集镇。

韩寨乡（旧） 371526-U03

[Hánzhài Xiāng]

高唐县辖乡。在县境北部。1958 年设立。2001 年撤销，9 个村划归梁村镇，2 个村划归原高唐镇。

赵庄乡（旧） 371526-U04

[Zhàozhuāng Xiāng]

高唐县辖乡。在县境西部。1958 年设立。

2001 年撤销，32 个村划归三十里铺镇，16 个村划归原高唐镇。

张大屯乡（旧） 371526-U05
[Zhāngdàtún Xiāng]

高唐县辖乡。在县境东南部。1958 年设立。2001 年撤销，并入杨屯乡。

南镇乡（旧） 371526-U06
[Nánzhèn Xiāng]

高唐县辖乡。在县境南部。1958 年设立。2001 年撤销，10 个村划归赵寨子乡，42 个村划归姜店乡。

社区

鱼丘湖社区 371526-A01-J01
[Yúqiūhú Shèqū]

属鱼邱湖街道管辖。在高唐县中部。面积 2 平方千米。人口 13 000。因境内有鱼丘湖而得名。2003 年成立。有楼房 215 栋，现代建筑风格。驻有高唐县文化馆、高唐二中等单位。有志愿者服务、老年人日间照料服务。通公交车。2007 年被评为省文明社区。

蓝山社区 371526-A01-J02
[Lánshān Shèqū]

属鱼邱湖街道管辖。在高唐县中部。面积 2 平方千米。人口 16 000。因辖区内原有高唐县大型企业蓝山集团及蓝山小区而得名。2003 年成立。有楼房 142 栋，现代建筑风格。驻有高唐县第一实验小学等单位。有老年人日间照料服务。通公交车。

金城社区 371526-A02-J01
[Jīnchéng Shèqū]

属人和街道管辖。在高唐县中部。面积 2 平方千米。人口 12 200。因邻金城路而得名。2003 年成立。有楼房 169 栋，现代建筑风格。驻有高唐县热电集团等单位。有老年人照料服务。通公交车。2008 年被评为省文明社区。

育才社区 371526-A02-J02
[Yùcái Shèqū]

属人和街道管辖。在高唐县中部。面积 1 平方千米。人口 8 600。因高唐一中驻此得名。2003 年成立。有楼房 560 栋，现代建筑风格。驻有高唐县人民医院、高唐县图书馆等单位。有老年人日间照料服务。通公交车。2009 年被评为省文明社区。

盛世社区 371526-A02-J03
[Shèngshì Shèqū]

属人和街道管辖。在高唐县东部。面积 4 平方千米。人口 2 600。因紧邻盛世路得名。2006 年成立。以平房为主。驻有山东亿溪纺织有限公司等单位。通公交车。2013 年被评为省文明社区。

二 居民点

东昌府区

城市居民点

奥森花园 371502-I01
[Àosēn Huāyuán]

在区境南部。人口 3 600。总面积 8 公顷。由聊城奥森置业有限公司开发命名，寓意小区居住环境如花园一样美好。2011 年始建，2014 年正式使用。建筑总面积 160 000 平方米，高层住宅楼 13 栋，现代建筑风格。绿化率 43.6%。有小学、幼儿园、便利店等配套设施。通公交车。

育新苑 371502-I02
[Yùxīn Yuàn]

在区境中部。人口 1 875。总面积 5 公顷。因位于育新街而得名。2005 年始建，2008 年正式使用。建筑总面积 50 000 平方米，多层住宅楼 13 栋，现代建筑风格。绿化率 21.3%。有小学、幼儿园、超市等配套设施。通公交车。

万盛家园 371502-I03
[Wànshèng Jiāyuán]

在区境中部。人口 550。总面积 3 公顷。由万盛房地产公司开发，故名。2002 年始建，2005 年正式使用。建筑总面积 30 000 平方米，住宅楼 4 栋，其中高层 3 栋、多层 1 栋，现代建筑风格。绿化率 10%。有药店、果蔬店等配套设施。通公交车。

鑫鹏花园小区 371502-I04
[Xīnpéng Huāyuán Xiǎoqū]

在区境中部。人口 624。总面积 3 公顷。由鑫鹏房地产开发有限公司建设，小区内环境优美犹如花园，故名。2006 年始建，2009 年正式使用。建筑总面积 30 000 平方米，多层住宅楼 3 栋，现代建筑风格。绿化率 35%。有幼儿园、小学、药店等配套设施。通公交车。

凤凰苑小区 371502-I05
[Fènghuángyuàn Xiǎoqū]

在区境中部。人口 1 478。总面积 9 公顷。因小区坐落于凤凰台附近，故名。2003 年始建，2006 年正式使用。建筑总面积 85 000 平方米，多层住宅楼 18 栋，现代建筑风格。绿化率 20%。有药店、幼儿园、蔬果店等配套设施。通公交车。

鼎舜花园 371502-I06
[Dǐngshùn Huāyuán]

在区境中部。人口 3 080。总面积 10 公顷。由聊城公路房产开发公司开发，“鼎”字取其鼎盛含义，“舜”字有颜如舜华、美丽之意，小区旨在打造美丽如画的风景小区，故名。2001 年始建，2003 年正式使用。建筑总面积 138 964.29 平方米，多层住宅楼 24 栋，现代建筑风格。绿化率 20%。有超市、幼儿园、小学等配套设施。通公交车。

三里铺风景小区 371502-I07
[Sānlǐpù Fēngjǐng Xiǎoqū]

在区境中部。人口 4 700。总面积 30 公顷。因使用的是原三里铺的土地，又旨在打造风景美丽的小区，故名。2000 年始建，2003 年正式使用。建筑总面积 171 108 平方米，高层住宅楼 31 栋，现代建筑风格。绿地面积 29 000 平方米。有超市、幼儿园、小学等配套设施。通公交车。

宝徕花园 371502-I08
[Bǎolái Huāyuán]

在区境中部。人口 2 660。总面积 10 公顷。寓意地处宝地，招徕有福之人享受花园式居住环境，故名。2009 年始建，2012 年正式使用。建筑总面积 106 484 平方米，住宅楼 9 栋，其中高层 7 栋、多层 2 栋，现代、西式建筑风格。绿地面积 28 000 平方米。有药店、小学等配套设施。通公交车。

香岸雅居小区 371502-I09
[Xiāng'ànyǎjū Xiǎoqū]

在区境中部。人口 1 080。总面积 7 公顷。因邻近清水河，故以嘉言命名为香岸雅居小区，寓意河岸边美好的居住环境。2002 年始建，2008 年正式使用。建筑总面积 70 000 平方米，多层住宅楼 8 栋，现代建筑风格。绿化率 35%。有医院、药店等配套设施。通公交车。

新世纪花园 371502-I10
[Xīnshìjì Huāyuán]

在区境中部。人口 2 478。总面积 6 公顷。寓意小区是新世纪里如花园一样的居住环境，故名。2000 年始建，2006 年正式使用。建筑总面积 56 000 平方米，多层住宅楼 19 栋，现代建筑风格。绿化率 20%。有超市、小学等配套设施。通公交车。

农村居民点

单庄 371502-A06-H01
[Shànzhuāng]

在区驻地柳园街道西北方向 16.1 千米。闫寺街道辖自然村。人口 400。明永乐年间，单姓自山西省洪洞县迁居此地立村，以姓氏命村名单庄。聚落呈团块状分布。经济以种植业为主，主要农作物有小麦、玉米等。有公路经此。

杜庄 371502-A06-H02
[Dùzhuāng]

在区驻地柳园街道西北方向 17.2 千米。闫寺街道辖自然村。人口 700。明嘉靖二十五年（1546），杜健自今朱老庄乡五乡杜庄迁居此地立村，以姓氏命村名杜庄。聚落呈团块状分布。经济以种植业为主，主要农作物有小麦、玉米等。有公路经此。

苏庄 371502-A06-H03
[Sūzhuāng]

在区驻地柳园街道西北方向 19.9 千米。闫寺街道辖自然村。人口 300。明永乐年间，苏姓自山西洪洞县迁居此地立村，以姓氏命名苏庄。聚落呈团块状分布。经济以种植业为主，主要农作物有小麦、玉米等。有公路经此。

任庄 371502-A06-H04
[Rénzhuāng]

在区驻地柳园街道西北方向 17.5 千米。闫寺街道辖自然村。人口 1 000。明永乐年间，任姓自山西省洪洞县迁居此地立村，命村名任庄。聚落呈团块状分布。经济以种植业为主，主要农作物有小麦、玉米等。有公路经此。

王香坊 371502-A06-H05
[Wángxiāngfáng]

在区驻地柳园街道西北方向 17.2 千米。闫寺街道辖自然村。人口 500。明永乐年间，王二志和王三志兄弟二人自山西省洪洞县迁居此地立村，以开香坊为生，故命村名王香坊。聚落呈团块状分布。经济以种植业为主，主要农作物有小麦、玉米等。有公路经此。

李寨 371502-A06-H06
[Lǐzhài]

在区驻地柳园街道西北方向 16.7 千米。闫寺街道辖自然村。人口 400。明永乐年间，李姓自山西洪洞县迁此定居。相传明燕王扫北时曾在此安营扎寨，故命村名李寨。聚落呈团块状分布。有小学 1 处。经济以种植业为主，主要农作物有小麦、玉米等。有公路经此。

韩庄 371502-A06-H07
[Hánzhuāng]

在区驻地柳园街道西北方向 16.7 千米。闫寺街道辖自然村。人口 300。明万历年间，韩经自夏津北关迁此定居，以姓氏命村名韩庄。聚落呈团块状分布。经济以种植业为主，主要农作物有小麦、玉米等。有公路经此。

许庄 371502-A06-H08
[Xǔzhuāng]

在区驻地柳园街道西北方向 16.7 千米。闫寺街道辖自然村。人口 400。明永乐年间，许显自长江流域迁此定居立村，以姓氏命村名许庄。聚落呈团块状分布。经济以种植业为主，主要农作物有小麦、玉米等。有公路经此。

刁庄 371502-A06-H09
[Diāozhuāng]

在区驻地柳园街道西北方向 15.3 千米。闫寺街道辖自然村。人口 600。明初，刁姓自山西省洪洞县迁居此地立村，以姓氏命村名刁庄。聚落呈团块状分布。经济以种植业为主，主要农作物有小麦、玉米等。有公路经此。

玉皇庙 371502-A06-H10
[Yùhuángmiào]

在区驻地柳园街道西北方向 16.8 千米。闫寺街道辖自然村。人口 900。明成化年间，王姓自山西省洪洞县迁居此地立村，因村前有一玉皇庙，故名。聚落呈团块状分布。经济以种植业为主，主要农作物有小麦、玉米等。有公路经此。

梁庄 371502-A07-H01
[Liángzhuāng]

在区驻地柳园街道西方向 18.6 千米。道口铺街道辖自然村。人口 200。明洪武年间，梁姓自山西省洪洞县迁居此地立村，以姓氏命村名梁庄。聚落呈团块状分布。经济以种植业为主，主要农作物有小麦、玉米等。有公路经此。

郭庄 371502-A07-H02
[Guōzhuāng]

在区驻地柳园街道西方向 16.4 千米。道口铺街道辖自然村。人口 400。明洪武年间，郭姓自山西省洪洞县迁居此地立村，以姓氏命村名郭庄。聚落呈团块状分布。经济以种植业为主，主要农作物有小麦、玉米等。有公路经此。

武庄 371502-A07-H03
[Wǔzhuāng]

在区驻地柳园街道西方向 16.7 千米。

道口铺街道辖自然村。人口 800。明洪武年间，武强兄弟和张氏自山西省洪洞县迁居此地立村，以姓氏命村名武庄。聚落呈团块状分布。经济以种植业为主，主要农作物有小麦、玉米等。有公路经此。

王尔镇 371502–A07–H04
[Wáng'ěrzhèn]

在区驻地柳园街道西方向 14.0 千米。道口铺街道辖自然村。人口 1 300。明万历年间，军户王尔镇在此屯田耕地，故命村名王尔镇。聚落呈团块状分布。经济以种植业为主，主要农作物有小麦、玉米等。329 省道经此。

邵月河 371502–A07–H05
[Shàoyuèhé]

在区驻地柳园街道西方向 17.1 千米。道口铺街道辖自然村。人口 800。明洪武年间，邵姓自山西省洪洞县迁来，在月牙形小河的尖端处立村定居，命村名邵月河。聚落呈团块状分布。经济以种植业为主，主要农作物有小麦、玉米等。有公路经此。

宋月河 371502–A07–H06
[Shàoyuèhé]

在区驻地柳园街道西方向 17.8 千米。道口铺街道辖自然村。人口 500。明洪武年间，宋姓自山西省洪洞县迁来，在月牙形小河南岸立村定居，故命村名宋月河。聚落呈团块状分布。经济以种植业为主，主要农作物有小麦、玉米等。有公路经此。

仙庄 371502–A07–H07
[Xiānzhuāng]

在区驻地柳园街道西方向 11.0 千米。道口铺街道辖自然村。人口 500。明中期，仙姓自聊城城北玉皇庙村（今属闫寺街道）迁居此地立村，以姓氏命村名仙庄。聚落呈团块状分布。经济以种植业为主，主要农作物有小麦、玉米等。有公路经此。

姜庄 371502–A07–H08
[Jiāngzhuāng]

在区驻地柳园街道西方向 11.1 千米。道口铺街道辖自然村。人口 100。清咸丰年间，姜姓从姜楼迁此建村，以姓氏命村名姜庄。聚落呈团块状分布。经济以种植业为主，主要农作物有小麦、玉米等。有公路经此。

沙镇 371502–B01–H01
[Shāzhèn]

沙镇镇人民政府驻地。在区驻地柳园街道西南方向 20.8 千米。人口 6 300。地名来历不可考。聚落呈团块状分布。有幼儿园 1 处、小学 1 处、中学 1 处。经济以种植业为主，主要农作物有小麦、玉米等。有公路经此。

朱楼 371502–B01–H02
[Zhūlóu]

在区驻地柳园街道西南方向 22.7 千米。沙镇镇辖自然村。人口 1 000。明洪武年间，朱姓自山西洪洞县迁此建村，并盖楼，因缺物资并未盖成，故得村名楼院里，后以姓氏更名为朱楼。聚落呈团块状分布。经济以种植业为主，主要农作物有小麦、玉米等。有公路经此。

苗庄 371502–B01–H03
[Miáozhuāng]

在区驻地柳园街道西南方向 22.2 千米。沙镇镇辖自然村。人口 300。明嘉靖年间，苗姓从山西省洪洞县迁居此村，故命村名为苗庄。聚落呈团块状分布。经济以种植业为主，主要农作物有小麦、玉米等。有公路经此。

刘盐场 371502-B01-H04

[Liúyánchǎng]

在区驻地柳园街道西南方向 22.3 千米。沙镇镇辖自然村。人口 500。明洪武年间，刘姓由山西洪洞县迁此立村，因到处都是淋盐的场地，故命村名为刘盐场。聚落呈团块状分布。经济以种植业为主，主要农作物有小麦、玉米等。有公路经此。

丁楼 371502-B01-H05

[Dīnglóu]

在区驻地柳园街道西南方向 20.6 千米。沙镇镇辖自然村。人口 400。明洪武年间，丁姓自山西洪洞县迁此建村，因当时村西有座楼，故命村名丁楼。聚落呈团块状分布。经济以种植业为主，主要农作物有小麦、玉米等。有公路经此。

朱院 371502-B01-H06

[Zhūyuàn]

在区驻地柳园街道西南方向 19.6 千米。沙镇镇辖自然村。人口 200。明永乐年间，朱姓自山西洪洞县迁此定居，因当时此地已有一个院落，故命村名朱院。聚落呈团块状分布。经济以种植业为主，主要农作物有小麦、玉米等。有公路经此。

贾楼 371502-B01-H07

[Jiǎlóu]

在区驻地柳园街道西南方向 20.7 千米。沙镇镇辖自然村。人口 1 000。明永乐年间，贾姓自山西洪洞县迁此定居，又因原村民留残楼一座，故命村名贾楼。聚落呈团块状分布。经济以种植业为主，主要农作物有小麦、玉米等。有公路经此。

邵堂 371502-B01-H08

[Shàotáng]

在区驻地柳园街道西南方向 19.6 千米。沙镇镇辖自然村。人口 1 000。明洪武年间，邵姓自山西洪洞县迁此建村，命村名为邵堂。聚落呈团块状分布。经济以种植业为主，主要农作物有小麦、玉米等。有公路经此。

金庄 371502-B01-H09

[Jīnzhuāng]

在区驻地柳园街道西南方向 19.6 千米。沙镇镇辖自然村。人口 1 000。明洪武年间，金姓自山西洪洞县迁此建村，命村名为金庄。聚落呈团块状分布。经济以种植业为主，主要农作物有小麦、玉米等。有公路经此。

李堂 371502-B01-H10

[Lǐtáng]

在区驻地柳园街道西南方向 17.6 千米。沙镇镇辖自然村。人口 2 500。明洪武年间，李姓在村西南修一座庙堂，遂得村名李堂。聚落呈团块状分布。经济以种植业为主，主要农作物有小麦、玉米等。有公路经此。

钱庄 371502-B01-H11

[Qiánzhuāng]

在区驻地柳园街道西南方向 17.4 千米。沙镇镇辖自然村。人口 1 000。明洪武年间，钱姓自山西洪洞县迁此建村，以姓氏命村名为钱庄。聚落呈团块状分布。经济以种植业为主，主要农作物有小麦、玉米等。有公路经此。

油坊 371502-B01-H12

[Yóufáng]

在区驻地柳园街道西南方向 21.7 千米。沙镇镇辖自然村。人口 400。明洪武年间，李姓自山西洪洞县迁此定居立村，并开一油坊，故命村名油坊。聚落呈团块状分布。经济以种植业为主，主要农作物有小麦、玉米等。有公路经此。

徐庄 371502-B01-H13
[Xúzhuāng]

在区驻地柳园街道西南方向 21.3 千米。沙镇镇辖自然村。人口 400。明洪武年间，徐氏从山西洪洞县迁此建村，以姓氏命村名徐庄。聚落呈团块状分布。经济以种植业为主，主要农作物有小麦、玉米等。有公路经此。

侯营 371502-B02-H01
[Hòuyíng]

侯营镇人民政府驻地。在区驻地柳园街道西南方向 9.6 千米。人口 3 700。明末清初，张炉集的雷三起义攻打东昌府，在村西安营，因当时侯姓居此，得村名侯营。聚落呈团块状分布。有幼儿园 1 处、小学 1 处、中学 1 处。经济以种植业为主，主要农作物有小麦、玉米等。有公路经此。

张楼 371502-B02-H02
[Zhānglóu]

在区驻地柳园街道西南方向 11.1 千米。侯营镇辖自然村。人口 900。明洪武年间，张姓自山西洪洞县迁此定居，因盖楼房居住，故命村名为张楼。聚落呈团块状分布。经济以种植业为主，主要农作物有小麦、玉米等。有公路经此。

母庄 371502-B02-H03
[Mǔzhuāng]

在区驻地柳园街道西南方向 10.5 千米。侯营镇辖自然村。人口 300。明洪武年间，母姓自山西洪洞县迁此定居，以姓氏命名为母庄。聚落呈团块状分布。经济以种植业为主，主要农作物有小麦、玉米等。有公路经此。

贾集 371502-B02-H04
[Jiǎjí]

在区驻地柳园街道西南方向 11.0 千米。侯营镇辖自然村。人口 500。明万历年间，贾姓自山西洪洞县迁此定居，后成集市，遂得名贾集。聚落呈团块状分布。经济以种植业为主，主要农作物有小麦、玉米等。有公路经此。

罗庄 371502-B02-H05
[Luózhuāng]

在区驻地柳园街道西南方向 10.5 千米。侯营镇辖自然村。人口 300。明洪武年间，罗姓自山西洪洞县迁此定居，以姓氏命村名罗庄。聚落呈团块状分布。经济以种植业为主，主要农作物有小麦、玉米等。有公路经此。

孙庄 371502-B02-H06
[Sūnzhuāng]

在区驻地柳园街道西南方向 11.0 千米。侯营镇辖自然村。人口 1 000。明洪武年间，孙姓自山西洪洞县迁此定居，以姓氏命村名孙庄。聚落呈团块状分布。经济以种植业为主，主要农作物有小麦、玉米等。有公路经此。

常庄 371502-B02-H07
[Chángzhuāng]

在区驻地柳园街道西南方向 10.5 千米。侯营镇辖自然村。人口 700。明洪武年间，常姓自山西洪洞县迁此定居，以姓氏命村名常庄。聚落呈团块状分布。经济以种植业为主，主要农作物有小麦、玉米等。有公路经此。

李庄 371502-B02-H08
[Lǐzhuāng]

在区驻地柳园街道西南方向 8.0 千米。

侯营镇辖自然村。人口 300。明洪武年间，李姓自山西洪洞县迁此定居，以姓氏命村名李庄。聚落呈团块状分布。经济以种植业为主，主要农作物有小麦、玉米等。有公路经此。

魏庄 371502–B02–H09

[Wèizhuāng]

在区驻地柳园街道西南方向 8.4 千米。侯营镇辖自然村。人口 600。明洪武年间，魏姓自山西洪洞县迁此定居，以姓氏命村名魏庄。聚落呈团块状分布。经济以种植业为主，主要农作物有小麦、玉米等。有公路经此。

何庄 371502–B02–H10

[Hézhuāng]

在区驻地柳园街道西南方向 13.2 千米。侯营镇辖自然村。人口 600。明洪武年间，何纪自山西洪洞县迁此定居，以姓氏命村名何庄。聚落呈团块状分布。经济以种植业为主，主要农作物有小麦、玉米等。有公路经此。

于营 371502–B02–H11

[Yúyíng]

在区驻地柳园街道西南方向 12.6 千米。侯营镇辖自然村。人口 1 800。明嘉靖年间，于姓兵头在此安营扎寨并定居，命村名为于营。聚落呈团块状分布。经济以种植业为主，主要农作物有小麦、玉米等。有公路经此。

老鸦陈 371502–B02–H12

[Lǎoyāchén]

在区驻地柳园街道西南方向 9.0 千米。侯营镇辖自然村。人口 1 100。明洪武年间，陈氏家族自山西洪洞县老鸦窝迁此定居，以迁徙地得村名老鸦陈。聚落呈团块状分布。经济以种植业为主，主要农作物有小麦、玉米等。有公路经此。

徐楼 371502–B02–H13

[Xúlóu]

在区驻地柳园街道西南方向 14.2 千米。侯营镇辖自然村。人口 1 000。明永乐二年（1404），徐建德自山西洪洞县迁此定居并建楼，故得村名徐楼。聚落呈团块状分布。经济以种植业为主，主要农作物有小麦、玉米等。有公路经此。

赵庄 371502–B02–H14

[Zhàozhuāng]

在区驻地柳园街道西南方向 14.5 千米。侯营镇辖自然村。人口 900。明初，赵益自山西洪洞县迁此定居，以姓氏命村名赵庄。聚落呈团块状分布。经济以种植业为主，主要农作物有小麦、玉米等。有公路经此。

杨庄 371502–B02–H15

[Yángzhuāng]

在区驻地柳园街道西南方向 14.8 千米。侯营镇辖自然村。人口 700。明洪武年间，杨姓自山西洪洞县迁此定居，以姓氏命村名杨庄。聚落呈团块状分布。经济以种植业为主，主要农作物有小麦、玉米等。有公路经此。

陈泓 371502–B02–H16

[Chénhóng]

在区驻地柳园街道西南方向 10.1 千米。侯营镇辖自然村。人口 700。明永乐年间，陈姓迁此定居，因村周低洼，夏秋时常积水，故得村名陈泓。聚落呈团块状分布。经济以种植业为主，主要农作物有小麦、玉米等。有公路经此。

堂邑 371502-B03-H01

[Tángyì]

堂邑镇人民政府驻地。在区驻地柳园街道西南方向 19.3 千米。人口 7 300。由汉族、回族组成，其中回族 26 人。初名清邑，因东依漯水（今徒骇河前身，又名清河）而得名，至汉代始称堂邑。聚落呈团块状分布。有镇文化站 1 处、广播电视站 1 处、文体大楼 1 处、青少年宫 1 处。有省级文物保护单位堂邑文庙、市级文物保护单位堂邑古城墙遗址。经济以种植业为主，主要农作物有小麦、玉米、蔬菜。济聊馆高速公路、省道薛馆路经此。

五里墩 371502-B03-H02

[Wǔlǐdūn]

在区驻地柳园街道西北方向 20.5 千米。堂邑镇辖自然村。人口 700。明洪武年间，孔姓自山西省洪洞县迁此地定居立村，因此地曾是传递军事情报的烟火墩，且距堂邑城五里，故命村名五里墩。聚落呈团块状分布。有小学 1 处。经济以种植业为主，主要农作物有小麦、玉米、大蒜、食用菌等。有公路经此。

郝庄 371502-B03-H03

[Hǎozhuāng]

在区驻地柳园街道西北方向 21.0 千米。堂邑镇辖自然村。人口 300。清初，张姓自东关迁此定居，后郝姓迁入，且人众，故名郝庄。聚落呈团块状分布。经济以种植业为主，主要农作物有小麦、玉米等。有公路经此。

杨家庙 371502-B03-H04

[Yángjiāmiào]

在区驻地柳园街道西北方向 22.5 千米。堂邑镇辖自然村。人口 500。明初，杨姓自山西洪洞县迁此定居，得名杨庄。至清康熙年间，杨姓在村东南建一座庙，故更村名为杨家庙。聚落呈团块状分布。经济以种植业为主，主要农作物有小麦、玉米等。有公路经此。

路庄 371502-B03-H05

[Lùzhuāng]

在区驻地柳园街道西北方向 19.1 千米。堂邑镇辖自然村。人口 2 200。明初，路姓自山西洪洞县迁此定居，以姓氏得村名路庄。聚落呈团块状分布。经济以种植业为主，主要农作物有小麦、玉米等。有公路经此。

于庄 371502-B03-H06

[Yúzhuāng]

在区驻地柳园街道西北方向 20.5 千米。堂邑镇辖自然村。人口 2 200。明初，于姓自山西洪洞县迁此定居，以姓氏得名于庄。聚落呈团块状分布。经济以种植业为主，主要农作物有小麦、玉米等。有公路经此。

周庄 371502-B03-H07

[Zhōuzhuāng]

在区驻地柳园街道西北方向 19.7 千米。堂邑镇辖自然村。人口 1 200。明洪武年间，周忠干、周忠臣自山西洪洞县迁居此地立村，命村名为周庄。聚落呈团块状分布。经济以种植业为主，主要农作物有小麦、玉米等。有公路经此。

常庄 371502-B03-H08

[Chángzhuāng]

在区驻地柳园街道西北方向 23.9 千米。堂邑镇辖自然村。人口 400。明洪武年间，常姓自山西洪洞县迁此定居，以姓氏命村名常庄。聚落呈团块状分布。经济以种植业为主，主要农作物有小麦、玉米等。有公路经此。

三里庄 371502–B03–H09
[Sānlǐzhuāng]

在区驻地柳园街道西北方向 23.1 千米。堂邑镇辖自然村。人口 300。明洪武年间，王成自山西省洪洞县迁此建村，因距堂邑县城三里，故命村名三里庄。聚落呈团块状分布。经济以种植业为主，主要农作物有小麦、玉米等。有公路经此。

许堤口 371502–B03–H10
[Xǔdīkǒu]

在区驻地柳园街道西北方向 26.5 千米。堂邑镇辖自然村。人口 500。明洪武年间，许姓自山西洪洞县迁此建村，因西邻马颊河，偏南有一堤口，故命村名许堤口。聚落呈团块状分布。经济以种植业为主，主要农作物有小麦、玉米等。309 国道经此。

苏堤口 371502–B03–H11
[Sūdīkǒu]

在区驻地柳园街道西北方向 26.3 千米。堂邑镇辖自然村。人口 500。明洪武年间，苏姓自山西洪洞县迁此建村，因西邻马颊河，村西北有一堤口，故命村名苏堤口。聚落呈团块状分布。经济以种植业为主，主要农作物有小麦、玉米等。有公路经此。

梁水镇 371502–B04–H01
[Liángshuǐzhèn]

梁水镇镇人民政府驻地。在区驻地柳园街道西北方向 19.7 千米。人口 2 800。隋初，梁氏家族在此立村定居，曾名梁浦、梁家乡。元代京杭运河（即古运河）开道后，此村成为规模较大的集镇，地处南粮北调的水运要冲，故更村名为梁水镇。聚落呈团块状分布。有幼儿园 1 处、小学 1 处、中学 1 处。有葫芦雕刻、葫芦烙画、木板年画、运河秧歌等地方特色文化。经济以种植业为主，主要农作物有小麦、玉米等。有公路经此。

樊庄 371502–B04–H02
[Fánzhuāng]

在区驻地柳园街道西北方向 26.9 千米。梁水镇镇辖自然村。人口 600。明洪武年间，樊姓随军征战时留居此地立村，以姓氏命村名樊庄。聚落呈团块状分布。有小学 1 处。经济以种植业为主，主要农作物有小麦、玉米等。有公路经此。

张庄 371502–B04–H03
[Zhāngzhuāng]

在区驻地柳园街道西北方向 26.9 千米。梁水镇镇辖自然村。人口 400。明洪武年间，张姓随军征战时留居此地立村，以姓氏命村名张庄。聚落呈团块状分布。有小学 1 处。经济以种植业为主，主要农作物有小麦、玉米等。有公路经此。

苏庄 371502–B04–H04
[Sūzhuāng]

在区驻地柳园街道西北方向 26.3 千米。梁水镇镇辖自然村。人口 300。明永乐年间，苏际夏自东苏庄迁居此地立村，以姓氏命村名苏庄。聚落呈团块状分布。经济以种植业为主，主要农作物有小麦、玉米等。258 省道经此。

赵庄 371502–B04–H05
[Zhàozhuāng]

在区驻地柳园街道西北方向 26.2 千米。梁水镇镇辖自然村。人口 1 100。明初，赵姓自山西洪洞县迁居此地立村，以姓氏命村名赵庄。聚落呈团块状分布。经济以种植业为主，主要农作物有小麦、玉米等。有公路经此。

袁庄 371502–B04–H06
[Yuánzhuāng]

在区驻地柳园街道西北方向 26.1 千米。

梁水镇镇辖自然村。人口 600。明永乐年间，袁姓自山西洪洞县迁居此地立村，以姓氏命村名袁庄。聚落呈团块状分布。经济以种植业为主，主要农作物有小麦、玉米等。有公路经此。

松树李 371502–B04–H07

[Sōngshùlǐ]

在区驻地柳园街道西北方向 25.4 千米。梁水镇镇辖自然村。人口 900。明初，李姓自山西洪洞县迁居此地立村，因此地有一株大松树，故命村名松树李。聚落呈团块状分布。经济以种植业为主，主要农作物有小麦、玉米等。有公路经此。

马庄 371502–B04–H08

[Mǎzhuāng]

在区驻地柳园街道西北方向 22.7 千米。梁水镇镇辖自然村。人口 300。明永乐年间，马姓自山西洪洞县迁居此地立村，故命村名马庄。聚落呈团块状分布。经济以种植业为主，主要农作物有小麦、玉米等。有公路经此。

房屯 371502–B04–H09

[Fángtún]

在区驻地柳园街道西北方向 23.0 千米。梁水镇镇辖自然村。人口 900。明初，房氏随明燕王扫北来此屯田耕种，形成村庄，以姓氏命村名房屯。聚落呈团块状分布。经济以种植业为主，主要农作物有小麦、玉米等。有公路经此。

王枣科 371502–B04–H10

[Wángzǎokē]

在区驻地柳园街道西北方向 31.4 千米。梁水镇镇辖自然村。人口 800。明初，王鼎由山西洪洞县迁此建村，因枣树多，故命村名为王枣科。聚落呈团块状分布。经济以种植业为主，主要农作物有小麦、玉米等。有公路经此。

苏枣科 371502–B04–H11

[Sūzǎokē]

在区驻地柳园街道西北方向 30.8 千米。梁水镇镇辖自然村。人口 400。明末，苏氏由东苏庄迁此建村，因枣树多，故命村名为苏枣科。聚落呈散状分布。经济以种植业为主，主要农作物有小麦、玉米等。有公路经此。

斗虎屯 371502–B05–H01

[Dòuhǔtún]

斗虎屯镇人民政府驻地。在区驻地柳园街道西北方向 29.4 千米。人口 3 800。据考证，此村建于宋代，因王姓村民以卖豆腐为生，得村名豆腐王庄。明朝初期，此地曾屯兵，故改村名为豆腐王屯，谐音斗虎屯。聚落呈团块状分布。有幼儿园 1 处、小学 1 处、中学 1 处。经济以种植业为主，主要农作物有小麦、玉米等。京九铁路经此。

满庄 371502–B05–H02

[Mǎnzhuāng]

在区驻地柳园街道西北方向 32.7 千米。斗虎屯镇辖自然村。人口 500。明初，满氏兄弟二人自山西洪洞县迁来，故命村名满庄。聚落呈团块状分布。经济以种植业为主，主要农作物有小麦、玉米等。有公路经此。

小徐庄 371502–B05–H03

[Xiǎoxúzhuāng]

在区驻地柳园街道西北方向 33.8 千米。斗虎屯镇辖自然村。人口 100。明中期，徐姓迁此定居，因村小人少，故命名为小徐庄。聚落呈团块状分布。经济以种植业为主，主要农作物有小麦、玉米等。有公路经此。

任庄 371502-B05-H04
[Rénzhuāng]

在区驻地柳园街道西北方向 31.8 千米。斗虎屯镇辖自然村。人口 400。清初，任姓自任庙迁居此地立村，以姓氏命村名任庄。聚落呈团块状分布。经济以种植业为主，主要农作物有小麦、玉米等。有公路经此。

大陶庄 371502-B05-H05
[Dàtáozhuāng]

在区驻地柳园街道西北方向 32.1 千米。斗虎屯镇辖自然村。人口 600。明末，陶姓自茌平县陶桥迁居此地立村，始名陶庄。清中期，为区别于小陶庄，故更名为大陶庄。聚落呈团块状分布。经济以种植业为主，主要农作物有小麦、玉米等。有公路经此。

贾庄 371502-B05-H06
[Jiǎzhuāng]

在区驻地柳园街道西北方向 31.0 千米。斗虎屯镇辖自然村。人口 400。明末，贾姓自山西洪洞县迁居此地立村，以姓氏命村名贾庄。聚落呈团块状分布。经济以种植业为主，主要农作物有小麦、玉米等。有公路经此。

岳庄 371502-B05-H07
[Yuèzhuāng]

在区驻地柳园街道西北方向 31.2 千米。斗虎屯镇辖自然村。人口 900。明永乐年间，岳姓自侯营镇岳庄迁此定居，以姓氏命村名岳庄。聚落呈团块状分布。经济以种植业为主，主要农作物有小麦、玉米等。有公路经此。

蔡楼 371502-B05-H08
[Càilóu]

在区驻地柳园街道西北方向 31.4 千米。斗虎屯镇辖自然村。人口 100。明万历年间，蔡姓来此定居，并盖一楼，故得村名蔡楼。聚落呈团块状分布。经济以种植业为主，主要农作物有小麦、玉米等。有公路经此。

关王庙 371502-B05-H09
[Guānwángmiào]

在区驻地柳园街道西北方向 30.1 千米。斗虎屯镇辖自然村。人口 200。明末，陈、张二姓自山西洪洞县迁居此地立村，因村东有一座关王庙，故名。聚落呈团块状分布。经济以种植业为主，主要农作物有小麦、玉米等。有公路经此。

许庙 371502-B05-H10
[Xǔmiào]

在区驻地柳园街道西北方向 27.6 千米。斗虎屯镇辖自然村。人口 900。元元贞年间，许姓自河北省沧州迁此立村，并修庙，故命村名许庙。聚落呈团块状分布。经济以种植业为主，主要农作物有小麦、玉米等。有公路经此。

郇庄 371502-B05-H11
[Huánzhuāng]

在区驻地柳园街道西北方向 36.1 千米。斗虎屯镇辖自然村。人口 700。明永乐年间，郇姓自山西洪洞县迁此立村，以姓氏命村名郇庄。聚落呈团块状分布。经济以种植业为主，主要农作物有小麦、玉米等。有公路经此。

张炉集 371502-B06-H01
[Zhānglújí]

张炉集镇人民政府驻地。在区驻地柳园街道西方向 16.1 千米。人口 2 100。传说，明洪武年间，张姓自登州莱阳迁此建村，名张庄。嘉靖年间，村中立集，张姓在街中修建大水炉开茶馆，故更村名为张炉集。

聚落呈团块状分布。有幼儿园 1 处、小学 1 处、中学 1 处。经济以种植业为主，主要农作物有小麦、玉米等。有公路经此。

祝庄 371502-B06-H02
[Zhùzhuāng]

在区驻地柳园街道西方向 22.5 千米。张炉集镇辖自然村。人口 200。明中期，祝姓自山西洪洞县迁此建村，命村名祝庄。聚落呈团块状分布。经济以种植业为主，主要农作物有小麦、玉米等。有公路经此。

李刘庄 371502-B06-H03
[Lǐliúzhuāng]

在区驻地柳园街道西方向 21.0 千米。张炉集镇辖自然村。人口 500。明洪武年间，李氏、刘氏从山西洪洞县迁此建村，命村名李刘庄。聚落呈团块状分布。经济以种植业为主，主要农作物有小麦、玉米等。有公路经此。

北双庙 371502-B06-H04
[Běishuāngmiào]

在区驻地柳园街道西方向 20.2 千米。张炉集镇辖自然村。人口 500。明洪武年间，韩氏自山西洪洞县迁此建村，盖有七圣堂、三关庙两座庙宇，命村名双庙。又因其位于张炉集乡政府驻地北，又名北双庙。聚落呈团块状分布。经济以种植业为主，主要农作物有小麦、玉米等。有公路经此。

姜庄 371502-B06-H05
[Jiāngzhuāng]

在区驻地柳园街道西方向 19.6 千米。张炉集镇辖自然村。人口 400。明洪武年间，姜姓自山西洪洞县迁此建村，名姜庄。聚落呈团块状分布。经济以种植业为主，主要农作物有小麦、玉米等。有公路经此。

周张庄 371502-B06-H06
[Zhōuzhāngzhuāng]

在区驻地柳园街道西方向 21.8 千米。张炉集镇辖自然村。人口 1 000。明弘治年间，周氏自山西洪洞县迁此建村，名周庄。因县内大队重名，后更名为周张庄。聚落呈团块状分布。经济以种植业为主，主要农作物有小麦、玉米等。有公路经此。

毡张 371502-B06-H07
[Zhānzhāng]

在区驻地柳园街道西方向 18.6 千米。张炉集镇辖自然村。人口 1 100。明洪武年间，张姓自山西洪洞县迁此建村，后村民赶毡出名，命村名毡张。聚落呈团块状分布。经济以种植业为主，主要农作物有小麦、玉米等。有公路经此。

王双阵 371502-B06-H08
[Wángshuāngzhèn]

在区驻地柳园街道西方向 19.8 千米。张炉集镇辖自然村。人口 700。明洪武年间，王姓自山西洪洞县迁此建村，相传宋朝穆桂英曾在此摆过阵，故命村名王双阵。聚落呈团块状分布。经济以种植业为主，主要农作物有小麦、玉米等。有公路经此。

连庄 371502-B06-H09
[Liánzhuāng]

在区驻地柳园街道西方向 21.2 千米。张炉集镇辖自然村。人口 600。明洪武年间，连氏自山西洪洞县迁此建村，命村名连庄。聚落呈团块状分布。经济以种植业为主，主要农作物有小麦、玉米等。有公路经此。

殷堂 371502-B06-H10
[Yīntáng]

在区驻地柳园街道西方向 21.5 千米。

张炉集镇辖自然村。人口 200。明初，殷孔章随燕王朱棣征战，流落此地定居，并在村内修盖庙堂，故命村名殷堂。聚落呈团块状分布。经济以种植业为主，主要农作物有小麦、玉米等。有公路经此。

盛庙 371502–B06–H11
[Shèngmiào]

在区驻地柳园街道西方向 17.8 千米。张炉集镇辖自然村。人口 800。明永乐年间，盛氏自山西洪洞县迁此建村，因村东有庙，故命村名盛庙。聚落呈团块状分布。经济以种植业为主，主要农作物有小麦、玉米等。有公路经此。

于集 371502–B07–H01
[Yújí]

于集镇人民政府驻地。在区驻地柳园街道西南方向 13.0 千米。人口 1 700。传初名古集柳，后张姓立村，名平岭集，明末于姓主村政，改今名。聚落呈团块状分布。经济以种植业为主，主要农作物有小麦、玉米等。有公路经此。

郑家 371502–B08–H01
[Zhèngjiā]

郑家镇人民政府驻地。在区驻地柳园街道西南方向 24.1 千米。人口 2 600。以姓氏名村。聚落呈团块状分布。有小学 1 处、中学 1 处。经济以种植业为主，主要农作物有小麦、玉米等。有公路经此。

后景屯 371502–B08–H02
[Hòujǐngtún]

在区驻地柳园街道西南方向 25.3 千米。郑家镇辖自然村。人口 500。明洪武年间，景德林兄弟二人自山西洪洞县迁来，分别建村，该村居后，故命村名后景屯。聚落呈团块状分布。经济以种植业为主，主要农作物有小麦、玉米等。有公路经此。

前景屯 371502–B08–H03
[Qiánjǐngtún]

在区驻地柳园街道西南方向 25.0 千米。郑家镇辖自然村。人口 700。明洪武年间，景德林兄弟二人自山西洪洞县迁来，分别建村，该村居前，故命村名前景屯。聚落呈团块状分布。经济以种植业为主，主要农作物有小麦、玉米等。有公路经此。

后靳屯 371502–B08–H04
[Hòujìntún]

在区驻地柳园街道西南方向 28.5 千米。郑家镇辖自然村。人口 700。明初，靳姓文达、文通、文显兄弟三人自山西洪洞县皋头陶迁居此地立村，命村名靳家屯。后形成前、后两个自然村，因该村居后，遂得村名后靳屯。聚落呈团块状分布。经济以种植业为主，主要农作物有小麦、玉米等。有公路经此。

前靳屯 371502–B08–H05
[Qiánjìntún]

在区驻地柳园街道西南方向 28.2 千米。郑家镇辖自然村。人口 1 300。明初，靳姓文达、文通、文显兄弟三人自山西省洪洞县皋头陶迁居此地立村，命村名靳家屯。后形成前、后两个自然村，因该村居前，遂得村名前靳屯。聚落呈团块状分布。经济以种植业为主，主要农作物有小麦、玉米等。有公路经此。

林里 371502–B08–H06
[Línlǐ]

在区驻地柳园街道西南方向 24.3 千米。郑家镇辖自然村。人口 700。明初，李姓自山西洪洞县迁居此地立村，因村周树多似林，故命村名林里。聚落呈团块状分布。经济以种植业为主，主要农作物有小麦、玉米等。有公路经此。

赵家 371502-B08-H07
[Zhàojiā]

在区驻地柳园街道西南方向 27.1 千米。郑家镇辖自然村。人口 900。明洪武年间，赵姓自山西洪洞县迁此定居，遂命村名为赵家。聚落呈团块状分布。经济以种植业为主，主要农作物有小麦、玉米等。有公路经此。

张楼 371502-B08-H08
[Zhānglóu]

在区驻地柳园街道西南方向 23.3 千米。郑家镇辖自然村。人口 900。明初，张姓自山西洪洞县迁居此地立村，并建楼，故命村名张楼。聚落呈团块状分布。经济以种植业为主，主要农作物有小麦、玉米等。有公路经此。

白堂 371502-B08-H09
[Báitáng]

在区驻地柳园街道西南方向 25.0 千米。郑家镇辖自然村。人口 1 300。先居者自山西洪洞县迁此定居，并建一白衣堂，故得村名白家堂，简称白堂。聚落呈团块状分布。经济以种植业为主，主要农作物有小麦、玉米等。有公路经此。

大孟庄 371502-B08-H10
[Dàmèngzhuāng]

在区驻地柳园街道西南方向 24.9 千米。郑家镇辖自然村。人口 800。明初，孟氏兄弟二人自山西洪洞县迁来，分两处立村，兄居此，故命村名大孟庄。聚落呈团块状分布。经济以种植业为主，主要农作物有小麦、玉米等。有公路经此。

华佗庙 371502-B08-H11
[Huátuómiào]

在区驻地柳园街道西南方向 25.3 千米。郑家镇辖自然村。人口 200。明初，孙姓两户自山西洪洞县迁此定居，并建一华佗庙，以庙名命村名。聚落呈团块状分布。经济以种植业为主，主要农作物有小麦、玉米等。有公路经此。

朱老庄 371502-B09-H01
[Zhūlǎozhuāng]

朱老庄镇人民政府驻地。在区驻地柳园街道南方向 7.0 千米。人口 600。据传此地是明代阁老朱延禧的庄园，故名朱阁老村，后简称朱老庄。聚落呈团块状分布。有幼儿园、中学。经济以商贸业、种植业为主，主要农作物有小麦、玉米等。有公路经此。

侯营 371502-B10-H01
[Hóuyíng]

许营镇人民政府驻地。在区驻地柳园街道东南方向 7.7 千米。人口 700。明洪武年间，侯姓在此安营扎寨，后定居于此，故名。经济以种植业为主，主要农作物有小麦、玉米、棉花等。

顾官屯 371502-B11-H01
[Gùguāntún]

顾官屯镇人民政府驻地。在区驻地柳园街道东南方向 19.0 千米。人口 600。以汉族为主，还有回族等。原名宝家寨，明洪武年间，顾姓从山西洪洞县迁此屯田，改今名。聚落呈团块状分布。经济以种植业为主，主要农作物有小麦、玉米、棉花、大豆等。

东集 371502–C01–H01
[Dōngjí]

韩集乡人民政府驻地。在区驻地柳园街道东南方向 17.0 千米。人口 1 000。明洪武二年（1369），韩敬先从登州府蓬莱县韩家沟迁此立村，后设集市，名韩家集，简称韩集。1958 年按地理方位分东、西两村，本村为东韩集，简称东集。聚落呈团块状分布。经济以商贸业、种植业为主，主要农作物有小麦、玉米等。有公路经此。

北街 371502–C02–H01
[Běijiē]

广平乡人民政府驻地。在区驻地柳园街道东北方向 17.8 千米。人口 400。宋时，广平置镇，分为东、西、南、北四个街，该村因此得名。聚落呈团块状分布。有文化大院、中学、小学、幼儿园。经济以商贸业、种植业为主，主要农作物有小麦、玉米。有公路经此。

临清市

城市居民点

锦绣青城 371581–I01
[Jǐnxiùqīngchéng]

在县级市市区西北部。人口 3 500。总面积 12 公顷。小区内有江南园林景象，故名锦绣青城。2006 年始建，2008 年正式使用。建筑总面积 250 000 平方米，多层住宅楼 43 栋，现代建筑风格。绿化率 70%。有诊所、超市等配套设施。

清泉花园 371581–I02
[Qīngquán Huāyuán]

在县级市市区西北部。人口 2 300。总面积 7.3 公顷。区内设有温泉井，温泉水入户，泉水清冽，故名清泉；小区内绿化率高，给住户带来高品质的生活体验，故名花园。2007 年始建，2008 年正式使用。建筑总面积 145 635 平方米，住宅楼 23 栋，其中高层 3 栋、多层 20 栋，中式建筑风格。绿化率 70%。有社区医院、超市等配套设施。通公交车。

馨河郦舍 371581–I03
[Xīnhé Lìshè]

在县级市市区西北部。人口 4 600。总面积 9.1 公顷。“馨”为香气散布很远，“河”为济津河河畔，“郦舍”为美丽舒适居住之所，故名。2012 年始建，2014 年正式使用。建筑总面积 226 538 平方米，住宅楼 19 栋，其中高层 11 栋、多层 8 栋，现代建筑风格。绿化率 40.5%。有超市、幼儿园、文化站、医疗卫生中心等配套设施。通公交车。

新龙湾 371581–I04
[Xīnlóngwān]

在县级市市区西北部。人口 1 600。总面积 3.5 公顷。小区地理位置狭长，如巨龙蜿蜒、平地卧龙，北邻济津河，取新生蟠龙般的港湾之意命名。2013 年始建，2014 年正式使用。建筑总面积 34 800 平方米，住宅楼 14 栋，其中高层 3 栋、多层 11 栋，现代建筑风格。绿化率 19.4%。有超市、诊所、幼儿园等配套设施。通公交车。

农村居民点

车营 371581–A01–H01
[Chēyíng]

在市驻地青年路街道西南方向 1.5 千米。青年路街道辖自然村。人口 1 800。旧时为进出古城区，粮、棉市场及车辆运输停留聚集之处，故名。聚落呈团块状分布。经济以物流运输业、商贸业为主。有公路经此。

张堂 371581–A01–H02
[Zhāngtáng]

在市驻地青年路街道西南方向 26.7 千米。青年路街道辖自然村。人口 1 800。明建文年间，张刚、张强二人由山西洪洞县迁来定居，建佛堂一座，形成村庄后命名为张家佛堂，今简称张堂。聚落呈团块状分布。有图书室 1 处。经济以种植业为主，主要农作物有小麦、玉米、蔬菜。有公路经此。

于林头 371581–A01–H03
[Yúlíntóu]

在市驻地青年路街道西南方向 6.6 千米。青年路街道辖自然村。人口 700。明朝方御史坟前有石马、石牌坊和玉石雕制的石人头，以示御史作战牺牲，石人经多年雨淋不变，成村后命名为雨淋头，今演称于林头。聚落呈团块状分布。经济以种植业、零件加工业为主，主要农作物有小麦、玉米。有公路经此。

兴隆庄 371581–A01–H04
[Xīnglóngzhuāng]

在市驻地青年路街道西南方向 13.7 千米。青年路街道辖自然村。人口 700。明朝时期，庞、孟、陈三姓应诏，由山西迁于今村西北二里处定居，因打井失败，饮水困难，遂移居今址，因在此打的井泉水喷涌，清澈甘甜，村民认为是兴旺吉祥之兆，遂命村名为兴隆庄。聚落呈团块状分布。有文化大院 1 处。经济以种植业为主，主要农作物有小麦、玉米、花生、地瓜等。有公路经此。

土桥 371581–A01–H05
[Tǔqiáo]

在市驻地青年路街道西南方向 2.2 千米。青年路街道辖自然村。人口 1 200。以汉族、回族为主，其中回族占 40%。此地原系黄河故道，历史上地势低洼，行走不方便，当地人堆土筑有简易土桥，傍桥而居，成村后故名土桥。聚落呈团块状分布。经济以物流机械加工业、商贸业为主。有公路经此。

窑口 371581–A01–H06
[Yáokǒu]

在市驻地青年路街道西南方向 0.5 千米。青年路街道辖自然村。人口 1 200。明洪武年间，金姓人家在要道口上建窑烧砖，后形成村庄，因而得名窑口。聚落呈团块状分布。有图书室 1 处。经济以物流运输业、商贸业为主。有公路经此。

薛店 371581–A01–H07
[Xuēdiàn]

在市驻地青年路街道西南方向 17.5 千米。青年路街道辖自然村。人口 3 000。唐朝末年，一薛姓人家在码头边开设 1 处马车店，故名薛店。聚落呈团块状分布。有文化站 1 处。经济以种植业为主，主要农作物有小麦、玉米等，盛产苹果、梨。有公路经此。

朱庄 371581–A01–H08
[Zhūzhuāng]

在市驻地青年路街道西南方向 10.9 千米。青年路街道辖自然村。人口 3 000。明洪武八年（1375），朱姓由山西洪洞县迁来定居建村，取名朱家庄，后简称朱庄。聚落呈团块状分布。有幼儿园 1 处、小学 1 处、中学 1 处。经济以种植业为主，主要农作物有小麦、玉米。有公路经此。

河洼 371581–A01–H09

[Héwā]

在市驻地青年路街道西南方向 2.7 千米。青年路街道辖自然村。人口 500。明洪武年间，张、巩、徐几姓从山西洪洞县应诏迁此，在黄河故道堤下建村，因地势低洼，命名为河洼。聚落呈团块状分布。经济以种植业为主，主要农作物有小麦、玉米等。有公路经此。

南厂 371581–A01–H10

[Nánchǎng]

在市驻地青年路街道西南方向 3.2 千米。青年路街道辖自然村。人口 800。漕运昌盛时期，此地建有一个造船厂，位置在临清头闸口以南、南煤厂以北，以此得村名南厂。聚落呈团块状分布。有幼儿园 1 处、小学 1 处。经济以种植业为主，主要农作物有玉米、小麦。有公路经此。

陈庄 371581–A02–H01

[Chénzhuāng]

在市驻地青年路街道东北方向 6.4 千米。新华路街道辖自然村。人口 1 000。此村原名福家庄，明成化年间，村民陈成功在朝为官，任右将军，遂改名为陈家庄，今简称陈庄。聚落呈团块状分布。有图书室 1 处。经济以种植业、畜牧业为主，主要农作物有小麦、棉花、蔬菜等，畜牧业以养殖猪、羊、家禽为主。有公路经此。

董街 371581–A02–H02

[Dǒngjiē]

在市驻地青年路街道东北方向 7.4 千米。新华路街道辖自然村。人口 1 200。相传，此村古名潘官大屯，由于董姓势大，故名董家街，今简称董街。聚落呈团块状分布。有文化大院 1 处。经济以种植业、禽畜养殖业、建筑业为主，主要农作物有小麦、棉花、蔬菜等，畜牧业以养殖猪、羊、家禽为主。京九铁路经此。

古楼 371581–A02–H03

[Gǔlóu]

在市驻地青年路街道东北方向 1.4 千米。新华路街道辖自然村。人口 1 500。明末清初，此地建造大楼阁一座，故村得名啓秀津楼，清朝末年改称古楼。聚落呈团块状分布。有文化广场 1 处、大剧院 1 处。经济以种植业为主，主要农作物有小麦、玉米、棉花。有公路经此。

狄楼 371581–A02–H04

[Dílóu]

在市驻地青年路街道东北方向 6.8 千米。新华路街道辖自然村。人口 700。明永乐六年（1408），狄氏家族由山西洪洞县迁居至此，故名。聚落呈团块状分布。有文化大院 1 处。经济以种植业为主，主要农作物有小麦、玉米、蔬菜。有公路经此。

甄八里 371581–A02–H05

[Zhēnbālǐ]

在市驻地青年路街道东北方向 6.3 千米。新华路街道辖自然村。人口 600。清朝时甄姓人氏由山西洪洞县迁于此地定居，因距县城八里，又为了区别于其他八里庄，曾命名为甄家八里庄，今简称为甄八里。聚落呈团块状分布。有图书室 1 处。经济以种植业、畜牧业为主，主要农作物有玉米、大豆、棉花、苹果、桃、山楂、葡萄等，畜牧业以养殖牛、羊、家禽为主。有公路经此。

杨八里 371581–A02–H06

[Yángbālǐ]

在市驻地青年路街道东北方向 7.2 千

米。新华路街道辖自然村。人口 1 300。明朝时杨姓在此建村，因距县城八里，取村名杨八里。聚落呈团块状分布。有图书室 1 处、小学 1 处。经济以种植业为主，主要农作物有小麦、玉米、西瓜、大樱桃。有公路经此。

龙庄 371581–A02–H07
[Lóngzhuāng]

在市驻地青年路街道东北方向 9.0 千米。新华路街道辖自然村。人口 700。清朝年间，龙姓兄弟龙取火、龙取水来此地定居，以姓氏得村名。聚落呈团块状分布。经济以种植业为主，主要农作物有小麦、玉米、棉花等。有公路经此。

作西店 371581–A02–H08
[Zuòxīdiàn]

在市驻地青年路街道东北方向 9.3 千米。新华路街道辖自然村。人口 1 700。相传明初，此地有一玉皇庙，有一左姓老尼慈善济人，人称左姑店。至清代光绪年间，徐某在朝为官，认为村名不雅，据述而不作意，改村名作述店，1949 年后，改为作西店。聚落呈团块状分布。经济以种植业、畜牧业为主，主要农作物有小麦、玉米、棉花、苹果、山楂、葡萄、杏，畜牧业以养殖牛、猪、羊为主。有公路经此。

蔡家胡同 371581–A02–H09
[Càijiāhútòng]

在市驻地青年路街道东北方向 4.6 千米。新华路街道辖自然村。人口 700。此处旧时为通往市区的大道，明朝年间首户蔡姓迁此居住，后迁于此者渐多，沿大道建房，形成长方形胡同，因蔡姓人迁此最早，故名蔡家胡同。聚落呈团块状分布。经济以种植业、畜牧业为主，主要农作物有小麦、玉米、棉花等，畜牧业以养殖牛、猪、羊、家禽为主，林果业有苹果、葡萄、桃、山楂等。323 省道经此。

沙窝屯 371581–A02–H10
[Shāwōtún]

在市驻地青年路街道东北方向 2.9 千米。新华路街道辖自然村。人口 900。明朝年间，陈姓从山西洪洞县迁至此处建村，因地处黄河故道，多为沙窝地，故命村名为沙窝屯。聚落呈团块状分布。有文化大院 1 处。经济以种植业、畜牧业为主，主要农作物有小麦、玉米、蔬菜等，畜牧业以养殖猪、牛、羊为主。有公路经此。

管辛庄 371581–A03–H01
[Guǎnxīnzhuāng]

在市驻地青年路街道东北方向 13.2 千米。先锋路街道辖自然村。人口 800。后汉时期，管、辛二姓由清河县迁此立村，命名为管辛庄。聚落呈团块状分布。有图书室 1 处。经济以种植业为主，主要农作物有小麦、玉米、花生、地瓜、西瓜和杂粮等。有公路经此。

范尔庄 371581–A03–H02
[Fàn'ěrzhuāng]

在市驻地青年路街道东北方向 12.8 千米。先锋路街道辖自然村。人口 2 800。明永乐二十二年（1424），范姓始祖由山西洪洞县迁此，落户成村，名范家庄。清康熙年间有江南范同仁、范同义兄弟二人赴京考试未中，于此村出家做了和尚，康熙帝闻名，赐同天不朽匾额一方，上书有范儿庄字样，后更名为范尔庄。聚落呈团块状分布。有文化大院 1 处。经济以种植业为主，主要种植小麦、玉米、棉花。有公路经此。

护国寺 371581–A03–H03
[Hùguósì]

在市驻地青年路街道东北方向 10.8 千米。先锋路街道辖自然村。人口 400。村东有一座庙，汉武帝刘秀被王莽追杀至此，刘秀曾躲入寺庙内藏身，刘秀登基后赐庙名护国禅龙寺。后村落扩大，名护国寺。聚落呈团块状分布。经济以种植业为主，主要农作物有小麦、玉米、棉花。邢高高速经此。

蛤蜊屯 371581–A03–H04
[Gélítún]

在市驻地青年路街道东北方向 12.3 千米。先锋路街道辖自然村。人口 900。元朝初建村，因地处黄河故道，地势低，蛤蜊多，故名蛤蜊屯。聚落呈团块状分布。经济以种植业为主，主要农作物有小麦、玉米、棉花等。有公路经此。

张官屯 371581–A03–H05
[Zhāngguāntún]

在市驻地青年路街道东北方向 8.3 千米。先锋路街道辖自然村。人口 1 900。本村始于元朝，张姓立村。张姓始祖武术超群，在此村教练武术，故名张虎屯。后张姓中武举，任有官职，遂更名为张官屯。聚落呈团块状分布。有图书室 1 处。经济以种植业为主，种植小麦、玉米、花生和杂粮等。邢高高速经此。

杨存庄 371581–A03–H06
[Yángcúnzhuāng]

在市驻地青年路街道东北方向 16.0 千米。先锋路街道辖自然村。人口 1 800。明末清初，杨守存由山西洪洞县迁至此建村，命名为杨守存庄，今简称杨存庄。聚落呈团块状分布。经济以种植业为主，主要农作物有小麦、玉米、花生、地瓜、蔬菜等。有公路经此。

小屯 371581–A03–H07
[Xiǎotún]

在市驻地青年路街道东北方向 13.0 千米。先锋路街道辖自然村。人口 900。明朝时期，张、王、赵、巩四姓由山西洪洞县迁来，在此定居并逐渐繁衍成村，因户少人稀且靠近大屯，故改名为小屯。聚落呈团块状分布。有文化大院 1 处。经济以种植业为主，主要农作物有小麦、玉米。有公路经此。

王井 371581–A03–H08
[Wángjǐng]

在市驻地青年路街道东北方向 9.3 千米。先锋路街道辖自然村。人口 300。清光绪六年（1880），此地名沙土王庄，亦名大王庄，后因村中失火，只剩几户人家和一口砖井。重建村庄后，改名王井并沿用至今。聚落呈团块状分布。经济以种植业为主，主要农作物有小麦、玉米、大豆、地瓜等。有大唐电厂、鼎太机械公司等企业。邢高高速经此。

张窑 371581–A03–H09
[Zhāngyáo]

在市驻地青年路街道东北方向 6.7 千米。先锋路街道辖自然村。人口 1 600。明永乐年间，张姓始祖由山西洪洞县迁来，在此立窑谋生，后窑户增多，遂成村庄，以张姓窑户命名为张窑。聚落呈团块状分布。有图书室 1 处。经济以种植业为主，主要农作物有小麦、玉米等。有公路经此。

孟店 371581–A03–H10
[Mèngdiàn]

在市驻地青年路街道东北方向 14.7 千米。先锋路街道辖自然村。人口 1 400。明建文二年（1400），燕军征战，有韩、宋、杨三姓奉诏由山西洪洞县迁来，见路旁有一木牌，上写“孟店”字样，遂在此定居，形成村后，即以孟店为村名。聚落呈团块状分布。经济以种植业为主，主要农作物有小麦、玉米、花生、地瓜和杂粮等，盛产苹果、杏、桃、梨等。有公路经此。

邱屯 371581–A04–H01

[Qiūtún]

在市驻地青年路街道东南方向 5.1 千米。大辛庄街道辖自然村。人口 500。清康熙年间，邱姓由山西迁此建村，命名为邱家屯，今简称邱屯。聚落呈团块状分布。有文化大院 1 处。经济以种植业为主，主要农作物有小麦、玉米等。有公路经此。

柳坟 371581–A04–H02

[Liǔfén]

在市驻地青年路街道东南方向 6.1 千米。大辛庄街道辖自然村。人口 800。明万历十四年（1586），丙戌科进士、光禄大夫、工部尚书柳佐病故后葬于此地，此地形成村落后，以此取名柳家坟，简称柳坟。聚落呈团块状分布。有图书室 1 处。经济以种植业为主，主要农作物有小麦、玉米等。有公路经此。

郭屯 371581–A04–H03

[Guōtún]

在市驻地青年路街道东南方向 7.9 千米。大辛庄街道辖自然村。人口 800。明洪武八年（1375），郭姓由山西洪洞县迁此定居，形成村庄，命名为郭家屯，今简称郭屯。聚落呈团块状分布。有文化大院 1 处。经济以种植业为主，主要农作物有小麦、玉米等。有公路经此。

仁和 371581–A04–H04

[Rénhé]

在市驻地青年路街道东南方向 8.1 千米。大辛庄街道辖自然村。人口 1 000。据传，明成化年间，吴、王、闫三姓由山西应诏迁此定居，形成村后，三姓和好共同建村，命村名义和庄。清光绪年间，义和团运动失败后，改村名为仁和庄，今简称仁和。聚落呈团块状分布。经济以种植业为主，主要农作物有小麦、玉米、花生、地瓜和杂粮等。有公路经此。

秦刘庄 371581–A04–H05

[Qínliúzhuāng]

在市驻地青年路街道东南方向 8.2 千米。大辛庄街道辖自然村。人口 700。清康熙年间，刘姓建此村，初名小刘庄，后秦姓迁入，遂改名秦刘庄。聚落呈团块状分布。有图书室 1 处。经济以种植业为主，主要农作物有小麦、玉米。有公路经此。

五里庙 371581–A04–H06

[Wǔlǐmiào]

在市驻地青年路街道东南方向 7.7 千米。大辛庄街道辖自然村。人口 900。明洪武元年（1368），此处有一关帝庙，因距县城（今旧县村）五里远，形成村后命名为五里庙。聚落呈团块状分布。经济以种植业、养殖业、商贸流通、服务业为主，主要农作物有小麦、玉米、花生、地瓜和杂粮等。有公路经此。

窑地头 371581–A04–H07

[Yáodìtóu]

在市驻地青年路街道东南方向 9.6 千米。大辛庄街道辖自然村。人口 800。清道光年间，此处为砖、瓦生产地带，窑工移居于此，后繁衍成村，即取村名窑地头。

聚落呈团块状分布。经济以种植业为主，主要农作物有小麦、玉米。有公路经此。

杏园 371581–A04–H08

[Xìngyuán]

在市驻地青年路街道东南方向 9.7 千米。大辛庄街道辖自然村。人口 1 000。明崇祯年间，于、陈、王三姓由山西迁来定居，除垦殖农业作物外，广植杏林，以补农之不足，故名杏园。聚落呈团块状分布。有文化广场 1 处。经济以种植业为主，主要农作物有小麦、玉米。有公路经此。

冶庄 371581–A04–H09

[Yězhuāng]

在市驻地青年路街道东南方向 13.0 千米。大辛庄街道辖自然村。人口 1 100。据传此村建于清乾隆年间，因东部住房地基高，房屋树木的影子会遮住西部住房，故称影庄，后演变为冶庄。聚落呈团块状分布。有图书室 1 处。经济以种植业为主，主要农作物有小麦、玉米等。有公路经此。

姜堂 371581–A04–H10

[Jiāngtáng]

在市驻地青年路街道东南方向 13.0 千米。大辛庄街道辖自然村。人口 800。清乾隆五十年（1785），姜姓立村，盖有祠堂，命村名为姜家祠堂，至清代末年，简称姜堂。聚落呈团块状分布。经济以种植业为主，主要农作物有小麦、玉米等。有公路经此。

杨庙 371581–A04–H11

[Yángmiào]

在市驻地青年路街道东南方向 11.5 千米。大辛庄街道辖自然村。人口 1 100。清乾隆四十三年（1778），杨姓迁此定居，建有杨氏家庙，形成村后，称为杨家庙，今简称杨庙。聚落呈团块状分布。有图书室 1 处。经济以种植业为主，主要农作物有小麦、玉米、蔬菜等。有公路经此。

近古 371581–A04–H12

[Jìngǔ]

在市驻地青年路街道东南方向 12.1 千米。大辛庄街道辖自然村。人口 500。明万历三十九年（1611），常姓在此开设店铺，半农半商，命村名常店。清雍正九年（1731），因此村址紧靠汉贝邱古城遗址，将村名改为近古。聚落呈团块状分布。有市级文物保护单位贝邱故城遗址。经济以种植业为主，主要农作物有小麦、玉米等。有公路经此。

千户营 371581–A04–H13

[Qiānhùyíng]

在市驻地青年路街道东南方向 13.2 千米。大辛庄街道辖自然村。人口 600。明朝万历二十八年（1600），有位京城官员称千户路过此地，扎营数日，故名千户营。聚落呈团块状分布。有文化大院 1 处、图书室 1 处。经济以种植业、食品加工业为主，主要农作物有小麦、玉米等。有公路经此。

黄官屯 371581–A04–H14

[Huángguāntún]

在市驻地青年路街道东南方向 10.2 千米。大辛庄街道辖自然村。人口 2 500。明代黄姓在东昌府为官，其家居此，后此地形成村庄，命名为黄官屯。聚落呈团块状分布。经济以种植业为主，主要农作物有小麦、玉米、蔬菜等。有公路经此。

松林 371581–B01–H01

[Sōnglín]

松林镇人民政府驻地。在市驻地青年路街道东北方向 14.6 千米。人口 5 200。明洪武元年（1368）建村，因靠近松树林得名。

聚落呈散状分布。有小学、中学、文化站。经济以种植业为主，主要农作物有小麦、玉米。有公路经此。

亢庙 371581–B01–H02
[Kàngmiào]

在市驻地青年路街道东北方向 19.9 千米。松林镇辖自然村。人口 3 100。明朝初期，亢家捐地 20 亩，在村西北部建玉皇庙，故村名亢庙。聚落呈散状分布。有农家书屋 1 处、文化活动大院 1 处。经济以种植业为主，主要农作物有小麦、玉米、苹果等。有公路经此。

石槽 371581–B01–H03
[Shícáo]

在市驻地青年路街道东北方向 21.1 千米。松林镇辖自然村。人口 1 100。村西甜水井边有一特大石槽，一夜间被人移至找军营村，为把原来的大石槽再找回来，故将村名改为石槽。聚落呈散状分布。有农家书屋 1 处、文化活动大院 1 处。经济以种植业为主，主要种植小麦、玉米。有公路经此。

由集 371581–B01–H04
[Yóují]

在市驻地青年路街道东北方向 16.7 千米。松林镇辖自然村。人口 2 400。明永乐八年（1410），游、彭两姓从山西洪洞县迁此定居，成村后初名游家庄。清嘉庆二十五年（1820）建立集市，为此更村名为游集，后演变为由集。聚落呈散状分布。有农家书屋 1 处、文化活动大院 1 处。经济以种植业为主，主要农作物有小麦、棉花、西瓜等。有公路经此。

田庄 371581–B01–H05
[Tiánzhuāng]

在市驻地青年路街道东北方向 14.0 千米。松林镇辖自然村。人口 2 300。明初，首户田姓应诏由莱州即墨县迁此建村，命名田庄。聚落呈散状分布。有农家书屋 1 处、文化活动大院 1 处。经济以种植业为主，主要农作物有小麦、玉米、棉花等。有公路经此。

王大人 371581–B01–H06
[Wángdàrén]

在市驻地青年路街道东北方向 17.3 千米。松林镇辖自然村。人口 1 300。古时有一王姓官员始居于此，人们通称王大人，后称村名为王大人庄，今简称王大人。聚落呈散状分布。有农家书屋 1 处、文化活动大院 1 处。经济以种植业、畜牧养殖业为主，主要种植小麦、玉米。有公路经此。

麻佛寺 371581–B01–H07
[Máfósì]

在市驻地青年路街道东北方向 16.9 千米。松林镇辖自然村。人口 1 800。明朝靖难之役时，此地千里无人口，有人经山西洪洞县迁至此地定居并建村刘庄。明末清初，在村西修建一座麻佛寺，村更名为麻佛寺刘庄，后简化为麻佛寺。聚落呈散状分布。有农家书屋 1 处、文化活动大院 1 处。经济以种植业为主，主要农作物有小麦、玉米、棉花等。有山东豪飞服饰有限公司等企业。有公路经此。

段郝庄 371581–B01–H08
[Duànhǎozhuāng]

在市驻地青年路街道东北方向 20.7 千米。松林镇辖自然村。人口 600。明永乐年间，段、郝两姓应诏由山西洪洞县迁此，成村后定名为段郝庄。聚落呈散状分布。有农家书屋 1 处、文化活动大院 1 处。经济以种植业和养殖业为主，主要种植小麦、玉米。有公路经此。

姚楼 371581-B01-H09

[Yáolóu]

在市驻地青年路街道东北方向 21.3 千米。松林镇辖自然村。人口 2 000。明初，首户姚姓应诏迁此定居，因经济富裕盖一很高的楼以自卫，楼之高有雁过绕道之说，遂命村名为姚家楼，后简称姚楼。聚落呈散状分布。有农家书屋 1 处、文化活动大院 1 处。经济以种植业为主，主要种植小麦、玉米。有盛旺铸造厂等企业。有公路经此。

海军张 371581-B01-H10

[Hǎijūnzhāng]

在市驻地青年路街道东北方向 26.5 千米。松林镇辖自然村。人口 1 400。张姓于明朝末年由山西洪洞县迁来此地建村，名张庄。清初海姓人入朝为官，遂更村名为海君张庄，后演变为海军张庄，今简称海军张。聚落呈散状分布。有文化大院 1 处。经济以种植业为主，主要种植小麦、玉米。有公路经此。

马张 371581-B01-H11

[Mǎzhāng]

在市驻地青年路街道东北方向 19.6 千米。松林镇辖自然村。人口 2 200。明永乐年间，张刚应诏由山西洪洞县迁此定居，命名张庄。后张姓养马出名，众称马张。聚落呈散状分布。有农家书屋 1 处。经济以种植业为主，主要农作物有小麦、玉米、蔬菜等，林果品种有梨、桃、苹果等。有公路经此。

老赵庄 371581-B02-H01

[Lǎozhàozhuāng]

老赵庄镇人民政府驻地。在市驻地青年路街道东方向 14.0 千米。人口 3 600。明永乐六年（1408），郝、赵、陈三姓由山西洪洞县迁此立村，取名郝赵陈庄。崇祯年间，赵姓在村南另立新村，取名老赵庄。聚落呈散状分布。有幼儿园 1 处、广播站 1 处、图书馆 1 处。经济以种植业为主，主要种植小麦、玉米。有公路经此。

谭庄 371581-B02-H02

[Tánzhuāng]

在市驻地青年路街道东方向 11.7 千米。老赵庄镇辖自然村。人口 1 000。明万历元年（1573），谭姓应诏由山西洪洞县迁此建村，命名为谭庄。聚落呈散状分布。有文化站 1 处、农家书屋 1 处。经济以种植业为主，主要农作物有玉米、小麦、棉花等。有公路经此。

找军营 371581-B02-H03

[Zhǎojūnyíng]

在市驻地青年路街道东方向 14.4 千米。老赵庄镇辖自然村。人口 1 900。明朝末年，有部分军士因作战与大部队失去联系，找不到军营，便留此定居，立村后命名为找军营。聚落呈散状分布。有文化活动大院 1 处、农家书屋 1 处。经济以种植业为主，主要农作物有玉米、小麦、棉花等。有公路经此。

大相庄 371581-B02-H04

[Dàxiàngzhuāng]

在市驻地青年路街道东方向 14.2 千米。老赵庄镇辖自然村。人口 1 100。明永乐六年（1408），相姓由山东即墨县迁此定居，以姓氏命村名为相庄。因与市内其他相庄重名，于 1981 年更名为大相庄至今。聚落呈散状分布。有文化活动大院 1 处、农家书屋 1 处。经济以种植业为主，主要种植小麦、玉米。有公路经此。

王集 371581-B02-H05

[Wángjí]

在市驻地青年路街道东方向 12.8 千米。

老赵庄镇辖自然村。人口 2 400。明永乐十六年（1418），苏、马、王三姓由山西洪洞县迁来建村，名苏马王村。宣德九年（1434），以王姓为首建立集市，遂改村名为王集。聚落呈散状分布。有文化活动大院 1 处、农家书屋 1 处。经济以种植业为主，种植玉米、小麦等。有公路经此。

双庙 371581–B02–H06

［Shuāngmiào］

在市驻地青年路街道东方向 13.8 千米。老赵庄镇辖自然村。人口 900。明朝初期，邱姓始祖由山西迁此定居，并建有土地庙、关帝庙，成村后以两座庙命村名为双庙。聚落呈散状分布。有文化活动大院 1 处、农家书屋 1 处。经济以种植业为主，农作物有玉米、小麦、棉花等。有公路经此。

沈庄 371581–B02–H07

［Shěnzhuāng］

在市驻地青年路街道东方向 19.3 千米。老赵庄镇辖自然村。人口 3 200。明万历二年（1574），沈、匙二姓由山西迁此，分别建小匙庄和小沈庄。1819 年两村合并，命名为沈庄。聚落呈散状分布。有文化活动大院 1 处、农家书屋 1 处。经济以种植业为主，主要农作物有小麦、玉米等。有公路经此。

五股道 371581–B02–H08

［Wǔgǔdào］

在市驻地青年路街道东方向 20.8 千米。老赵庄镇辖自然村。人口 2 000。明朝初期，康九龄由山西携家眷迁此，在五条道路口附近立村，命名五股道。聚落呈散状分布。有文化活动大院 1 处、农家书屋 1 处。经济以种植业和养殖业为主。有公路经此。

后丁 371581–B02–H09

［Hòudīng］

在市驻地青年路街道东方向 13.3 千米。老赵庄镇辖自然村。人口 1 100。明建文年间，丁姓应诏由山西洪洞县迁此立村，以姓氏命村名为丁庄。1956 年为区别于南丁庄，改为后丁。聚落呈散状分布。有文化活动大院 1 处、农家书屋 1 处。经济以种植业为主。有公路经此。

由庄 371581–B02–H10

［Yóuzhuāng］

在市驻地青年路街道东方向 20.8 千米。老赵庄镇辖自然村。人口 2 500。明永乐年间，陈氏始祖由湖北迁此定居，在古庙附近建村，庙内有一高大石佛，遂命村名为石佛乡。至道光年间，村内由姓成为大户，改村名为由庄。聚落呈散状分布。有文化大院 1 处、农家书屋 1 处。经济以种植业为主，主要农作物有苹果和樱桃。有公路经此。

齐楼 371581–B02–H11

［Qílóu］

在市驻地青年路街道东方向 10.9 千米。老赵庄镇辖自然村。人口 2 900。明洪武二十五年（1392），齐氏应诏由山西洪洞县迁此定居，命名为小齐庄。后建起楼房，遂改庄名为齐家楼，今简称齐楼。聚落呈散状分布。有文化大院 1 处。经济以种植业和养殖业为主。有公路经此。

康庄 371581–B03–H01

［Kāngzhuāng］

康庄镇人民政府驻地。在市驻地青年路街道东南方向 19.2 千米。人口 9 600。因地处原清平县四境中心，地处六路交叉处，四通八达，为全县富庶之区，故名康庄。聚落呈带状分布。有文化站 1 处、幼儿园 1

处、小学1处、中学1处。经济以种植业为主，主要农作物有小麦、玉米、蔬菜。德商高速经此。

周楼 371581-B03-H02
[Zhōulóu]

在市驻地青年路街道东南方向 24.4 千米。康庄镇辖自然村。人口 600。周姓由山西洪洞县迁居至此，建楼自卫，取名周楼。聚落呈散状分布。有文化活动大院 1 处、农家书屋 1 处。经济以种植业为主，主要农作物有小麦、玉米、棉花等。有公路经此。

万里长屯 371581-B03-H03
[Wànlǐchángtún]

在市驻地青年路街道东南方向 25.8 千米。康庄镇辖自然村。人口 700。此村建于明朝，首户万姓，迁居此地建村，因聚落呈长条形，故命名为万里长屯。聚落呈散状分布。有文化活动大院 1 处、农家书屋 1 处。经济以种植业为主，主要种植小麦、玉米。有公路经此。

栾庄 371581-B03-H04
[Luánzhuāng]

在市驻地青年路街道东南方向 27.2 千米。 康庄镇辖自然村。人口 400。明成化二年（1466），栾姓由山西洪洞县迁此建村，当时因位于康盛庄北部，曾取名盛北栾庄，后简称栾庄。聚落呈散状分布。有文化活动大院 1 处、农家书屋 1 处。经济以种植业为主，主要种植小麦、玉米等。有公路经此。

薛庄 371581-B03-H05
[Xuēzhuāng]

在市驻地青年路街道东南方向 27.3 千米。康庄镇辖自然村。人口 500。明洪武年间，薛姓定居此地，取村名薛庄。聚落呈散状分布。有文化活动大院 1 处、农家书屋 1 处。经济以种植业为主，主要种植小麦、玉米、棉花等。有公路经此。

丰庄 371581-B03-H06
[Fēngzhuāng]

在市驻地青年路街道东南方向 29.8 千米。康庄镇辖自然村。人口 400。明嘉靖年间，官府在此建官窑数座，烧砖运京，供京城建设，但所制之砖，质量不符采用标准，官府拒收。后本村自己烧制作为民用贩卖，聚居成村落，取名丰窑，1958 年更名为丰庄。聚落呈散状分布。有文化活动大院 1 处、农家书屋 1 处。经济以种植业为主，主要农作物有小麦、玉米和杂粮等。有公路经此。

幸福村 371581-B03-H07
[Xìngfúcūn]

在市驻地青年路街道东南方向 28.3 千米。康庄镇辖自然村。人口 400。原名高粪堆，经年代变迁，原高姓绝迹，赵姓由山西洪洞县迁此建村后，1958 年群众感到村名不雅，易名为幸福村。聚落呈散状分布。有文化活动大院 1 处、农家书屋 1 处。经济以种植业、养殖业为主，主要农作物有小麦、玉米等。有公路经此。

于林 371581-B03-H08
[Yúlín]

在市驻地青年路街道东南方向 29.0 千米。康庄镇辖自然村。人口 500。明洪武八年（1375），刘姓由山西洪洞县奉诏迁此，因在住宅旁建成一大片榆树林，形成村落后，惯称刘家榆林，后演变为于林。聚落呈散状分布。有文化活动大院 1 处、农家书屋 1 处。经济以种植业和养殖业为主，种植小麦、玉米等。有公路经此。

王坊子 371581-B03-H09
[Wángfángzi]

在市驻地青年路街道东南方向 29.2 千米。康庄镇辖自然村。人口 200。此村始建于明洪武八年（1375），王姓数户从山西应诏迁此，以开作坊为业，故名王坊子。聚落呈散状分布。有文化活动大院 1 处、农家书屋 1 处。经济以种植业为主，主要种植小麦、玉米。有公路经此。

邢庄 371581-B03-H10
[Xíngzhuāng]

在市驻地青年路街道东南方向 28.1 千米。康庄镇辖自然村。人口 700。原名苦水邢庄，1949 年后，经过农田水利建设，土壤水质均有改良，故改名邢庄。聚落呈散状分布。有文化活动大院 1 处、农家书屋 1 处。经济以种植业、运输业为主，主要种植小麦、玉米。有公路经此。

肖庄 371581-B03-H11
[Xiāozhuāng]

在市驻地青年路街道东南方向 24.6 千米。康庄镇辖自然村。人口 1 900。明初，肖洪雁、肖大廷应诏由山西洪洞县迁此建村，以姓氏命村名为肖庄。聚落呈散状分布。有文化活动大院 1 处、农家书屋 1 处。经济以种植业为主，主要农作物有小麦、玉米、大蒜等。有公路经此。

张洼 371581-B03-H12
[Zhāngwā]

在市驻地青年路街道东南方向 31.0 千米。康庄镇辖自然村。人口 600。明洪武九年（1376），张姓由山西迁此建村，由于此处地势低洼，故名张洼。聚落呈散状分布。有文化活动大院 1 处、农家书屋 1 处。经济以种植业为主，主要农作物有小麦、玉米和杂粮等。有公路经此。

兴安集 371581-B03-H13
[Xīng'ānjí]

在市驻地青年路街道东南方向 30.8 千米。康庄镇辖自然村。人口 1 100。周、邢、张姓由山西洪洞县长兴集应诏迁此，为了以示不忘故里，故取名兴安集。聚落呈散状分布。有文化活动大院 1 处、农家书屋 1 处。经济以种植业为主，主要农作物有小麦、玉米、棉花、花生等。有公路经此。

刘寨子 371581-B03-H14
[Liúzhàizi]

在市驻地青年路街道东南方向 31.8 千米。康庄镇辖自然村。人口 400。明嘉靖元年（1522），刘姓应诏由山西洪洞县白石槽刘家庄迁此建村，因靠近陈寨子，故名刘寨子。聚落呈散状分布。有文化活动大院 1 处、农家书屋 1 处。经济以种植业、养殖业为主，主要农作物有小麦、玉米。有公路经此。

三里铺 371581-B04-H01
[Sānlǐpù]

魏湾镇人民政府驻地。在市驻地青年路街道东方向 24.0 千米。人口 800。该村紧邻京杭运河，按明永乐制，为加强漕运管理，运河两岸每隔 2~3 里设浅铺（堡），因此得名三里铺。聚落呈散状分布。有文化站 1 处。经济以种植业为主，主要农作物有小麦、玉米、大蒜、花生等。有公路经此。

河南堂 371581-B04-H02
[Hénántáng]

在市驻地青年路街道东南方向 31.2 千米。魏湾镇辖自然村。人口 500。据清嘉庆元年（1796）重修的水南寺碑文记载，此寺建于唐朝，明隆庆年间有人在此定居，因有水南寺，把寺更名为堂，又因村位于河南岸，故名河南堂。聚落呈散状分布。有文化活动大院 1 处、农家书屋 1 处。经济以种植业、畜牧养殖业为主，主要农作物有小麦、大蒜等。有公路经此。

丁马庄 371581–B04–H03
[Dīngmǎzhuāng]

在市驻地青年路街道东南方向 27.6 千米。魏湾镇辖自然村。人口 2 600。相传，明永乐年间，丁、张二姓由山西迁来落户成村。原为两个自然村，清朝后合为一村，因丁、马崛起为富户，故定名为丁马庄。聚落呈散状分布。有文化活动大院 1 处、农家书屋 1 处。经济以种植业为主，主要农作物有小麦、玉米、大蒜、花生等，有特色农产品丁马甲鱼。有山东丁马生物科技公司、大宇纺织有限公司等企业。有公路经此。

张牌 371581–B04–H04
[Zhāngpái]

在市驻地青年路街道东南方向 29.4 千米。魏湾镇辖自然村。人口 1 700。清朝年间，张姓由魏湾村迁此立村，村貌呈东西长排形状，无南北路，故命名为张排庄，后演变为张牌。聚落呈散状分布。有文化活动大院 1 处、农家书屋 1 处。经济以种植业为主，主要农作物有小麦、玉米、大蒜、蔬菜等。有公路经此。

十里井 371581–B04–H05
[Shílǐjǐng]

在市驻地青年路街道东南方向 25.2 千米。魏湾镇辖自然村。人口 1 100。此村原名史家湾，始于元朝，以姓氏命名。元朝开挖会通河时，从魏湾三峡井测至此村中一口井的距离，正好是十里，而从该井到戴湾衙门的距离也恰好是十里，为纪念这一巧合，遂将村名更名为十里井。聚落呈散状分布。有农家书屋 1 处。经济以种植业、畜牧养殖业为主，主要种植小麦、玉米。有公路经此。

王杜庄 371581–B04–H06
[Wángdùzhuāng]

在市驻地青年路街道东南方向 30.1 千米。魏湾镇辖自然村。人口 500。王大殿与妻梁氏，于明万历年间迁此定居，取村名王家庄，后有杜姓迁入同居，遂更名为王杜庄。聚落呈散状分布。有文化活动大院 1 处、农家书屋 1 处。经济以种植业、畜牧养殖业为主，主要种植小麦、玉米、棉花。有公路经此。

薛楼 371581–B04–H07
[Xuēlóu]

在市驻地青年路街道东南方向 21.9 千米。魏湾镇辖自然村。人口 1 700。明朝初年，村中薛姓富豪家中有亭台楼阁，故命村名为薛楼。聚落呈散状分布。有文化活动大院 1 处、农家书屋 1 处。经济以种植业为主，主要种植小麦、玉米。有公路经此。

李圈 371581–B04–H08
[Lǐquān]

在市驻地青年路街道东南方向 27.4 千米。魏湾镇辖自然村。人口 1 000。明永乐年间，李姓由山西洪洞县奉诏迁至此建村，因村落邻近小运河南岸，河道由村东向村北以半圆形状围绕，成村后故名李圈。聚落呈散状分布。有文化活动大院 1 处、农家书屋 1 处。经济以种植业为主，主要农作物有小麦、玉米。有公路经此。

王营 371581–B04–H09
[Wángyíng]

在市驻地青年路街道东南方向 29.8 千

米。魏湾镇辖自然村。人口 1 200。明万历元年（1573），王姓来此落户成村，名王家庄。清朝年间，曾经驻扎官兵营盘，遂更名王古南营，后简称王营。聚落呈散状分布。有文化活动大院 1 处、农家书屋 1 处。经济以种植业为主，主要农作物有小麦、玉米、大蒜等。有公路经此。

刘垓子 371581–B05–H01
[Liúhǎizi]

刘垓子镇人民政府驻地。在市驻地青年路街道东南方向 13.0 千米。人口 1 900。明嘉靖元年（1522），刘姓由山西洪洞县迁此定居，因屋前有大坑（古名垓），故名。聚落呈散状分布。有小学、中学、文化站。经济以种植业为主，主要农作物有苹果、核桃、小麦、玉米等。京九铁路经此。

左桥 371581–B05–H02
[Zuǒqiáo]

在市驻地青年路街道东南方向 16.2 千米。刘垓子镇辖自然村。人口 1 500。明朝时期，左姓由山西迁此定居，其女与孔集村人结亲，因村中隔一小河，往返不便，左姓父子在小河上架一石桥，村民为纪念其架桥便民之功绩，故取村名左家桥，后简称左桥至今。聚落呈散状分布。有文化活动大院 1 处、农家书屋 1 处。经济以种植业为主，主要农作物有小麦、玉米、棉花等。有公路经此。

尹阁 371581–B05–H03
[Yǐngé]

在市驻地青年路街道东南方向 12.1 千米。刘垓子镇辖自然村。人口 400。古时村南有座三官庙，庙前有座八角阁，明正德十五年（1520），尹姓由山西迁来，住于阁内，后形成村庄，取名尹家阁，后简称尹阁。聚落呈散状分布。有农家书屋 1 处。经济以种植业为主，主要农作物有小麦、玉米、棉花等。有公路经此。

朱楼 371581–B05–H04
[Zhūlóu]

在市驻地青年路街道东南方向 11.2 千米。刘垓子镇辖自然村。人口 1 200。明朝，彦、朱两姓自山西洪洞县迁此建村，原名朱家庄。后彦姓发家致富建楼一栋，改为彦朱楼，后简称朱楼。聚落呈散状分布。有文化活动大院 1 处、农家书屋 1 处。经济以种植业为主，主要农作物有小麦、玉米、棉花等。有公路经此。

逯庄 371581–B05–H05
[Lùzhuāng]

在市驻地青年路街道东南方向 21.8 千米。刘垓子镇辖自然村。人口 700。明朝，首户逯姓由山西洪洞县迁来，故名逯庄。聚落呈散状分布。有图书室 1 处。经济以种植业为主，主要农作物有小麦、玉米、棉花等。有公路经此。

姜油坊 371581–B05–H06
[Jiāngyóufáng]

在市驻地青年路街道东南方向 13.3 千米。刘垓子镇辖自然村。人口 1 300。明永乐年间，姜姓由山西迁此落户，榨油为业，形成村庄后，命村名姜油坊。聚落呈散状分布。有文化活动大院 1 处、农家书屋 1 处。经济以种植业为主，主要农作物有小麦、玉米、棉花等。有公路经此。

孔庄 371581–B05–H07
[Kǒngzhuāng]

在市驻地青年路街道东南方向 19.3 千米。刘垓子镇辖自然村。人口 1 700。明嘉靖年间，孔姓由曲阜迁移至此，建村后，因孔姓声誉素著，且孔姓居绝大多数，故名孔庄。聚落呈散状分布。有文化活动大院 1 处、农家书屋 1 处。经济以种植业为主，主要农作物有小麦、玉米等。有公路经此。

白佛寺 371581–B05–H08

[Báifósì]

在市驻地青年路街道东南方向 17.0 千米。刘垓子镇辖自然村。人口 600。本村原址有一古庙，庙内佛像均为白色石料雕琢，故名白佛寺。明成化年间，山西秦姓迁来此地，傍庙而居，故命村名白佛寺。聚落呈散状分布。有文化活动大院 1 处、农家书屋 1 处。经济以种植业为主，主要农作物有小麦、玉米、棉花等。有公路经此。

小薛楼 371581–B05–H09

[Xiǎoxuēlóu]

在市驻地青年路街道东南方向 21.6 千米。刘垓子镇辖自然村。人口 500。明永乐年间，薛姓由山西洪洞县迁此落户成村，筑楼自卫，因村子规模较小，故名小薛楼。聚落呈散状分布。有文化活动大院 1 处、农家书屋 1 处。经济以种植业为主，主要农作物有小麦、玉米、棉花等。有公路经此。

吕堂 371581–B05–H10

[Lǚtáng]

在市驻地青年路街道东南方向 14.8 千米。刘垓子镇辖自然村。人口 1 900。明永乐年间，吕姓由山西迁来，建村后立吕氏祠堂，故命村名为吕堂。聚落呈散状分布。有文化活动大院 1 处、农家书屋 1 处。经济以种植业为主，主要农作物有小麦、玉米等。有公路经此。

乜园 371581–B05–H11

[Nièyuán]

在市驻地青年路街道东南方向 23.0 千米。刘垓子镇辖自然村。人口 1 000。明朝中期，乜姓由山西迁来定居，以多种、善种蔬菜著称，成村后，取名乜园。聚落呈散状分布。有文化活动大院 1 处、农家书屋 1 处。经济以种植业为主，主要农作物有小麦、玉米、棉花等。有公路经此。

路庄 371581–B06–H01

[Lùzhuāng]

八岔路镇人民政府驻地。在市驻地青年路街道西南方向 17.0 千米。人口 1 200。据传，宋初路姓建村，因西近黄河故道，故名河东路庄，后称路庄。聚落呈团块状分布。经济以种植业为主，农作物为小麦、玉米等，有木材加工业。有公路经此。

万庄 371581–B06–H02

[Wànzhuāng]

在市驻地青年路街道西南方向 19.5 千米。八岔路镇辖自然村。人口 3 200。明朝初期，万姓由山西洪洞县应诏迁此落户成村，命名万家庄，今简称万庄。聚落呈散状分布。有图书室 1 处、小学 1 处。经济以种植业为主，主要农作物有小麦、玉米等。有公路经此。

杨二庄 371581–B06–H03

[Yáng'èrzhuāng]

在市驻地青年路街道西南方向 22.2 千米。八岔路镇辖自然村。人口 2 000。明永乐年间，杨姓兄弟杨道、杨然二人由山西洪洞县应诏迁此落户成村，命村名杨二庄。聚落呈散状分布。有文化活动大院 1 处、农家书屋 1 处、小学 1 处。经济以种植业为主，主要农作物有小麦、玉米等。有公路经此。

田庙 371581–B06–H04

[Tiánmiào]

在市驻地青年路街道西南方向 21.0 千

米。八岔路镇辖自然村。人口 1 100。明洪武十四年（1381），田、王、文、葛几姓相继由即墨县潞州迁此定居，因田姓落户最早，取名小田庙。后田姓成为大户，自建家庙一座，改村名为田家庙，后简称田庙。聚落呈散状分布。有文化大院 1 处。经济以种植业为主，主要农作物有小麦、玉米等。有公路经此。

杨彭店 371581-B06-H05

［Yángpéngdiàn］

在市驻地青年路街道西南方向 23.9 千米。八岔路镇辖自然村。人口 300。商朝有位彭姓大夫被称为彭祖，死后埋葬此地。明洪武年间，杨姓由山西洪洞县迁至临清市考棚街，再迁至彭祖庙西北角处立村，取名杨彭店。聚落呈散状分布。有文化活动大院 1 处、农家书屋 1 处。古迹有彭祖庙和彭祖坟遗址。经济以种植业、运输业为主，主要农作物有小麦、玉米等。有公路经此。

官庄 371581-B06-H06

［Guānzhuāng］

在市驻地青年路街道西南方向 20.9 千米。八岔路镇辖自然村。人口 1 000。明崇祯末年，李自成起义军失利退守河南、陕西时，路过此村，在两棵大杨树下，官兵人马休息了一天，后此处立村，命名官庄。聚落呈散状分布。有文化活动大院 1 处、农家书屋 1 处。经济以种植业为主，主要农作物有小麦、玉米等。有公路经此。

影庄 371581-B06-H07

［Yǐngzhuāng］

在市驻地青年路街道西南方向 19.7 千米。八岔路镇辖自然村。人口 1 300。此村建于南宋初期，有江、叶两姓立村，因当时村南有一高塔（天齐庙塔），其塔影正射本村，故命名为影庄。聚落呈散状分布。有文化活动大院 1 处、农家书屋 1 处。经济以种植业、木材加工制造业为主，主要农作物有小麦、玉米等。有公路经此。

李兴寨 371581-B06-H08

［Lǐxīngzhài］

在市驻地青年路街道西南方向 19.2 千米。八岔路镇辖自然村。人口 800。明万历四十年（1612），赵、谭两姓村民由山西迁此建村，命村名赵谭村。后村民渐多，全村都很和气团结，遂改村名为义兴寨。后村内李姓户人多，再改村名为李兴寨。聚落呈散状分布。有文化活动大院 1 处、农家书屋 1 处。经济以种植业为主，主要农作物有小麦、玉米等。有公路经此。

赵塔头 371581-B06-H09

［Zhàotǎtóu］

在市驻地青年路街道西南方向 21.2 千米。八岔路镇辖自然村。人口 800。明朝末年，赵姓多户由山西洪洞县迁来，因选址附近有一天齐庙古塔，塔高数十丈，塔影可照几里远，本村恰在塔北影射处，故取村名为赵塔头。聚落呈散状分布。有文化活动大院 1 处、农家书屋 1 处。经济以种植业为主，主要农作物有小麦、玉米等。有公路经此。

西二庄 371581-B06-H10

［Xī'èrzhuāng］

在市驻地青年路街道西南方向 22.1 千米。八岔路镇辖自然村。人口 1 400。明永乐年间，村民由山西洪洞县应诏迁至此立村，因该村是古塔西边第二个村庄，故名西二庄。聚落呈散状分布。有文化活动大院 1 处、农家书屋 1 处。经济以种植业为主，主要农作物有小麦、玉米等。有公路经此。

潘庄 371581–B07–H01
[Pānzhuāng]

潘庄镇人民政府驻地。在市驻地青年路街道西南方向 23.4 千米。人口 1 100。相传潘、于二姓立村，定名潘庄。聚落呈散状分布。有幼儿园 1 处、小学 1 处、中学 1 处。经济以种植业为主，主要农作物有小麦、玉米等。有公路经此。

白铺 371581–B07–H02
[Báipù]

在市驻地青年路街道西南方向 22.0 千米。潘庄镇辖自然村。人口 1 300。明朝初期，白姓由山西洪洞县迁此定居，因在陈公堤的交通要道上开设店铺为生，成村后命名白家铺，后简称白铺。聚落呈散状分布。有文化大院 1 处。经济以种植业和轴承加工业为主，主要农作物为小麦、玉米等。有公路经此。

刘梭庄 371581–B07–H03
[Liúsuōzhuāng]

在市驻地青年路街道西南方向 24.7 千米。潘庄镇辖自然村。人口 1 500。明朝，刘姓由山西迁此立村，村民以纺织为业，故以织布梭子作为村名。后冠以姓氏，命名为刘梭庄。聚落呈散状分布。有图书阅览室 1 处。经济以种植业、轴承加工业为主，主要农作物有小麦、玉米等。有公路经此。

宋齐寨 371581–B07–H04
[Sòngqízhài]

在市驻地青年路街道西南方向 24.7 千米。潘庄镇辖自然村。人口 1 600。明永乐年间，宋、都、梁、张等姓由山西洪洞县迁来此地，在一条整齐线上分头组建四个村落，此村宋姓居多，取齐心合力共建村寨之意，名宋齐寨。聚落呈散状分布。有文化大院 1 处。经济以种植业、轴承加工业为主，主要农作物有小麦、玉米等。有公路经此。

于小庄 371581–B07–H05
[Yúxiǎozhuāng]

在市驻地青年路街道西南方向 23.0 千米。潘庄镇辖自然村。人口 700。明永乐二年（1404），于姓由山西洪洞县迁此，定居于枣林丛中，当时仅于姓一家，故取名于家小庄，后简称于小庄。聚落呈散状分布。经济以种植业、轴承加工业为主，主要农作物有小麦、玉米等。有公路经此。

庄科 371581–B07–H06
[Zhuāngkē]

在市驻地青年路街道西南方向 26.5 千米。潘庄镇辖自然村。人口 700。李姓始祖于明永乐十年（1412）由山西洪洞县迁来定居，建村处遍生枣棵野花，形成村落后，遂定村名庄棵，后演变称庄科。聚落呈散状分布。有文化大院 1 处。经济以种植业、轴承加工业为主，主要农作物有小麦、玉米等，有玉环轴承有限公司、运华轴承制造有限公司等企业。有公路经此。

魏沿 371581–B07–H07
[Wèiyán]

在市驻地青年路街道西南方向 28.6 千米。潘庄镇辖自然村。人口 600。明永乐年间，魏姓由山西洪洞县迁来，在黄河故道陈公堤边沿高处建村，故取名为魏沿。聚落呈散状分布。经济以种植业为主，主要农作物有小麦、玉米等。有公路经此。

油坊 371581–B07–H08
[Yóufáng]

在市驻地青年路街道西南方向 26.2 千

米。潘庄镇辖自然村。人口 1 000。原名吴家花园，明永乐四年（1406），李千由山西洪洞县迁至吴家花园，以开油坊为业，后吴姓迁徙别处，李姓即改村名为油坊。聚落呈散状分布。有图书阅览室 1 处。经济以种植业为主，主要农作物有小麦、玉米等。有公路经此。

迟彭店 371581–B07–H09
[Chípéngdiàn]

在市驻地青年路街道西南方向 23.6 千米。潘庄镇辖自然村。人口 1 100。明永乐八年（1410），迟姓由山东登州府福山县迁来，定居于当时彭祖庙和彭祖坟遗址附近，形成村庄后，命村名迟彭祖店，后演变成迟彭店。聚落呈散状分布。有文化大院 1 处。古迹有彭祖墓遗址。经济以种植业为主，主要农作物有小麦、玉米等。有公路经此。

西路寨 371581–B07–H10
[Xīlùzhài]

在市驻地青年路街道西南方向 31.5 千米。潘庄镇辖自然村。人口 2 000。相传唐将秦琼、尉池恭在此合建圣泉寺庙一座，寺东有条南北大道，道两旁住有人家，形成村寨。本村居路西，名西路寨。聚落呈散状分布。有农家书屋 1 处。经济以种植业、轴承加工业为主，主要农作物有小麦、玉米等。有公路经此。

赵庄 371581–B07–H11
[Zhàozhuāng]

在市驻地青年路街道西南方向 29.6 千米。 潘庄镇辖自然村。人口 2 000。明永乐二年（1404），赵、于二姓由山西洪洞县迁至此，在陈公堤附近高处建村，因赵姓人居多，命村名赵庄。 聚落呈散状分布。有文化大院 1 处。经济以种植业、轴承加工业为主，主要农作物有小麦、玉米等。有公路经此。

牛张寨 371581–B08–H01
[Niúzhāngzhài]

烟店镇人民政府驻地。在市驻地青年路街道西南方向 24.2 千米。人口 1 400。相传明初，牛、张二姓由山西洪洞县奉诏迁徙至此落户成村后，筑寨自卫，取名牛张寨。聚落呈散状分布。有文化站 1 处。经济以种植业、轴承加工业为主，主要农作物有小麦、玉米。有公路经此。

刘烟店 371581–B08–H02
[Liúyāndiàn]

在市驻地青年路街道西南方向 27.8 千米。烟店镇辖自然村。人口 3 000。明建文年间，刘姓村民由山西洪洞县迁此建村，并设店经营烟草生意，故定村名刘烟店。聚落呈散状分布。经济以种植业、轴承加工业为主，主要农作物有小麦、玉米。有公路经此。

李拐 371581–B08–H03
[Lǐguǎi]

在市驻地青年路街道西南方向 29.0 千米。烟店镇辖自然村。人口 3 700。明永乐年间，李姓由山西洪洞县应诏迁此，在路旁开茶馆，形成村庄后，命村名李家馆，后讹传为李拐。聚落呈散状分布。有图书阅览室 1 处。经济以种植业、轴承加工业为主，主要农作物有小麦、玉米、杂粮等。有公路经此。

孟口 371581–B08–H04
[Mèngkǒu]

在市驻地青年路街道西南方向 24.4 千米。烟店镇辖自然村。人口 700。明洪武二年（1369），孟姓由山西洪洞县迁此，在卫河渡口附近建村，原名渡口，后又以姓氏冠首，故名孟口。聚落呈散状分布。经济以种植业、轴承加工业为主。有公路经此。

娄子坡 371581-B08-H05

[Lóuzipō]

在市驻地青年路街道西南方向 30.2 千米。烟店镇辖自然村。人口 800。明洪武年间，娄姓村民由山西洪洞县迁来，因建楼房取土，将村边挖成一个大洼坡，故取名娄子坡。聚落呈散状分布。有图书室 1 处。经济以种植业、轴承加工业为主，主要农作物有小麦、玉米、杂粮等。有公路经此。

青石磙 371581-B08-H06

[Qīngshígǔn]

在市驻地青年路街道西南方向 29.1 千米。烟店镇辖自然村。人口 800。明隆庆五年（1571），卫河决口，有一木雕圣像，高四尺余，骑一青石磙上，备石鞍，漂流至此，因此定村名青石磙。聚落呈散状分布。经济以种植业、轴承加工业为主，主要农作物有小麦、玉米、杂粮等。有公路经此。

拳厂 371581-B08-H07

[Quánchǎng]

在市驻地青年路街道西南方向 29.9 千米。烟店镇辖自然村。人口 1 600。明初，潘、齐二姓在此建村，后为习武，设有武场，俗谓拳脚场，因在河边建草房，也谓之厂，故取村名拳厂。聚落呈散状分布。有文化大院 1 处、图书室 1 处。经济以种植业、轴承加工业为主，主要农作物有小麦、玉米。有公路经此。

曹张寨 371581-B08-H08

[Cáozhāngzhài]

在市驻地青年路街道西南方向 26.8 千米。烟店镇辖自然村。人口 700。明建文四年（1402），曹、张两姓由山西洪洞县应诏，迁至此地建村，筑寨自卫，故取名曹张寨。聚落呈散状分布。有图书阅览室 1 处。经济以种植业、轴承加工业为主。有公路经此。

王沿 371581-B08-H09

[Wángyán]

在市驻地青年路街道西南方向 28.8 千米。烟店镇辖自然村。人口 1 000。明永乐年间，村民由山西洪洞县迁来，在黄河故道边沿落户建村，因王姓居多，命村名王沿。聚落呈散状分布。有文化大院 1 处。经济以种植业、轴承加工业为主。有公路经此。

堤口 371581-B08-H10

[Dīkǒu]

在市驻地青年路街道西南方向 26.0 千米。烟店镇辖自然村。人口 600。明朝中期，汪姓由山西洪洞县应诏，迁此定居于卫运河堤口两侧，成村后命名为堤口。聚落呈散状分布。有图书室 1 处。经济以种植业、轴承加工业为主，主要农作物有小麦、玉米、杂粮等，特产为堤口绿豆粉皮。有公路经此。

唐园 371581-B09-H01

[Tángyuán]

唐园镇人民政府驻地。在市驻地青年路街道西南方向 15.1 千米。人口 700。张姓富户举家迁往唐姓菜园子附近立村，得名唐家菜园，简称唐园。聚落呈散状分布。有农家书屋 1 处。经济以种植业为主，主要农作物有小麦、玉米。有公路经此。

后幞头 371581-B09-H02

[Hòufútóu]

在市驻地青年路街道西南方向 15.8 千米。唐园镇辖自然村。人口 800。宋朝时期此地发生过战争，北国大将被砍掉头巾（古称头巾叫幞头）。民国年间建村，以方位命名为后幞头。聚落呈散状分布。经济以种植业为主，主要农作物有小麦、玉米、花生、地瓜和杂粮等。有公路经此。

畈疃 371581–B09–H03
[Fàntuǎn]

在市驻地青年路街道西南方向 13.0 千米。唐园镇辖自然村。人口 800。明万历年间，由山西洪洞县迁来几户人家，依菜园定居，菜园古称畈疃，遂定村名为畈疃。聚落呈散状分布。有文化大院 1 处。经济以种植业为主，主要农作物有小麦、玉米、花生、地瓜和杂粮等。有公路经此。

孙井 371581–B09–H04
[Sūnjǐng]

在市驻地青年路街道西南方向 17.4 千米。唐园镇辖自然村。人口 1 000。元代初期，孙姓由外地迁此立村，其始祖以烧瓦盆为业，当时村中有一口井，水质极好，用此水拌料，烧出的瓦盆质细色美，因此孙家井之名不胫而走，为使生意兴隆，孙氏即以该井命村名为孙井。聚落呈散状分布。经济以种植业为主，主要农作物有小麦、玉米等。有公路经此。

瑶坡 371581–B09–H05
[Yáopō]

在市驻地青年路街道西南方向 17.2 千米。唐园镇辖自然村。人口 2 900。明万历二十年（1592），张可艾由临清仓上东部一牛一车携家人西行到此，以离原家遥远之意命村为遥坡，今演变为瑶坡。聚落呈散状分布。有国家级非物质文化遗产项目肘捶。经济以种植业为主，主要农作物有小麦、玉米。有公路经此。

丰圈 371581–B09–H06
[Fēngquān]

在市驻地青年路街道西南方向 23.1 千米。唐园镇辖自然村。人口 2 200。丰姓由山西省洪洞县大槐树村迁居此地，因居住在卫河沿岸，常年洪水泛滥，淹没庄稼和村庄，丰姓族人在村周围挡了一圈土堤子，从此称村丰圈。聚落呈散状分布。经济以种植业为主，主要农作物有小麦、玉米。有公路经此。

李官寨 371581–B09–H07
[Lǐguānzhài]

在市驻地青年路街道西南方向 17.9 千米。唐园镇辖自然村。人口 2 300。明洪武十四年（1381），徐姓由浙江绍兴迁来定居，继有李姓由外地迁此同住，形成村落后，村民筑寨自卫，因李姓居多，且有官职，故取村名李官寨。聚落呈散状分布。有小学 1 处、图书室 1 处。经济以种植业为主，主要农作物有小麦、玉米。有公路经此。

林潘寨 371581–B09–H08
[Línpānzhài]

在市驻地青年路街道西南方向 17.9 千米。唐园镇辖自然村。人口 2 300。正将林以飞、副将潘致尧在金宋两国交战中亡于此地，后人为纪念两将的战功，建庙立碑，村以此得名林潘寨。聚落呈散状分布。有文化大院 1 处。经济以种植业、轴承加工业为主，主要农作物有小麦、玉米。有公路经此。

千集 371581–B09–H09
[Qiānjí]

在市驻地青年路街道西南方向 19.2 千米。唐园镇辖自然村。人口 1 600。明洪武二十年（1387），高姓由山西洪洞县迁此定居，建村于秦堤（即陈公堤）之右，名为迁堤村。后人欲在本村设集市，遂改名为千集。聚落呈散状分布。经济以种植业为主，主要农作物有小麦、玉米。有公路经此。

燕杏园 371581–B09–H10
[Yànxìngyuán]

在市驻地青年路街道西南方向 19.9 千米。唐园镇辖自然村。人口 700。明初战乱，该地遗留一富户杏园子，燕氏由山西迁徙此处，故得名燕家杏园，后名燕杏园。聚落呈散状分布。有文化休闲广场 1 处。经济以种植业为主，主要农作物有小麦、玉米等。有公路经此。

金郝庄 371581–B10–H01
[Jīnhǎozhuāng]

金郝庄镇人民政府驻地。在市驻地青年路街道东北方向 28.1 千米。人口 2 200。原名郝庄，明末，刘家湾村金姓为避战乱迁入定居，其后人财两旺，至 1920 年改名金郝庄。聚落呈散状分布。有学校 1 处。经济以种植业为主，主要农作物有玉米、小麦、杂粮。有公路经此。

周庄 371581–B10–H02
[Zhōuzhuāng]

在市驻地青年路街道东北方向 27.9 千米。金郝庄镇辖自然村。人口 1 000。明成化元年（1465），始祖周善由高唐县迁居此地，命名周家庄，现简称周庄。聚落呈散状分布。有文化活动大院 1 处、农家书屋 1 处。经济以种植业为主，主要农作物有小麦、玉米、棉花等。东吕高速经此。

谷庄 371581–B10–H03
[Gǔzhuāng]

在市驻地青年路街道东北方向 34.3 千米。金郝庄镇辖自然村。人口 800。此村明初原名张小庄，明洪武十四年（1381），谷姓首先由山西洪洞县迁此定居，因谷姓人丁兴旺，遂改村名为谷庄。聚落呈散状分布。有文化活动大院 1 处、农家书屋 1 处。经济以种植业为主，主要种植小麦、玉米。有公路经此。

张伴屯 371581–B10–H04
[Zhāngbàntún]

在市驻地青年路街道东北方向 29.1 千米。金郝庄镇辖自然村。人口 2 900。张伴屯原是新集村的一部分，明燕王扫北时分开，张姓居多，故取名张伴屯。聚落呈散状分布。有文化活动大院 1 处、农家书屋 1 处。经济以种植业为主，主要种植小麦、玉米。有公路经此。

李洼 371581–B10–H05
[Lǐwā]

在市驻地青年路街道东北方向 29.2 千米。金郝庄镇辖自然村。人口 1 200。李氏始祖于明永乐年间由山东登州府莱阳县迁此建村，因此地地势低洼，故起村名李洼。聚落呈散状分布。有文化活动大院 1 处、农家书屋 1 处。经济以种植业为主，种植小麦、玉米等。有公路经此。

栗官屯 371581–B10–H06
[Lìguāntún]

在市驻地青年路街道东北方向 29.5 千米。金郝庄镇辖自然村。人口 1 600。明初此地曾有官军驻扎，形成村庄后，取名利官屯，含有利于官军之意。明末清初改“利”为“栗”，名栗官屯。聚落呈散状分布。有文化活动大院 1 处、农家书屋 1 处。经济以种植业为主，主要种植小麦、玉米。有华兴纺织、星皓机械等企业。有公路经此。

田庄 371581–B10–H07

[Tiánzhuāng]

在市驻地青年路街道东北方向 14.5 千米。金郝庄镇辖自然村。人口 500。明万历年间，田姓建村，故名田庄。清朝初年，王姓从山东青州府（今益都）迁来，之后田姓又先后迁往外地，全村只有王姓，故更名田王庄，后更名田庄。聚落呈散状分布。有农家书屋 1 处、文化活动大院 1 处。经济以种植业、养殖业为主，主要种植小麦、玉米，养殖猪、羊等。有公路经此。

张官屯 371581–B10–H08

[Zhāngguāntún]

在市驻地青年路街道东北方向 28.3 千米。金郝庄镇辖自然村。人口 600。明永乐年间，张姓军官奉旨在此屯田，后因此地土地贫瘠，乃率官兵迁往马厂村，后有刘、黄、李、赵、于姓先后由山西洪洞县及本县赵庄、李庄迁入，形成村庄后，即以屯田军之张姓为由，命村名张官屯。聚落呈散状分布。有农家书屋 1 处、文化活动大院 1 处。经济以种植业为主，主要种植小麦、玉米。有公路经此。

张炉 371581–B10–H09

[Zhānglú]

在市驻地青年路街道东北方向 25.3 千米。金郝庄镇辖自然村。人口 500。明朝中期，张姓铁匠由山西洪洞县应诏迁此定居，因他经常点着打铁炉子，周围居民都知道他铸打农具，因此而得名，后简称张炉。聚落呈散状分布。有农家书屋 1 处、文化活动大院 1 处。经济以种植业为主，主要农作物有小麦、玉米、棉花等。有公路经此。

石集 371581–B10–H10

[Shíjí]

在市驻地青年路街道东北方向 34.9 千米。金郝庄镇辖自然村。人口 2 600。明洪武三年（1370），石云等兄弟 6 人由泰安县迁此开店立集，命村名为石集。聚落呈散状分布。有农家书屋 1 处、文化活动大院 1 处。经济以种植业、畜牧业为主，养殖牛、羊、鸡、鸭、猪等。有公路经此。

马庄 371581–B10–H11

[Mǎzhuāng]

在市驻地青年路街道东北方向 19.1 千米。金郝庄镇辖自然村。人口 500。此村原为本镇新集村马举人的佃户村，清康熙三年（1664），史、于、韩等佃户由山西洪洞县迁来，初为马家佃户，形成村落后，原叫贺马庄，后演变为马庄。聚落呈散状分布。有农家书屋 1 处、文化活动大院 1 处。经济以种植业为主，主要农作物有小麦、玉米等。有公路经此。

李寨 371581–B10–H12

[Lǐzhài]

在市驻地青年路街道东北方向 26.9 千米。金郝庄镇辖自然村。人口 2 000。明代初期，该地区有姜庄、张庄、李家寨三个自然村，后期三个村庄合在一起，以最早建庄的李家寨命名。清代初期，张氏始祖由莱阳县迁入该村定居，简化为李寨。聚落呈散状分布。有农家书屋 1 处、文化活动大院 1 处。经济以种植业为主，主要种植小麦、玉米，有棉纺、木加工等行业。有公路经此。

戴湾 371581–B11–H01

[Dàiwān]

戴湾镇人民政府驻地。在市驻地青年

路街道东南方向 19.4 千米。人口 2 900。元代初期，戴姓立村，在开挖会通河时，此处由南向西形成较大弯道，故命村名戴家湾，今简称戴湾。聚落呈散状分布。有文化站 1 处、幼儿园 1 处、小学 1 处、中学 1 处。经济以种植业为主，主要农作物有小麦、玉米、杂粮。有公路经此。

赵建庄 371581–B11–H02
[Zhàojiànzhuāng]

在市驻地青年路街道东南方向 15.0 千米。戴湾镇辖自然村。人口 1 300。明朝年间，赵姓由山西洪洞县应诏迁此，后代一人学业优秀，在国子监肄业，成为监生，故村名赵监生庄，民国初简称赵监庄，今演为赵建庄。聚落呈散状分布。有图书阅览室 1 处。经济以种植业为主，主要农作物有小麦、玉米、棉花等。有公路经此。

晁寨 371581–B11–H03
[Cháozhài]

在市驻地青年路街道东南方向 14.0 千米。戴湾镇辖自然村。人口 1 400。明朝，先居者应诏由山西洪洞县迁此，其中晁姓为富裕大户，其为保护家产，雇人站岗放哨，并筑起围村寨墙，故名晁寨。聚落呈散状分布。有文化活动大院 1 处、农家书屋 1 处。经济以种植业为主，主要农作物有玉米、小麦、棉花等。有公路经此。

贾庄 371581–B11–H04
[Jiǎzhuāng]

在市驻地青年路街道东南方向 14.6 千米。戴湾镇辖自然村。人口 900。明永乐年间，贾姓由山西洪洞县应诏迁此建村，故名贾庄。聚落呈散状分布。有文化活动大院 1 处、农家书屋 1 处。经济以种植业为主，特色农产品有贾庄粉皮。有公路经此。

吉庄 371581–B11–H05
[Jízhuāng]

在市驻地青年路街道东南方向 15.2 千米。戴湾镇辖自然村。人口 1 900。明永乐元年（1403），吉姓由山西洪洞县应诏迁此建村，故名吉庄。聚落呈散状分布。有文化活动大院 1 处、农家书屋 1 处。经济以种植业为主，主要农作物有小麦、玉米和杂粮。有公路经此。

景庄 371581–B11–H06
[Jǐngzhuāng]

在市驻地青年路街道东南方向 16.7 千米。戴湾镇辖自然村。人口 600。明永乐年间，景姓由山西洪洞县应诏迁此建村，故名景庄。聚落呈散状分布。有文化活动大院 1 处、农家书屋 1 处。经济以种植业为主，主要农作物有小麦、玉米和杂粮。有公路经此。

河隈张庄 371581–B11–H07
[Héwēizhāngzhuāng]

在市驻地青年路街道东南方向 16.1 千米。戴湾镇辖自然村。人口 1 100。建于明朝，张姓立村，因建村在河隈里头，故名河隈张庄。聚落呈散状分布。有文化活动大院 1 处、农家书屋 1 处。古迹有河隈张庄明清砖窑遗址。经济以种植业为主，主要农作物有小麦、玉米等。有公路经此。

卢庄 371581–B11–H08
[Lúzhuāng]

在市驻地青年路街道东南方向 17.1 千米。戴湾镇辖自然村。人口 1 200。明永乐元年（1403），卢姓由山西洪洞县应诏迁此落户成村，以姓氏取名卢庄。聚落呈散状分布。有文化活动大院 1 处、农家书屋 1 处。经济以种植业为主，主要农作物有小麦、玉米等。有公路经此。

戴闸 371581-B11-H09
[Dàizhá]

在市驻地青年路街道东南方向 18.7 千米。戴湾镇辖自然村。人口 500。1289 年，开凿运河时，在戴湾以西建一水闸。明万历八年（1580），李姓由市属肖寨乡李营子村迁来，在水闸附近以捕鱼为生，形成村落后，命名戴闸。聚落呈散状分布。有文化活动大院 1 处、农家书屋 1 处。有国家级文物保护单位戴闸遗址。经济以种植业为主，主要农作物有小麦、玉米和杂粮。有公路经此。

李官营 371581-B11-H10
[Lǐguānyíng]

在市驻地青年路街道东南方向 20.7 千米。戴湾镇辖自然村。人口 1 700。明朝初期，明王朝为确保运河漕运安全，沿河驻兵设防，本村为屯兵地之一，其带兵官姓李，形成村落后取名李官营。聚落呈散状分布。有文化活动大院 1 处、农家书屋 1 处。经济以种植业为主，主要农作物有小麦、玉米、棉花等。有公路经此。

李资庄 371581-B11-H11
[Lǐzīzhuāng]

在市驻地青年路街道东南方向 22.7 千米。戴湾镇辖自然村。人口 900。明朝初期，李姓从金郝庄乡迁此定居，其家境贫寒，因本族人多方资助才建房成家立业，故名李资庄。聚落呈散状分布。有文化活动大院 1 处、农家书屋 1 处。经济以种植业为主，主要农作物有小麦、玉米等。有公路经此。

尚店 371581-B12-H01
[Shàngdiàn]

尚店镇人民政府驻地。在市驻地青年路街道东南方向 15.1 千米。人口 2 200。据传，村内古庙铁钟上铸有“尚店”字样。明永乐年间，芦、张、赵、郑四姓由山西洪洞县迁此落户成村，以钟上的“尚店”二字为村名。聚落呈散状分布。有文化站 1 处。经济以种植业为主，主要农作物有小麦、玉米、花生等。有公路经此。

曹庙 371581-B12-H02
[Cáomiào]

在市驻地青年路街道东南方向 16.5 千米。尚店镇辖自然村。人口 200。明永乐元年（1403），曹姓奉诏由山西洪洞县迁此建村，并建一家族庙，遂改村名为曹庙。聚落呈散状分布。有图书阅览室 1 处。经济以种植业为主，主要农作物有小麦、玉米、花生、地瓜和杂粮等。有公路经此。

祝楼 371581-B12-H03
[Zhùlóu]

在市驻地青年路街道东南方向 16.3 千米。尚店镇辖自然村。人口 500。明万历三十三年（1605），祝姓人丁兴旺，家业振兴，并盖楼一座，遂名祝楼。聚落呈散状分布。有文化活动大院 1 处、农家书屋 1 处。经济以种植业为主，主要农作物有小麦、玉米、花生、地瓜和杂粮等。有公路经此。

苇园 371581-B12-H04
[Wěiyuán]

在市驻地青年路街道东南方向 15.4 千米。尚店镇辖自然村。人口 1 700。明万历六年（1578），刘、王两姓由山西洪洞县应诏迁此建村。继由聊城马楼等地迁来马、李、孙三姓，在一片苇子坑附近立村。后人口渐多，连成一片，遂定村名为苇子园，后简称苇园。聚落呈散状分布。有文化活动大院 1 处、农家书屋 1 处。经济以种植业为主，主要农作物有小麦、玉米、花生、地瓜和杂粮等。有公路经此。

洼里 371581-B12-H05

[Wālǐ]

在市驻地青年路街道东南方向 11.5 千米。尚店镇辖自然村。人口 2 200。此村建于唐朝，原名江家洼，元朝末期因战乱被屠掠一空，江家氏族移居他处。后来因地势低洼，得名洼里。聚落呈散状分布。有文化站 1 处、农家书屋 1 处。有聊城市非物质文化遗产洼里秧歌。经济以种植业、畜牧业为主，主要农作物有小麦、玉米，养殖羊、鸡、兔等畜禽。有公路经此。

司洼 371581-B12-H06

[Sīwā]

在市驻地青年路街道东南方向 17.3 千米。尚店镇辖自然村。人口 2 200。明嘉靖年间，司姓由山西洪洞县诏迁至此，在古赵王河畔洼地居住，以养藕、植苇为生，此后张、祝、任、郭、姚等几姓相继来此落户，成村后取名司家洼，今简称司洼。聚落呈散状分布。有文化站 1 处。经济以种植业、养殖业为主，主要农作物有小麦、玉米、花生、地瓜和杂粮等，养殖鸡、兔、猪等畜禽。有公路经此。

黄杨庄 371581-B12-H07

[Huángyángzhuāng]

在市驻地青年路街道东南方向 18.4 千米。尚店镇辖自然村。人口 700。杨天黄于明洪武八年（1375）由山东莱阳迁此立村，取名杨天黄庄。杨氏后裔认为以祖先名字作村名不妥，故更改为黄杨庄。聚落呈散状分布。经济以种植业、养殖业为主，主要农作物有小麦、玉米、花生、地瓜和杂粮等，养殖鸡、兔、猪等畜禽。有公路经此。

段刘庄 371581-B12-H08

[Duànliúzhuāng]

在市驻地青年路街道东南方向 15.2 千米。尚店镇辖自然村。人口 600。明朝初期，段姓由山西洪洞县迁此定居，取村名段家庄。清初刘姓迁入，遂改村名为段刘庄。聚落呈散状分布。有图书阅览室 1 处。经济以种植业为主，主要农作物有小麦、玉米、花生、地瓜和杂粮等。有公路经此。

闫屯 371581-B12-H09

[Yántún]

在市驻地青年路街道东南方向 16.7 千米。尚店镇辖自然村。人口 1 100。明初，由于战乱，土地荒芜，人烟稀少，官府由外地移民至此垦荒，闫姓首先移入，立村后，命为闫屯。聚落呈散状分布。有文化站 1 处、农家书屋 1 处。经济以种植业、养殖业为主，主要农作物有小麦、玉米、花生、地瓜和杂粮等，养殖鸡、兔、猪等畜禽。有公路经此。

贾牌 371581-B12-H10

[Jiǎpái]

在市驻地青年路街道东南方向 18.1 千米。尚店镇辖自然村。人口 1 700。元朝时期，此地有贾姓财主立的牌坊一座，形成村庄后名为贾家牌坊，后简称贾牌。聚落呈散状分布。有文化活动大院 1 处、农家书屋 1 处。经济以种植业、养殖业为主，主要农作物有小麦、玉米等，养殖鸡、兔、猪等畜禽。有公路经此。

阳谷县

农村居民点

国庄 371521–A01–H01

[Guózhuāng]

在县驻地侨润街道东方向 6.8 千米。侨润街道辖自然村。人口 1 900。元世祖二十一年（1284），国氏从河南省郑地迁此立村，不久家境殷实，遂盖楼房一座，命村名为国家楼。明洪武年间，称国家庄，后改为国庄。聚落呈团块状分布。经济以种植业为主。有公路经此。

迷魂阵 371521–A01–H02

[Míhúnzhèn]

在县驻地侨润街道北方向 5.9 千米。侨润街道辖自然村。人口 2 500。春秋时期为枣林庄，战国时期孙膑摆下迷魂阵战败庞涓，因此得名迷魂阵。聚落呈团块状分布。经济以种植业为主。有公路经此。

龙虎寨 371521–A02–H01

[Lónghǔzhài]

在县驻地侨润街道东南方向 3.5 千米。博济桥街道辖自然村。人口 1 500。明初，移民在龙虎寺前建村，围村修一大寨，故命村为龙虎寨。聚落呈团块状分布。经济以种植业为主，主要农作物有小麦、玉米等。有公路经此。

魏海 371521–A02–H02

[Wèihǎi]

在县驻地侨润街道南方向 4.8 千米。博济桥街道辖自然村。人口 600。明洪武二十二年（1389），魏氏由山西洪洞县魏村迁居山东谷邑城南，环村挖海壕以防盗，故称该村为魏家海子。而后其子在村后又建新村，遂有前后之分，称为前魏海、后魏海，现两村合称魏海。聚落呈团块状分布。经济以种植业为主，主要农作物有小麦、玉米、花生、地瓜和杂粮等。有公路经此。

阿城 371521–B01–H01

[Ēchéng]

阿城镇人民政府驻地。在县驻地侨润街道东方向 24.4 千米。人口 7 100。春秋战国时，因距齐威王阿大夫所治之邑二里许，故名阿城。聚落呈团块状分布。有图书阅览室。有国家级文物保护单位盐运司、省级文物保护单位海会寺。经济以种植业为主，主要农作物有小麦、玉米、蔬菜等。有公路经此。

武将台 371521–B01–H02

[Wǔjiàngtái]

在县驻地侨润街道东北方向 20.4 千米。阿城镇辖自然村。人口 600。明洪武年间，武姓从山西洪洞县迁此建村，因武氏武功高强，村内修建一座士台专为比武练武之用，故村名武将台。聚落呈团块状分布。经济以种植业为主，主要农作物有小麦、玉米等。有公路经此。

古柳树 371521–B01–H03

[Gǔliǔshù]

在县驻地侨润街道东北方向 14.9 千米。阿城镇辖自然村。人口 1 400。明洪武年间立村，因居民多会打铁，又在东炉之西，故名西炉。村西有一庙宇，庙前有一大柳树，当地居民认为古柳树是吉祥之物，遂易村名为古柳神树，后简称古柳树。聚落呈团块状分布。经济以种植业为主，主要农作物有小麦、玉米、花生和杂粮等。有公路经此。

范海 371521-B01-H04
[Fànhǎi]

在县驻地侨润街道东北方向 15.3 千米。阿城镇辖自然村。人口 600。明万历年间，范姓迁入此地居住，以姓与海字命村名范海。聚落呈团块状分布。经济以种植业为主，主要农作物有小麦、玉米、大棚蔬菜等。有公路经此。

七级 371521-B02-H01
[Qījí]

七级镇人民政府驻地。在县驻地侨润街道东北方向 26.2 千米。人口 4 200。曾名毛镇，北魏时因有古渡称七级渡，为航运码头。因渡口有七级石阶，故名七级。聚落呈团块状分布。有文化活动广场、中学等。古迹有七级码头、七级古街。经济以种植业为主，主要农作物有小麦、玉米、蔬菜等。有公路经此。

范园子 371521-B02-H02
[Fànyuánzi]

在县驻地侨润街道东北方向 25.2 千米。七级镇辖自然村。人口 200。清同治元年（1862），范姓经兵变后由七级村迁入此地，为确保安全，围村筑起小园子，故名范园子。聚落呈带状分布。经济以种植业为主，主要农作物有小麦、玉米、蔬菜等。有公路经此。

官口 371521-B02-H03
[Guānkǒu]

在县驻地侨润街道东北方向 27.1 千米。七级镇辖自然村。人口 500。据考，村西南曾有砖窑一座，专为京城官方烧砖瓦，从运河运往北京，故名官窑口。后因此窑逐渐灭迹，又因村北运河上有一座古老的石桥，故改称官桥口，简称官口。聚落呈团块状分布。经济以种植业为主，主要农作物有小麦、玉米、蔬菜等。有公路经此。

清法寺 371521-B02-H04
[Qīngfǎsì]

在县驻地侨润街道东北方向 23.4 千米。七级镇辖自然村。人口 200。据传，唐朝时此地有一名官员，清正廉明，依法处置当地恶霸，为周围群众除害，被誉为清官。群众为纪念他，在其死后修建庙宇一座，命名为清法寺，后村以庙名。聚落呈团块状分布。经济以种植业为主，主要农作物有小麦、玉米、蔬菜等。有公路经此。

簸箕柳 371521-B02-H05
[Bòjiliǔ]

在县驻地侨润街道东北方向 24.8 千米。七级镇辖自然村。人口 400。据传战争年代，有一名伤员被追赶时藏在簸箕柳墩下，故村称簸箕柳。聚落呈团块状分布。经济以种植业为主，主要农作物有小麦、玉米、菠菜、芹菜和杂粮等。有公路经此。

义和 371521-B02-H06
[Yìhé]

在县驻地侨润街道东方向 18.4 千米。七级镇辖自然村。人口 500。清初，赵氏由赵园迁此立村。当时宅基划分都是一样的，故根据义字的含义和宅基平均划分取村名义和。后有刘、邢等姓迁来居住在义和村东，并在村内修一小庙，以此为界，西称义和，东称刘家洼。1949 年后统称义和。聚落呈团块状分布。经济以种植业为主，主要农作物有小麦、玉米、蔬菜等。有公路经此。

安乐 371521-B03-H01
[Ānlè]

安乐镇人民政府驻地。在县驻地侨润

街道东北方向 16.6 千米。人口 4 900。周世宗柴荣北征遇疾，在村中清凉寺养病，常在一亭下休息，愈后改村名为安乐亭，后改安乐。聚落呈团块状分布。有幼儿园、小学。经济以种植业为主，主要农作物有小麦、玉米、花生和杂粮等。有腾远金属等企业。有公路经此。

姜屯 371521–B03–H02
［Jiāngtún］

在县驻地侨润街道东北方向 17.1 千米。安乐镇辖自然村。人口 400。明洪武年间，姜姓兄弟三人从山西洪洞县迁此定居，因姜姓老家叫屯，为使后代不忘祖，故命名为姜屯。聚落呈带状分布。经济以种植业为主，主要农作物有小麦、玉米、花生、杂粮等。有公路经此。

肖刘 371521–B03–H03
［Xiāoliú］

在县驻地侨润街道东北方向 17.1 千米。安乐镇辖自然村。人口 800。明洪武年间，肖姓从今范海乡真武庙迁此建村，以姓命村名为肖庄；刘庄居民从山西洪洞县迁此建村，以姓命村名为刘庄。后两村合并为肖刘。聚落呈团块状分布。经济以种植业为主，主要农作物有小麦、玉米和杂粮等。有公路经此。

三官庙 371521–B03–H04
［Sānguānmiào］

在县驻地侨润街道东北方向 23.4 千米。安乐镇辖自然村。人口 800。曾用名汤黄庄。据传，唐朝时期三个赶考书生路过此地，在庙中许愿如进京高中就重修庙宇，结果如愿，回来重修大庙，故村名改为三官庙。聚落呈团块状分布。经济以种植业为主，主要农作物有小麦、玉米和杂粮等。有公路经此。

刘庙 371521–B03–H05
［Liúmiào］

在县驻地侨润街道东北方向 11.3 千米。安乐镇辖自然村。人口 1 400。据传明代以前曾有五座庙宇。明洪武年间，刘姓从山西洪洞县迁至庙前建村，遂命名为刘庙。后来因人口增多，聚落扩大，分为东刘庙和西刘庙，统称为刘庙。聚落呈团块状分布。经济以种植业为主，主要农作物有小麦、玉米和水果。有公路经此。

寿张 371521–B04–H01
［Shòuzhāng］

寿张镇人民政府驻地。在县驻地侨润街道东南方向 12.2 千米。人口 10 900。原名王陵店，汉置寿良县，东汉光武帝刘秀讳叔名良字，改名寿张。聚落呈团块状分布。有幼儿园、小学、中学。经济以种植业为主，主要农作物有小麦、玉米、花生等。有公路经此。

北台 371521–B04–H02
［Běitái］

在县驻地侨润街道东南方向 12.3 千米。寿张镇辖自然村。人口 400。明洪武年间，岳姓从山西洪洞县迁此定居，以姓命名为岳庄。清朝时期，寿张知县在此筑一高台，立春这天开迎春会，县官亲自扶犁耕地，表示一年开始，与民同耕，所以此台声名远扬，又因此台在寿张城北，故更村名为北台。聚落呈团块状分布。经济以种植业为主，主要农作物有小麦、玉米等。有公路经此。

陈街 371521–B04–H03
［Chénjiē］

在县驻地侨润街道东南方向 12.8 千米。寿张镇辖自然村。人口 600。明朝前建村，村名四座棚。后来村东有一座庙宇，塑有八条龙，曾取名为八龙庙。因西距寿张八华里，亦称八里庙。明永乐年间，郑韡、陈仁桐、冯本义、吕善、荣子琦由山西洪洞县迁此定居，仍沿用八里庙村名。后因各姓人口增多，为表示友谊长存，各姓分别在原村周围建街，此村村民姓陈，故称陈街。聚落呈团块状分布。经济以种植业为主，主要农作物有小麦、玉米等。有公路经此。

冯街 371521-B04-H04

[Féngjiē]

在县驻地侨润街道东南方向 12.9 千米。寿张镇辖自然村。人口 300。明朝前建村，村名四座棚。后来村东有一座庙宇，塑有八条龙，曾取名为八龙庙。因西距寿张八华里，亦称八里庙。明永乐年间，郑韡、陈仁桐、冯本义、吕善、荣子琦由山西洪洞县迁此定居，仍沿用八里庙村名。后因各姓人口增多，为表示友谊长存，各姓分别在原村周围建街，此村村民姓冯，故称冯街。聚落呈团块状分布。经济以种植业为主，主要农作物有小麦、玉米等。有公路经此。

四棚 371521-B04-H05

[Sìpéng]

在县驻地侨润街道东南方向 7.1 千米。寿张镇辖自然村。人口 500。清康熙皇帝南巡，路经阳谷地，在阳谷城南 18 里外设置四座龙棚，知县苏明本迎驾，康熙亲洒宸翰书绫扇赐之，后遂以四座棚为村名，简称四棚。聚落呈团块状分布。经济以种植业为主，主要农作物有小麦、玉米等。254 省道经此。

沙河崖 371521-B04-H06

[Shāhéyá]

在县驻地侨润街道东南方向 9.5 千米。寿张镇辖自然村。人口 1 200。因村近河滩，土地多为黄沙而得名。聚落呈团块状分布。经济以种植业为主，主要农作物有小麦、玉米等。京九铁路经此。

张秋 371521-B05-H01

[Zhāngqiū]

张秋镇人民政府驻地。在县驻地侨润街道东方向 20.4 千米。人口 6 400。以汉族、回族为主，其中回族占 3.19%。初名涨秋，因地势低洼，常在秋季涨水成灾得名。后因水患频繁，居民忌水字改今名。有幼儿园、小学、中学。古迹有黑龙潭、陈家大院、城隍庙、关帝庙等。经济以种植业为主，主要农作物有小麦、玉米等。有公路经此。

北海子 371521-B05-H02

[Běihǎizi]

在县驻地侨润街道东方向 20.3 千米。张秋镇辖自然村。人口 1 000。明洪武年间，刘、陈等姓从山西洪洞县迁此建村，村庄周围地势低洼，一遇大雨，积水遍地，习称海子。因村处张秋城北，故名北海子。聚落呈团块状分布。经济以种植业为主，主要农作物有小麦、玉米等。

碧桃园 371521-B05-H03

[Bìtáoyuán]

在县驻地侨润街道东方向 18.3 千米。张秋镇辖自然村。人口 800。传说，明万历年间，魏家一女被选入宫为妃，皇帝恩赐为魏家建造了一座楼房，并命名为魏楼。为供家人游玩，在附近建了两处果园，即梨园和桃园。后魏楼一部分人搬至桃园居住，逐渐形成聚落，村名碧桃园。聚落呈团块状分布。经济以种植业为主，主要农作物有小麦、玉米等。有公路经此。

景阳冈 371521-B05-H04

[Jǐngyánggāng]

在县驻地侨润街道东方向 17.4 千米。张秋镇辖自然村。人口 700。因传为水浒英雄打虎之地，得名景阳冈。聚落呈团块状分布。有国家级重点文物保护单位龙山文化城遗址。经济以种植业为主，主要农作物有小麦、玉米、韭菜等。有公路经此。

阎楼 371521-B06-H01

[Yánlóu]

阎楼镇人民政府驻地。在县驻地侨润街道东方向 8.8 千米。人口 2 400。明洪武年间，阎氏一族由山西洪洞县迁至此处聚族而居，勤于耕耘，家境殷实，盖一土楼彰显富足，故名阎楼。聚落呈团块状分布。有文化广场 2 处。经济以种植业为主。有公路经此。

二郎庙 371521-B06-H02

[Èrlángmiào]

在县驻地侨润街道东方向 9.1 千米。阎楼镇辖自然村。人口 900。明朝以前，该村叫肖寒寨，因北宋时辽国肖银宗及大将韩昌南侵，在此安营扎寨，故名。明洪武年间，杨姓由山西洪洞县迁此定居，自称是杨继业的后代，在村内建一座二郎庙，村以庙得名。聚落呈团块状分布。经济以种植业为主，主要农作物有小麦、玉米等。有森丽达木业、梅花汽车坐垫厂等企业。

谷岩寨 371521-B06-H03

[Gǔyánzhài]

在县驻地侨润街道东北方向 7.9 千米。阎楼镇辖自然村。人口 400。据传战国时孙膑与魏将庞涓争战，孙膑在枣林摆一迷魂阵，向南沿地势设立十八兵寨，引魏军入阵，庞涓兵败。此十八寨子俗称岩寨。明洪武年间，谷姓由山西洪洞县迁此定居，沿用孙膑布阵说，命村名谷岩寨。聚落呈团块状分布。经济以种植业为主，主要农作物有小麦、玉米等。有公路经此。

骆驼巷 371521-B06-H04

[Luòtuoxiàng]

在县驻地侨润街道东方向 8.9 千米。阎楼镇辖自然村。人口 1 700。北宋靖康元年（1126），金兵攻陷都城开封，钦二帝等三千多人北归，康王赵构亦在其中。赵构走到此地时给战马饮水，饮水后不久，战马散为泥土，遂改乘骆驼南行，最后躲过金兵追赶，骆驼巷因此得名。聚落呈团块状分布。经济以种植业为主，主要农作物有小麦、玉米等。有公路经此。

三教寺 371521-B06-H05

[Sānjiàosì]

在县驻地侨润街道东方向 6.2 千米。阎楼镇辖自然村。人口 1 700。明万历年间，此处修建一座寺院，内塑道、儒、佛三教神像，称为三教寺，村以此得名。聚落呈团块状分布。经济以种植业为主，主要农作物有小麦、玉米等。有公路经此。

张岩寨 371521-B06-H06

[Zhāngyánzhài]

在县驻地侨润街道东北方向 9.1 千米。阎楼镇辖自然村。人口 1 500。据传战国时孙膑与魏将庞涓争战，孙膑在枣林摆一迷魂阵，向南沿地势设立十八兵寨，引魏军入阵，庞涓兵败。此十八寨子俗称岩寨。明洪武年间，张姓由山西洪洞县迁此定居，沿用孙膑布阵之说，命名为张岩寨。聚落呈团块状分布。经济以种植业为主，主要农作物有小麦、玉米等。有公路经此。

范庄 371521-B06-H07
[Fànzhuāng]

在县驻地侨润街道东北方向 8.3 千米。阎楼镇辖自然村。人口 800。明洪武年间，范姓由山西洪洞县迁此建村，故以姓氏命村名为范庄。聚落呈团块状分布。经济以种植业为主，主要农作物有小麦、玉米等。有公路经此。

石佛 371521-B07-H01
[Shífó]

石佛镇人民政府驻地。在县驻地侨润街道北方向 14.4 千米。人口 2 600。明末此地发水，水漫村庄四周，西门外冲出一块石碑，上刻三座佛像，大水绕村而过，人们认为三座佛像为吉祥之物，遂于村中筑庙供之，取名石佛庙，村以庙名。聚落呈团块状分布。有中学。经济以种植业为主，主要农作物有小麦、玉米。有公路经此。

冯营 371521-B07-H02
[Féngyíng]

在县驻地侨润街道北方向 10.6 千米。石佛镇辖自然村。人口 1 800。据传元末明初战争频繁，有一冯姓将军领兵到此，安营下寨，此处遂称冯营。后代迁民定居此处，沿用此名。聚落呈团块状分布。经济以种植业为主，主要农作物有小麦、玉米等。有公路经此。

贾庄 371521-B07-H03
[Jiǎzhuāng]

在县驻地侨润街道北方向 12.4 千米。石佛镇辖自然村。人口 1 000。据传明洪武年间，贾姓由山西洪洞县迁此定居，以姓氏命村名为贾庄。聚落呈团块状分布。经济以种植业为主，主要农作物有小麦、玉米等。有公路经此。

李台 371521-B08-H01
[Lǐtái]

李台镇人民政府驻地。在县驻地侨润街道西南方向 14.1 千米。人口 4 300。明永乐二年（1404），李姓从山西洪洞县迁此定居。清康熙年间，因村建于窝金寨高处，更名为李家台，后简称李台。聚落呈团块状分布。有图书阅览室、文化大院等。经济以种植业为主，主要农作物有小麦、玉米。有公路经此。

大寺 371521-B08-H02
[Dàsì]

在县驻地侨润街道西南方向 16.1 千米。李台镇辖自然村。人口 900。明初，先居者由山西洪洞县迁来定居，定村名大寺。聚落呈团块状分布。经济以种植业为主。有公路经此。

关门口 371521-B08-H03
[Guānménkǒu]

在县驻地侨润街道南方向 14.2 千米。李台镇辖自然村。人口 600。明洪武年间，关氏祖先由山西洪洞县迁至此地定居，因靠金堤，取名关门口。聚落呈团块状分布。经济以种植业为主，主要农作物有小麦、玉米。有公路经此。

何垓 371521-B08-H04
[Héhǎi]

在县驻地侨润街道西南方向 15.5 千米。李台镇辖自然村。人口 500。明洪武年间，张姓自山西洪洞县迁于黄河故道处，定居于河道高处，逐渐形成聚落，故命村名河家垓，简称何垓。聚落呈团块状分布。经济以种植业为主，主要农作物有小麦、玉米。有公路经此。

明堤　371521-B08-H05

［Míngdī］

在县驻地侨润街道西南方向 16.8 千米。李台镇辖自然村。人口 1 100。因该村前靠金堤河，后靠金堤，故命名为明堤。聚落呈团块状分布。经济以种植业为主。有公路经此。

武堤口　371521-B08-H06

［Wǔdīkǒu］

在县驻地侨润街道南方向 12.9 千米。李台镇辖自然村。人口 800。明洪武二年（1369），武氏祖先由山西洪洞县迁于阳谷城西定居，称村名武海。洪武四年又迁于此建村，因靠金堤口，故取名武堤口。聚落呈团块状分布。经济以种植业为主，主要农作物有小麦、玉米。有公路经此。

十五里园　371521-B09-H01

［Shíwǔlǐyuán］

十五里园镇人民政府驻地。在县驻地侨润街道东南方向 14.3 千米。人口 3 900。明初，张姓从山西洪洞县鹊崔村迁此定居，善种蔬菜，有良园数亩，且西距寿张镇、东距张秋镇均十五里，为交通要道，故村名十五里园。聚落呈团块状分布。有图书阅览室、文化大院等。经济以种植业为主，主要农作物有小麦、玉米。有公路经此。

东汪　371521-B09-H02

［Dōngwāng］

在县驻地侨润街道东南方向 14.4 千米。十五里园镇辖自然村。人口 1 200。明后期，汪氏自汪家庄迁此分居两处，此村居东，称东汪。聚落呈团块状分布。经济以种植业为主，主要农作物有小麦、玉米。有公路经此。

后王　371521-B09-H03

［Hòuwáng］

在县驻地侨润街道东南方向 14.2 千米。十五里园镇辖自然村。人口 600。明洪武年间，王姓和党姓由山西洪洞县迁此立村，共建家园，合称党后王，后又定村名为后王。聚落呈团块状分布。经济以种植业为主，主要农作物有小麦、玉米。有公路经此。

李寺亭　371521-B09-H04

［Lǐsìtíng］

在县驻地侨润街道东南方向 11.1 千米。十五里园镇辖自然村。人口 400。明前此村称李家洼，因李氏在洼地建村得名。后本村出了一个叫李寺亭的人，忠诚老实、与人为善、乐于助人，致使全村村民户户和谐、人人团结，他去世后，村民为表纪念，更村名为李寺亭。聚落呈团块状分布。经济以种植业为主，主要农作物有小麦、玉米。有公路经此。

马楼　371521-B09-H05

［Mǎlóu］

在县驻地侨润街道东方向 14.5 千米。十五里园镇辖自然村。人口 1 500。元朝末年（1333），马姓在朝为官，定居此处，建一楼房居住，故名村马楼。后因触犯国法，马姓弃楼逃跑。明初，任、杨两姓从山西洪洞县迁此落户，因马家楼犹存，村名仍沿用马楼。聚落呈团块状分布。经济以种植业为主。有公路经此。

叶街　371521-B09-H06

［Yèjiē］

在县驻地侨润街道东南方向 12.1 千米。十五里园镇辖自然村。人口 1 000。明永乐年间，叶姓从山西洪洞县迁此，傍冢立村，以姓氏命名。聚落呈团块状分布。古迹有蚩尤冢遗址。经济以种植业为主，主要农作物有小麦、玉米。有公路经此。

定水 371521–B10–H01

[Dìngshuǐ]

定水镇人民政府驻地。在县驻地侨润街道北方向 15.6 千米。人口 2 000。因村北临北坡大洼，村南地势较高，夏秋间河水漫涨，每涨至此而停流，故名顶水，后讹为今名。聚落呈团块状分布。有图书阅览室、文化大院等。经济以种植业为主，主要农作物有小麦、玉米。有公路经此。

草寺 371521–B10–H02

[Cǎosì]

在县驻地侨润街道西北方向 15.4 千米。定水镇辖自然村。人口 1 000。草寺此地有寺名保安禅寺，建于唐朝，经历代战乱摧残，加之年久失修，破烂不堪。明代杨、郑、陈、刘四姓至庙附近落户，联合邻村重修寺院，因缺砖少瓦，用芦草整修一新，故名草寺。村以寺得名。聚落呈团块状分布。经济以种植业为主，主要农作物有小麦、玉米、大蒜、韭菜、香菜等。京九铁路、德商高速经此。

康泓 371521–B10–H03

[Kānghóng]

在县驻地侨润街道西北方向 17.7 千米。定水镇辖自然村。人口 700。明朝时，该村地势低洼，五股洪水集于此地，命村名为五泓。后因人口增多，分为两村，此处康姓居住集中，故称康泓。聚落呈团块状分布。经济以种植业为主，主要农作物有小麦、玉米、大蒜等。

炉里宋 371521–B10–H04

[Lúlǐsòng]

在县驻地侨润街道西北方向 14.7 千米。定水镇辖自然村。人口 800。明洪武年间，宋姓从山西洪洞县迁此建村，以姓氏命村名为宋家庄。清雍正初年又有宋姓从本县石门宋迁居于此，因该村有较高的炼铁技术，村中铁炉列有一里之长，故改村名为炉里宋。聚落呈团块状分布。经济以种植业为主，主要农作物有小麦、玉米等。

坡里 371521–B12–H05

[Pōlǐ]

在县驻地侨润街道东北方向 17.8 千米。定水镇辖自然村。人口 1 600。明洪武年间，张、李两姓从山西洪洞县迁此建村，因此处地势低洼，易积水，故名坡里。聚落呈团块状分布。经济以种植业为主，主要农作物有小麦、玉米、大蒜等。

孔桥 371521–B11–H01

[Kǒngqiáo]

西湖镇人民政府驻地。在县驻地侨润街道西方向 7.1 千米。人口 900。古名孔家寨。明万历九年（1581），该村北建一石桥，村以桥名，后简称孔桥。聚落呈团块状分布。有中学、小学。经济以种植业为主，主要农作物有小麦、玉米等。有公路经此。

赵伯升 371521–B11–H02

[Zhàobóshēng]

在县驻地侨润街道西方向 9.3 千米。西湖镇辖自然村。人口 900。明洪武年间，赵伯升自山西迁来，他乐善好施，帮人解难，迁居之人敬之，乃推此人为首，并以赵伯升为村名。聚落呈团块状分布。经济以种植业为主，主要农作物有小麦、玉米等。有公路经此。

张岱 371521–B11–H03

[Zhāngdài]

在县驻地侨润街道西方向 7.4 千米。西湖镇辖自然村。人口 1 200。明洪武年间，张岱从山西洪洞县迁此建村，此人处事老成、为人厚道，后家境日富，乐施好善，解人危难，附近群众为表谢意，以张岱名村。聚落呈散状分布。经济以种植业为主，主要农作物有小麦、玉米等。有公路经此。

仓子 371521–B11–H04

[Cāngzi]

在县驻地侨润街道西北方向 5.9 千米。西湖镇辖自然村。人口 1 400。明朝末期战争不断，在许家庄建粮食仓库，遂得名许家仓库。1615 年，县里征粮，放一无底斗于县城门墙外，命开仓放满，村民为难，县令戏言，原来是许家小仓库，后村得名许家小仓，随着历史变革，外姓人口增加，更名为仓子。聚落呈团块状分布。经济以种植业为主，主要农作物有小麦、玉米等。有公路经此。

斜店 371521–B11–H05

[Xiédiàn]

在县驻地侨润街道西北方向 7.3 千米。西湖镇辖自然村。人口 700。因该村处在两县之间的一条官道上，有几十户人家，有几家老店，故取名店子街，后改名斜店。聚落呈团块状分布。有公路经此。

翟庄 371521–B11–H06

[Zháizhuāng]

在县驻地侨润街道西北方向 7.5 千米。西湖镇辖自然村。人口 1700。据传明洪武年间，翟姓人从山西洪洞县迁来定居，以姓氏命名为翟庄。聚落呈团块状分布。经济以种植业为主，主要农作物有小麦、玉米等。有公路经此。

俞楼 371521–B11–H07

[Yúlóu]

在县驻地侨润街道西南方向 10.9 千米。西湖镇辖自然村。人口 800。以姓氏和建筑物得村名。聚落呈团块状分布。经济以种植业为主，主要农作物有小麦、玉米等。有公路经此。

郭店屯 371521–B12–H01

[Guōdiàntún]

郭屯镇人民政府驻地。在县驻地侨润街道东北方向 21.7 千米。人口 1 200。明洪武年间，刘、周、于等姓从山西洪洞县迁此定居，村民在此多开店铺，世传此地亦是古代行军屯兵处，故称村名为过店屯，后讹为郭店屯。聚落呈团块状分布。经济以种植业为主，主要农作物有小麦、玉米等。有公路经此。

洪刘庄 371521–B12–H02

[Hóngliúzhuāng]

在县驻地侨润街道东北方向 19.1 千米。郭屯镇辖自然村。人口 600。刘彦深官居五品知府，为避兵患，于明永乐年间从江苏苏州迁此建村，命名刘庄。清乾隆年间，石佛镇洪庄洪振海，偕妻携子来此投亲定居。民国年间，洪姓人口增多，遂改村名为洪刘庄。经济以种植业为主，主要农作物有小麦、玉米等。254 省道经此。

前梨园 371521–B12–H03

[Qiánlíyuán]

在县驻地侨润街道东北方向 20.7 千米。郭屯镇辖自然村。人口 600。明洪武年间，陈姓兄弟二人由山西洪洞县迁此建村，因祖辈善栽培梨树，故在此建梨园两处，二人各管一园，因南北相邻，故命村名为前、后梨园，此村在前，称前梨园。聚落呈团块状分布。经济以种植业为主，主要农作物有小麦、玉米等。254 省道经此。

九杨东 371521-B12-H04
[Jiǔyángdōng]

在县驻地侨润街道东北方向 19.8 千米。郭屯镇辖自然村。人口 800。明初，杨姓从山西洪洞县迁此定居，以姓命村名为杨庄。清代行政区划县下设都，因系九都所在地，改名九都杨，后以方位更名为九杨东。经济以种植业为主，主要农作物有小麦、玉米等。254 省道经此。

高庙王 371521-B13-H01
[Gāomiàowáng]

高庙王镇人民政府驻地。在县驻地侨润街道西南方向 9.7 千米。人口 1 200。原名永康寨，因明初在村东南高地建庙宇一座，且村中王姓居多，更名为高庙王。聚落呈团块状分布。有小学、中学。经济以种植业为主，主要农作物有小麦、玉米、花生、地瓜、辣椒、杂粮等。有公路经此。

后仓 371521-B13-H02
[Hòucāng]

在县驻地侨润街道西南方向 6.9 千米。高庙王镇辖自然村。人口 700。三国时期，曹操为了备战，在河西岸建粮仓，以供军需，仓上因此得名。1949 年后，因此村在仓上之后，故取村名后仓。聚落呈团块状分布。经济以种植业为主，主要农作物有小麦、玉米等。有公路经此。

后马尔 371521-B13-H03
[Hòumǎ'ěr]

在县驻地侨润街道西南方向 12.9 千米。高庙王镇辖自然村。人口 600。据传宋朝时，辽宋交战，主帅带领部下曾在此修整，由于战马众多，曾在此打桩，前为饮马桩，后为拴马桩。1947 年更村名后马尔。聚落呈团块状分布。经济以种植业为主，主要农作物有小麦、玉米等。有公路经此。

钟楼 371521-B13-H04
[Zhōnglóu]

在县驻地侨润街道西南方向 11.5 千米。高庙王镇辖自然村。人口 1 400。明永乐年间，钟姓从山西洪洞县迁此建村，以姓氏命名为钟楼。聚落呈团块状分布。经济以种植业为主，主要农作物有小麦、玉米、大蒜、辣椒、棉花、杂粮等。有公路经此。

三官庙 371521-B13-H05
[Sānguānmiào]

在县驻地侨润街道西南方向 7.8 千米。高庙王镇辖自然村。人口 700。据传，村西曾有座古庙，内有尧、舜、禹三官神像。明洪武年间，魏、张、宋等姓迁此居住，遂命村名三官庙。聚落呈散状分布。经济以种植业为主，主要农作物有小麦、玉米、大蒜、辣椒、棉花、杂粮等。有公路经此。

大布 371521-C01-H01
[Dàbù]

大布乡人民政府驻地。在县驻地侨润街道西北方向 4.6 千米。人口 700。布氏始祖原姓步，原籍大梁小沟屯。洪武年间逃难至此建村，改步为布，取名大布。聚落呈散状分布。经济以种植业为主，主要农作物有小麦、玉米等。有公路经此。

四都 371521-C01-H02
[Sìdū]

在县驻地侨润街道西北方向 6.5 千米。大布乡辖自然村。人口 1 800。明景泰七年（1456），张景华从东南园迁此立村，以姓取名张庄。后高、徐、冉、纪、宋、杜等姓迁此定居，旧时张庄为阳谷县四都治所，故更村名为四都。聚落呈团块状分布。经济以种植业为主，主要农作物有小麦、玉米等。有公路经此。

李楼 371521-C01-H03
[Lǐlóu]

在县驻地侨润街道北方向 6.8 千米。大布乡辖自然村。人口 1 000。明洪武年间，李姓由山西洪洞县迁此立村，因家业发达，盖一楼房，故称村为李家楼。后人口增多，分为三村，本村因北面有楼，取名李楼。聚落呈团块状分布。经济以种植业为主，主要农作物有小麦、花生、玉米等。有公路经此。

张董 371521-C01-H04
[Zhāngdǒng]

在县驻地侨润街道西北方向 6.3 千米。大布乡辖自然村。人口 800。明洪武二十八年（1395），张万年奉命迁居于董庄，其胞妹出嫁于董姓，张万年次子张祥出继姑母董门，改名董道斌，故村以此取村名为张董。聚落呈团块状分布。经济以种植业为主，主要农作物有小麦、玉米等。有公路经此。

宁仓 371521-C01-H05
[Níngcāng]

在县驻地侨润街道东北方向 7.6 千米。大布乡辖自然村。人口 1 400。明洪武年间，宁姓从山西洪洞县迁此居住，后家境富裕，地广粮多，遂盖一大粮仓，因此命村名为宁仓。聚落呈团块状分布。经济以种植业为主，主要农作物有小麦、花生、玉米等。

金斗营 371521-C02-H01
[Jīndǒuyíng]

金斗营乡人民政府驻地。在县驻地侨润街道西南方向 20.1 千米。人口 7 600。东汉光武年间立村，明代为黄河重要渡口及货物集散地，商业兴盛，有日进斗金之称，此地又是官家兵营所驻之地，故名金斗营。聚落呈团块状分布。有幼儿园、文化活动广场。经济以种植业为主，主要农作物有小麦、玉米等。有公路经此。

斗虎店 371521-C02-H02
[Dòuhǔdiàn]

在县驻地侨润街道西南方向 23.3 千米。金斗营乡辖自然村。人口 2 800。据传当初村民以种植杏树多而起名为杏花村。明朝年间，有一猛虎窜入此地，危害百姓，当地有一枣红马与其争斗保护百姓，与猛虎斗于杏林中，谁料翌日再战，被虎吃掉。村民不胜惋惜，为纪念此事，遂改村名为斗虎店。聚落呈团块状分布。经济以种植业为主，主要农作物有小麦、玉米等。有公路经此。

莲花池 371521-C02-H03
[Liánhuāchí]

在县驻地侨润街道西南方向 16.8 千米。金斗营乡辖自然村。人口 5 900。据传此村为《水浒传》里祝家庄后花园，种的全是莲藕，夏天莲花盛开，故称莲花池。聚落呈团块状分布。经济以种植业为主，主要农作物有小麦、玉米等。有公路经此。

子路堤 371521-C02-H04
[Zǐlùdī]

在县驻地侨润街道西南方向 21.6 千米。金斗营乡辖自然村。人口 5 900。春秋时期，仲由（子路）任鲁国大将，为防黄河水而防汛修堤，故村得名子路堤。聚落呈散状分布。经济以种植业为主，主要农作物有小麦、玉米等。有公路经此。

莘县

农村居民点

安马厂 371522-A01-H01
[Ānmǎchǎng]

在县驻地燕塔街道东北方向 4.5 千米。燕塔街道辖自然村。人口 500。清朝初期官方于此设牧马场，得名安马场，后演变为安马厂。聚落呈团块状分布。有文化大院 1 处。经济以种植业为主，主要农作物有小麦、玉米。有公路经此。

安庄 371522-A01-H02
[Ānzhuāng]

在县驻地燕塔街道东方向 2.0 千米。燕塔街道辖自然村。人口 700。明朝末期，安氏自山西洪洞县迁此定居，得村名安庄。聚落呈团块状分布。经济以种植业为主，主要农作物有小麦、玉米等。有公路经此。

曹楼 371522-A01-H03
[Cáolóu]

在县驻地燕塔街道西北方向 4.0 千米。燕塔街道辖自然村。人口 2 000。明洪武年间，曹姓由山西洪洞县迁至莘城西北张家胡同定居，数年后因曹姓人多，建起数座小楼，遂改张家胡同为曹楼。聚落呈团块状分布。经济以种植业为主，主要农作物有瓜果蔬菜。有公路经此。

武庄 371522-A01-H04
[Wǔzhuāng]

在县驻地燕塔街道西北方向 0.5 千米。燕塔街道辖自然村。人口 500。明朝初年，武氏由山西洪洞县迁此，得村名武庄。聚落呈团块状分布。经济以种植业、养殖业为主。有公路经此。

谢庄 371522-A01-H05
[Xièzhuāng]

在县驻地燕塔街道西南方向 0.5 千米。燕塔街道辖自然村。人口 600。明朝初期，谢氏自山西洪洞县迁此定居，得村名谢庄。聚落呈团块状分布。经济以种植业为主，主要农作物有小麦、玉米。有公路经此。

赵王庄 371522-A01-H06
[Zhàowángzhuāng]

在县驻地燕塔街道西方向 0.2 千米。燕塔街道辖自然村。人口 800。明永乐年间，赵氏兄弟三人由山西洪洞县迁此定居，村名赵庄。清末，王姓由本县王化村迁来，与赵庄毗邻建村，村名西王庄。两村合设为一个村后，村名赵王庄。聚落呈团块状分布。经济以种植业为主，主要农作物有小麦、玉米。有公路经此。

十里槽 371522-A01-H07
[Shílǐcáo]

在县驻地燕塔街道南方向 3.0 千米。燕塔街道辖自然村。人口 800。明永乐年间，相姓由山西洪洞县迁此定居，因该村建于河槽上，离莘县县城十里地，故名十里槽。聚落呈团块状分布。经济以种植业为主，主要农作物有小麦、玉米。有公路经此。

大刘庄 371522-A01-H08
[Dàliúzhuāng]

在县驻地燕塔街道东方向 2.0 千米。燕塔街道辖自然村。人口 900。明永乐年间，刘氏由山西洪洞县迁此定居，得村名刘庄。1949 年后，为与东边的刘庄相区别，更名为大刘庄。聚落呈团块状分布。经济以种植业为主，主要农作物有小麦、玉米。有公路经此。

堤子王 371522-A01-H09
[Dīziwáng]

在县驻地燕塔街道北方向 2.9 千米。燕塔街道辖自然村。人口 700。明朝末期，王氏由位庄乡王海移居至此，因靠徒骇河堤，得村名堤子王。聚落呈团块状分布。有文化大院、图书阅览室。经济以种植业为主，主要农作物有小麦、玉米。有公路经此。

东毛坊 371522-A01-H10
[Dōngmáofáng]

在县驻地燕塔街道西南方向 2.5 千米。燕塔街道辖自然村。人口 1 100。明朝初期，唐氏自山西洪洞县迁此定居，与老住户毛氏合开粉房，得村名毛坊。后部分村民移居村东，更名为东毛坊。聚落呈团块状分布。经济以种植业为主，主要农作物有小麦、玉米。有公路经此。

段庄 371522-A01-H11
[Duànzhuāng]

在县驻地燕塔街道西南方向 0.7 千米。燕塔街道辖自然村。人口 500。明洪武二年（1369），段氏由山西洪洞县迁此定居，得村名段庄。聚落呈团块状分布。经济以种植业为主，主要农作物有小麦、玉米。有公路经此。

尹营 371522-A02-H01
[Yǐnyíng]

在县驻地燕塔街道南方向 3.4 千米。莘州街道辖自然村。人口 1 100。唐朝建村，明建文年间为尹家营，后简称尹营。聚落呈团块状分布。经济以种植业为主，农作物有小麦、玉米。有公路经此。

张洼 371522-A02-H02
[Zhāngwā]

在县驻地燕塔街道北方向 5.4 千米。莘州街道辖自然村。人口 300。明朝初年，张氏自山西洪洞县迁此定居，又因地势低洼，人称该村张洼。聚落呈团块状分布。古迹有仲子庙干渠。经济以种植业为主，主要农作物有小麦、玉米。有公路经此。

夏庄 371522-A02-H03
[Xiàzhuāng]

在县驻地燕塔街道北方向 3.6 千米。莘州街道辖自然村。人口 600。明永乐年间，夏姓由山西洪洞县迁此立村，以姓命村为夏庄。聚落呈团块状分布。经济以种植业为主，主要农作物有小麦、玉米。有公路经此。

宋庄 371522-A02-H04
[Sòngzhuāng]

在县驻地燕塔街道北方向 4.9 千米。莘州街道辖自然村。人口 300。明永乐年间，宋氏由山西洪洞县迁此立村，得名宋庄。聚落呈团块状分布。经济以种植业为主，主要农作物有小麦、玉米、蔬菜。有公路经此。

吴庄 371522-A02-H05
[Wúzhuāng]

在县驻地燕塔街道北方向 4.9 千米。莘州街道辖自然村。人口 300。以姓氏名村。聚落呈团块状分布。经济以种植业为主，主要农作物有小麦、玉米、蔬菜。有公路经此。

位庄 371522-A02-H06
[Wèizhuāng]

在县驻地燕塔街道北方向 4.1 千米。莘州街道辖自然村。人口 500。清乾隆年间，位氏迁至此处立村，故称位庄。聚落呈团块状分布。经济以种植业为主，主要农作物有小麦、玉米。有公路经此。

左庄 371522-A02-H07
[Zuǒzhuāng]

在县驻地燕塔街道北方向 1.2 千米。莘州街道辖自然村。人口 700。明朝初年，左氏由山西洪洞县迁此定居，立村左庄。聚落呈散状分布。经济以种植业为主，主要农作物有小麦、玉米、蔬菜等。有公路经此。

东段屯 371522-A02-H08
[Dōngduàntún]

在县驻地燕塔街道北方向 6.9 千米。莘州街道辖自然村。人口 800。明永乐年间，陈、段、李、石等姓氏由山西洪洞县迁此，因此处曾为兵家屯粮之所，故立村名陈屯。清康熙十九年（1680）改为段屯。1958 年分为两村，此村居东，故名东段屯。聚落呈散状分布。经济以种植业为主，主要农作物有小麦、玉米、花生等。德商高速经此。

东李庄 371522-A02-H09
[Dōnglǐzhuāng]

在县驻地燕塔街道北方向 1.9 千米。莘州街道辖自然村。人口 100。明永乐年间，李氏从山西洪洞县迁此定居，立村李庄。后一部分村民搬至村东，名东李庄。聚落呈散状分布。经济以种植业为主，主要农作物有小麦、玉米等。有公路经此。

范庄 371522-A02-H10
[Fànzhuāng]

在县驻地燕塔街道北方向 5.4 千米。莘州街道辖自然村。人口 600。明永乐年间，范、沈两姓迁此，取名范沈庄，明末更名为范庄。聚落呈团块状分布。经济以种植业为主，主要农作物有小麦、玉米、蔬菜。有公路经此。

后十里坞 371522-A02-H11
[Hòushílǐwù]

在县驻地燕塔街道北方向 5.2 千米。莘州街道辖自然村。人口 300。明永乐年间，范氏、孙氏于山西洪洞县迁此定居，村名范十里坞。清朝建一庙，又称范家大庙。土改时与十里坞村合并，1954 年以后称为后十里坞。聚落呈团块状分布。经济以种植业为主，主要农作物有小麦、玉米、蔬菜。有公路经此。

后柳屯 371522-A02-H12
[Hòuliǔtún]

在县驻地燕塔街道北方向 5.7 千米。莘州街道辖自然村。人口 500。明建文年间，柳氏自山西洪洞县迁此定居立村，名柳屯。民国初年，分为前、后柳屯，此村为后柳屯。聚落呈团块状分布。经济以种植业为主，主要农作物有小麦、玉米、花生、大棚蔬菜等。有公路经此。

丁庄 371522-A03-H01
[Dīngzhuāng]

在县驻地燕塔街道北方向 5.9 千米。莘亭街道辖自然村。人口 400。清朝初期，丁、杜、孟姓氏自山西洪洞县迁此定居，得村名丁庄。聚落呈散状分布。经济以种植业为主，主要农作物有小麦、玉米等。有公路经此。

刘庄 371522-A03-H02
[Liúzhuāng]

在县驻地燕塔街道北方向 7.6 千米。莘亭街道辖自然村。人口 600。明朝初期，刘氏从山西洪洞县迁此定居，以姓氏得村名刘庄。聚落呈散状分布。经济以种植业为主，主要农作物有小麦、玉米等。有公路经此。

马庄 371522–A03–H03
[Mǎzhuāng]

在县驻地燕塔街道北方向 6.4 千米。莘亭街道辖自然村。人口 700。明朝初期，马氏由山西省迁至河南开封定居，明正德五年（1510）又迁于此，立马家村，1949 年以后，改村名为马庄。聚落呈散状分布。经济以种植业为主，主要农作物有小麦、玉米等。有公路经此。

前关庄 371522–A03–H04
[Qiánguānzhuāng]

在县驻地燕塔街道北方向 8.4 千米。莘亭街道辖自然村。人口 500。明朝初期，关氏自山西洪洞县迁此定居，立村关庄，后分为前关庄、后关庄。此村在南，得村名前关庄。聚落呈散状分布。经济以种植业为主，主要农作物有小麦、玉米等。有公路经此。

孙边家 371522–A03–H05
[Sūnbiānjiā]

在县驻地燕塔街道北方向 7.2 千米。莘亭街道辖自然村。人口 300。明朝初期，孙、徐等姓氏自山西洪洞县迁此定居，因是从边远的地方迁来的，故得村名孙边家。聚落呈团块状分布。经济以种植业为主，主要农作物有小麦、玉米等，盛产大蒜、香菜。有公路经此。

孙庄 371522–A03–H06
[Sūnzhuāng]

在县驻地燕塔街道北方向 7.5 千米。莘亭街道辖自然村。人口 900。明朝初期，孙氏从登州府莱阳县大石桥迁至此定居，以姓氏得村名孙庄。聚落呈散状分布。经济以种植业为主，主要农作物有小麦、玉米等。有公路经此。

武庄 371522–A03–H07
[Wǔzhuāng]

在县驻地燕塔街道北方向 8.4 千米。莘亭街道辖自然村。人口 900。明朝初期，武氏由山西洪洞县迁此定居，以姓氏命名，得村名武庄。聚落呈散状分布。经济以种植业为主，主要农作物有小麦、玉米等。有公路经此。

小杨家 371522–A03–H08
[Xiǎoyángjiā]

在县驻地燕塔街道北方向 8.9 千米。莘亭街道辖自然村。人口 800。明朝初期，杨氏兄弟四人自山西洪洞县迁来，老四居于此，得村名小杨家。聚落呈散状分布。经济以种植业为主，主要农作物有小麦、玉米等。有公路经此。

小邹家 371522–A03–H09
[Xiǎozōujiā]

在县驻地燕塔街道北方向 6.1 千米。莘亭街道辖自然村。人口 800。明朝初期，邹氏从登州府迁此定居立村，得村名邹家。后因东边有个大邹家，故得村名小邹家。聚落呈带状分布。经济以种植业为主，主要农作物有小麦、玉米等。有公路经此。

辛林庄 371522–A03–H10
[Xīnlínzhuāng]

在县驻地燕塔街道北方向 8.4 千米。莘亭街道辖自然村。人口 500。明朝初期，辛氏、林氏分别自山西洪洞县迁居此地立村，名村辛庄、林庄。后两村合为一个村，称为辛林庄。聚落呈带状分布。经济以种植业为主，主要农作物有小麦、玉米等。有公路经此。

徐丁黄 371522-A03-H11
[Xúdīnghuáng]

在县驻地燕塔街道北方向 8.1 千米。莘亭街道辖自然村。人口 800。明朝初期，丁氏、黄氏、徐氏由山西洪洞县迁此定居，以姓氏命名丁楼、黄楼、徐庄，后三村合为一村，称徐丁黄。聚落呈带状分布。经济以种植业为主，主要农作物有小麦、玉米等。有公路经此。

刁庄 371522-A04-H01
[Diāozhuāng]

在县驻地燕塔街道北方向 3.4 千米。东鲁街道辖自然村。人口 400。明朝初期，刁氏由山西洪洞县迁此定居，得村名刁庄。聚落呈团块状分布。经济以种植业为主，主要农作物有小麦、玉米等。有公路经此。

寇庄 371522-A04-H02
[Kòuzhuāng]

在县驻地燕塔街道北方向 3.2 千米。东鲁街道辖自然村。人口 300。明永乐年间，寇氏自山西洪洞县迁居西南冠楼，数十年后又迁此定居，得村名寇庄。聚落呈团块状分布。经济以种植业为主，主要农作物有小麦、玉米等。有公路经此。

潘庄 371522-A04-H03
[Pānzhuāng]

在县驻地燕塔街道北方向 5.9 千米。东鲁街道辖自然村。人口 400。明朝初期，潘氏由山西洪洞县迁此定居，得村名潘庄。聚落呈团块状分布。经济以种植业为主，主要农作物有小麦、玉米等。有公路经此。

寇楼 371522-A04-H04
[Kòulóu]

在县驻地燕塔街道北方向 1.3 千米。东鲁街道辖自然村。人口 900。明朝初期，寇氏由山西洪洞县迁此定居，建一土楼，得村名寇楼。聚落呈团块状分布。经济以种植业为主，主要农作物有小麦、玉米等。有公路经此。

田庄 371522-A04-H05
[Tiánzhuāng]

在县驻地燕塔街道北方向 1.6 千米。东鲁街道辖自然村。人口 200。明朝初期，田氏自山西洪洞县迁此定居，以姓氏命名为田庄。聚落呈团块状分布。经济以种植业为主，主要农作物有小麦、玉米等。有公路经此。

前邹梨园 371522-A04-H06
[Qiánzōulíyuán]

在县驻地燕塔街道北方向 1.3 千米。东鲁街道辖自然村。人口 600。明永乐年间，邹氏由山东青州府莱阳县大石槽村迁马豆园村附近定居。清朝初期，马豆园人迁走，邹氏迁入，因部分人到村东北居住，得村名后邹李园，故本村更名为前邹李园。聚落呈团块状分布。经济以种植业为主，主要农作物有小麦、玉米等。有公路经此。

群贤堡 371522-A04-H07
[Qúnxiánpù]

在县驻地燕塔街道北方向 1.9 千米。东鲁街道辖自然村。人口 200。唐朝年间，王练任莘县县尉，由关中迁此定居立村，得村名王庄。后因王氏后裔中名人辈出，且多贤良之才，故村改名群贤堡。聚落呈团块状分布。经济以种植业为主，主要农作物有小麦、玉米等。有公路经此。

尹昌楼 371522-A04-H08
[Yǐnchānglóu]

在县驻地燕塔街道北方向 1.1 千米。东鲁街道辖自然村。人口 600。明洪武年间，尹氏由登州莱阳县迁此，家兴人旺，此村得村名尹昌楼。聚落呈团块状分布。经济以种植业为主，主要农作物有小麦、玉米等。有公路经此。

蔡庄 371522-A04-H09

[Càizhuāng]

在县驻地燕塔街道北方向 2.1 千米。东鲁街道辖自然村。人口 1 700。明洪武年间，蔡氏由山西洪洞县迁此定居，以姓氏命名，得村名蔡庄。聚落呈团块状分布。经济以种植业为主，主要农作物有小麦、玉米等。有公路经此。

曹庄 371522-A04-H10

[Cáozhuāng]

在县驻地燕塔街道北方向 5.5 千米。东鲁街道辖自然村。人口 600。明朝初期，曹氏自山西洪洞县迁此定居立村，得村名曹庄。聚落呈团块状分布。经济以种植业和养殖业为主，主要农作物有小麦、玉米等。有公路经此。

前孙庄 371522-A04-H11

[Qiánsūnzhuāng]

在县驻地燕塔街道北方向 4.9 千米。东鲁街道辖自然村。人口 1 100。明朝初期，孙氏由登州莱阳县孙石桥迁此定居，因村后有孙庄，此村得名前孙庄。聚落呈团块状分布。经济以种植业为主，主要农作物有小麦、玉米等。有公路经此。

南无 371522-B01-H01

[Nánwú]

张鲁回族镇人民政府驻地。在县驻地燕塔街道西方向 11.7 千米。人口 1 600。明洪武年间，赵、李、于、任、王五姓由山西洪洞县迁来，定居于马颊河南岸，名南五村，后谐音改今名。有幼儿园、文化站。经济以种植业为主，主要农作物有小麦、玉米、花生等。有公路经此。

赵官目 371522-B01-H02

[Zhàoguānmù]

在县驻地燕塔街道西方向 8.5 千米。张鲁回族镇辖自然村。人口 600。赵氏祖赵植、赵格为金代进士，明洪武年间，赵全、赵能、赵胜迁至今址定居，并将二祖遗骨迁来安葬，因二人曾做过官，故村名赵官墓。后觉不雅，谐音改为赵官目。聚落呈团块状分布。经济以种植业为主，主要农作物有小麦、玉米、花生等。有公路经此。

北安头 371522-B01-H03

[Běi'āntóu]

在县驻地燕塔街道西方向 14.7 千米。张鲁回族镇辖自然村。人口 2 800。明洪武年间，马、沈、张三姓氏由山西洪洞县迁此定居，得村名双马庙。此村位于马颊河北岸，因南岸有村名南安头，故更名为北安头。聚落呈团块状分布。经济以种植业为主，主要农作物有小麦、玉米、花生等。有公路经此。

大索庄 371522-B01-H04

[Dàsuǒzhuāng]

在县驻地燕塔街道西方向 11.4 千米。张鲁回族镇辖自然村。人口 3 600。明朝初期，索氏由山西洪洞县迁此定居，因户数渐多，得村名大索庄。聚落呈团块状分布。经济以种植业为主，主要农作物有小麦、玉米、花生等。有公路经此。

马村 371522-B01-H05

[Mǎcūn]

在县驻地燕塔街道西方向 14.4 千米。张鲁回族镇辖自然村。人口 3 700。据说，该村在隋代已经存在，隋末，程咬金、罗成曾在此与隋打仗，村留有程、罗的拴马桩，故名马村。聚落呈团块状分布。经济以种植业为主，主要农作物有小麦、玉米、花生等。有公路经此。

南街 371522-B01-H06
[Nánjiē]

在县驻地燕塔街道西方向 12.7 千米。张鲁回族镇辖自然村。人口 800。以回族为主。唐代，张、卢二姓居此，村名张卢村。后卢姓迁出，以谐音改写为张鲁。因村有大集，又更名张鲁集。后分为东、西、南、北、中 5 街，该村以方位称南街。聚落呈团块状分布。经济以种植业为主，主要农作物有小麦、玉米、花生等。有公路经此。

潘海 371522-B01-H07
[Pānhǎi]

在县驻地燕塔街道西方向 15.3 千米。张鲁回族镇辖自然村。人口 800。明初，潘氏由山西洪洞县迁此定居，因东部一片洼地，常年积水，得村名潘家海，后更名为潘海。聚落呈团块状分布。经济以种植业为主，主要农作物有小麦、玉米、花生。有公路经此。

中牟疃 371522-B01-H08
[Zhōngmóutuǎn]

在县驻地燕塔街道西方向 10.4 千米。张鲁回族镇辖自然村。人口 900。明中期，刘姓从中牟县迁来，故名中牟疃。聚落呈团块状分布。经济以种植业为主，主要农作物有小麦、玉米、花生等。有公路经此。

李园子 371522-B01-H09
[Lǐyuánzi]

在县驻地燕塔街道西方向 7.1 千米。张鲁回族镇辖自然村。人口 600。明洪武年间，李氏由湖北襄阳县南关迁此定居，种蔬菜并建起菜园，得村名李家园，后更名为李园子。聚落呈团块状分布。经济以种植业为主，主要农作物有小麦、玉米、花生等。有公路经此。

刘楼 371522-B01-H10
[Liúlóu]

在县驻地燕塔街道西方向 9.2 千米。张鲁回族镇辖自然村。人口 900。明永乐年间，刘氏由山西洪洞县迁此定居，建起楼房一座，得村名刘楼。聚落呈团块状分布。经济以种植业为主，主要农作物有小麦、玉米、花生等。有公路经此。

化庄 371522-B01-H11
[Huàzhuāng]

在县驻地燕塔街道西方向 16.2 千米。张鲁回族镇辖自然村。人口 1 800。明朝初期，黄氏一家由山西洪洞县迁此定居，得村名黄家庄。因种花草果树，故更名为花庄，后演变为化庄。聚落呈团块状分布。经济以种植业为主，主要农作物有小麦、玉米、花生等。有公路经此。

北沈庄 371522-B01-H12
[Běishěnzhuāng]

在县驻地燕塔街道西方向 9.1 千米。张鲁回族镇辖自然村。人口 900。明朝初期，沈氏自山西洪洞县迁此定居，得村名沈庄。1958 年为与邻村沈庄相区别，更名为北沈庄。聚落呈团块状分布。经济以种植业为主，主要农作物有小麦、玉米、花生等。有公路经此。

后口 371522-B02-H01
[Hòukǒu]

朝城镇人民政府驻地。在县驻地燕塔

街道南方向 22.1 千米。人口 300。相传本村位于东大街向北的一个巷口，故名。聚落团块状分布。经济以种植业为主，主要农作物有小麦、玉米、花生等。有公路经此。

西花园 371522–B02–H02
[Xīhuāyuán]

在县驻地燕塔街道南方向 24.3 千米。朝城镇辖自然村。人口 300。清顺治年间，孙氏由孙花园搬迁于村西定居，得名西花园。聚落呈团块状分布。经济以种植业为主，主要农作物有小麦、玉米等。有公路经此。

梧桐寺 371522–B02–H03
[Wútóngsì]

在县驻地燕塔街道南方向 26.8 千米。朝城镇辖自然村。人口 300。此地原有一寺院名福圣寺，明朝中期，张氏自山西洪洞县迁此定居，因寺内有梧桐树，得村名梧桐寺。聚落呈团块状分布。经济以种植业为主，主要农作物有小麦、玉米、花生等。有公路经此。

张庄 371522–B02–H04
[Zhāngzhuāng]

在县驻地燕塔街道南方向 24.9 千米。朝城镇辖自然村。人口 200。明万历年间，张氏由山西洪洞县迁此立村，得村名张庄。聚落呈团块状分布。经济以种植业为主，主要农作物有小麦、玉米、花生等。有公路经此。

赵坑 371522–B02–H05
[Zhàokēng]

在县驻地燕塔街道南方向 24.7 千米。朝城镇辖自然村。人口 500。明崇祯年间，赵氏由山西洪洞县迁此定居，因处于两个大坑之间，得村名赵坑。聚落呈团块状分布。经济以种植业为主，主要农作物有小麦、玉米、花生等。有公路经此。

赵庄 371522–B02–H06
[Zhàozhuāng]

在县驻地燕塔街道南方向 19.7 千米。朝城镇辖自然村。人口 500。明朝末期，赵氏自山西迁居此地，以姓氏命名为赵庄。聚落呈团块状分布。经济以种植业为主，主要农作物有小麦、玉米等。有公路经此。

十二里庙 371522–B02–H07
[Shí'èrlǐmiào]

在县驻地燕塔街道南方向 26.9 千米。朝城镇辖自然村。人口 200。明朝初期，刘氏自山西洪洞县迁此定居，修关爷庙一座，因距朝城十二里，得村名十二里庙。聚落呈团块状分布。经济以种植业为主，主要农作物有小麦、玉米等。有公路经此。

辛庄 371522–B02–H08
[Xīnzhuāng]

在县驻地燕塔街道南方向 23.1 千米。朝城镇辖自然村。人口 200。明崇祯年间，邵氏从魏花园迁此立村，取名新庄，后改写为辛庄，以示建新地之辛苦。聚落呈团块状分布。经济以种植业为主，主要农作物有小麦、玉米、花生等。有公路经此。

刘庄 371522–B02–H09
[Liúzhuāng]

在县驻地燕塔街道南方向 21.9 千米。朝城镇辖自然村。人口 400。明万历年间，刘氏自山西迁此定居，以刘庄命名。聚落呈团块状分布。经济以种植业为主，主要农作物有小麦、玉米、花生等。有公路经此。

前三里营 371522-B02-H10
[Qiánsānlǐyíng]

在县驻地燕塔街道南方向 21.7 千米。朝城镇辖自然村。人口 400。明朝末期建村，因距城三里，得村名三里营。后来扩展分为两个村子，此村为前三里营。聚落呈团块状分布。经济以种植业为主，主要农作物有小麦、玉米、双孢菇等。有公路经此。

陈庄 371522-B02-H11
[Chénzhuāng]

在县驻地燕塔街道南方向 24.4 千米。朝城镇辖自然村。人口 500。明朝初期，陈氏自山西洪洞县迁此定居，得村名陈庄。聚落呈团块状分布。经济以种植业为主，主要农作物有小麦、玉米、花生等。有公路经此。

八里庄 371522-B02-H12
[Bālǐzhuāng]

在县驻地燕塔街道南方向 25.5 千米。朝城镇辖自然村。人口 100。明万历年间，有一谢姓富户名谢连府，因而得村名谢连府。抗日战争时期，本村被荡平。1949 年后，朝城孙花园人氏迁此建村，因距朝城八里，得名八里庄。聚落呈团块状分布。经济以种植业为主，主要农作物有小麦、玉米、花生等。有公路经此。

观城 371522-B03-H01
[Guànchéng]

观城镇人民政府驻地。在县驻地燕塔街道西南方向 41.1 千米。人口 5 300。史载夏启之子武观封于此，故得名观城。聚落呈团块状分布。有幼儿园 5 处、小学 1 处、中学 1 处。经济以种植业为主，主要农作物有小麦、玉米、花生、食用菌等。有公路经此。

武庙 371522-B03-H02
[Wǔmiào]

在县驻地燕塔街道西南方向 40.3 千米。观城镇辖自然村。人口 300。明永乐年间，武氏由山西洪洞县迁此定居，取名武家庄，后建庙一座，人称武家庙。1958 年，简称武庙。聚落呈团块状分布。经济以种植业为主，主要农作物有小麦、玉米、花生和山药等。有公路经此。

西韩楼 371522-B03-H03
[Xīhánlóu]

在县驻地燕塔街道西南方向 37.0 千米。观城镇辖自然村。人口 500。明洪武年间，肖、李、韩三姓由山西洪洞县迁此定居，取村名肖李韩庄。后来，肖、李两姓人无，韩姓建起小楼一座，人们遂以韩家楼称之，简称韩楼。随着房屋的扩展，韩楼渐分为三个自然村，此处为西韩楼。聚落呈团块状分布。经济以种植业为主，主要农作物有小麦、玉米、辣椒和山药等。有公路经此。

赵海 371522-B03-H04
[Zhàohǎi]

在县驻地燕塔街道西南方向 42.9 千米。观城镇辖自然村。人口 200。明永乐年间，赵氏自山西洪洞县迁此定居，于水沟旁立村，取名赵海。聚落呈团块状分布。经济以种植业为主，主要农作物有小麦、玉米、辣椒等。有公路经此。

岳庄 371522-B03-H05
[Yuèzhuāng]

在县驻地燕塔街道西南方向 43.4 千米。观城镇辖自然村。人口 100。明永乐年间，岳氏自山西洪洞县迁此定居，取村名岳庄。聚落呈团块状分布。经济以种植业为主，主要农作物有小麦、玉米、辣椒等。有公路经此。

于沟 371522–B03–H06
[Yúgōu]

在县驻地燕塔街道西南方向 39.2 千米。观城镇辖自然村。人口 400。明初，于姓由登州府黄县大水坡迁此定居，因村子位于一大沟旁，人称于沟。聚落呈散状分布。经济以种植业为主，主要农作物有小麦、玉米、花生等。有公路经此。

贾庄 371522–B03–H07
[Jiǎzhuāng]

在县驻地燕塔街道西南方向 41.0 千米。观城镇辖自然村。人口 400。明永乐年间，贾氏由山西洪洞县迁此定居立村，村名贾庄。聚落呈团块状分布。经济以种植业为主，主要农作物有小麦、玉米、辣椒和山药等。有公路经此。

小屯 371522–B03–H08
[Xiǎotún]

在县驻地燕塔街道西南方向 40.0 千米。观城镇辖自然村。人口 800。明末，王姓由邵张屯迁此定居，取村名小屯。聚落呈团块状分布。经济以种植业为主，主要农作物有小麦、玉米、辣椒和山药等。有公路经此。

李庄 371522–B03–H09
[Lǐzhuāng]

在县驻地燕塔街道西南方向 40.9 千米。观城镇辖自然村。人口 200。明永乐年间，李氏由山西洪洞县迁此定居，立村李庄。聚落呈团块状分布。经济以种植业为主，主要农作物有小麦、玉米、山药等。有公路经此。

焦村 371522–B03–H10
[Jiāocūn]

在县驻地燕塔街道西南方向 38.4 千米。观城镇辖自然村。人口 1 000。明永乐年间，焦姓由山西洪洞县迁此定居，取村名焦村。聚落呈团块状分布。经济以种植业为主，主要农作物有小麦、玉米、辣椒和山药等，盛产鲁豫香雪梨。有公路经此。

刘山谷 371522–B03–H11
[Liúshāngǔ]

在县驻地燕塔街道西南方向 38.7 千米。观城镇辖自然村。人口 200。明永乐年间，文、刘、王、钱、孙等姓先后由山西洪洞县迁来，分别立村。因此处多土冈、深沟，故多以山谷命名。此处为刘姓聚居处，称刘山谷。聚落呈团块状分布。经济以种植业为主，主要农作物有小麦、玉米、花生和山药等。有公路经此。

孟秋寺 371522–B03–H12
[Mèngqiūsì]

在县驻地燕塔街道西南方向 42.7 千米。观城镇辖自然村。人口 900。明建文年间，李、孙二姓氏自山西洪洞县迁来定居，于城西 5 里处立村，取名西营村。崇祯年间，村旁建起一座大寺院叫孟秋寺，村以寺得名。聚落呈团块状分布。经济以种植业为主，主要农作物有小麦、玉米、辣椒和山药等。有公路经此。

古城 371522–B04–H01
[Gǔchéng]

古城镇人民政府驻地。在县驻地燕塔街道东南方向 34.1 千米。人口 8 500。1957 年因范县人民政府西迁至樱桃园，故原县城改称古城。聚落呈团块状分布。有图书阅览室、文化大院、幼儿园、小学。有市级文物保护单位金代铁钟。经济以商贸业、种植业为主，主要农作物有小麦、玉米、棉花等。有公路经此。

西红庙 371522-B04-H02

[Xīhóngmiào]

在县驻地燕塔街道东南方向 30.1 千米。古城镇辖自然村。人口 600。明朝初期，朱元璋巡视时，曾在此歇息，为纪念修庙一座，得名朱洪庙。永乐年间，由山西洪洞县迁来几户于此定居，得村名洪庙，后演变为红庙。现发展为两个自然村，此村居西，称西红庙。聚落呈团块状分布。经济以种植业为主，主要农作物有小麦、玉米。有公路经此。

西台头 371522-B04-H03

[Xītáitóu]

在县驻地燕塔街道东南方向 29.5 千米。古城镇辖自然村。人口 600。明永乐年间，此地有一大土堆，为秦始皇修堤时所建点将台。明洪武年间，雷、杨二姓氏由山西洪洞县迁此定居，得村名为台头村。1949 年后分为东、西两个自然村，本村为西台头。聚落呈团块状分布。经济以种植业为主，主要农作物是小麦、玉米。有公路经此。

赵楼 371522-B04-H04

[Zhàolóu]

在县驻地燕塔街道东南方向 31.6 千米。古城镇辖自然村。人口 1 100。明中期，赵氏由山西洪洞县迁此定居，盖起一座楼房，得村名赵家楼。1949 年后，简称赵楼。聚落呈团块状分布。经济以种植业为主，主要农作物是小麦、玉米。有家具加工企业。有公路经此。

赵头 371522-B04-H05

[Zhàotóu]

在县驻地燕塔街道东南方向 32.1 千米。古城镇辖自然村。人口 400。清光绪年间，赵氏迁居于此，因村子位于岔楼村西头，得村名赵头。聚落呈团块状分布。经济以种植业为主，主要农作物是小麦、玉米、香菜。有公路经此。

位庄 371522-B04-H06

[Wèizhuāng]

在县驻地燕塔街道东南方向 24.9 千米。古城镇辖自然村。人口 400。清康熙年间，位氏迁此定居，以姓氏命名。聚落呈团块状分布。经济以种植业为主，主要农作物有小麦、玉米。有公路经此。

马庄 371522-B04-H07

[Mǎzhuāng]

在县驻地燕塔街道东南方向 29.8 千米。古城镇辖自然村。人口 1 200。东汉末期，刘秀访二十八宿，王莽派兵马追赶，到此将追上，刘秀跳入井中（井尚存），坐骑跑至别处。追兵过后，战马回来跪于井旁，使缰绳垂入井中，刘秀得救，故村得名马捞人庄，后简称为马捞庄。1949 年后，更名为马庄。聚落呈团块状分布。经济以种植业为主，主要农作物有小麦、玉米。有公路经此。

前湾堤 371522-B04-H08

[Qiánwāndī]

在县驻地燕塔街道东南方向 32.7 千米。古城镇辖自然村。人口 1 100。明洪武年间，张、吕、李三姓由山西洪洞县迁此定居于秦皇堤一拐弯处，得村名弯堤。后来，村北又出现一个弯堤，此村遂改称前弯堤。聚落呈团块状分布。经济以种植业为主，主要农作物有小麦、玉米。有公路经此。

舍利寺 371522-B04-H09

[Shělìsì]

在县驻地燕塔街道东南方向 27.5 千米。古城镇辖自然村。人口 2 900。古城北有一座大寺院，名为兴国寺，因有座舍利塔，人皆以塔称寺，把寺院叫作舍利寺，本村位于寺南，故名。聚落呈团块状分布。经济以种植业为主，主要农作物有小麦、玉米。有公路经此。

小尧 371522–B04–H10

[Xiǎoyáo]

在县驻地燕塔街道东南方向 26.5 千米。古城镇辖自然村。人口 900。明永乐年间，张氏由山西洪洞县迁此定居，建起小土窑以烧碗盆为业，人称该村小窑，后为小尧。聚落呈团块状分布。经济以种植业为主，主要农作物有小麦、玉米。有公路经此。

艾集 371522–B04–H11

[Àijí]

在县驻地燕塔街道东南方向 24.7 千米。古城镇辖自然村。人口 800。明永乐年间，艾、王二氏由山西洪洞县迁此定居，艾姓居多，成一小集市，得村名艾集。聚落呈团块状分布。经济以种植业为主，主要农作物有小麦、玉米。有冷冻厂。有公路经此。

大张家 371522–B05–H01

[Dàzhāngjiā]

大张家镇人民政府驻地。在县驻地燕塔街道西南方向 45.3 千米。人口 2 600。据传，明永乐年间，张姓由山西洪洞县迁此居住，后聚落渐大，人称大张家。聚落呈团块状分布。有图书阅览室、幼儿园。经济以种植业为主，主要农作物有小麦、玉米、花生等。有东方特钢厂、金裕面粉厂等企业。有公路经此。

马陵 371522–B05–H02

[Mǎlíng]

在县驻地燕塔街道西南方向 47.0 千米。大张家镇辖自然村。人口 1 000。先秦时期，村里马姓居多，加之当时地形多以土丘、沟壑为主，遂取名马陵。聚落呈团块状分布。经济以种植业为主，主要农作物有小麦、玉米等。有公路经此。

红庙 371522–B05–H03

[Hóngmiào]

在县驻地燕塔街道西南方向 41.0 千米。大张家镇辖自然村。人口 1 100。明洪武年间，张氏由山西洪洞县迁此定居，原村名为潘家楼。村东有座北极庙，到这里烧香拜佛的人很多，庙内多次发生凶杀事件，人们把此庙迁至村内，并用红土把庙墙涂成红色，故村得名红庙。聚落呈散状分布。经济以种植业为主，主要农作物有小麦、玉米、花生等。有公路经此。

孙庄 371522–B05–H04

[Sūnzhuāng]

在县驻地燕塔街道西南方向 41.0 千米。大张家镇辖自然村。人口 1 100。明永乐年间，孙氏由山西洪洞县迁此定居，名孙庄。聚落呈团块状分布。经济以种植业为主，主要农作物有小麦、玉米等。

吕楼 371522–B05–H05

[Lǚlóu]

在县驻地燕塔街道西南方向 45.2 千米。大张家镇辖自然村。人口 1 700。明代，兵部侍郎吕丹从清丰县迁此定居，并建楼房一座，人称吕家楼，后简称吕楼。聚落呈团块状分布。经济以种植业为主，主要农作物有小麦、玉米、花生等。有公路经此。

马庄 371522–B05–H06

[Mǎzhuāng]

在县驻地燕塔街道西南方向 42.5 千米。大张家镇辖自然村。人口 700。传说，明永乐年间，张姓由山西洪洞县迁此定居，村东靠河，有码头，故人称码头庄，又演变为马庄。聚落呈散状分布。经济以种植业为主，主要农作物有小麦、玉米、花生等。有公路经此。

刘庄 371522–B05–H07

[Liúzhuāng]

在县驻地燕塔街道西南方向 44.0 千米。大张家镇辖自然村。人口 200。明洪武年间，史姓由山西洪洞县迁此定居并建小楼一座，故名史楼。不久，刘姓也由山西洪洞县迁此定居，取村名刘庄。聚落呈团块状分布。经济以种植业为主，主要农作物有小麦、玉米、花生等。有公路经此。

安楼 371522–B05–H08

[Ānlóu]

在县驻地燕塔街道西南方向 44.1 千米。大张家镇辖自然村。人口 700。原名安家村，后安姓来此定居并盖楼，更名安楼。聚落呈团块状分布。经济以种植业为主，主要农作物有小麦、玉米、花生等。有公路经此。

保东 371522–B05–H09

[Bǎodōng]

在县驻地燕塔街道西南方向 46.3 千米。大张家镇辖自然村。人口 700。传说，村有一座建于唐代的古寺，明朝年间，靳氏家族迁来重修古寺，为保平安，故起名保安寺。后分为两村，本村为保东。聚落呈团块状分布。经济以种植业为主，主要农作物有小麦、玉米、花生等。有公路经此。

常庄 371522–B05–H10

[Chángzhuāng]

在县驻地燕塔街道西南方向 47.1 千米。大张家镇辖自然村。人口 1 100。明初，常氏自山西洪洞县迁此定居，取村名常庄。聚落呈团块状分布。经济以种植业为主，主要农作物有小麦、玉米等。有公路经此。

陈村 371522–B05–H11

[Chéncūn]

在县驻地燕塔街道西南方向 42.2 千米。大张家镇辖自然村。人口 900。陈、李、丁三姓氏由山西洪洞县迁来分别立村为陈村、李村、丁庄。清末，丁庄人无。1920 年，陈、李两村合并，取名陈李村。1958 年，简称陈村。聚落呈团块状分布。经济以种植业为主，主要农作物有小麦、玉米、花生等。

古云集 371522–B06–H01

[Gǔyúnjí]

古云镇人民政府驻地。在县驻地燕塔街道西南方向 52.8 千米。人口 1 300。明朝初期，刘氏由山西洪洞县迁此定居，因村前有古云兴寺，故以古云名村，后因村中有集市，改称古云集。有图书阅览室。经济以种植业为主，主要农作物有小麦、玉米、花生等。有公路经此。

温庄 371522–B06–H02

[Wēnzhuāng]

在县驻地燕塔街道西南方向 54.5 千米。古云镇辖自然村。人口 800。明洪武二年（1369），温氏由山西洪洞县迁此定居，以姓氏得村名温庄。聚落呈团块状分布。经济以种植业和养殖业为主，主要农作物有小麦、玉米等。有公路经此。

岳庄 371522–B06–H03

[Yuèzhuāng]

在县驻地燕塔街道西南方向 50.0 千米。古云镇辖自然村。人口 1 500。清朝初期，岳氏由观城岳坊迁此，定居于范庄，后范氏人绝，更村名岳庄。聚落呈团块状分布。

经济以种植业为主，主要农作物有小麦、玉米、花生等。有公路经此。

刘庄 371522-B06-H04
[Liúzhuāng]

在县驻地燕塔街道西南方向 56.6 千米。古云镇辖自然村。人口 500。明朝末期，刘氏由山西洪洞县迁此定居，得村名刘庄。聚落呈团块状分布。经济以种植业为主，主要农作物有小麦、玉米。有公路经此。

孙庄 371522-B06-H05
[Sūnzhuāng]

在县驻地燕塔街道西南方向 53.4 千米。古云镇辖自然村。人口 400。明朝初期，孙氏由山西洪洞县迁此立村，以姓氏得村名孙庄。聚落呈团块状分布。经济以种植业为主，主要农作物有小麦、玉米。有公路经此。

张庄 371522-B06-H06
[Zhāngzhuāng]

在县驻地燕塔街道西南方向 54.9 千米。古云镇辖自然村。人口 1 200。明朝末期，张氏由山西洪洞县迁此定居，得村名张庄。聚落呈散状分布。经济以种植业为主，主要农作物有小麦、玉米等。有公路经此。

李庄 371522-B06-H07
[Lǐzhuāng]

在县驻地燕塔街道西南方向 54.7 千米。古云镇辖自然村。人口 300。明永乐年间，李氏由山西洪洞县迁此定居，以姓氏命名，得村名李庄。聚落呈团块状分布。有幼儿园 1 处、小学 1 处。经济以种植业为主，主要农作物有小麦、玉米、花生。有公路经此。

白庄 371522-B06-H08
[Báizhuāng]

在县驻地燕塔街道西南方向 55.8 千米。古云镇辖自然村。人口 400。清末，白姓由樱桃园迁此定居，取村名白庄。聚落呈散状分布。经济以种植业和养殖业为主，主要农作物有小麦、玉米。有公路经此。

曹庄 371522-B06-H09
[Cáozhuāng]

在县驻地燕塔街道西南方向 54.6 千米。古云镇辖自然村。人口 400。明洪武年间，曹氏由山西洪洞县迁此定居，以姓氏得名曹庄。聚落呈团块状分布。经济以种植业为主，主要农作物有小麦、玉米等。有公路经此。

陈堤口 371522-B06-H10
[Chéndīkǒu]

在县驻地燕塔街道西南方向 50.1 千米。古云镇辖自然村。人口 1 700。明朝末期，陈氏由山西洪洞县迁此定居，立村于金堤北，得村名陈堤口。聚落呈团块状分布。经济以种植业为主，主要农作物有小麦、玉米、花生等。有公路经此。

崔庄 371522-B06-H11
[Cuīzhuāng]

在县驻地燕塔街道西南方向 52.6 千米。古云镇辖自然村。人口 700。明朝末期，崔氏由山西洪洞县迁此定居，得村名崔庄。聚落呈团块状分布。经济以种植业为主，主要农作物有小麦、玉米、花生。有公路经此。

大李楼 371522-B06-H12
[Dàlǐlóu]

在县驻地燕塔街道西南方向 49.8 千米。

古云镇辖自然村。人口 1 900。明洪武十三年（1380），李氏自山西洪洞县移居观城定居，村中建有楼房，得村名李家楼，后来为了区别于其他楼，也为了突出本村户多的特点，更名大李楼。聚落呈团块状分布。经济以种植业为主，主要农作物有小麦、玉米等。

十八里铺 371522-B07-H01

[Shíbālǐpù]

十八里铺镇人民政府驻地。在县驻地燕塔街道南方向 6.7 千米。人口 1 100。传唐代姜姓沿驿道立村，名南关铺。至明永乐年间，沿途店铺林立，因距县城十八华里，故更今名。聚落呈团块状分布。有幼儿园。经济以种植业为主，主要农作物有小麦、玉米、大蒜等。省道临商公路经此。

前李庄 371522-B07-H02

[Qiánlǐzhuāng]

在县驻地燕塔街道南方向 14.2 千米。十八里铺镇辖自然村。人口 700。李氏于明朝由山西洪洞县迁来，命名为李庄。景泰年间，因村北有一后李庄，得村名前李庄。聚落呈团块状分布。经济以种植业为主，主要农作物有小麦、玉米、大棚蔬菜等。有公路经此。

邵庄 371522-B07-H03

[Shàozhuāng]

在县驻地燕塔街道南方向 9.5 千米。十八里铺镇辖自然村。人口 300。明永乐年间，邵姓始祖由山西洪洞县迁此立村，以姓氏命名。聚落呈团块状分布。经济以种植业为主，主要农作物有小麦、玉米。有公路经此。

申屯 371522-B07-H04

[Shēntún]

在县驻地燕塔街道南方向 12.6 千米。十八里铺镇辖自然村。人口 600。明永乐年间，申姓族人由山西洪洞县迁此定居，取村名申屯。聚落呈团块状分布。经济以种植业为主，主要农作物有小麦、玉米。有公路经此。

林庄 371522-B07-H05

[Línzhuāng]

在县驻地燕塔街道南方向 9.8 千米。十八里铺镇辖自然村。人口 400。明永乐年间，林氏从山西洪洞县迁此定居立村，名林庄。聚落呈团块状分布。经济以种植业为主，主要农作物有小麦、玉米等。有公路经此。

白杨园 371522-B07-H06

[Báiyángyuán]

在县驻地燕塔街道南方向 7.6 千米。十八里铺镇辖自然村。人口 200。明朝初期，李氏自山西洪洞县迁此定居，因该地白杨树多，得村名白杨园。聚落呈团块状分布。经济以种植业为主，主要农作物有小麦、玉米、花生等。有公路经此。

中心阁 371522-B07-H07

[Zhōngxīngé]

在县驻地燕塔街道南方向 9.7 千米。十八里铺镇辖自然村。人口 200。明永乐年间，王会由山西洪洞县迁此定居，立村后为集市，人称王会集。清康熙年间于村南建一亭宇，因该村处于朝城县与莘县之间，民国时期更名中心阁。聚落呈团块状分布。经济以种植业为主，主要农作物有小麦、玉米。有公路经此。

赵庄 371522-B07-H08
[Zhàozhuāng]

在县驻地燕塔街道南方向 5.7 千米。十八里铺镇辖自然村。人口 400。明洪武二年（1369），赵氏从山西洪洞县迁此定居，村以姓氏命名。聚落呈团块状分布。经济以种植业为主，主要农作物有小麦、玉米等。有公路经此。

翟庄 371522-B07-H09
[Zháizhuāng]

在县驻地燕塔街道南方向 10.3 千米。十八里铺镇辖自然村。人口 200。元朝，翟氏自阳谷县翟家迁此定居，得村名翟庄。聚落呈团块状分布。经济以种植业为主，主要农作物有小麦、玉米。有公路经此。

苑庄 371522-B07-H10
[Yuànzhuāng]

在县驻地燕塔街道南方向 13.1 千米。十八里铺镇辖自然村。人口 800。清康熙年间，苑氏自山西迁来定居，村以姓氏命名。聚落呈团块状分布。经济以种植业为主，主要农作物有小麦、玉米。有公路经此。

杨庄 371522-B07-H11
[Yángzhuāng]

在县驻地燕塔街道南方向 7.6 千米。十八里铺镇辖自然村。人口 200。明永乐年间，杨氏由山西洪洞县迁此定居，以姓氏命名。聚落呈团块状分布。经济以种植业为主，主要农作物有小麦、玉米。有公路经此。

杨河口 371522-B07-H12
[Yánghékǒu]

在县驻地燕塔街道南方向 11.3 千米。十八里铺镇辖自然村。人口 500。明永乐年间，杨氏自山西洪洞县迁此定居，因紧靠徒骇河，且处于过河路口，人称之为杨河口。聚落呈团块状分布。经济以种植业为主，主要农作物有小麦、玉米。有公路经此。

燕店 371522-B08-H01
[Yāndiàn]

燕店镇人民政府驻地。在县驻地燕塔街道西北方向 10.1 千米。人口 3 300。因燕姓在赵卫河畔码头设店为业，村以店名。聚落呈团块状分布。有幼儿园。经济以种植业为主，主要农作物有小麦、玉米、蔬菜、香瓜等。省道蒙馆路经此。

臧庄 371522-B08-H02
[Zāngzhuāng]

在县驻地燕塔街道西北方向 8.0 千米。燕店镇辖自然村。人口 600。明朝初期，臧氏由山西洪洞县迁此定居，以姓氏命名。聚落呈散状分布。经济以种植业为主，主要农作物有小麦、玉米、花生、香瓜、韭菜等。有公路经此。

翟庄 371522-B08-H03
[Zháizhuāng]

在县驻地燕塔街道西北方向 8.6 千米。燕店镇辖自然村。人口 700。清朝初期，翟氏由河店乡翟家迁来定居，以姓氏命名。聚落呈散状分布。经济以种植业为主，主要农作物有小麦、玉米、花生、香瓜等。有公路经此。

赵堂 371522-B08-H04
[Zhàotáng]

在县驻地燕塔街道西北方向 8.3 千米。燕店镇辖自然村。人口 700。明朝初期，赵氏由山西洪洞县迁此，定居于一庙堂后，人称赵堂。聚落呈散状分布。经济以种植业为主，主要农作物有小麦、玉米、花生、黄瓜、香瓜等。有公路经此。

安庄 371522-B08-H05

[Ānzhuāng]

在县驻地燕塔街道西北方向 11.6 千米。燕店镇辖自然村。人口 1 200。明朝之前，有贾、燕两姓在此居住，因村中榆树很多，人称榆树林。明中期，段、闫、李等姓由山西相继迁入，后村人觉得此名不雅，便取名安庄，有安居乐业之意。聚落呈团块状分布。经济以种植业为主，主要农作物有小麦、玉米。有公路经此。

杨屯 371522-B08-H06

[Yángtún]

在县驻地燕塔街道西北方向 8.5 千米。燕店镇辖自然村。人口 300。明朝初期，杨氏由山西洪洞县迁此定居，取名杨屯。聚落呈团块状分布。经济以种植业为主，主要农作物有小麦、玉米、香瓜、韭菜等。有公路经此。

百巷 371522-B08-H07

[Bǎixiàng]

在县驻地燕塔街道西北方向 8.1 千米。燕店镇辖自然村。人口 1 200。据传王氏祖居于此，因村中姓氏众多，故村名百家巷。明初，王、马、闫、秦四姓氏由山西洪洞县迁入，村名未改，后简称百巷。聚落呈散状分布。经济以种植业为主，主要农作物有小麦、玉米、花生等。有公路经此。

后孙庄 371522-B08-H08

[Hòusūnzhuāng]

在县驻地燕塔街道西北方向 12.9 千米。燕店镇辖自然村。人口 700。清末，部分人由孙二庄搬至村北定居，人称后孙庄。聚落呈散状分布。经济以种植业为主，主要农作物有小麦、玉米、香瓜等。333 省道经此。

柿子园 371522-B08-H09

[Shìziyuán]

在县驻地燕塔街道西北方向 10.6 千米。燕店镇辖自然村。人口 900。清朝初期，陈氏来此立村，因村中柿子树众多，故名柿子园。聚落呈团块状分布。经济以种植业为主，主要农作物有小麦、玉米、花生、香瓜、黄瓜等。有公路经此。

赵庄 371522-B08-H10

[Zhàozhuāng]

在县驻地燕塔街道西北方向 10.1 千米。燕店镇辖自然村。人口 1 500。清初，赵、王二氏分别由南阳、贾牌村迁此定居，立村赵王庄，后人称之赵庄。聚落呈团块状分布。经济以种植业为主，主要农作物有小麦、玉米、韭菜、香瓜等。有公路经此。

董杜庄 371522-B09-H01

[Dǒngdùzhuāng]

董杜庄镇人民政府驻地。在县驻地燕塔街道西方向 15.4 千米。人口 1 400。明初，董、杜二姓由山西洪洞县迁此定居，分别立村董庄、杜庄。1958 年合并称董杜庄。聚落呈团块状分布。有幼儿园。经济以种植业为主，主要农作物有小麦、玉米、西瓜、豆角等。有公路经此。

张端 371522-B09-H02

[Zhāngduān]

在县驻地燕塔街道西方向 14.4 千米。董杜庄镇辖自然村。人口 1 200。明初，张氏由河南张河寨迁此定居，因在此片迁居最早，故村名张端。聚落呈团块状分布。经济以种植业为主，主要农作物有西瓜、豆角、延秋瓜菜、小麦、玉米、花生等。有公路经此。

郑楼 371522-B09-H03
[Zhènglóu]

在县驻地燕塔街道西方向 18.0 千米。董杜庄镇辖自然村。人口 600。元末明初，郑氏由山西洪洞县迁此定居，后家业兴旺，建起楼房，取村名郑楼。聚落呈团块状分布。经济以种植业为主，主要农作物有西瓜、豆角、延秋瓜菜、小麦、玉米、花生等。有公路经此。

高庄 371522-B09-H04
[Gāozhuāng]

在县驻地燕塔街道西方向 14.2 千米。董杜庄镇辖自然村。人口 700。明初，高氏自山西洪洞县迁此定居，取名高庄。聚落呈团块状分布。经济以种植业为主，主要农作物有西瓜、豆角、延秋瓜菜、小麦、玉米、花生等。有公路经此。

黑刘家 371522-B09-H05
[Hēiliújiā]

在县驻地燕塔街道西方向 17.6 千米。董杜庄镇辖自然村。人口 600。明初，刘氏由山西洪洞县迁此，因来时此地天已黑，定居后取村名黑刘家。聚落呈团块状分布。经济以种植业为主，主要农作物有西瓜、豆角、延秋瓜菜、小麦、玉米、花生等。有公路经此。

钱楼 371522-B09-H06
[Qiánlóu]

在县驻地燕塔街道西方向 14.8 千米。董杜庄镇辖自然村。人口 300。明永乐年间，张、王二氏分别由张端村和冠县迁此定居，立村王张庄。后王氏盖起楼房，开起银钱铺。清初，改村名为钱楼。聚落呈团块状分布。经济以种植业为主，主要农作物有西瓜、豆角、延秋瓜菜、小麦、玉米、花生等。有公路经此。

谢庄 371522-B09-H07
[Xièzhuāng]

在县驻地燕塔街道西方向 17.0 千米。董杜庄镇辖自然村。人口 1 400。明初，谢氏由山西洪洞县迁此定居，以姓氏命名为谢庄。聚落呈散状分布。经济以种植业为主，主要农作物有西瓜、豆角、延秋瓜菜、小麦、玉米、花生等。有公路经此。

西函丈 371522-B09-H08
[Xīhánzhàng]

在县驻地燕塔街道西方向 16.4 千米。董杜庄镇辖自然村。人口 600。1368 年后，村民从山西洪洞县和安徽凤阳县迁此定居。数年后，村中绿树成荫，进庄有进涵洞帐幕之感，得村名涵帐，后演写为函丈。1949 年后，分为三个自然村，本村为西函丈。聚落呈团块状分布。经济以种植业为主，主要农作物有西瓜、豆角、延秋瓜菜、小麦、玉米、花生等。有公路经此。

娄庄 371522-B09-H09
[Lóuzhuāng]

在县驻地燕塔街道西方向 16.8 千米。董杜庄镇辖自然村。人口 1 400。明初，娄氏由山西洪洞县迁此定居，取名娄庄。聚落呈团块状分布。经济以种植业为主，主要农作物有西瓜、豆角、延秋瓜菜、小麦、玉米、花生等。有公路经此。

庞王庄 371522-B09-H10
[Pángwángzhuāng]

在县驻地燕塔街道西方向 16.4 千米。董杜庄镇辖自然村。人口 300。约 300 年前，庞氏自妹冢镇碱场迁此定居，不久，王氏由王拐迁入，取村名为庞王庄。聚落呈团块状分布。经济以种植业为主，主要农作物有西瓜、豆角、延秋瓜菜、小麦、玉米、花生等。有公路经此。

夏庄 371522-B09-H11

[Xiàzhuāng]

在县驻地燕塔街道西方向 18.1 千米。董杜庄镇辖自然村。人口 500。明初，张氏自山西洪洞县迁此定居，取名张庄。夏氏相继迁入，盖楼房一座，人称夏家楼，现习称夏庄。聚落呈团块状分布。经济以种植业为主，主要农作物有西瓜、豆角、延秋瓜菜、小麦、玉米、花生等。有公路经此。

毕屯 371522-B09-H12

[Bìtún]

在县驻地燕塔街道西方向 18.4 千米。董杜庄镇辖自然村。人口 1 800。东汉前，此处有一寺院，名净业寺。寺南 200 米处居住着几户毕氏人家。刘秀与王莽大战时，被王莽大军追杀至此，刘秀藏入毕氏人家，避过王莽大军，脱险临走时，刘秀封此村为避风屯。后村民改为毕封屯，民国初年简称毕屯。聚落呈团块状分布。经济以种植业为主，主要农作物有西瓜、豆角、延秋瓜菜、小麦、玉米、花生等。有公路经此。

王奉集 371522-B10-H01

[Wángfèngjí]

王奉镇人民政府驻地。在县驻地燕塔街道西北方向 23.5 千米。人口 1 200。隋朝王姓立村，名王庄。据传唐时王氏族长梦到两只凤凰飞入村中，遂改村名王凤，成集市后取谐音改今名。有幼儿园。聚落呈团块状分布。经济以种植业为主，主要农作物有小麦、玉米、大豆、花生。有公路经此。

武城集 371522-B10-H02

[Wǔchéngjí]

在县驻地燕塔街道西北方向 22.7 千米。王奉镇辖自然村。人口 1 000。武氏、尹氏自明初由山西洪洞县迁此定居立村，武氏有人在该村立起集市，习称该村武成集，后演变为武城集。聚落呈团块状分布。经济以种植业为主，主要农作物有小麦、玉米、花生、大豆等。有公路经此。

化庄 371522-B10-H03

[Huàzhuāng]

在县驻地燕塔街道西北方向 31.1 千米。王奉镇辖自然村。人口 1 500。明永乐年间，胡、白、马等姓氏由山西洪洞县迁此定居。因有庙一座，香火旺盛，终日烟火缭绕，如云似花，得村名香花庄，后演变为化庄。聚落呈团块状分布。经济以种植业为主，主要农作物有小麦、玉米、花生、大豆等。有公路经此。

安尚 371522-B10-H04

[Ānshàng]

在县驻地燕塔街道西北方向 25.1 千米。王奉镇辖自然村。人口 500。清乾隆年间，江姓九户人家从朝城南街迁此立村，因村西有尼姑庵，村东有和尚庙，人称该村为庵尚，清末改村名安尚。聚落呈团块状分布。经济以种植业为主，主要农作物有小麦、玉米、花生、大豆等。有公路经此。

北王奉 371522-B10-H05

[Běiwángfèng]

在县驻地燕塔街道西北方向 22.7 千米。

王奉镇辖自然村。人口 2 000。隋朝，王姓立村，村名北王庄。唐朝时，飞来两只凤凰，一栖南王庄，一栖北王庄，遂更名北王凤，谐音名为北王奉。聚落呈团块状分布。经济以种植业为主，主要农作物有小麦、玉米、花生、大豆等。有公路经此。

北十户 371522–B10–H06

[Běishíhù]

在县驻地燕塔街道西北方向 27.7 千米。王奉镇辖自然村。人口 1 600。明永乐年间，岳、孙、段、王等姓氏由山西洪洞县迁此定居，取名为十户村。清朝初年，因南边有一十户村（在河北省），为区别，人们习称该村为北十户。聚落呈团块状分布。经济以种植业为主，主要农作物有小麦、玉米、花生、大豆等。有公路经此。

后马 371522–B10–H07

[Hòumǎ]

在县驻地燕塔街道西北方向 29.0 千米。王奉镇辖自然村。人口 1 000。明永乐年间，彭氏由马村迁来，取名马村。后来，随人口增长，分为两个村，因此村位于后，故名后马。聚落呈团块状分布。经济以种植业为主，主要农作物有小麦、玉米、花生、大豆等。有公路经此。

白庄 371522–B10–H08

[Báizhuāng]

在县驻地燕塔街道西北方向 23.2 千米。王奉镇辖自然村。人口 900。明朝初期，白氏三人从山西洪洞县迁此居住，以姓氏名村白庄。聚落呈团块状分布。经济以种植业为主，主要农作物有花生、山药。有公路经此。

东滩北街 371522–B10–H09

[Dōngtānběijiē]

在县驻地燕塔街道西北方向 30.7 千米。王奉镇辖自然村。人口 1 500。有汉族，回族，其中回族占 37.3%。明初，任、刘、马三姓氏由山西洪洞县迁此，定居在黄河故道两片河滩上安家，这两个聚居地分别称为东滩、西滩。后来东滩又分出北滩和南滩，北滩又名东滩北街。聚落呈团块状分布。经济以种植业为主，主要农作物有花生、山药。有公路经此。

道庄 371522–B10–H10

[Dàozhuāng]

在县驻地燕塔街道西北方向 26.6 千米。王奉镇辖自然村。人口 1 200。明初，吴氏自山西洪洞县迁来，因这里寺院内有一道，周围僧众尊称之为道爷，吴氏在此定居立村后，人称道爷庄。明末一县官路过问其庄名，衙役答道爷庄，县官认为喊此名降低了本人的身份，下令改为道庄。聚落呈团块状分布。经济以种植业为主，特产有花生、山药。有公路经此。

赫庄 371522–B10–H11

[Hèzhuāng]

在县驻地燕塔街道西北方向 27.0 千米。王奉镇辖自然村。人口 200。明初，赫氏由今村址西南两里处塔头镇迁来，定居在寺院旧址处，取名赫庄。聚落呈团块状分布。经济以种植业为主，主要农作物有小麦、玉米、花生、大豆等。有公路经此。

耿楼 371522–B10–H12

[Gěnglóu]

在县驻地燕塔街道西北方向 25.6 千米。王奉镇辖自然村。人口 2 000。明万历年间，魏氏井六由山西洪洞县迁此定居，人称井六村，后来官府登记时误写为耿楼。聚落呈团块状分布。经济以种植业为主，主要农作物为小麦、玉米、花生，盛产苹果等。有昌泰不锈钢、同舟菌业等企业。有公路经此。

百寨 371522–B11–H01

[Bǎizhài]

樱桃园镇人民政府驻地。在县驻地燕塔街道南方向 39.5 千米。人口 2 400。据传战国时期，孙膑以减灶之计诱魏军追赶三日后，于此扎起了一百座营寨乱敌，后被庞涓烧毁。明初王、李二姓迁此定居，遂命村名百寨。聚落呈带状分布。有幼儿园、文化站。经济以种植业为主，主要农作物有小麦、玉米、花生等。有公路经此。

白滩 371522–B11–H02

[Báitān]

在县驻地燕塔街道南方向 36.8 千米。樱桃园镇辖自然村。人口 1 600。明永乐年间，白姓由山西洪洞县迁来，因有沙滩，故名。聚落呈团块状分布。经济以种植业为主，主要农作物有小麦、玉米、花生、杂粮等。有公路经此。

杜拐 371522–B11–H03

[Dùguǎi]

在县驻地燕塔街道南方向 39.4 千米。樱桃园镇辖自然村。人口 500。明朝末期，杜姓由清丰县巩营迁此处，立村杜拐。聚落呈团块状分布。经济以种植业为主，主要农作物有小麦、玉米、花生等。有公路经此。

付亭 371522–B11–H04

[Fùtíng]

在县驻地燕塔街道南方向 44.5 千米。樱桃园镇辖自然村。人口 700。明初，付氏自山西洪洞县迁居于此，因村庄邻近一古亭，故取村名付亭。聚落呈带状分布。经济以种植业为主，主要农作物有小麦、玉米、花生等。有公路经此。

高庄 371522–B11–H05

[Gāozhuāng]

在县驻地燕塔街道南方向 37.4 千米。樱桃园镇辖自然村。人口 2 000。明洪武十三年（1380），高姓从山西洪洞县迁居此处定居立村，故名高庄。聚落呈团块状分布。经济以种植业为主，主要农作物有小麦、玉米、花生、杂粮等。有公路经此。

耿王 371522–B11–H06

[Gěngwáng]

在县驻地燕塔街道南方向 38.6 千米。樱桃园镇辖自然村。人口 4 900。秦朝末年有耿姓王子死后葬于此地，故取名耿王。聚落呈团块状分布。经济以种植业为主，主要农作物有小麦、玉米、花生、杂粮等。有公路经此。

谷炉 371522–B11–H07

[Gǔlú]

在县驻地燕塔街道南方向 40.5 千米。樱桃园镇辖自然村。人口 700。传说明朝有一谷氏以打铁为生，素有第一炉之称，因而得名谷炉。聚落呈团块状分布。经济以种植业为主，主要农作物有小麦、玉米、花生等。有公路经此。

庄和 371522–B11–H08

[Zhuānghé]

在县驻地燕塔街道南方向 37.4 千米。樱桃园镇辖自然村。人口 1 700。明初，李、岳、于三姓氏自山西洪洞县迁此定居，分别以姓氏命名，后三村人和睦相处，合并为一村，取村名庄和。聚落呈团块状分布。经济以种植业为主，主要农作物有小麦、玉米、花生、杂粮等。有公路经此。

朱庄 371522–B11–H09
[Zhūzhuāng]

在县驻地燕塔街道南方向 39.1 千米。樱桃园镇辖自然村。人口 200。明朝初期，朱姓从范县白衣迁至古城镇朱楼，又从朱楼迁此，立村朱庄。聚落呈团块状分布。经济以种植业为主，主要农作物有小麦、玉米、花生等。有公路经此。

郑楼 371522–B11–H10
[Zhènglóu]

在县驻地燕塔街道南方向 39.2 千米。樱桃园镇辖自然村。人口 1 300。明初，郑氏由山西洪洞县迁此立村，在郑家胡同后盖一楼，故名郑楼。聚落呈团块状分布。经济以种植业为主，主要农作物有小麦、玉米、花生等。有公路经此。

赵亭 371522–B11–H11
[Zhàotíng]

在县驻地燕塔街道南方向 43.3 千米。樱桃园镇辖自然村。人口 700。明初，赵姓自洪洞县迁此，因村庄邻近一古亭，故命名为赵亭。聚落呈带状分布。经济以种植业为主，主要农作物有小麦、玉米、花生等。有公路经此。

河店 371522–B12–H01
[Hédiàn]

河店镇人民政府驻地。在县驻地燕塔街道北方向 10.4 千米。人口 1 200。明初宋姓从山西洪洞县迁此，因处交通要道，村民多开店，故取村名河店。聚落呈团块状分布。有幼儿园。经济以种植业为主，主要农作物有小麦、玉米等，盛产洋香瓜、西红柿。有公路经此。

西郭家 371522–B12–H02
[Xīguōjiā]

在县驻地燕塔街道北方向 12.8 千米。河店镇辖自然村。人口 1 200。郭氏顺忠排行第二，明洪武二年（1369）由山西洪洞县迁此定居，立村郭二庄。因当时村口路旁放一石碾，完粮纳税者将谷物在此加工后上缴，故人称为碾口郭家，后得村名郭家。1949 年后分为东郭家、西郭家。聚落呈团块状分布。经济以种植业为主，主要农作物有小麦、玉米等，盛产洋香瓜、西红柿。有公路经此。

枣棵杨 371522–B12–H03
[Zǎokēyáng]

在县驻地燕塔街道北方向 12.2 千米。河店镇辖自然村。人口 500。明朝初期，杨氏祖居于此，名曰杨家。因该村周围枣树多，故人们习称枣棵杨。聚落呈团块状分布。经济以种植业为主，主要农作物有小麦、玉米等，盛产洋香瓜、西红柿。有公路经此。

贾庄 371522–B12–H04
[Jiǎzhuāng]

在县驻地燕塔街道北方向 11.6 千米。河店镇辖自然村。人口 700。明永乐年间，贾氏由山西洪洞县左红庙贾家迁此定居，立村贾庄。聚落呈团块状分布。经济以种植业为主，主要农作物有小麦、玉米等，盛产洋香瓜、西红柿。有公路经此。

王庄 371522–B12–H05

[Wángzhuāng]

在县驻地燕塔街道北方向 10.9 千米。河店镇辖自然村。人口 1 600。明正德年间，王氏迁此居住，取名王家庄，后简称王庄。聚落呈团块状分布。经济以种植业为主，主要农作物有小麦、玉米等，盛产洋香瓜、西红柿。有公路经此。

潘庄 371522–B12–H06

[Pānzhuāng]

在县驻地燕塔街道北方向 14.8 千米。河店镇辖自然村。人口 1 100。明洪武年间，张氏自山西洪洞县迁此，因村西有一寺院，寺院前后各有三门村，即立村藩三门。后与东南小村白庄合并，得名藩庄，后以谐音改为潘庄。聚落呈团块状分布。经济以种植业为主，主要农作物有小麦、玉米等，盛产洋香瓜、西红柿。有公路经此。

田海 371522–B12–H07

[Tiánhǎi]

在县驻地燕塔街道北方向 13.5 千米。河店镇辖自然村。人口 1 000。明初，田氏由山西迁来，由于人业兴旺，明万历年间，以村周有水壕而改村名为田家海，后简称田海。聚落呈团块状分布。经济以种植业为主，主要农作物有小麦、玉米等，盛产洋香瓜、西红柿。有公路经此。

赵庄 371522–B12–H08

[Zhàozhuāng]

在县驻地燕塔街道北方向 18.3 千米。河店镇辖自然村。人口 800。明初，田、车二氏由山西洪洞县迁此定居，因村前赵王河水泛滥，村民搬到河堤上住，夕阳斜照，人称为照庄，后以谐音称赵庄。聚落呈团块状分布。经济以种植业为主，主要农作物有小麦、玉米等，盛产洋香瓜、西红柿。有公路经此。

安头 371522–B12–H09

[Āntóu]

在县驻地燕塔街道北方向 15.6 千米。河店镇辖自然村。人口 600。此地原为发干县城南关的头上，明洪武年间，周、郭、范等姓氏自山西洪洞县迁此定居，得村名安头。聚落呈散状分布。经济以种植业为主，主要农作物有小麦、玉米等，盛产洋香瓜、西红柿。有公路经此。

邴海 371522–B12–H10

[Bǐnghǎi]

在县驻地燕塔街道北方向 18.5 千米。河店镇辖自然村。人口 900。明初，邴氏一家由山洪洞县迁此定居，因村周有长年积水的壕沟，人称邴家海，后称邴海。聚落呈团块状分布。经济以种植业为主，主要农作物有小麦、玉米等，盛产洋香瓜、西红柿。有公路经此。

楚家 371522–B12–H11

[Chǔjiā]

在县驻地燕塔街道北方向 13.0 千米。河店镇辖自然村。人口 1 200。明朝初期，有楚、李、王等姓氏自山西洪洞县迁此定居，因村旁有壕沟，人称为楚家老壕。后壕平且成一集市，得名为楚家集，集挪别处后，改名楚家。聚落呈散状分布。经济以种植业为主，主要农作物有小麦、玉米等，盛产洋香瓜、西红柿。有公路经此。

大三门 371522–B12–H12

[Dàsānmén]

在县驻地燕塔街道北方向 14.2 千米。

河店镇辖自然村。人口 1 300。清朝初期，孔氏自山西洪洞县迁此，定居于一寺院前，寺院有前、后两门，名曰前山门、后山门，因处于前山门前，取村名为前山门。后演变为前三门，又以习称更为大三门。聚落呈团块状分布。经济以种植业为主，主要农作物有小麦、玉米等，盛产洋香瓜、西红柿。有公路经此。

李庄 371522-B13-H01
[Lǐzhuāng]

妹冢镇人民政府驻地。在县驻地燕塔街道西方向 17.9 千米。人口 2 200。明朝初期，李氏由山西迁此，马、宋、吴、赵、段、鲁、孟 7 姓氏相继迁入，因李氏为首户，得村名李家庄，后简称李庄。聚落呈团块状分布。经济以种植业为主，主要农作物有小麦、玉米等。有公路经此。

温炉 371522-B13-H02
[Wēnlú]

在县驻地燕塔街道西方向 18.1 千米。妹冢镇辖自然村。人口 300。明朝初期，温氏由山西洪洞县迁此定居，以打铁为业，曾有百盘红炉之称，故得村名温炉。聚落呈团块状分布。经济以种植业为主，主要农作物有小麦、玉米等。有公路经此。

五里屯 371522-B13-H03
[Wǔlǐtún]

在县驻地燕塔街道西方向 20.0 千米。妹冢镇辖自然村。人口 1 500。明朝初期，史氏由山西迁此定居，在距朝城五里处立村，得村名五里屯。聚落呈团块状分布。经济以种植业为主，主要农作物有小麦、玉米等。有公路经此。

武祖庙 371522-B13-H04
[Wǔzǔmiào]

在县驻地燕塔街道西方向 16.0 千米。妹冢镇辖自然村。人口 200。唐朝时，人们在每年正月十六请孙猴，以示娱乐。传说有一年，把孙猴请来送不走了，被孙猴附体的人说，要在此村长期定居，于是人们为它盖了座庙，因孙猴自称姓武，故称此庙为武祖庙，并以此更村名。聚落呈团块状分布。经济以种植业为主，主要农作物有小麦、玉米等。有公路经此。

掌史 371522-B13-H05
[Zhǎngshǐ]

在县驻地燕塔街道西方向 21.1 千米。妹冢镇辖自然村。人口 900。原名牛角寺，唐朝李密来本村建造掌史府，流传至今，故得村名掌史。聚落呈团块状分布。经济以种植业为主，主要农作物有小麦、玉米等。有公路经此。

安庄 371522-B13-H06
[Ānzhuāng]

在县驻地燕塔街道西方向 18.7 千米。妹冢镇辖自然村。人口 1 100。明朝初期，安氏由山西洪洞县迁此定居，以姓氏命名，故名安庄。聚落呈团块状分布。经济以种植业为主，主要农作物有小麦、玉米等。有公路经此。

郭庄 371522-B13-H07
[Guōzhuāng]

在县驻地燕塔街道西方向 15.3 千米。妹冢镇辖自然村。人口 600。明朝初期，郭氏由山西洪洞县迁此定居，以姓氏命名，得村名郭庄。聚落呈团块状分布。经济以种植业为主，主要农作物有小麦、玉米等。有公路经此。

韩庄 371522–B13–H08
[Hánzhuāng]

在县驻地燕塔街道西方向 17.0 千米。妹冢镇辖自然村。人口 600。明朝初期，韩氏由山西洪洞县迁此定居，以姓氏命名，得村名韩庄。聚落呈团块状分布。经济以种植业为主，主要农作物有小麦、玉米等。有公路经此。

刘庄 371522–B13–H09
[Liúzhuāng]

在县驻地燕塔街道西方向 20.5 千米。妹冢镇辖自然村。人口 800。原村名武家海子，后沉没。明朝初期，刘氏由山西洪洞县迁此定居，得村名刘庄。聚落呈团块状分布。经济以种植业为主，主要农作物有小麦、玉米等。有公路经此。

马庄 371522–B13–H10
[Mǎzhuāng]

在县驻地燕塔街道西方向 13.6 千米。妹冢镇辖自然村。人口 300。明朝初期，马氏自山西洪洞县迁此定居，得村名马庄。聚落呈团块状分布。经济以种植业为主，主要农作物有小麦、玉米等。有公路经此。

朱庄 371522–B13–H11
[Zhūzhuāng]

在县驻地燕塔街道西方向 14.2 千米。妹冢镇辖自然村。人口 600。朱氏由山西洪洞县迁此定居，得村名朱庄。聚落呈团块状分布。经济以种植业为主，主要农作物有小麦、玉米等。有公路经此。

魏庄 371522–B14–H01
[Wèizhuāng]

魏庄镇人民政府驻地。在县驻地燕塔街道西北方向 16.4 千米。人口 2 500。明初建村，以姓氏得名。聚落呈散状分布。经济以种植业为主，主要农作物有小麦、玉米、花生等，特产香瓜、甜瓜、黄瓜等。有公路经此。

草佛堂 371522–B14–H02
[Cǎofótáng]

在县驻地燕塔街道北方向 14.0 千米。魏庄镇辖自然村。人口 1 000。明初，村内原有一座观音庙，殿堂三间，没有塑立佛像，如村民求雨，用草扎佛身祈祷，故取村名草佛堂。聚落呈团块状分布。经济以种植业为主，主要农作物有小麦、玉米、花生等。有公路经此。

钞家 371522–B14–H03
[Chāojiā]

在县驻地燕塔街道北方向 15.6 千米。魏庄镇辖自然村。人口 100。明永乐年间，钞氏由山西洪洞县迁入此地定居，取名钞家。聚落呈团块状分布。经济以种植业为主，主要农作物有小麦、玉米、花生等。有公路经此。

崔马固 371522–B14–H04
[Cuīmǎgù]

在县驻地燕塔街道北方向 16.2 千米。魏庄镇辖自然村。人口 1 900。明永乐年间，崔氏由山西洪洞县迁此，定居于姑子庵东，取名崔家麻姑，清初更名为崔家马顾，后演变为崔马固。聚落呈团块状分布。经济以种植业为主，主要农作物有小麦、玉米、花生等。有公路经此。

范庄 371522–B14–H05
[Fànzhuāng]

在县驻地燕塔街道北方向 17.1 千米。魏庄镇辖自然村。人口 400。清初，范氏由邻村牛王庄迁此定居，取名范庄。聚落呈团块状分布。经济以种植业为主，主要农作物有小麦、玉米、花生等。有公路经此。

甘寨 371522-B14-H06
[Gānzhài]

在县驻地燕塔街道北方向 14.1 千米。魏庄镇辖自然村。人口 2 200。宋代名为甘寨子。村民围村修墙，以避兵乱匪扰，取名甘家寨，后来村民为了方便，更名为甘寨。聚落呈团块状分布。经济以种植业为主，主要农作物有小麦、玉米、花生等。有公路经此。

葛二庄 371522-B14-H07
[Gě'èrzhuāng]

在县驻地燕塔街道北方向 17.5 千米。魏庄镇辖自然村。人口 800。明洪武年间，葛氏父子由山西迁此定居，后其父迁往外地，其子于此立村，取名葛儿庄，后更名为葛二庄。聚落呈团块状分布。经济以种植业为主，主要农作物有小麦、玉米、花生等。有公路经此。

后芦滩 371522-B14-H08
[Hòulútān]

在县驻地燕塔街道北方向 17.2 千米。魏庄镇辖自然村。人口 400。明洪武年间，陈、吴二姓在红眼江的旧河滩立村，因沙滩上芦苇丛生，人称村为芦滩。后魏姓由山西洪洞县迁此村之南定居，人称前芦滩，本村更名后芦滩。聚落呈团块状分布。经济以种植业为主，主要农作物有小麦、玉米、花生等。有公路经此。

后卓庄 371522-B14-H09
[Hòuzhuózhuāng]

在县驻地燕塔街道北方向 15.9 千米。魏庄镇辖自然村。人口 1 000。明前，此村名为祝家庄，有祝、卓二姓。明洪武年间，吴、霍二姓由山西洪洞县迁此定居。明末，祝氏无，更名为卓庄。清末，吴、霍二姓迁至村南立村前卓庄，本村更名为后卓庄。聚落呈团块状分布。经济以种植业为主，主要农作物有小麦、玉米、花生等。有公路经此。

焦庄 371522-B14-H10
[Jiāozhuāng]

在县驻地燕塔街道北方向 20.4 千米。魏庄镇辖自然村。人口 1 800。焦氏祖居于此，取名焦庄。聚落呈团块状分布。经济以种植业为主，主要农作物有小麦、玉米、花生等。有公路经此。

康净庄 371522-B14-H11
[Kāngjìngzhuāng]

在县驻地燕塔街道北方向 19.1 千米。魏庄镇辖自然村。人口 1 200。明永乐年间，康姓由山西迁来，在李净庄西立村，因是一村一姓，故名。聚落呈团块状分布。经济以种植业为主，主要农作物有小麦、玉米、花生等。有公路经此。

李净庄 371522-B14-H12
[Lǐjìngzhuāng]

在县驻地燕塔街道北方向 19.2 千米。魏庄镇辖自然村。人口 1 100。明初，李氏由山西洪洞县迁此定居，取名李家庄。因全是李姓，人称净李家庄，后习称李净庄。聚落呈团块状分布。经济以种植业为主，主要农作物有小麦、玉米、花生等。有公路经此。

黄庙 371522-B15-H01
[Huángmiào]

张寨镇人民政府驻地。在县驻地燕塔街道西南方向 24.5 千米。人口 1 900。明洪武年间，黄姓迁此定居，取村名黄家屯。

明末清初，村中建起庙宇，遂改村名黄庙。聚落呈团块状分布。经济以种植业为主，主要农作物有小麦、玉米。有公路经此。

杨寨 371522–B15–H02

[Yángzhài]

在县驻地燕塔街道西南方向 25.6 千米。张寨镇辖自然村。人口 600。明永乐年间，杨氏由山西洪洞县杨寨迁来定居，得村名杨寨。聚落呈团块状分布。经济以种植业为主，主要农作物有小麦、玉米等。有公路经此。

寨节 371522–B15–H03

[Zhàijié]

在县驻地燕塔街道西南方向 28.1 千米。张寨镇辖自然村。人口 800。有汉族、锡伯族，其中锡伯族有 2 人。明永乐年间，张氏兄弟二人由山西洪洞县节村迁来，分东、西定居，本村为西节村，后建围村寨墙，故更名寨节。聚落呈团块状分布。经济以种植业为主，主要农作物有小麦、玉米、花生等。有公路经此。

后张寨 371522–B15–H04

[Hòuzhāngzhài]

在县驻地燕塔街道西南方向 23.4 千米。张寨镇辖自然村。人口 1 600。明朝初期，张氏兄弟二人自北京迁此定居，因自幼习武，在此立寨授徒，得村名张寨。明成化年间，从朝城砖庄移来集市，人称该村张寨集。后集市迁到前村李家庄，自此，人称李家庄为前张寨，本村则被称为后张寨。聚落呈团块状分布。经济以种植业为主，主要农作物有小麦、玉米。有公路经此。

东王楼 371522–B15–H05

[Dōngwánglóu]

在县驻地燕塔街道西南方向 22.5 千米。张寨镇辖自然村。人口 900。明洪武年间，王氏一户由山西洪洞县迁此立村，建起楼房，得村名楼房。1949 年后，乡已有西王楼，故更村名东王楼。聚落呈团块状分布。经济以种植业为主，主要农作物有小麦、玉米。有公路经此。

郭坊 371522–B15–H06

[Guōfāng]

在县驻地燕塔街道西南方向 24.7 千米。张寨镇辖自然村。人口 1 100。有汉族、壮族，其中壮族 8 人。明永乐年间，郭氏由山西洪洞县迁此定居，得村名郭庄。后该村成起集市，更村名郭坊。聚落呈团块状分布。经济以种植业为主，主要农作物有小麦、玉米。有公路经此。

后巨 371522–B15–H07

[Hòujù]

在县驻地燕塔街道西南方向 20.8 千米。张寨镇辖自然村。人口 600。明永乐年间，巨氏兄弟二人由山西洪洞县迁此，分前、后定居，得村名前巨、后巨。聚落呈团块状分布。经济以种植业为主，主要农作物有小麦、玉米、西瓜等。有公路经此。

后王庄 371522–B15–H08

[Hòuwángzhuāng]

在县驻地燕塔街道西南方向 22.1 千米。张寨镇辖自然村。人口 400。明永乐年间，王氏由山西洪洞县迁此定居，得村名王庄。后因村前有一王庄，更村名后王庄。聚落呈团块状分布。经济以种植业为主，主要农作物有小麦、玉米等。有公路经此。

南杨庄 371522–B15–H09

[Nányángzhuāng]

在县驻地燕塔街道西南方向 22.3 千米。张寨镇辖自然村。人口 500。明永乐年间，杨氏由山西洪洞县迁此定居，得村名杨庄。1949年后以方位更村名南杨庄。聚落呈团块状分布。经济以种植业为主，主要农作物有小麦、玉米等。有公路经此。

前王庄 371522-B15-H10

[Qiánwángzhuāng]

在县驻地燕塔街道西南方向22.8千米。张寨镇辖自然村。人口500。明永乐年间，王氏兄弟二人由山西洪洞县迁此定居，以姓氏命名，因村北有一王庄，为体现区别，得村名前王庄。聚落呈团块状分布。经济以种植业为主，主要农作物有小麦、玉米等。有公路经此。

桑庄 371522-B15-H11

[Sāngzhuāng]

在县驻地燕塔街道西南方向23.3千米。张寨镇辖自然村。人口1 300。有汉族、壮族，其中壮族1人。明洪武年间，桑氏由山西洪洞县迁此定居，得村名桑庄。聚落呈团块状分布。经济以种植业为主，主要农作物有小麦、玉米。有公路经此。

沙窝 371522-B15-H12

[Shāwō]

在县驻地燕塔街道西南方向27.7千米。张寨镇辖自然村。人口1 100。宋太祖年间，一叫王有的将军路此遇水难，脱险后发现一沙滩，为纪念，在沙滩上植了栖槐，得村名王沙窝。明永乐年间，洪洞移民中两户王姓定居于此，更村名为沙窝。聚落呈团块状分布。经济以种植业为主，主要农作物有小麦、玉米等。有公路经此。

大王寨 371522-B16-H01

[Dàwángzhài]

大王寨镇人民政府驻地。在县驻地燕塔街道西北方向16.2千米。人口2 700。明初，始有移民迁此定居，渐成村寨，因村子较大，且王姓居多，故取村名大王寨。聚落呈团块状分布。有幼儿园。经济以种植业为主，主要农作物有小麦、玉米、花生等。有公路经此。

杨庄 371522-B16-H02

[Yángzhuāng]

在县驻地燕塔街道南方向21.5千米。大王寨镇辖自然村。人口1 700。明永乐年间，杨氏从山西洪洞县迁来定居，得村名杨庄。聚落呈团块状分布。经济以种植业为主，主要农作物有小麦、玉米、花生等。有公路经此。

武家河 371522-B16-H03

[Wǔjiāhé]

在县驻地燕塔街道西北方向18.8千米。大王寨镇辖自然村。人口2 200。明永乐年间，因武氏自山西洪洞县迁此，定居于故河道南岸，得村名武家河。聚落呈团块状分布。经济以种植业为主，主要农作物有小麦、玉米、花生、地瓜等。有公路经此。

张村 371522-B16-H04

[Zhāngcūn]

在县驻地燕塔街道西北方向16.1千米。大王寨镇辖自然村。人口200。明永乐年间，张氏自山西洪洞县来此立村，得村名张村。聚落呈团块状分布。经济以种植业为主，主要农作物有小麦、玉米、花生等。有公路经此。

郑家 371522-B16-H05

[Zhèngjiā]

在县驻地燕塔街道西北方向18.1千米。大王寨镇辖自然村。人口900。明永乐年间，郑氏自山西洪洞县迁此定居，得村名郑家。聚落呈团块状分布。经济以种植业为主，主要农作物有小麦、玉米、花生等。有公路经此。

王村 371522-B16-H06

[Wángcūn]

在县驻地燕塔街道西北方向 15.5 千米。大王寨镇辖自然村。人口 900。明永乐年间，王氏自山西洪洞县迁此定居，取名王村。聚落呈团块状分布。经济以种植业为主，主要农作物有小麦、玉米、花生等。有公路经此。

大场集 371522-B16-H07

[Dàchǎngjí]

在县驻地燕塔街道西北方向 21.4 千米。大王寨镇辖自然村。人口 500。明朝初期，有个镇京总兵在此地设一大练兵场，后来成一集市，故名大场集。聚落呈团块状分布。经济以种植业为主，主要农作物有小麦、玉米等，盛产苹果。有公路经此。

富裕集 371522-B16-H08

[Fùyùjí]

在县驻地燕塔街道西北方向 22.7 千米。大王寨镇辖自然村。人口 3 300。明永乐年间，富、余二姓氏自山西洪洞县迁此定居，立村富余庄。清初，此处成一集市，人称富余集，后演为今名。聚落呈团块状分布。经济以种植业为主，主要农作物有小麦、玉米、花生等。有公路经此。

河涯 371522-B16-H09

[Héyá]

在县驻地燕塔街道西北方向 1.2 千米。大王寨镇辖自然村。人口 1 600。明嘉靖年间，杨氏自山西洪洞县迁此定居，因在马颊河岸边，故得村名河涯。聚落呈团块状分布。经济以种植业为主，主要农作物有小麦、玉米、花生等。有公路经此。

后观 371522-B16-H10

[Hòuguān]

在县驻地燕塔街道西北方向 17.8 千米。大王寨镇辖自然村。人口 700。明永乐年间，李氏自山西洪洞县迁来，因定居于一庙宇后，得村名后观上，后习称后观。聚落呈团块状分布。经济以种植业为主，主要农作物有小麦、玉米、花生等。有公路经此。

东田庄 371522-B16-H11

[Dōngtiánzhuāng]

在县驻地燕塔街道西北方向 21.2 千米。大王寨镇辖自然村。人口 1 500。明朝初期，邻村田氏兄弟三人路经此地，在此喝水后说水很甜，便取村名甜庄，后演变为田庄。清代，村庄形成了东、西两部分，本村为东田庄。聚落呈团块状分布。经济以种植业为主，主要农作物有小麦、玉米、花生和杂粮等，盛产苹果。有公路经此。

东丈八 371522-B16-H12

[Dōngzhàngbā]

在县驻地燕塔街道西北方向 20.4 千米。大王寨镇辖自然村。人口 1 600。宋末元初，此处建有一寺院。明永乐年间，程氏自山西洪洞县迁此，在寺东立村，因距寺一丈八尺，故得村名东丈八。聚落呈团块状分布。经济以种植业为主，主要农作物有小麦、玉米、花生等，盛产苹果。有公路经此。

徐庄 371522-B17-H01

[Xúzhuāng]

徐庄镇人民政府驻地。在县驻地燕塔街道东南方向 17.5 千米。人口 900。清顺治年间，徐姓由黄县迁此定居，取村名徐庄。聚落呈团块状分布。有幼儿园。经济以种植业为主，主要农作物有小麦、玉米等。有公路经此。

吴海 371522-B17-H02
[Wúhǎi]

在县驻地燕塔街道东方向 19.9 千米。徐庄镇辖自然村。人口 300。明朝初期，吴氏由山西洪洞县迁此定居，因前有一海子沟，得村名吴海。聚落呈团块状分布。经济以种植业为主，主要农作物有小麦、玉米。有公路经此。

武庄 371522-B17-H03
[Wǔzhuāng]

在县驻地燕塔街道东方向 22.7 千米。徐庄镇辖自然村。人口 500。明永乐年间，武氏光达由山西洪洞县迁此定居，得村名武庄。聚落呈团块状分布。经济以种植业为主，种植小麦、玉米。有公路经此。

陈庄 371522-B17-H04
[Chénzhuāng]

在县驻地燕塔街道东方向 19.1 千米。徐庄镇辖自然村。人口 800。徐、马、陈三氏由山西洪洞县迁此定居，得村名徐马，清雍正年间，陈姓成为名门大户，故更名为陈庄。聚落呈团块状分布。经济以种植业为主，主要农作物有小麦、玉米等。有公路经此。

后店子 371522-B17-H05
[Hòudiànzi]

在县驻地燕塔街道东方向 16.9 千米。徐庄镇辖自然村。人口 1 000。明崇祯年间，杜氏先云由山西洪洞县迁此定居，因南有店子村，得村名后店子。聚落呈团块状分布。经济以种植业为主，主要农作物有小麦、玉米。有公路经此。

马庄 371522-B17-H06
[Mǎzhuāng]

在县驻地燕塔街道东方向 18.8 千米。徐庄镇辖自然村。人口 500。明天启年间，马氏章起由山西洪洞县迁此定居，得村名马庄。聚落呈团块状分布。经济以种植业为主，主要农作物有小麦、玉米。有公路经此。

徐楼 371522-B17-H07
[Xúlóu]

在县驻地燕塔街道东方向 19.1 千米。徐庄镇辖自然村。人口 500。明洪武四年（1371），徐宁由山西洪洞县迁此定居，得村名徐村，后因盖起座楼房，更名为徐楼。聚落呈团块状分布。经济以种植业为主，主要农作物有小麦、玉米等。有公路经此。

朱庄 371522-B17-H08
[Zhūzhuāng]

在县驻地燕塔街道东方向 20.8 千米。徐庄镇辖自然村。人口 200。明永乐年间，朱氏由山西洪洞县迁此定居，得村名朱庄。聚落呈团块状分布。经济以种植业为主，主要农作物有小麦、玉米等。有公路经此。

八里铺 371522-B17-H09
[Bālǐpù]

在县驻地燕塔街道东方向 16.7 千米。徐庄镇辖自然村。人口 500。清顺治年间，王氏丙南由朝城北街迁此定居，因距朝城八里，命村名八里庄，由于靠驿道设店铺，习称八里铺。聚落呈团块状分布。经济以种植业为主，主要农作物有小麦、玉米等。有公路经此。

八里庄 371522-B17-H10
[Bālǐzhuāng]

在县驻地燕塔街道东方向 19.3 千米。徐庄镇辖自然村。人口 1 600。明朝永乐年间，赵、郭、葛、李等姓氏由山西洪洞县迁此定居，因距朝城八里，取村名八里庄。聚落呈团块状分布。有文化大院、图书阅览室。经济以种植业为主。有公路经此。

北周庄 371522–B17–H11

[Běizhōuzhuāng]

在县驻地燕塔街道东方向 16.5 千米。徐庄镇辖自然村。人口 1 000。明洪武年间，周氏由山西洪洞县兴周府迁此定居，为与重名村区别开，得村名北周庄。聚落呈团块状分布。经济以种植业为主，种植小麦、玉米。有公路经此。

东梁庄 371522–B17–H12

[Dōngliángzhuāng]

在县驻地燕塔街道东方向 20.4 千米。徐庄镇辖自然村。人口 400。梁氏三兄弟由山西洪洞县迁此分别立村，老大居东，村名东梁庄。聚落呈团块状分布。经济以种植业为主，主要农作物有小麦、玉米。有公路经此。

王庄集 371522–B18–H01

[Wángzhuāngjí]

王庄集镇人民政府驻地。在县驻地燕塔街道西南方向 33.9 千米。人口 2 400。明永乐年间，王姓兄弟由山西洪洞县迁此定居，名村王庄。清道光年间成集市，遂更今名。聚落呈团块状分布。有幼儿园、文化站。经济以种植业为主，主要农作物有小麦、玉米等。有公路经此。

后张 371522–B18–H02

[Hòuzhāng]

在县驻地燕塔街道西南方向 31.4 千米。王庄集镇辖自然村。人口 700。明永乐年间，张氏兄弟二人由山西洪洞县迁此定居，取名张村。清咸丰年间，张柱率部分户迁至村南另立新村，名前张村，本村称为后张。聚落呈团块状分布。经济以种植业和养殖业为主，主要作物为小麦、玉米，主要养殖鸡、鸭、羊等。有公路经此。

西大张 371522–B18–H03

[Xīdàzhāng]

在县驻地燕塔街道西南方向 33.8 千米。王庄集镇辖自然村。人口 1 400。明万历年间，张氏照丕由山西洪洞县迁此定居，因其人高力大，外号大老张，故村取名为大张村。1956 年，以路为界分为东、西二村，本村为西大张。聚落呈团块状分布。经济以种植业和养殖业为主，主要作物有小麦、玉米，主要养殖鸡、鸭、羊等。有公路经此。

崔庄 371522–B18–H04

[Cuīzhuāng]

在县驻地燕塔街道西南方向 30.3 千米。王庄集镇辖自然村。人口 900。明永乐年间，崔氏由山西洪洞县迁此定居，村名崔庄。聚落呈团块状分布。经济以种植业和养殖业为主，主要作物有小麦、玉米，主要养殖鸡、鸭、羊等。有公路经此。

东大张 371522–B18–H05

[Dōngdàzhāng]

在县驻地燕塔街道西南方向 33.8 千米。王庄集镇辖自然村。人口 600。明万历年间，张氏照丕由山西洪洞县迁此定居，因其人身高力大，外号大老张，故村名大张村。1956 年，以路为界分为东、西二村，此村居东，故名东大张。聚落呈团块状分布。经济以种植业和养殖业为主，主要作物有小麦、玉米，主要养殖鸡、鸭、羊等。有公路经此。

康庄 371522–B18–H06

[Kāngzhuāng]

在县驻地燕塔街道西南方向 29.1 千米。王庄集镇辖自然村。人口 500。明永乐年间，康氏由山西洪洞县迁此定居，立村康庄。

聚落呈团块状分布。经济以种植业为主，主要农作物有小麦、玉米等。有公路经此。

刘楼 371522–B18–H07
[Liúlóu]

在县驻地燕塔街道西南方向 28.9 千米。王庄集镇辖自然村。人口 600。清道光年间，唐氏玉魁、玉印兄弟二人由郓城县迁此定居，立村唐二庄。光绪年间，陕西财主刘聚光前往东昌府，路过唐二庄，见此处风水好，建楼一座并落户，后唐氏人绝，故村取名为刘楼。聚落呈团块状分布。经济以种植业和养殖业为主，主要作物有小麦、玉米，主要养殖鸡、鸭、羊等。有公路经此。

孙庄 371522–B18–H08
[Sūnzhuāng]

在县驻地燕塔街道西南方向 27.9 千米。王庄集镇辖自然村。人口 1 000。明永乐年间，孙氏章纪由山西洪洞县迁此定居，取名孙庄。聚落呈团块状分布。经济以种植业和养殖业为主，主要作物有小麦、玉米，主要养殖鸡、鸭、羊等。有公路经此。

常庄 371522–B18–H09
[Chángzhuāng]

在县驻地燕塔街道西南方向 27.6 千米。王庄集镇辖自然村。人口 1 200。以姓氏名村。聚落呈团块状分布。经济以种植业和养殖业为主，主要作物有小麦、玉米，主要养殖鸡、鸭、羊等。有公路经此。

安庙 371522–B18–H10
[Ānmiào]

在县驻地燕塔街道西南方向 30.2 千米。王庄集镇辖自然村。人口 500。明永乐年间，安姓由观城迁此定居，修土地庙一座，故村名安庙。聚落呈团块状分布。经济以种植业和养殖业为主，主要作物有小麦、玉米、花生，主要养殖鸡、鸭、羊等。260 省道经此。

柴楼 371522–B18–H11
[Cháilóu]

在县驻地燕塔街道西南方向 32.5 千米。王庄集镇辖自然村。人口 500。清乾隆年间，柴氏由山西洪洞县迁此投亲，定居后盖一土楼，故村得名柴楼。聚落呈团块状分布。经济以种植业和养殖业为主，主要作物有小麦、玉米，主要养殖鸡、鸭、羊等。260 省道经此。

马厂 371522–B18–H12
[Mǎchǎng]

在县驻地燕塔街道西南方向 35.2 千米。王庄集镇辖自然村。人口 1 900。清初，观城县于此处设立牧马场，后吕氏、陈氏由河北大名府迁此定居，改名马场，后演变为马厂。聚落呈团块状分布。有幼儿园 1 处、小学 1 处。经济以种植业为主，主要作物有小麦、玉米。有公路经此。

柿子园 371522–B19–H01
[Shìziyuán]

柿子园镇人民政府驻地。在县驻地燕塔街道南方向 30.1 千米。人口 700。明永乐年间，燕、董、霍、夏四姓由山西洪洞县迁此定居，因村前有大柿子园，故名。聚落呈团块状分布。有幼儿园。经济以种植业为主，主要农作物有小麦、玉米等。有公路经此。

张大庙 371522–B19–H02
[Zhāngdàmiào]

在县驻地燕塔街道南方向 29.7 千米。柿子园镇辖自然村。人口 700。唐天宝年间，为防安禄山叛军加害，张姓由寿张逃至朝城南泰山奶奶庙避居，后发展成村。因该村的泰山奶奶庙在当地以大闻名，有大庙之称，故村名张大庙。聚落呈团块状分布。有文化大院、图书阅览室、小学。经济以种植业为主，主要农作物有小麦、玉米等。有公路经此。

张庄 371522–B19–H03

[Zhāngzhuāng]

在县驻地燕塔街道南方向 29.3 千米。柿子园镇辖自然村。人口 2 100。清乾隆年间，张氏从郑庄迁来定居，取村名张庄。聚落呈团块状分布。经济以种植业为主，主要农作物有小麦、玉米等。有公路经此。

赵海 371522–B19–H04

[Zhàohǎi]

在县驻地燕塔街道南方向 31.5 千米。柿子园镇辖自然村。人口 1 600。明建文年间，越氏由濮州城东赵家庄迁此，后一赵氏为官，加之村外有壕沟，故得村名赵海。聚落呈团块状分布。有幼儿园 1 处、小学 1 处。经济以种植业为主，主要农作物有小麦、玉米、韭菜等。有公路经此。

赵行 371522–B19–H05

[Zhàoxíng]

在县驻地燕塔街道南方向 32.9 千米。柿子园镇辖自然村。人口 700。明洪武年间，赵氏由山西洪洞县迁此定居，得村名赵行。聚落呈团块状分布。经济以种植业为主，主要农作物有小麦、玉米等。有公路经此。

后雷庄 371522–B19–H06

[Hòuléizhuāng]

在县驻地燕塔街道南方向 27.3 千米。柿子园镇辖自然村。人口 600。明永乐年间，雷氏兄弟三人由山西洪洞县迁此定居，各立一村，本村名后雷庄。聚落呈团块状分布。经济以种植业为主，主要农作物有小麦、玉米等。有公路经此。

前王观 371522–B19–H07

[Qiánwángguān]

在县驻地燕塔街道南方向 31.9 千米。柿子园镇辖自然村。人口 600。明洪武年间，邵、薛、董、段等姓氏从山西洪洞县迁此定居，因此地有座古庙，人称大观，故取村名王观。后分为两个村，此村居南，得村名前王观。聚落呈团块状分布。有文化广场 1 处。经济以种植业为主，主要农作物有小麦、玉米、杂粮等。259 省道经此。

田海 371522–B19–H08

[Tiánhǎi]

在县驻地燕塔街道南方向 28.7 千米。柿子园镇辖自然村。人口 900。明永乐年间，田氏由山西洪洞县迁此定居，因北有条河沟，得村名田海。聚落呈团块状分布。经济以种植业为主，主要农作物有小麦、玉米等。有公路经此。

西雷庄 371522–B19–H09

[Xīléizhuāng]

在县驻地燕塔街道南方向 27.3 千米。柿子园镇辖自然村。人口 600。明永乐年间，雷氏兄弟三人由山西洪洞县迁此定居，各立一村，本村为西雷庄。聚落呈团块状分布。经济以种植业为主，主要农作物有小麦、玉米等。有公路经此。

谢庄 371522–B19–H10

[Xièzhuāng]

在县驻地燕塔街道南方向 7.1 千米。柿子园镇辖自然村。人口 300。明永乐年间，谢氏由山西洪洞县迁此定居，以姓氏得村名谢庄。聚落呈团块状分布。经济以种植业为主，主要农作物有小麦、玉米等。有公路经此。

东雷庄 371522–B19–H11
[Dōngléizhuāng]

在县驻地燕塔街道南方向 27.3 千米。柿子园镇辖自然村。人口 500。明永乐年间，雷氏兄弟三人由山西洪洞县迁此定居，各立一村，本村为东雷庄。聚落呈团块状分布。有小学 1 处。经济以种植业为主，主要农作物有小麦、玉米等。有公路经此。

俎店 371522–B20–H01
[Zǔdiàn]

俎店镇人民政府驻地。在县驻地燕塔街道西方向 13.1 千米。人口 1 700。相传北宋时王氏迁此立村，开店卖肉，以切肉用案板俎命村名。有文化广场、幼儿园。经济以种植业为主，主要农作物有小麦、玉米。有公路经此。

陈集 371522–B20–H02
[Chénjí]

在县驻地燕塔街道北方向 9.3 千米。俎店镇辖自然村。人口 800。明初，孙、杜等姓由山西洪洞县迁此定居，取名孙杜村。明末，陈姓家族兴旺，并建起集市，改为陈集。聚落呈团块状分布。经济以种植业为主，主要农作物有小麦、玉米。有公路经此。

大宋庄 371522–B20–H03
[Dàsòngzhuāng]

在县驻地燕塔街道北方向 8.2 千米。俎店镇辖自然村。人口 1 000。明初，宋氏由山西洪洞县迁此定居，取名宋庄。后来村庄发展超过周围村，人们称之为大宋庄。聚落呈团块状分布。经济以种植业为主，主要农作物有小麦、玉米。有公路经此。

东路满 371522–B20–H04
[Dōnglùmǎn]

在县驻地燕塔街道北方向 9.9 千米。俎店镇辖自然村。人口 300。明初，李氏由山西洪洞县迁此定居，西靠一条大路立村，时值小满季节，取名路满。后来西有村名西路满，故人称该村东路满。聚落呈团块状分布。经济以种植业为主，主要农作物有小麦、玉米。有公路经此。

东延营 371522–B20–H05
[Dōngyányíng]

在县驻地燕塔街道北方向 9.8 千米。俎店镇辖自然村。人口 800。宋时，高氏祖居于此，村名高益村。因与延营村东西为邻，清末，更名为东延营。聚落呈团块状分布。经济以种植业为主，主要农作物有小麦、玉米。有公路经此。

李楼 371522–B20–H06
[Lǐlóu]

在县驻地燕塔街道北方向 7.8 千米。俎店镇辖自然村。人口 500。明末，李氏由莘县城西盛屯迁此定居，后盖起楼房，人称李楼。聚落呈团块状分布。经济以种植业为主，主要农作物有小麦、玉米。有公路经此。

刘营 371522–B20–H07
[Liúyíng]

在县驻地燕塔街道北方向 13.1 千米。俎店镇辖自然村。人口 700。有回族、汉族，其中回族 601 人。明初，刘氏由山西洪洞县迁此定居，取名刘营。聚落呈团块状分布。经济以种植业为主，主要农作物有小麦、玉米，有刘营蔬菜市场。有公路经此。

李安洲 371522-B20-H08
[Lǐ'ānzhōu]

在县驻地燕塔街道北方向 9.8 千米。组店镇辖自然村。人口 1 000。明初，李、安、周三姓氏由山西洪洞县迁此定居，取村名李安周。后“周”字误写为“洲”，称为李安洲。聚落呈团块状分布。经济以种植业为主，主要农作物有小麦、玉米。有公路经此。

宁安洲 371522-B20-H09
[Níng'ānzhōu]

在县驻地燕塔街道北方向 9.7 千米。组店镇辖自然村。人口 500。明初，宁氏由山西洪洞县迁此定居，西靠李安州立村，取名宁安洲。聚落呈团块状分布。经济以种植业为主，主要农作物有小麦、玉米。有公路经此。

占海 371522-B20-H10
[Zhànhǎi]

在县驻地燕塔街道北方向 8.6 千米。组店镇辖自然村。人口 1 000。明初，占氏由山西洪洞县迁此定居，因村周围地势低洼，常有积水，取名占家海。清初，任姓自张鲁任堂迁入，后简称占海。聚落呈团块状分布。经济以种植业为主，主要农作物有小麦、玉米。有公路经此。

许村 371522-B20-H11
[Xǔcūn]

在县驻地燕塔街道北方向 8.7 千米。组店镇辖自然村。人口 1 000。明初，许氏由山西洪洞县迁此定居，因后靠一条河，取名河家村，后改名为许村。聚落呈团块状分布。经济以种植业为主，主要农作物有小麦、玉米。有公路经此。

徐集 371522-B20-H12
[Xújí]

在县驻地燕塔街道北方向 11.5 千米。组店镇辖自然村。人口 1 000。宋朝时，徐氏家族由河南开封迁此定居，取名徐营。明末，此村成起集市，人称徐集。聚落呈团块状分布。经济以种植业为主，主要农作物有小麦、玉米。有公路经此。

茌平县

城市居民点

正泰和谐家苑 371523-I01
[Zhèngtài Héxié Jiāyuàn]

在县城中部。人口 2 300。总面积 10.7 公顷。由正泰集团开发，寓意家庭和谐，社会和谐，故名。2009 年始建，2011 年正式使用。建筑总面积 107 000 平方米，住宅楼 10 栋，其中高层 4 栋、多层 6 栋，现代建筑风格。绿化率 35%。有幼儿园等配套设施。通公交车。

正泰枣乡家园 371523-I02
[Zhèngtài Zǎoxiāng Jiāyuán]

在县城西部。人口 3 400。总面积 12.6 公顷。由正泰集团开发，寓意建设铝城枣乡，打造美好家园，故名。2007 年始建，2009 年正式使用。建筑总面积 126 000 平方米，多层住宅楼 25 栋，现代建筑风格。绿化率 36%。有学校、社区服务站等配套设施。通公交车。

教师新村小区 371523-I03
[Jiàoshī Xīncūn Xiǎoqū]

在县城西部。人口 1 900。总面积 4.3 公顷。是面向茌平县教师系统、教师队伍定向开发的住宅区，故名。2006年始建，2007年正式使用。建筑总面积42 514平方米，多层住宅楼13栋，现代建筑风格。绿化率40%。有超市、小学等配套设施。通公交车。

家和苑小区 371523-I04
[Jiāhéyuàn Xiǎoqū]

在县城南部。人口2 000。总面积5.1公顷。寓意家和万事兴，故名。2006年始建，2007年正式使用。建筑总面积50 900平方米，多层住宅楼12栋，别墅10栋，现代建筑风格。绿化率30%。通公交车。

安康小区 371523-I05
[Ānkāng Xiǎoqū]

在县城东部。人口2 100。总面积9.5公顷。寓意居民安居乐业，齐奔小康，故名。2009年始建，2013年正式使用。建筑总面积95 291平方米，多层住宅楼17栋，现代建筑风格。绿化率31%，有学校等配套设施。通公交车。

农村居民点

前曹 371523-A01-H01
[Qiáncáo]

在县驻地振兴街道东北方向3.9千米。振兴街道辖自然村。人口200。明洪武二年（1369），曹氏从顺天府昌平州迁此立村，后分前曹、后曹、西曹，本村以方位称前曹。聚落呈团块状分布。有文化展览馆1处、文化广场1处等。经济以种植业为主，种植小麦、玉米等。有公路经此。

大崔 371523-A01-H02
[Dàcuī]

在县驻地振兴街道东北方向2.0千米。振兴街道辖自然村。人口1 000。崔氏携子迁来立村崔庄，后因此地靠近官道，又有人开了饭馆，便改村名为崔家饭铺。1949年后与冷庄合并，为区别于同名村，改称大崔。聚落呈团块状分布。有文化广场1处、图书室1处、幼儿园1处。经济以种植业为主，种植小麦、玉米。有公路经此。

丁庄 371523-A01-H03
[Dīngzhuāng]

在县驻地振兴街道西方向3.0千米。振兴街道辖自然村。人口300。明末，丁连志从山西洪洞县迁来，以姓名村。聚落呈团块状分布。有小学1处、幼儿园1处、图书室1处。经济以种植业为主，种植小麦、玉米。有公路经此。

尚庄 371523-A01-H04
[Shàngzhuāng]

在县驻地振兴街道西方向2.4千米。振兴街道辖自然村。人口500。因尚氏立村，取名尚庄。聚落呈团块状分布。有小学1处、幼儿园1处。有国家级文物保护单位尚庄遗址。经济以种植业为主，种植小麦、玉米。有公路经此。

李孝堂 371523-A01-H05
[Lǐxiàotáng]

在县驻地振兴街道东方向2.4千米。振兴街道辖自然村。人口700。明洪武年间，李元从山西洪洞县迁此立村，因距县城三里，曾名三里庄。清代，因侠客李孝堂为此地县官且办案有功，以其名李孝堂为村名。聚落呈团块状分布。有小学1处。有省级文物保护单位李孝堂遗址。经济以种植业为主，种植小麦、玉米和杂粮等。有公路经此。

东一甲 371523-A01-H06
[Dōngyījiǎ]

在县驻地振兴街道南方向 6.2 千米。振兴街道辖自然村。人口 600。原名东一家，原意是指住在吴官屯东头的一家，后写为东一甲。聚落呈团块状分布。有市级文物保护单位东一甲遗址。经济以种植业为主，种植小麦、玉米等。济聊高速经此。

韩庄 371523-A01-H07
[Hánzhuāng]

在县驻地振兴街道南方向 2.8 千米。振兴街道辖自然村。人口 600。明嘉靖年间，韩应春从本县韩集迁来立村，以姓氏名村韩庄。聚落呈团块状分布。有市级文物保护单位韩王遗址。经济以种植业为主，种植蔬菜等。有公路经此。

王庄 371523-A01-H08
[Wángzhuāng]

在县驻地振兴街道西南方向 2.8 千米。振兴街道辖自然村。人口 700。明洪武年间，王达由山东潍县西门里迁至茌平县城西南十五里立村，名王家庙，其后代王克贞、王克治等兄弟四人由王家庙迁此立村王家老庄，后更名王庄。聚落呈团块状分布。有市级文物保护单位韩王遗址。经济以种植业为主，种植小麦、玉米等。有公路经此。

三官庙 371523-A01-H09
[Sānguānmiào]

在县驻地振兴街道南方向 6.2 千米。振兴街道辖自然村。人口 600。明洪武年间，杨氏从江南凤阳府盱眙县迁来，村因三官庙得名。聚落呈团块状分布。经济以种植业为主，种植小麦、玉米等。309 国道经此。

十里铺 371523-A01-H10
[Shílǐpù]

在县驻地振兴街道南方向 5.8 千米。振兴街道辖自然村。人口 700。因距县城十里而得名。聚落呈团块状分布。有县级文物保护单位十里铺遗址。经济以种植业为主，种植小麦、玉米等。105 国道经此。

马坊 371523-A01-H11
[Mǎfáng]

在县驻地振兴街道东北方向 1.9 千米。振兴街道辖自然村。人口 800。明洪武年间，马良和吕绍衢从山西洪洞县迁此居住立村，因马良以开豆腐作坊为生，故村名马坊。聚落呈团块状分布。有市级文物保护单位马家坊遗址。经济以种植业为主，种植小麦、玉米等。有公路经此。

东关 371523-A01-H12
[Dōngguān]

在县驻地振兴街道东方向 1.5 千米。振兴街道辖自然村。人口 900。因位于县城东门外得名东关。聚落呈团块状分布。经济以商贸业为主。有公路经此。

西关 371523-A01-H13
[Xīguān]

在县驻地振兴街道西北方向 0.9 千米。振兴街道辖自然村。人口 1 700。因位于县城西门外得名西关。聚落呈团块状分布。有幼儿园 1 处。经济以商贸业为主。有公路经此。

北关 371523-A01-H14
[Běiguān]

在县驻地振兴街道北方向 1.4 千米。振兴街道辖自然村。人口 700。因位于县城北门外得名北关。聚落呈团块状分布。

有文化广场1处、图书室1处、小学1处、幼儿园1处。经济以商贸业为主。有公路经此。

南关 371523-A01-H15
[Nánguān]

在县驻地振兴街道南方向1.2千米。振兴街道辖自然村。人口1 500。因位于县城南门外得名南关。聚落呈团块状分布。有小学1处、幼儿园1处。经济以商贸业为主。有公路经此。

阁三里 371523-A01-H16
[Gésānlǐ]

在县驻地振兴街道东北方向2.6千米。振兴街道辖自然村。人口600。因离县城三里，故取名三里庄。清代，因村东头修建了一座七圣堂庙，结构为二层楼阁，以此改村名阁三里。崔氏从城东崔庄迁来，在阁三里前立村，名崔家三里。后两村合并，统称阁三里。聚落呈团块状分布。经济以种植业为主，种植小麦、玉米等。有齐鲁味精厂等企业。804省道经此。

焦庄 371523-A01-H17
[Jiāozhuāng]

在县驻地振兴街道西北方向2.8千米。振兴街道辖自然村。人口1 100。因焦氏立村，故名。聚落呈团块状分布。有小学。经济以工商业为主。有公路经此。

前吴 371523-A01-H18
[Qiánwú]

在县驻地振兴街道西南方向5.7千米。振兴街道辖自然村。人口500。明永乐年间，吴氏自顺天府密云县苳各庄迁在平城南兴隆寺、铁墓岗西一里许定居建村，取名吴家庄。后因居住方位，分前、后吴，此村为前吴。聚落呈团块状分布。有幼儿园1处。经济以种植业为主，种植小麦、玉米等。有公路经此。

张庄 371523-A01-H19
[Zhāngzhuāng]

在县驻地振兴街道东北方向4.5千米。振兴街道辖自然村。人口500。明洪武年间，许氏、张氏从山西洪洞县迁来立村许张庄。清代，张久畴、张久绪文武二秀才设有演武场，拴马桩上挂一把大刷子，故演变成张刷子庄，后简称张庄。聚落呈团块状分布。有图书室1处。经济以种植业为主，种植小麦、玉米。有公路经此。

李庄 371523-A01-H20
[Lǐzhuāng]

在县驻地振兴街道东北方向4.0千米。振兴街道辖自然村。人口200。明洪武年间，李锐、李锋从山西洪洞县迁至河北枣强县东南大李庄，后又迁此地立村，因靠近济南通聊城的官道，故名李家道庄。因此处杀猪卖肉的较多，又称李刀子庄，后演变为李庄。聚落呈团块状分布。经济以种植业为主，种植小麦、玉米等。有公路经此。

小高庄 371523-A01-H21
[Xiǎogāozhuāng]

在县驻地振兴街道东北方向4.7千米。振兴街道辖自然村。人口300。明洪武年间，高氏从山西洪洞县迁来立村高庄，后演变为小高庄。聚落呈团块状分布。经济以种植业为主，种植小麦、玉米等。有公路经此。

赵梆子 371523-A01-H22
[Zhàobāngzi]

在县驻地振兴街道南方向2.1千米。振兴街道辖自然村。人口600。明初，赵氏在此立村。清乾隆年间，有一赵氏老人，为了让乡亲和过路人喝水，出资在路旁打了一口井，并用柳木凿成了一个梆子形的木桶吊在井边撑竿上，供行人汲水，故名赵梆子。聚落呈团块状分布。有图书室 1 处。经济以商贸业为主。有公路经此。

周楼 371523-A01-H23
[Zhōulóu]

在县驻地振兴街道北方向 2.3 千米。振兴街道辖自然村。人口 500。清初，周寰、周克寰从张大屯周老庄迁来，因修了楼房，故名周家楼，简称周楼。聚落呈团块状分布。有中学 1 处。经济以商业为主，有时发房地产开发公司等企业。有公路经此。

雷庄 371523-A02-H01
[Léizhuāng]

在县驻地振兴街道北方向 7.4 千米。信发街道辖自然村。人口 1 300。明洪武年间，始祖雷从义迁来后，以姓氏取村名为雷家庄，简称雷庄。聚落呈团块状分布。有文化广场 1 处。经济以种植业为主，种植小麦、玉米。有公路经此。

北十里 371523-A02-H02
[Běishílǐ]

在县驻地振兴街道北方向 5.6 千米。信发街道辖自然村。人口 700。清光绪年间，此处为茌平南北官道，因十里堡碑设在东头大庙处，故名十里村。1958 年因城南也有一个十村里，为便于区分重名村，故更名为北十里。聚落呈团块状分布。经济以加工业为主。有信腾耐磨材料制造有限公司、宏发纺织、经纬机械制造等企业。有公路经此。

高户 371523-A02-H03
[Gāohù]

在县驻地振兴街道西北方向 6.9 千米。信发街道辖自然村。人口 500。明洪武年间，高氏和扈氏同时自山西洪洞县迁来立村，并以两姓氏命名为高扈。1956 年后，为书写方便，演变为高户庄，简称高户。聚落呈散状分布。有文化广场 1 处。经济以种植业为主，种植小麦、玉米。有茌平信广物流公司、华航管业等企业。邯济铁路、105 国道经此。

张楼 371523-A02-H04
[Zhānglóu]

在县驻地振兴街道东北方向 7.1 千米。信发街道辖自然村。人口 1 300。明正德年间，张文祥从杜郎口迁居义户庄。后因张维汉任南京户部郎中，家中盖了楼房，故改名张家楼，1982 年更名张楼。聚落呈团块状分布。有幼儿园 1 处。经济以种植业为主，种植小麦、玉米。有龙邦纺织公司、忠发畜禽设备公司等企业。有公路经此。

张庙 371523-A02-H05
[Zhāngmiào]

在县驻地振兴街道西北方向 13.5 千米。信发街道辖自然村。人口 400。明洪武年间，张姓从莱州迁此立村，称西苗屯村。清雍正年间，张姓在村中盖一座庙，更名张庙。聚落呈散状分布。经济以种植业为主，种植小麦、玉米。有公路经此。

林辛 371523-A02-H06
[Línxīn]

在县驻地振兴街道北方向 8.1 千米。信发街道辖自然村。人口 1 100。建村时，村里只有林、辛两姓，故取名林辛。聚落呈团块状分布。有文化广场 2 处。经济以种植业为主，种植小麦、玉米、中草药。有公路经此。

大周 371523-A02-H07

[Dàzhōu]

在县驻地振兴街道北方向 7.9 千米。信发街道辖自然村。人口 1 200。周良佐自周家老庄迁来立村，为与东北方向的小周庄相区别，故取村名为西周家庄。后西周家庄与东边邻村于家楼连为一起，并因村内街道两旁种满槐树，合称周槐庄。1949 年后简称大周。聚落呈团块状分布。经济以种植业为主，种植小麦、玉米。有茌平县污水处理厂、美达纺织厂、山东众鑫新材料科技有限公司等企业。有公路经此。

北八里 371523-A02-H08

[Běibālǐ]

在县驻地振兴街道北方向 6.0. 千米。信发街道辖自然村。人口 1 500。因村庄在县城北八里处，以此得名北八里庄。1957 年该村划为东八里和西八里，1978 年合并，复称北八里。聚落呈团块状分布。经济以种植业为主，种植小麦、玉米和杂粮等。有公路经此。

葛庄 371523-A02-H09

[Gězhuāng]

在县驻地振兴街道西方向 4.1 千米。信发街道辖自然村。人口 700。明洪武年间，葛氏由山西洪洞县迁此立村，取名葛庄。聚落呈团块状分布。经济以加工业为主。有公路经此。

路庄 371523-A02-H10

[Lùzhuāng]

在县驻地振兴街道北方向 6.4 千米。信发街道辖自然村。人口 700。清顺治年间，因村中进士路尊正声望很高，故得名路庄。聚落呈团块状分布。有文化大院 1 处。经济以加工业、服务业为主。有公路经此。

明官屯 371523-A02-H11

[Míngguāntún]

在县驻地振兴街道北方向 7.3 千米。信发街道辖自然村。人口 200。明洪武年间，祖俭先自山西洪洞县迁来立村，并以姓氏取村名为祖庄。1949 年后改称明官屯。聚落呈团块状分布。有文化大院 1 处。经济以种植业为主，种植小麦、玉米。有公路经此。

徐吉庄 371523-A02-H12

[Xújízhuāng]

在县驻地振兴街道北方向 6.5 千米。信发街道辖自然村。人口 300。明洪武年间，徐宁、徐胞从山西洪洞县迁来立庄，取名徐庄。清康熙年间，吉守田从夏津县吉家屯迁来。由于村民以徐、吉两姓为主，故改名徐吉庄。聚落呈团块状分布。经济以种植业、养殖业为主，种植小麦、玉米等，特产黄金梨。有信凯建材、恒瑞纺织等企业。有公路经此。

张良桥 371523-A02-H13

[Zhāngliángqiáo]

在县驻地振兴街道北方向 7.0 千米。信发街道辖自然村。人口 500。明初，张其献迁来立村张庄。张氏后人张良，曾借债在村东新河上修建了一座三孔石桥，方便村民出行，村民为纪念他，称此桥为张良桥，村名亦改为张良桥。聚落呈团块状分布。经济以种植业、养殖业为主，种植小麦、玉米等。有公路经此。

豆张 371523-A02-H14

[Dòuzhāng]

在县驻地振兴街道北方向 4.6 千米。信发街道辖自然村。人口 900。明洪武年间，窦、侯、张三姓来此立村，故名窦侯张。后来村内做豆腐的人多，便称豆腐张，简称豆张。聚落呈团块状分布。经济以种植业为主，种植小麦、玉米。有华信铝业、恒丰铝业、新大地铝业、银一百铝业、恒通铝业、三益不锈钢公司等企业。有公路经此。

李相武 371523-A02-H15
[Lǐxiàngwǔ]

在县驻地振兴街道北方向 3.2 千米。信发街道辖自然村。人口 300。明洪武年间，李氏从山西洪洞县迁此立村，名小李庄。清初，李相武从城东李刀子庄迁此，其人乐善好施，见义勇为，深受民众尊敬，故以其名为村名。聚落呈团块状分布。经济以加工业为主，有信发集团、信泰木业等企业。邯济铁路经此。

杨家坊 371523-A02-H16
[Yángjiāfáng]

在县驻地振兴街道北方向 6.9 千米。信发街道辖自然村。人口 200。1473 年，杨景字自杨村迁来定居，因靠官道开设店坊，故名杨家坊。聚落呈团块状分布。经济以加工业为主，有信发集团等企业。邯济铁路经此。

齐庄 371523-A02-H17
[Qízhuāng]

在县驻地振兴街道西北方向 3.2 千米。信发街道辖自然村。人口 200。明洪武年间，邵氏自河南南阳府迁来立村，齐氏自山西洪洞县迁来立村，曾以两姓氏取村名为邵齐庄，1949 年后简称齐庄。聚落呈团块状分布。有幼儿园 1 处、小学 1 处、文化广场3处。经济以种植业为主，种植小麦、玉米。有公路经此。

北韩庄 371523-A02-H18
[Běihánzhuāng]

在县驻地振兴街道北方向 3.3 千米。信发街道辖自然村。人口 400。明洪武二年（1369），韩善问、韩善政兄弟俩自山西洪洞县广积寺迁来立村，并以姓氏取村名为韩庄。1982 年，为区别于县城西南韩庄，故以方位改名北韩庄。聚落呈团块状分布。有小学 1 处、幼儿园 1 处。经济以商业为主。有公路经此。

孙庄 371523-A02-H19
[Sūnzhuāng]

在县驻地振兴街道东北方向 8.0 千米。信发街道辖自然村。人口 800。明洪武二年（1369），孙述先由山西洪洞县迁居此地，建孙家村，后改名为孙庄。聚落呈团块状分布。经济以种植业、养殖业为主，种植小麦、玉米，有大型养鸡场 6 处、大型养猪场 1 处。邯济铁路经此。

王九 371523-A02-H20
[Wángjiǔ]

在县驻地振兴街道西北方向 8.8 千米。信发街道辖自然村。人口 400。明末清初，王连堂从青州府三马庄迁来立村，因生九个儿子，王连堂希望其后人长久兴旺，故取村名王九。聚落呈团块状分布。经济以种植业为主，种植小麦、玉米。105 国道经此。

营坊 371523-A02-H21
[Yíngfáng]

在县驻地振兴街道西北方向 12.0 千米。信发街道辖自然村。人口 200。宋、金交战时，此地为宋军驻军营房，后国姓来此居住并建村，取名营坊。聚落呈团块状分布。有幼儿园 1 处。经济以种植业为主，种植小麦、玉米。105 国道经此。

张东全 371523-A02-H22
[Zhāngdōngquán]

在县驻地振兴街道西方向 7.9 千米。信发街道辖自然村。人口 500。明洪武年间，张东全与刘氏从山西洪洞县迁此定居，因在茌平城西八里处，故名城西八里村。后来张东全主持在村东边修建一座三安庙，1956 年被毁，此后，村更名为张东全。聚落呈团块状分布。经济以种植业为主，种植小麦、玉米等。济邯铁路、105 国道经此。

温庄 371523-A03-H01
[Wēnzhuāng]

在县驻地振兴街道西方向 9.0 千米。温陈街道辖自然村。人口 600。温氏迁来立村，因此地距原博平县城十里，曾取村名为十里铺，至清末，改为温庄。聚落呈团块状分布。有小学 1 处、幼儿园 1 处、中学 1 处、文化广场 1 处。经济以种植业为主，种植小麦、玉米、棉花等。有公路经此。

吴家胡同 371523-A03-H02
[Wújiāhútòng]

在县驻地振兴街道西方向 16.0 千米。温陈街道辖自然村。人口 600。明初，吴四海带领妻儿从昌邑迁此，建一深宅大院，形似胡同，故名吴家胡同。聚落呈团块状分布。有文化广场 1 处、图书室 1 处。经济以种植业为主，种植小麦、玉米、棉花等。有公路经此。

三图李 371523-A03-H03
[Sāntúlǐ]

在县驻地振兴街道西方向 12.0 千米。温陈街道辖自然村。人口 1 000。明洪武二十五年（1392），李继先带领 5 个儿子从山西洪洞县迁来立村李庄。后因有族人在村前庙中绘制天官、地官、水官三图，自此便改村名为三图李。聚落呈团块状分布。有小学 1 处、幼儿园 1 处。经济以种植业为主，种植小麦、玉米、蔬菜。有公路经此。

乌庄 371523-A03-H04
[Wūzhuāng]

在县驻地振兴街道西方向 13.5 千米。温陈街道辖自然村。人口 300。明代，乌钊从胶州乌家大街迁来立村，故名乌庄。聚落呈团块状分布。经济以种植业为主，种植小麦、玉米。有公路经此。

谢天贡 371523-A03-H05
[Xiètiāngòng]

在县驻地振兴街道西方向 12.0 千米。温陈街道辖自然村。人口 500。明初，李氏迁此立村小李庄。清初，谢氏从博平北迁入小李庄西立村小谢庄。后因谢家出了几代读书为官之人，故取“天命贡献”之意，改村名为谢天贡。因村庄扩大，两村合为一村，名为谢天贡。聚落呈团块状分布。经济以种植业为主，种植小麦、玉米。有公路经此。

延寿观 371523-A03-H06
[Yánshòuguān]

在县驻地振兴街道西南方向 16.0 千米。温陈街道辖自然村。人口 500。村有古庙，名延寿观，村庄因而得名延寿观。聚落呈团块状分布。经济以种植业为主，种植小麦、玉米、棉花等。有公路经此。

张庄 371523-A03-H07
[Zhāngzhuāng]

在县驻地振兴街道西方向 18.0 千米。温陈街道辖自然村。人口 200。清顺治年间，张玉从张胡同村迁来立村，故名张庄。聚落呈团块状分布。有县级文物保护单位张李遗址。经济以种植业为主，种植小麦、玉米、蔬菜。105 国道经此。

董庄 371523-A03-H08
[Dǒngzhuāng]

在县驻地振兴街道西方向 18.0 千米。温陈街道辖自然村。人口 400。董姓于明朝逃荒至此立村，以姓名村。聚落呈团块状分布。经济以种植业为主，种植小麦、玉米、蔬菜。105 国道经此。

河崖李 371523-A03-H09
[Héyálǐ]

在县驻地振兴街道西方向 18.0 千米。温陈街道辖自然村。人口 200。村庄坐落在老四新河边上，故以姓氏取村名河崖李。聚落呈团块状分布。经济以种植业为主，种植小麦、玉米。105 国道经此。

芦仓 371523-A03-H10
[Lúcāng]

在县驻地振兴街道西南方向 15.0 千米。温陈街道辖自然村。人口 700。明朝年间，芦姓在此管理粮仓，故名芦仓。聚落呈团块状分布。经济以种植业为主，种植小麦、玉米、棉花、蔬菜。309 国道经此。

贾白 371523-A03-H11
[Jiǎbái]

在县驻地振兴街道西南方向 26.0 千米。温陈街道辖自然村。人口 600。贾姓从山西洪洞县迁来立村贾庄，白姓从博平崔庄迁来立白庄，1950 年合为一村，名贾白。聚落呈团块状分布。经济以种植业为主，种植小麦、玉米、棉花、辣椒。有公路经此。

店子街 371523-A03-H12
[Diànzijiē]

在县驻地振兴街道西方向 12.0 千米。温陈街道辖自然村。人口 400。因有构与索两姓家族，名构索店。后因各家各户以做鞭炮为业，吸引山东各地客户云集购买，1945 年后，定名为店子街。聚落呈团块状分布。经济以种植业为主，种植小麦、玉米。有公路经此。

刁楼 371523-A03-H13
[Diāolóu]

在县驻地振兴街道西方向 9.5 千米。温陈街道辖自然村。人口 500。明永乐年间，王氏从山西洪洞县迁此立村，名王庄。后有刁氏从胶州迁入，因刁氏富有，修起楼房，故改村名为刁家楼，简称刁楼。聚落呈团块状分布。经济以种植业为主，种植小麦、玉米。有公路经此。

杭庄 371523-A03-H14
[Hángzhuāng]

在县驻地振兴街道西方向 18.0 千米。温陈街道辖自然村。人口 400。杭一正由山西洪洞县大槐树迁入此地，立村杭庄。聚落呈团块状分布。经济以种植业为主，种植小麦、玉米。有公路经此。

后园 371523-A03-H15
[Hòuyuán]

在县驻地振兴街道西南方向 19.0 千米。温陈街道辖自然村。人口 200。蔡、呈、张等姓氏迁此建村，以地理位置得名后园。聚落呈团块状分布。经济以种植业为主，种植小麦、玉米、蔬菜。有公路经此。

姜堂 371523-A03-H16
[Jiāngtáng]

在县驻地振兴街道西方向 11.0 千米。温陈街道辖自然村。人口 600。明洪武年间，孙洪业、孙洪先兄弟二人从山西洪洞县迁来，立村孙庄；宋名科从山西洪洞县驻可营迁来，立村宋庄。因二村一路之隔，故统称孙宋庄。后姜氏从山西洪洞县迁来，在此修祠堂、挖池塘，取名姜家坑。后三村连为一片，统称姜家堂，简称姜堂。聚落呈团块状分布。经济以种植业为主，种植小麦、玉米、棉花。济邯铁路经此。

霍庄 371523-A03-H17

[Huòzhuāng]

在县驻地振兴街道西方向 11.0 千米。温陈街道辖自然村。人口 300。明永乐年间，霍子忠从潍县城东关迁来，建村霍庄。聚落呈团块状分布。经济以种植业为主，种植小麦、玉米、棉花。济邯铁路经此。

陈匠 371523-A03-H18

[Chénjiàng]

在县驻地振兴街道西方向 11.0 千米。温陈街道辖自然村。人口 200。明洪武年间，陈天长全家从山西洪洞县迁来，因掌握铁匠手艺，故名陈铁匠，后简称陈匠。聚落呈带状分布。经济以种植业为主，种植小麦、玉米。有公路经此。

前金楼 371523-A03-H19

[Qiánjīnlóu]

在县驻地振兴街道西方向 25.0 千米。温陈街道辖自然村。人口 200。明洪武二年（1369），金德从山西洪洞县迁来立村金庄。后在村中修了一座楼，故名金楼。其后人金氏兄弟三人分居立村，此村因在楼前，故名前金楼。聚落呈团块状分布。经济以种植业为主，种植小麦、玉米。有公路经此。

东金楼 371523-A03-H20

[Dōngjīnlóu]

在县驻地振兴街道西方向 25.0 千米。温陈街道辖自然村。人口 200。明洪武二年（1369），金德从山西洪洞县迁来立村金庄。后在村中修了一座楼，故名金楼。其后人金氏兄弟三人分居立村，此村因在楼东，故名东金楼。聚落呈团块状分布。经济以种植业为主，种植小麦、玉米。有公路经此。

后金楼 371523-A03-H21

[Hòujīnlóu]

在县驻地振兴街道西方向 25.0 千米。温陈街道辖自然村。人口 200。明洪武二年（1369），金德从山西洪洞县迁来立村金庄。后在村中修了一座楼，故名金楼。其后人金氏兄弟三人分居立村，此村因在楼后，故名后金楼。聚落呈团块状分布。经济以种植业为主，种植小麦、玉米等。有公路经此。

李市 371523-A03-H22

[Lǐshì]

在县驻地振兴街道西北方向 11.2 千米。温陈街道辖自然村。人口 600。明洪武二十五年（1392），始祖李恭自胶州东迁入。村东头有一穷汉市场，穷苦百姓们到市场出卖劳力，地主们来雇佣穷苦人，经过讨价还价成交后，人走市散，久而久之，村庄被冠以李家市之名，后简称李市。聚落呈团块状分布。经济以种植业为主，种植小麦、玉米。有公路经此。

刘佩 371523-A03-H23

[Liúpèi]

在县驻地振兴街道西南方向 11.4 千米。温陈街道辖自然村。人口 600。明万历年间，刘氏从博平毛庄迁此，后世刘荣佩颇有名气，故以其名为村名，简称刘佩。聚落呈团块状分布。有图书室 1 处。经济以种植业为主，种植小麦、玉米。济邯铁路经此。

史东 371523-A03-H24
[Shǐdōng]

在县驻地振兴街道南方向12.0千米。温陈街道辖自然村。人口800。元末明初，史姓官员迁此，立村史官屯。1961年分为三村，本村以方位名史东。聚落呈团块状分布。经济以种植业为主，种植小麦、玉米、棉花。有公路经此。

史中 371523-A03-H25
[Shǐzhōng]

在县驻地振兴街道南方向12.0千米。温陈街道辖自然村。人口600。元末明初，史姓官员迁此，立村史官屯。1961年分为三村，本村以方位名史中。聚落呈团块状分布。经济以种植业为主，种植小麦、玉米、棉花。有公路经此。

史西 371523-A03-H26
[Shǐxī]

在县驻地振兴街道南方向12.0千米。温陈街道辖自然村。人口900。元末明初，史姓官员迁此，立村史官屯。1961年分为三村，本村以方位名史西。聚落呈团块状分布。经济以种植业为主，种植小麦、玉米、棉花。有公路经此。

乐平铺 371523-B01-H01
[Lèpíngpù]

乐平铺镇人民政府驻地。在县驻地振兴街道南方向15.0千米。人口2 900。因村东有乐平古垒得名。聚落呈团块状分布。有中学1处、小学1处、幼儿园1处。有市级文物保护单位东平铺遗址。经济以种植业为主，种植小麦、玉米、蔬菜等。105国道经此。

崔楼 371523-B01-H02
[Cuīlóu]

在县驻地振兴街道东南方向12.1千米。乐平铺镇辖自然村。人口800。明天顺六年（1462），崔腾中举后，其后世相继功成名就，因家中盖有楼房，便改村名为崔家楼，简称崔楼。聚落呈团块状分布。有文化大院1处、图书阅览室1处。经济以种植业为主，种植小麦、玉米等。有公路经此。

曹庄 371523-B01-H03
[Cáozhuāng]

在县驻地振兴街道东南方向14.6千米。乐平铺镇辖自然村。人口400。明洪武二十五年（1392），曹氏从密云县瓦山庄迁此立村曹庄。聚落呈团块状分布。经济以种植业为主，种植小麦、玉米等。有公路经此。

常海子 371523-B01-H04
[Chánghǎizi]

在县驻地振兴街道南方向17.6千米。乐平铺镇辖自然村。人口300。明中后期，常三让自齐常迁此立村，因地势低洼，故取村名为常家海子，简称常海子。聚落呈团块状分布。有幼儿园1处。经济以种植业为主，种植小麦、玉米等。济聊高速经此。

大崔 371523-B01-H05
[Dàcuī]

在县驻地振兴街道南方向14.3千米。乐平铺镇辖自然村。人口900。明洪武二十五年（1392），崔宁、崔亮从山西洪洞县迁来立村崔庄，后因崔姓人多，演变为大崔。聚落呈团块状分布。有文化大院1处、图书阅览室1处。经济以种植业为主，种植小麦、玉米、蔬菜等，特产崔氏黄酒。有公路经此。

大徐 371523–B01–H06

[Dàxú]

在县驻地振兴街道南方向 15.9 千米。乐平铺镇辖自然村。人口 1 200。明洪武二十五年（1392），徐含辉自青州府乐安县之大林徐家村迁居于此，因村位于古御路东，民间俗称徐家路口。1949 年后为区别于村西小徐庄，更名为大徐。聚落呈团块状分布。有小学 1 处、幼儿园 1 处。经济以种植业为主，种植小麦、玉米、蔬菜。105 国道经此。

大尉 371523–B01–H07

[Dàwèi]

在县驻地振兴街道南方向 17.9 千米。乐平铺镇辖自然村。人口 1 400。明初，尉氏迁来立村尉庄。明洪武年间，宋躬厚自山西洪洞县迁来立村宋庄。1949 年后两村合并，合称大尉。聚落呈团块状分布。有小学 1 处、幼儿园 1 处。有大尉文化遗址。经济以种植业为主，种植小麦、玉米、蔬菜等。105 国道经此。

佛堂 371523–B01–H08

[Fótáng]

在县驻地振兴街道东南方向 8.9 千米。乐平铺镇辖自然村。人口 1 000。明洪武年间，张凤自顺天府宛平县椿树胡同迁来立村，后因村中修了佛堂，故取村名为佛堂。聚落呈团块状分布。有图书室 1 处。经济以种植业为主，种植小麦、玉米等。有公路经此。

郝集 371523–B01–H09

[Hǎojí]

在县驻地振兴街道东南方向 11.7 千米。乐平铺镇辖自然村。人口 2 100。明洪武年间，郝连忠自山西洪洞县迁来立村，设立集市，故取村名为郝家集，简称郝集。聚落呈团块状分布。有小学 1 处、幼儿园 1 处、图书室 1 处、文化广场 1 处。经济以种植业为主，种植小麦、玉米。有公路经此。

木梳刘 371523–B01–H10

[Mùshūliú]

在县驻地振兴街道南方向 15.8 千米。乐平铺镇辖自然村。人口 800。明洪武二十五年（1392），刘俭、刘峰带领胞妹从北京密云县亘山庄迁来，刘峰在此立村，因擅长做木梳，故名木梳刘。聚落呈团块状分布。有文化大院 1 处、图书阅览室 1 处。经济以种植业为主，种植小麦。有公路经此。

瓦刀刘 371523–B01–H11

[Wǎdāoliú]

在县驻地振兴街道南方向 15.7 千米。乐平铺镇辖自然村。人口 400。明洪武二十五年（1392），刘俭、刘峰带领胞妹从北京密云县亘山庄迁来，刘俭在此立村，因会干瓦工活，故名瓦刀刘。聚落呈团块状分布。经济以种植业为主，种植小麦、玉米、棉花。有公路经此。

南大吴 371523–B01–H12

[Nándàwú]

在县驻地振兴街道南方向 18.7 千米。乐平铺镇辖自然村。人口 1 300。明洪武二十五年（1392），吴兴从山西洪洞县迁来立村吴庄，吴氏后人吴洁从吴庄迁来，以方位立村南大吴。聚落呈团块状分布。有幼儿园 1 处。经济以种植业为主，种植小麦、玉米等。有公路经此。

南王 371523–B01–H13

[Nánwáng]

在县驻地振兴街道南方向 17.2 千米。乐平铺镇辖自然村。人口 300。明洪武年间，王氏家族由山西洪洞县迁此建村。当时，王氏家族安排五弟在此守村，故以方位称南王五，后简称南王。聚落呈团块状分布。有文化大院 1 处、图书阅览室 1 处。经济以种植业为主，种植小麦、玉米、棉花等。105 国道经此。

前王屯 371523–B01–H14

[Qiánwángtún]

在县驻地振兴街道东南方向 9.2 千米。乐平铺镇辖自然村。人口 800。明洪武年间，王富海自山西洪洞县迁来立村王家屯，后世一支迁到村后立村后王屯，此后原村便改名为前王家屯，简称前王屯。聚落呈团块状分布。有县级文物保护单位前王屯遗址。经济以种植业为主，种植小麦、玉米。有公路经此。

后王屯 371523–B01–H15

[Hòuwángtún]

在县驻地振兴街道东南方向 8.9 千米。乐平铺镇辖自然村。人口 700。明洪武年间，王富海自山西洪洞县迁来立村王家屯，后世一支迁到村后立村，名后王屯。聚落呈团块状分布。经济以种植业为主，种植小麦、玉米。有公路经此。

寺后张 371523–B01–H16

[Sìhòuzhāng]

在县驻地振兴街道东南方向 16.8 千米。乐平铺镇辖自然村。人口 400。明洪武二十五年（1392），张友义从潍县铁板桥迁来立村，因南临兴福寺，故取名寺后张。聚落呈团块状分布。经济以种植业为主，种植小麦、玉米、杂粮。有公路经此。

双营 371523–B01–H17

[Shuāngyíng]

在县驻地振兴街道东南方向 16.8 千米。乐平铺镇辖自然村。人口 1 100。据传此处乃穆桂英抗金时所辖两个兵营的驻地，因有些官兵与当地百姓结婚成家形成村庄，故名双营。聚落呈团块状分布。有文化广场 2 处。经济以种植业为主，种植小麦、玉米。105 国道经此。

孙元 371523–B01–H18

[Sūnyuán]

在县驻地振兴街道东南方向 11.8 千米。乐平铺镇辖自然村。人口 300。明洪武年间，孙氏由山西洪洞县迁来立村孙庄，后因种瓜果、蔬菜出名，又叫孙园庄，后演变为孙元。聚落呈团块状分布。有小学 1 处、幼儿园 1 处。经济以种植业为主，种植小麦、玉米、韭菜。有公路经此。

土城 371523–B01–H19

[Tǔchéng]

在县驻地振兴街道东南方向 10.0 千米。乐平铺镇辖自然村。人口 600。明初，李姓等迁来立村后，因此地曾为茌平第二座县城所在地，且围墙犹在，故取村名为土城。聚落呈团块状分布。有文化大院 1 处、图书阅览室 1 处。有市级文物保护单位土城遗址。经济以种植业为主，种植小麦、玉米等。有公路经此。

土刘 371523–B01–H20

[Tǔliú]

在县驻地振兴街道东南方向 11.8 千米。乐平铺镇辖自然村。人口 500。明洪武年间，刘仲从山西洪洞县迁此立村刘家庄。因南临土城，故取名土刘。聚落呈团块状分布。有文化大院 1 处、图书阅览室 1 处。经济以种植业为主，种植小麦、玉米等。有公路经此。

温坊 371523-B01-H21

[Wēnfáng]

在县驻地振兴街道东南方向 12.1 千米。乐平铺镇辖自然村。人口 500。明初，温万田自山西洪洞县迁来立村，因村临南北御路，温姓曾在路边开作坊，便取村名为温家坊，1949 年后简称温坊。聚落呈团块状分布。有扭秧歌、踩高跷、跑旱船等传统民俗。经济以种植业为主，种植小麦、玉米、葡萄。105 国道经此。

王兰廷 371523-B01-H22

[Wánglántíng]

在县驻地振兴街道南方向 10.7 千米。乐平铺镇辖自然村。人口 300。明嘉靖年间，王彪迁来立村王家庄。因王氏后人王式芳，字兰亭，在村中极有威望，故以其字作为村名，称王兰亭，后又演变为王兰廷。聚落呈团块状分布。经济以种植业为主，种植小麦、玉米。有公路经此。

东路 371523-B01-H23

[Dōnglù]

在县驻地振兴街道南方向 10.3 千米。乐平铺镇辖自然村。人口 500。明洪武二十五年（1392），路姓自山西洪洞县迁来立村路庄。其后人路天海在路庄西立村西路，原路庄改为东路。聚落呈团块状分布。有文化大院 1 处、图书阅览室 1 处。经济以种植业为主，种植小麦、玉米。105 国道经此。

西路 371523-B01-H24

[Xīlù]

在县驻地振兴街道南方向 10.2 千米。乐平铺镇辖自然村。人口 800。明洪武二十五年（1392），路姓自山西洪洞县迁来立村路庄。其后人路天海在路庄西立村，名西路。聚落呈团块状分布。有市级文物保护单位西路庄遗址。经济以种植业为主，种植小麦、玉米。105 国道经此。

二十里铺 371523-B01-H25

[Èrshílǐpù]

在县驻地振兴街道南方向 9.5 千米。乐平铺镇辖自然村。人口 300。相传此处古为御路所经之地，明清时设有驿站，因距县城二十里，故名二十里铺。聚落呈团块状分布。有幼儿园 1 处。经济以种植业为主，种植小麦、玉米。105 国道经此。

教场铺 371523-B01-H26

[Jiàochǎngpù]

在县驻地振兴街道南方向 2.0 千米。乐平铺镇辖自然村。人口 1 700。明初，周、庞二姓迁金牛山东麓立村，因金牛山南百米处曾为孟尝君练兵教场，故取村名为教场铺。聚落呈团块状分布。有国家级文物保护单位教场铺遗址。经济以种植业为主，种植小麦、玉米、蔬菜、瓜果等。有公路经此。

朱庄 371523-B01-H27

[Zhūzhuāng]

在县驻地振兴街道南方向 15.5 千米。乐平铺镇辖自然村。人口 600。明初，朱清、朱贵、朱洪三兄弟在此立村，取名朱庄。聚落呈团块状分布。古迹有明朝状元朱之蕃石像、状元碑。经济以种植业为主，种植小麦、玉米等。

张楼 371523-B01-H28

[Zhānglóu]

在县驻地振兴街道东南方向 15.0 千米。乐平铺镇辖自然村。人口 800。明洪武二年（1369），张氏自山西洪洞县迁此立村张家庄。后因张氏盖了楼，又改村名为张家楼，简称张楼。聚落呈团块状分布。有图书室 1

处。经济以种植业为主，种植小麦、玉米等。有公路经此。

后唐 371523-B02-H01
[Hòutáng]

冯官屯镇人民政府驻地。在县驻地振兴街道北方向 9.1 千米。人口 500。明中后期，唐氏自今冯官屯镇唐洼迁来立村唐庄。曾因修了一座土地庙，俗称唐家庙。后为与前董对应，更名为后唐。聚落呈团块状分布。有文化大院 1 处、图书阅览室 1 处。经济以种植业为主，种植小麦、玉米等。有公路经此。

前董 371523-B02-H02
[Qiándǒng]

在县驻地振兴街道北方向 9.0 千米。冯官屯镇辖自然村。人口 800。明永乐年间，董玉与家人由青州益都县南董村迁至冯官屯，以姓名立村前董。聚落呈团块状分布。经济以种植业为主，种植小麦、玉米等。有公路经此。

前寨 371523-B02-H03
[Qiánzhài]

在县驻地振兴街道北方向 8.9 千米。冯官屯镇辖自然村。人口 1 000。明洪武年间邹氏迁来立村，因村周围曾有寨墙，与后寨相对应，名前寨。聚落呈团块状分布。有幼儿园 2 处。经济以种植业为主，种植小麦、玉米等。有公路经此。

后寨 371523-B02-H04
[Hòuzhài]

在县驻地振兴街道北方向 9.0 千米。冯官屯镇辖自然村。人口 800。因村周围曾有寨墙，与前寨相对应，名后寨。聚落呈团块状分布。有文化大院 1 处、广播室 1 处、图书室 1 处。经济以种植业为主，种植小麦、玉米、蒜薹等。有公路经此。

小杨屯 371523-B02-H05
[Xiǎoyángtún]

在县驻地振兴街道东北方向 12.3 千米。冯官屯镇辖自然村。人口 500。明洪武年间，杨姓官员带领王姓、张姓、李姓等自山西洪洞县迁此立村，因人少村小，曾称小杨官屯，后简称小杨屯。聚落呈团块状分布。有文化中心 1 处。有市级文物保护单位蝉州寺遗址。经济以种植业为主，种植小麦、玉米、杂粮等。有公路经此。

金杜 371523-B02-H06
[Jīndù]

在县驻地振兴街道北方向 13.0 千米。冯官屯镇辖自然村。人口 600。明洪武年间，杜思敬、杜思信、杜思印、杜思义兄弟四人由山西洪洞县迁此建村，取名杜村。此后金氏从青州迁入，更村名金杜。聚落呈团块状分布。有文化广场 1 处、图书室 1 处。经济以种植业为主，种植小麦、玉米、大蒜和杂粮等。有公路经此。

望鲁店前村 371523-B02-H07
[Wànglǔdiànqiáncūn]

在县驻地振兴街道东北方向 14.0 千米。冯官屯镇辖自然村。人口 700。东周晚期，鲁氏家族建鲁村。公元前 262 年，因孟子拜访鲁仲连而得名望鲁店。1980 年分为三村，本村按方位称望鲁店前村。聚落呈团块状分布。有图书室 1 处、幼儿园 1 处、小学 1 处。有县级文物保护单位望鲁店遗址、鲁仲连纪念祠。经济以种植业为主，种植小麦、玉米和杂粮等。济邯铁路经此。

望鲁店后村 371523-B02-H08
[Wànglǔdiànhòucūn]

在县驻地振兴街道东北方向 14.0 千米。冯官屯镇辖自然村。人口 1 200。东周晚期，鲁氏家族建鲁村。公元前 262 年，因孟子拜访鲁仲连而得名望鲁店。1980 年分为三村，本村按方位称望鲁店后村。聚落呈团块状分布。有图书室 1 处、幼儿园 1 处、小学 1 处。经济以种植业为主，种植小麦、玉米和杂粮等。济邯铁路经此。

望鲁店东村 371523-B02-H09
[Wànglǔdiàndōngcūn]

在县驻地振兴街道东北方向 14.0 千米。冯官屯镇辖自然村。人口 900。东周晚期，鲁氏家族建鲁村。公元前 262 年，因孟子拜访鲁仲连而得名望鲁店。1980 年分为三村，本村按方位称望鲁店东村。聚落呈团块状分布。有图书室 1 处、幼儿园 1 处、小学 1 处。经济以种植业为主，种植小麦、玉米和杂粮等。济邯铁路经此。

业屯 371523-B02-H10
[Yètún]

在县驻地振兴街道北方向 12.0 千米。冯官屯镇辖自然村。人口 1 200。明洪武年间，业官奉旨率方荣、于良、谢思德、闫子成、孙金安等自山西洪洞县迁此立村，合称业官屯，简称业屯。聚落呈团块状分布。有图书室 1 处、文化广场 1 处、小学 1 处。经济以种植业为主，种植小麦、玉米。有公路经此。

王老 371523-B02-H11
[Wánglǎo]

在县驻地振兴街道东方向 11.0 千米。冯官屯镇辖自然村。人口 400。王氏先迁管氏河西岸立村王家桥。清初，又移管氏河东立村，并以姓氏取村名为王庄，俗称王家老庄，1949 年后简称王老。聚落呈团块状分布。有图书室 1 处。经济以种植业为主，种植小麦、玉米。309 国道、济聊高速经此。

大吕 371523-B02-H12
[Dàlǔ]

在县驻地振兴街道东北方向 20.2 千米。冯官屯镇辖自然村。人口 900。元朝初年，吕氏从山西迁往茌平县城东三十五里处定居立村，取名大吕。聚落呈团块状分布。经济以种植业为主，种植小麦、玉米等。309 国道经此。

史韩 371523-B02-H13
[Shǐhán]

在县驻地振兴街道北方向 14.8 千米。冯官屯镇辖自然村。人口 700。宋朝，史氏从东京汴梁迁来立村史庄。明洪武年间，韩旺从山西洪洞县迁此立村韩庄。后因两村相连，故合称史韩。聚落呈团块状分布。有幼儿园 1 处。经济以种植业为主，种植小麦、玉米、杂粮等。有公路经此。

北辛 371523-B02-H14
[Běixīn]

在县驻地振兴街道东方向 14.2 千米。冯官屯镇辖自然村。人口 900。清初，张、王、李、仝、朱、陈六大姓氏三十八家自多地迁来立村，取名新民屯。后庞、杨、史、孙等姓氏陆续迁入，改名大新庄，久之又演变为大辛庄。1958 年后分为两村，本村按方位称北辛。聚落呈团块状分布。经济以种植业为主，种植小麦、玉米、棉花等。309 国道经此。

唐洼 371523-B02-H15
[Tángwā]

在县驻地振兴街道东方向 14.1 千米。冯官屯镇辖自然村。人口 900。明万历年间，唐贵从山西洪洞县迁来，取名唐家洼；靳振先与妻儿从洪洞县始迁赵牛河西立靳庄，其后人靳友迁至唐家洼东南立前唐家洼，后两村合称唐洼。聚落呈团块状分布。经济以种植业为主，种植小麦、玉米，盛产树苗。309 国道经此。

梁庄 371523-B02-H16

[Liángzhuāng]

在县驻地振兴街道北方向 15.6 千米。冯官屯镇辖自然村。人口 1 300。明洪武七年（1374），梁氏从山东嘉祥县迁来，清朝年间，梁氏出过一名贡生、一名秀才，故名村梁庄。民国初期，又因本村编织布袋出名，改名布袋梁庄，后简称梁庄。聚落呈团块状分布。经济以种植业为主，种植小麦、玉米、大蒜、杂粮、蒜薹。105 国道经此。

菜刘 371523-B02-H17

[Càiliú]

在县驻地振兴街道东北方向 10.8 千米。冯官屯镇辖自然村。人口 800。因刘文通在此立村，故以姓氏取村名刘家庄，简称刘庄。又因村人多以种菜为业，在当地享有盛名，故称菜园刘庄，简称菜刘。聚落呈团块状分布。有文化娱乐室 1 处、图书室 1 处。经济以种植业为主，种植小麦、玉米、甜瓜、西葫、辣椒。有公路经此。

大高 371523-B02-H18

[Dàgāo]

在县驻地振兴街道北方向 9.5 千米。冯官屯镇辖自然村。人口 800。清代，高氏迁此立村高庄，1945 年后更名为大高。聚落呈团块状分布。有小学 1 处、幼儿园 1 处。经济以种植业为主，种植小麦、玉米等。有公路经此。

东封 371523-B02-H19

[Dōngfēng]

在县驻地振兴街道北方向 9.0 千米。冯官屯镇辖自然村。人口 500。封氏迁来，人丁兴旺，在村东头修了一座家庙，以庙为界，本村位于庙东，故名东封。聚落呈团块状分布。经济以种植业为主，种植小麦、玉米等。有公路经此。

韩辛 371523-B02-H20

[Hánxīn]

在县驻地振兴街道东方向 9.5 千米。冯官屯镇辖自然村。人口 300。明万历年间，韩永淳、韩蔼从山西洪洞县迁来立村，名韩家新庄，后更名韩辛。聚落呈团块状分布。经济以种植业为主，种植小麦、玉米、杂粮等。济邯铁路、309 国道经此。

红庙 371523-B02-H21

[Hóngmiào]

在县驻地振兴街道北方向 17.3 千米。冯官屯镇辖自然村。人口 600。明洪武年间，张姓由山西洪洞县迁来立村凤凰庄，后因村中有一座红色小庙，故名红庙。聚落呈团块状分布。经济以种植业为主，种植小麦、玉米、大蒜、杂粮、蒜薹。105 国道经此。

胡口 371523-B02-H22

[Húkǒu]

在县驻地振兴街道北方向 16.4 千米。冯官屯镇辖自然村。人口 500。明洪武年间，胡天迷、胡张氏夫妇从山西洪洞县迁来，因在渡口附近安家立村，故名胡家口，简称胡口。聚落呈团块状分布。经济以种植业为主，种植小麦、玉米、杂粮，盛产大蒜。有公路经此。

黄排 371523-B02-H23
[Huángpái]

在县驻地振兴街道北方向 15.9 千米。冯官屯镇辖自然村。人口 600。明洪武年间，白姓官员迁来，立村白官屯。相传当初和白姓官员一起迁来或后来陆续迁来的还有李、王、黄、吴、杨等姓，故按姓氏又分为六排，其中黄排、杨排、吴排分别为白官屯六排之一。1949 年后，黄排、杨排、吴排合并，合称为黄排。聚落呈团块状分布。经济以种植业为主，种植小麦、玉米、蒜薹和杂粮等。有公路经此。

王子占 371523-B02-H24
[Wángzǐzhàn]

在县驻地振兴街道北方向 10.2 千米。冯官屯镇辖自然村。人口 400。原名吕庄，古时村中有一相面先生名王子占，能占卜吉凶祸福。王子占死后，村人为纪念他，改村名为王子占。聚落呈团块状分布。有幼儿园 1 处。经济以种植业为主，种植小麦、玉米、葡萄、甜瓜。有公路经此。

张麦糠 371523-B02-H25
[Zhāngmàikāng]

在县驻地振兴街道东方向 17.1 千米。冯官屯镇辖自然村。人口 200。明永乐年间，张香自山西洪洞县迁来立村，当地地势低洼，夏季雨水较多，村外到处漂浮着麦糠，故名张麦糠。聚落呈团块状分布。有图书室 1 处。经济以种植业为主，种植小麦、玉米等。309 国道经此。

朱庙 371523-B02-H26
[Zhūmiào]

在县驻地振兴街道北方向 10.5 千米。冯官屯镇辖自然村。人口 700。明洪武年间，朱兴从山西洪洞县迁来，后因修了一座土地庙，故名朱家庙，简称朱庙。聚落呈团块状分布。有文化广场 1 处。经济以种植业为主，种植小麦、玉米等。有公路经此。

菜屯 371523-B03-H01
[Càitún]

菜屯镇人民政府驻地。在县驻地振兴街道西北方向 35.0 千米。人口 2 700。明洪武年间，李姓由青州迁此立村，取名半壁屯。清初，因地处漯河故道，多沙质土壤，适于种蔬菜、瓜果，故更名为菜屯。聚落呈团块状分布。有文化礼堂 1 处、幼儿园 1 处、小学 1 处。有县级文物保护单位菜屯遗址。经济以种植业为主，种植小麦、玉米、花生、地瓜等。有公路经此。

张贾 371523-B03-H02
[Zhāngjiǎ]

在县驻地振兴街道西北方向 35.4 千米。菜屯镇辖自然村。人口 1 100。明初，张氏从山西洪洞县迁来，名村张家庄。后有贾姓迁入，清末改为张贾。聚落呈团块状分布。有图书室 1 处。经济以种植业、木材加工业为主，种植小麦、玉米等。有公路经此。

周桥 371523-B03-H03
[Zhōuqiáo]

在县驻地振兴街道西北方向 39.1 千米。菜屯镇辖自然村。人口 1 200。明初，穆氏迁来立村穆家庄，后有周姓等迁来。因众人在村西马颊河上修建了一座五孔石桥，周姓出资最多，人们便称此桥为周家桥，并将村名改为周家桥，后简称周桥。聚落呈团块状分布。有幼儿园 1 处。经济以种植业为主，种植小麦、玉米、花生、地瓜、西瓜、杂粮等。有公路经此。

堤口冯 371523-B03-H04

[Dīkǒuféng]

在县驻地振兴街道西北方向 39.1 千米。莱屯镇辖自然村。人口 1 200。明初，冯氏从山西洪洞县迁来立村，因村东南有一河堤渡口，故名堤口冯。聚落呈团块状分布。经济以种植业为主，种植小麦、玉米、棉花、花生等。有公路经此。

蜂李 371523-B03-H05

[Fēnglǐ]

在县驻地振兴街道西北方向 39.9 千米。莱屯镇辖自然村。人口 600。明洪武年间，李强自山西洪洞县迁居原博平县西北老黄河故道东大堤的一个堤口居住，并开有店铺，曾取村名东口店。后因黄河水患，搬至河对岸西大堤，并以养蜂为业，故名村蜂窝李庄，简称蜂李庄。1949 年后，又简称蜂李。聚落呈团块状分布。经济以种植业为主，种植小麦、玉米等，特产豆腐皮。有公路经此。

沙窝高 371523-B03-H06

[Shāwōgāo]

在县驻地振兴街道西北方向 40.9 千米。莱屯镇辖自然村。人口 600。明洪武年间，高氏迁至博陵县治之西北三十五里定居，因此地沙丘连绵，名村沙窑高。1982 年改村名为沙窝高。聚落呈团块状分布。经济以种植业为主，种植小麦、玉米等。有公路经此。

韩庄 371523-B03-H07

[Hánzhuāng]

在县驻地振兴街道西北方向 40.3 千米。莱屯镇辖自然村。人口 500。明初，韩文仰从山西洪洞县迁来立村韩庄。聚落呈带状分布。经济以种植业为主，种植小麦、玉米等。有公路经此。

阚庄 371523-B03-H08

[Kànzhuāng]

在县驻地振兴街道西北方向 34.7 千米。莱屯镇辖自然村。人口 2 200。明初，阚学江从山西洪洞县迁来立村阚庄。聚落呈团块状分布。经济以种植业为主，种植小麦、玉米、棉花、花生、地瓜等。有公路经此。

老小 371523-B03-H09

[Lǎoxiǎo]

在县驻地振兴街道西北方向 38.7 千米。莱屯镇辖自然村。人口 500。明洪武年间，张有信自山西洪洞县迁来立村张家庄，后因人丁繁衍日众，又有族人东迁不远处，依次立村张小庄、张铁匠庄，原村俗称张老庄。1949 年后，张老庄、张小庄合称老小。聚落呈团块状分布。有文化广场 1 处、图书室 1 处。经济以种植业和木材加工业为主，种植小麦、玉米等。有公路经此。

林场 371523-B03-H10

[Línchǎng]

在县驻地振兴街道西北方向 34.2 千米。莱屯镇辖自然村。人口 700。1949 年后，为防风固沙，改造沙荒，在此地建立莱屯东风林场，故名林场。聚落呈团块状分布。经济以种植业为主，种植小麦、玉米等。有公路经此。

伦庄 371523-B03-H11

[Lúnzhuāng]

在县驻地振兴街道西北方向 44.0 千米。莱屯镇辖自然村。人口 200。伦汝朴自今莱屯镇孙武村大伦庄东迁立村，取名小伦庄，因马颊河上有升平桥，后被称为伦家桥，又改为伦庄。聚落呈团块状分布。经济以种植业为主，种植小麦、玉米、地瓜、花生等。有公路经此。

徐庄 371523-B03-H12

[Xúzhuāng]

在县驻地振兴街道西北方向 43.9 千米。菜屯镇辖自然村。人口 200。明永乐年间，徐胜自山西洪洞县迁来立村，并以姓氏取村名徐庄。聚落呈团块状分布。经济以种植业为主，种植小麦、玉米、地瓜、花生等。有公路经此。

杨槐 371523-B03-H13

[Yánghuái]

在县驻地振兴街道西北方向 36.7 千米。菜屯镇辖自然村。人口 1 200。明洪武年间，杨怀自山西洪洞县迁来立村，并以其姓名取村名为杨怀庄，后以谐音写为杨槐。聚落呈团块状分布。经济以种植业为主，种植小麦、玉米、花生等。有公路经此。

任庄 371523-B03-H14

[Rénzhuāng]

在县驻地振兴街道西北方向 38.2 千米。菜屯镇辖自然村。人口 1 200。任士仪迁居于此立村，并以姓氏取村名为任家庄。1949 年后，简称任庄。聚落呈团块状分布。经济以种植业为主，种植小麦、玉米等。有公路经此。

前于洼 371523-B03-H15

[Qiányúwā]

在县驻地振兴街道西北方向 42.7 千米。菜屯镇辖自然村。人口 200。明初，于连生从山西洪洞县迁来立村，因地势低洼，起名于洼村。后世分出一支迁居村后立村，名后于洼，原于洼改名前于洼。聚落呈团块状分布。经济以种植业为主，种植小麦、玉米等。有公路经此。

后于洼 371523-B03-H16

[Hòuyúwā]

在县驻地振兴街道西北方向 42.7 千米。菜屯镇辖自然村。人口 100。明初，于连生从山西洪洞县迁来立村，因地势低洼，起名于洼村。后世分出一支迁居村后立村，名后于洼。聚落呈团块状分布。经济以种植业为主，种植小麦、玉米等。有公路经此。

博平 371523-B04-H01

[Bópíng]

博平镇人民政府驻地。在县驻地振兴街道西方向 12.5 千米。人口 5 300。春秋战国时期，此地为博平县境属齐之西鄙，称博陵。汉代时，因境内无名山大川更名博平。聚落呈团块状分布。有文化广场 2 处、图书室 1 处、中学 2 处、小学 1 处、幼儿园 4 处。古迹有仰山书院、博平古楼。经济以种植业为主，种植小麦、玉米等。有公路经此。

东街 371523-B04-H02

[Dōngjiē]

在县驻地振兴街道西方向 12.7 千米。博平镇辖自然村。人口 600。博平，汉置县。宋景祐四年（1037）此地建新县城，城池分五街三关，此村为东街。聚落呈团块状分布。经济以种植业为主，种植小麦、玉米、大豆、高粱、谷子等。有公路经此。

北关 371523-B04-H03

[Běiguān]

在县驻地振兴街道西方向 12.8 千米。博平镇辖自然村。人口 1 400。明洪武二十五年（1392），谢世达从胶州迁至博平北街，其后人又在北门外立村，名北关。聚落呈团块状分布。有图书室 1 处。经济以种植业为主，种植小麦、玉米等。有公路经此。

西关 371523-B04-H04

[Xīguān]

在县驻地振兴街道西方向 13.3 千米。博平镇辖自然村。人口 1 100。宋景祐四年（1037）此处建新县城，城池分五街三关，因在西街西边，故得名西关。聚落呈团块状分布。有幼儿园 1 处。经济以种植业为主，种植小麦、玉米等。有公路经此。

南关 371523-B04-H05

[Nánguān]

在县驻地振兴街道西方向 12.7 千米。博平镇辖自然村。人口 400。宋景祐四年（1037）此处建新县城，城池分五街三关，此村因在城区南边，得名南关。聚落呈团块状分布。经济以种植业为主，种植小麦、玉米等。有公路经此。

菜园张 371523-B04-H06

[Càiyuánzhāng]

在县驻地振兴街道西方向 15.3 千米。博平镇辖自然村。人口 700。明成化二十一年（1485），张肇自南京迁来立村。相传后世多以种菜为生，故村名菜园张。聚落呈团块状分布。有小学 1 处、幼儿园 1 处。经济以种植业为主，种植小麦、玉米等。有公路经此。

陈铺 371523-B04-H07

[Chénpù]

在县驻地振兴街道西方向 15.3 千米。博平镇辖自然村。人口 900。明正德年间，陈氏从山西洪洞县迁来立村，因距博平县城十里，曾名十里铺，1949 年后称陈铺。聚落呈团块状分布。有幼儿园 1 处、图书室 1 处。经济以种植业为主，种植小麦、玉米等。有公路经此。

成庄 371523-B04-H08

[Chéngzhuāng]

在县驻地振兴街道西方向 16.5 千米。博平镇辖自然村。人口 400。明初，成氏迁来立村，并以姓氏取村名成庄。聚落呈团块状分布。经济以种植业为主，种植小麦、玉米，特产博平成庄吊炉烧饼。有公路经此。

初庄 371523-B04-H09

[Chūzhuāng]

在县驻地振兴街道西方向 20.0 千米。博平镇辖自然村。人口 300。明洪武年间，初氏由山西洪洞县迁来立村初家庄，后因村中有一古槐，从树洞中长出一棵榆树，经常有外乡人前来观瞻，故俗称槐包榆庄。1949 年前，因村中有初、贾两姓，曾名初贾二庄，1949 年后称初庄。聚落呈团块状分布。有一级保护古树皂角树。经济以种植业为主，种植小麦、玉米等。有公路经此。

大桑 371523-B04-H10

[Dàsāng]

在县驻地振兴街道西方向 20.1 千米。博平镇辖自然村。人口 1 100。明洪武年间，桑兴余从山西洪洞县迁来立村桑家庄，后因后世桑克能自桑家庄西迁立村小桑，故改村名为大桑。聚落呈团块状分布。有小学 1 处、幼儿园 1 处。经济以种植业为主，种植小麦、玉米、棉花等。有公路经此。

邓桥 371523-B04-H11

[Dèngqiáo]

在县驻地振兴街道西方向 23.0 千米。博平镇辖自然村。人口 1 100。明洪武年间，刘德英自青州府昌乐县迁鸣犊河东立村刘家庄，其后人刘辕与河西邓庄邓氏成婚，为方便女儿回娘家，其娘家人出资在河上建了一座木桥，故村名逐渐演变为邓氏桥，俗称邓家桥，1949 年后简称邓桥。聚落呈团块状分布。有幼儿园 1 处。古迹有琉璃井。经济以种植业为主，种植小麦、玉米等。有公路经此。

东贾庄 371523–B04–H12
[Dōngjiǎzhuāng]

在县驻地振兴街道西方向 38.1 千米。博平镇辖自然村。人口 700。贾氏自贾寨迁来立村贾庄。1982 年为区别于博平城西一贾庄，故以方位改村名为东贾庄。聚落呈团块状分布。有古碑一座。经济以种植业为主，种植小麦、玉米等。有公路经此。

窦堂 371523–B04–H13
[Dòutáng]

在县驻地振兴街道西方向 15.9 千米。博平镇辖自然村。人口 500。清初，窦鳌、窦万、窦科兄弟三人自今博平镇西关迁来，因村中曾有观音堂，故取村名为窦家堂，简称窦堂。聚落呈团块状分布。有小学 1 处、幼儿园 1 处。经济以种植业为主，种植小麦、玉米等。有公路经此。

杜庄 371523–B04–H14
[Dùzhuāng]

在县驻地振兴街道西方向 15.0 千米。博平镇辖自然村。人口 700。明洪武年间，杜氏自胶州迁来立村，并以姓氏取村名杜庄。聚落呈团块状分布。经济以种植业为主，种植小麦、玉米、棉花等。有公路经此。

二刘庄 371523–B04–H15
[Èrliúzhuāng]

在县驻地振兴街道西方向 14.0 千米。博平镇辖自然村。人口 900。明万历年间，刘大文、刘大武两名进士为官清廉，还乡后在城东北二里处立村，故村名二刘庄。聚落呈团块状分布。经济以种植业为主，种植小麦、玉米、棉花等。有公路经此。

郭谢 371523–B04–H16
[Guōxiè]

在县驻地振兴街道西方向 17.0 千米。博平镇辖自然村。人口 700。郭氏迁来立村郭家庄，简称郭庄。明嘉靖年间，安徽徽州府谢家大滩谢俊升，曾任东昌府高唐州教谕，后迁此居住，以姓取村名谢庄。1949 年两村合并，合称郭谢。聚落呈团块状分布。经济以种植业为主，种植小麦、玉米等。有公路经此。

张匠 371523–B04–H17
[Zhāngjiàng]

在县驻地振兴街道西方向 17.0 千米。博平镇辖自然村。人口 400。明洪武年间，张士英从山西洪洞县迁来立村，因其做木桶出名，故名张木匠村，简称张匠。聚落呈团块状分布。经济以种植业为主，种植小麦、玉米、棉花等。有公路经此。

赵庄 371523–B04–H18
[Zhàozhuāng]

在县驻地振兴街道西方向 18.0 千米。博平镇辖自然村。人口 7 100。明初，赵顺理自今博平镇迁来立村，并以姓氏取村名赵庄。聚落呈团块状分布。经济以种植业为主，种植小麦、玉米等。有公路经此。

三教堂 371523–B04–H19
[Sānjiàotáng]

在县驻地振兴街道西方向 22.0 千米。博平镇辖自然村。人口 400。因村西头建有三教庙一座，故命村名三教堂。聚落呈团块状分布。有文化广场 1 处。古迹有孔子回辕处石碑一块。经济以种植业为主，种植小麦、玉米等。有公路经此。

牛营 371523-B04-H20
[Niúyíng]

在县驻地振兴街道西方向 20.0 千米。博平镇辖自然村。人口 400。金元之乱时，此地曾设过兵营，后牛氏迁来立村，故取村名为牛家营，后简称牛营。聚落呈团块状分布。有文化广场 1 处。经济以种植业为主，种植小麦、玉米等。有公路经此。

毛庄 371523-B04-H21
[Máozhuāng]

在县驻地振兴街道西方向 19.0 千米。博平镇辖自然村。人口 1 000。明洪武年间，毛贵与张氏同时从山西洪洞县迁来立村毛家庄，后简称毛庄。聚落呈团块状分布。有文化广场 1 处、小学 1 处、幼儿园 1 处。经济以种植业为主，种植小麦、玉米、棉花等。有公路经此。

十甲张 371523-B04-H22
[Shíjiǎzhāng]

在县驻地振兴街道西方向 16.0 千米。博平镇辖自然村。人口 900。里甲制度是明朝的基层组织形式。张伯巧迁来立村张家庄，后因人丁繁盛，村有张氏百余户，号称十甲，故又改村名为十甲张。聚落呈团块状分布。经济以种植业为主，种植小麦、玉米等。有公路经此。

西贾庄 371523-B04-H23
[Xījiǎzhuāng]

在县驻地振兴街道西方向 16.0 千米。博平镇辖自然村。人口 500。明崇祯年间，贾氏从贾寨迁此立村贾庄，李、鲁、王氏相继迁来，后因重名，1982 年以方位更名西贾庄。聚落呈团块状分布。经济以种植业为主，种植小麦、玉米等。有公路经此。

三里庄 371523-B04-H24
[Sānlǐzhuāng]

在县驻地振兴街道西方向 18.0 千米。博平镇辖自然村。人口 1 100。明洪武二十五年（1392），李继往迁来立村，取名李家庄，后因距原博平县西关泰山圣母行宫三里而改村名为三里庄。聚落呈团块状分布。经济以种植业为主，种植小麦、玉米等。有公路经此。

岳庄 371523-B04-H25
[Yuèzhuāng]

在县驻地振兴街道西方向 19.0 千米。博平镇辖自然村。人口 700。明洪武二十五年（1392），岳氏自山西洪洞县迁来立村岳家庄，后简称岳庄。聚落呈团块状分布。经济以种植业为主，种植小麦、玉米等。有公路经此。

景庄 371523-B04-H26
[Jǐngzhuāng]

在县驻地振兴街道东方向 18.8 千米。博平镇辖自然村。人口 400。明中期，景同从山西洪洞县迁来立村景庄。聚落呈团块状分布。有图书室 1 处、小学 1 处、幼儿园 1 处。经济以种植业为主，种植小麦、玉米、棉花、花生等。有公路经此。

郭庄 371523-B04-H27
[Guōzhuāng]

在县驻地振兴街道东方向 17.9 千米。博平镇辖自然村。人口 500。明末，郭于歧迁来本村，命名郭庄。聚落呈团块状分布。经济以种植业为主，种植小麦、玉米。有公路经此。

碱刘 371523-B04-H28
[Jiǎnliú]

在县驻地振兴街道东方向 22.1 千米。

博平镇辖自然村。人口800。明洪武年间，刘氏自山西洪洞县迁来立村刘家庄，后因此地多盐碱地，庄稼难以生长，村民多以熬制盐硝为业，民间俗称碱场刘庄。1998年后，简称碱刘。聚落呈团块状分布。有图书室1处。经济以种植业为主，种植小麦、玉米、蔬菜等。有公路经此。

袁楼 371523-B04-H29

[Yuánlóu]

在县驻地振兴街道东方向17.3千米。博平镇辖自然村。人口1 700。明末，袁和带领全家由山西洪洞县迁来，名袁庄。后袁和二子袁宗道盖了一座小楼，更名袁家楼，后简称袁楼。聚落呈团块状分布。有文化广场1处、图书室1处。有袁楼党史纪念馆。经济以种植业为主，种植小麦、玉米、蘑菇、黄花菜。有公路经此。

小桑 371523-B04-H30

[Xiǎosāng]

在县驻地振兴街道东方向19.3千米。博平镇辖自然村。人口1 000。桑氏从河南砀山迁到大桑，后由大桑迁来立村小桑。聚落呈团块状分布。经济以种植业为主，种植小麦、玉米、棉花、花生等。有公路经此。

牛胡 371523-B04-H31

[Niúhú]

在县驻地振兴街道东方向15.7千米。博平镇辖自然村。人口800。宋朝年间，牛伯昂迁来立村，以姓氏取村名牛庄。后胡氏一族迁牛庄西立村胡庄。1949年后两村合并，合称牛胡。聚落呈带状分布。经济以种植业为主，种植小麦、玉米等。有公路经此。

徐官屯 371523-B04-H32

[Xúguāntún]

在县驻地振兴街道东方向17.6千米。博平镇辖自然村。人口1 000。明洪武年间，徐氏从山西洪洞县迁来立村徐官屯。聚落呈团块状分布。经济以种植业为主，种植小麦、玉米等。有公路经此。

西街 371523-B04-H33

[Xījiē]

在县驻地振兴街道东方向13.1千米。博平镇辖自然村。人口700。宋景祐四年（1037）此处建新县城，城池分五街三关，此村因在城区西边，得名西街。聚落呈团块状分布。有小学1处、幼儿园1处。有省级文物保护单位仰山书院。经济以种植业为主，种植小麦、玉米等。有公路经此。

东八里 371523-B04-H34

[Dōngbālǐ]

在县驻地振兴街道东方向12.9千米。博平镇辖自然村。人口200。明洪武二十五年（1392），赵安道立村后，因南距博平县城八里而得名八里庄。1960年以村中池塘为界，因位于池塘东，故名东八里。聚落呈团块状分布。经济以种植业为主，种植小麦、玉米等。有公路经此。

杨庄 371523-B04-H35

[Yángzhuāng]

在县驻地振兴街道东方向14.2千米。博平镇辖自然村。人口200。明洪武年间，杨保山自山西洪洞县迁来立村，取名杨家庄，后简称杨庄。聚落呈团块状分布。有市级文物保护单位冯玉祥题书碑。经济以种植业为主，种植小麦、玉米等。有公路经此。

杜郎口 371523-B05-H01

[Dùlángkǒu]

杜郎口镇人民政府驻地。在县驻地振兴街道东方向 10.0 千米。人口 3 400。原名兴利镇。明代时期因店铺较多，曾名社郎店。又因靠近古黄河渡口，改名社郎口。后因村内杜姓居多，改为杜郎口。聚落呈团块状分布。有图书室 1 处、小学 1 处、幼儿园 1 处。经济以种植业为主，种植小麦、玉米等。有公路经此。

鲍庄 371523-B05-H02

[Bàozhuāng]

在县驻地振兴街道东方向 10.1 千米。杜郎口镇辖自然村。人口 800。鲍氏由山西洪洞县迁来本村，故名鲍庄。聚落呈团块状分布。有幼儿园 1 处、图书馆 1 处。经济以种植业为主，种植小麦、玉米等。有公路经此。

台子高 371523-B05-H03

[Táizigāo]

在县驻地振兴街道东方向 8.9 千米。杜郎口镇辖自然村。人口 400。明洪武年间，高岗从山西洪洞县迁居至此地立村，因南靠高台子，故名台子高。聚落呈团块状分布。有省级文物保护单位台子高遗址。经济以种植业为主，种植小麦、玉米等。有公路经此。

南陈 371523-B05-H04

[Nánchén]

在县驻地振兴街道东方向 13.1 千米。杜郎口镇辖自然村。人口 600。明洪武年间，陈兴良从山西洪洞县迁来立村，以姓氏命名为陈庄，后以方位称南陈。聚落呈团块状分布。有省级文物保护单位南陈遗址。经济以种植业为主，种植小麦、玉米等。有公路经此。

大刘 371523-B05-H05

[Dàliú]

在县驻地振兴街道东方向 15.0 千米。杜郎口镇辖自然村。人口 1 500。刘氏迁来，名村大刘庄，后简称大刘。聚落呈团块状分布。有文化大院 1 处。有市级文物保护单位大刘遗址。经济以种植业为主，种植小麦、玉米、棉花、蔬菜等。有鑫州机械制造有限公司、方通汽车配件厂、恒盛园林等企业。有公路经此。

腰庄 371523-B05-H06

[Yāozhuāng]

在县驻地振兴街道东方向 14.0 千米。杜郎口镇辖自然村。人口 900。因该村在庙杨庄和五里庄中间，故以姓氏命名为腰杨庄，简称腰庄。聚落呈团块状分布。有市级文物保护单位腰庄遗址。经济以种植业为主，种植小麦、玉米等。有公路经此。

辛代张 371523-B05-H07

[Xīndàizhāng]

在县驻地振兴街道东方向 16.1 千米。杜郎口镇辖自然村。人口 1 100。元末明初，代氏奉旨从青州府益都县柳树村迁于茌平邑东二十余里，命村名代庄；明永乐年间，张守桂、张宇从青州府益都县张庄迁来立村，沿用原迁出地村名张庄；辛念祖从青州府益都县迁居此地立村，以姓氏命名辛庄。后三村合并，统称辛代张。聚落呈团块状分布。有县级文物保护单位辛代张遗址。经济以种植业为主，种植小麦、玉米、西瓜等。有公路经此。

前孙 371523-B05-H08

[Qiánsūn]

在县驻地振兴街道东方向 12.0 千米。杜郎口镇辖自然村。人口 900。明初，孙天福从山西洪洞县迁来立村孙庄。1958 年以后，为别于村后门楼孙庄，改名前孙。聚落呈团块状分布。经济以种植业为主，种植小麦、玉米、棉花等。有恒胜园林等企业。

张杨 371523-B05-H09

[Zhāngyáng]

在县驻地振兴街道东方向 12.8 千米。杜郎口镇辖自然村。人口 600。清朝，张氏从河南卫辉府迁此立村，取名张贤外庄。乾隆三十一年（1766），杨维眉自今振兴街道昊官屯迁来，改村名为张杨庄，简称张杨。聚落呈团块状分布。经济以种植业为主，种植小麦、玉米、西瓜等。有公路经此。

丁刘 371523-B05-H10

[Dīngliú]

在县驻地振兴街道东方向 18.8 千米。杜郎口镇辖自然村。人口 700。明洪武二十五年(1392),刘士能迁此,村名刘家庄。后又有丁姓迁来，随着丁姓人口的增多，遂又改村名为丁刘庄，简称丁刘。聚落呈团块状分布。经济以种植业为主,种植小麦、玉米等。有公路经此。

北董 371523-B05-H11

[Běidǒng]

在县驻地振兴街道东方向 17.0 千米。杜郎口镇辖自然村。人口 300。明末清初，董姓由山西洪洞县迁此定居，取名董庄。后因重名，1961 年按方位改名北董。聚落呈团块状分布。经济以种植业为主，种植小麦、玉米等。有公路经此。

苇子园 371523-B05-H12

[Wěiziyuán]

在县驻地振兴街道东方向 11.1 千米。杜郎口镇辖自然村。人口 500。明洪武年间，李氏从甘肃陇西县迁此立村，因村四周遍生芦苇，故取村名苇子园。聚落呈团块状分布。经济以种植业为主，种植小麦、玉米等。有公路经此。

崔何 371523-B05-H13

[Cuīhé]

在县驻地振兴街道东方向 17.5 千米。杜郎口镇辖自然村。人口 900。明洪武年间，何明会自山西洪洞县迁来立村何庄。明中期，崔应时自邻村崔楼迁来，后因崔姓人丁兴旺，崔氏后人有二人中进士载入县志，故改名崔何。聚落呈团块状分布。经济以种植业为主，种植小麦、玉米等。有公路经此。

南董 371523-B05-H14

[Nándǒng]

在县驻地振兴街道东方向 16.4 千米。杜郎口镇辖自然村。人口 300。明隆庆年间，董月迁此立村董庄。1982 年，为区别于杜郎口镇北董村，以方位更名为南董。聚落呈团块状分布。经济以种植业为主，种植小麦、玉米等。有公路经此。

刘神庄 371523-B05-H15

[Liúshénzhuāng]

在县驻地振兴街道东方向 14.7 千米。杜郎口镇辖自然村。人口 500。明洪武年间，刘遵兄弟二人从山西洪洞县迁来立村。老二自幼随父制药炼丹，来庄后给百姓看病，其效如神，人称刘神仙，故取村名刘神庄。聚落呈团块状分布。经济以种植业为主，种植小麦、玉米、棉花等。有公路经此。

张乐天 371523-B05-H16

[Zhānglètiān]

在县驻地振兴街道东方向 9.3 千米。杜郎口镇辖自然村。人口 300。村中徐、吴为老户，清道光年间，张世仪从夏津县迁来，曾名徐吴张庄。后世张乐天教书数年，德高望重，百姓及弟子感其功德，又加徐姓外迁，吴姓绝后，故名村张乐天。聚落呈团块状分布。经济以种植业为主，种植小麦、玉米等。有公路经此。

张海子 371523-B05-H17

[Zhānghǎizi]

在县驻地振兴街道东方向 18.5 千米。杜郎口镇辖自然村。人口 800。明洪武年间，张绳、张度二人从山西洪洞县迁来立村，因村周围地势低洼，故取村名张家海子，简称张海子。聚落呈团块状分布。有小学 1 处。经济以种植业为主，种植小麦、玉米、棉花等。有公路经此。

韩屯 371523-B06-H01

[Hántún]

韩屯镇人民政府驻地。在县驻地振兴街道西方向 22.5 千米。人口 600。明初，诸姓随韩氏官员迁来立村，因后唐明宗曾在此屯兵，故以姓氏取村名韩官屯，简称韩屯。聚落呈团块状分布。有文化大院 1 处、图书阅览室 1 处、小学 1 处、幼儿园 1 处。经济以种植业为主，种植小麦、玉米等。有公路经此。

李灿然 371523-B06-H02

[Lǐcànrán]

在县驻地振兴街道西北方向 16.3 千米。韩屯镇辖自然村。人口 600。明洪武二十五年（1392），李洪功自青州府益都县李大官庄迁来立村，并以姓氏取名李家庄。其后人李成章（字灿然），因在济南为官清廉、业绩突出，人们为纪念他，便以其字改村名为李灿然。聚落呈团块状分布。经济以种植业为主，种植小麦、玉米等。有公路经此。

罗屯 371523-B06-H03

[Luótún]

在县驻地振兴街道西北方向 23.1 千米。韩屯镇辖自然村。人口 1 000。村外有一土丘，形似鹅子，名鹅子岗。后唐明宗还驾于此，韩屯一带有三屯八营，命名鹅屯，后演变为罗屯。聚落呈团块状分布。有图书馆 1 处、小学 1 处、幼儿园 1 处。有古建筑鲁义姑祠。经济以种植业为主，种植小麦、玉米、棉花。有公路经此。

棉布刘 371523-B06-H04

[Miánbùliú]

在县驻地振兴街道西北方向 23.4 千米。韩屯镇辖自然村。人口 400。明初，刘德山从山西洪洞县迁来立村，因以纺线织棉布为业，故名棉布刘。聚落呈团块状分布。经济以种植业为主，种植小麦、玉米等。有公路经此。

常庄 371523-B06-H05

[Chángzhuāng]

在县驻地振兴街道西北方向 24.9 千米。韩屯镇辖自然村。人口 500。明洪武年间，常氏迁来立村，并以姓氏取名常家庄，后简称常庄。聚落呈团块状分布。经济以种植业为主，种植小麦、玉米、棉花等。有公路经此。

清凉寺 371523-B06-H06

[Qīngliángsì]

在县驻地振兴街道西北方向 24.8 千米。韩屯镇辖自然村。人口 600。明洪武年间，李朝臣、李朝用、李朝科兄弟三人自河北枣强县迁此立村李家庄；马自立自山西迁此立村马家庄。后两村合并，以位于两村中间的清凉寺为村名。聚落呈团块状分布。经济以种植业为主，种植小麦、玉米等。有公路经此。

张桥 371523-B06-H07
[Zhāngqiáo]

在县驻地振兴街道西北方向 23.1 千米。韩屯镇辖自然村。人口 1 200。明初，张氏迁来立村，因其乐善好施，故名村张善人庄。后因在村前徒骇河上建了一座桥，称张家桥，故更村名为张家桥，简称张桥。聚落呈团块状分布。经济以种植业为主，种植小麦、玉米、棉花等。有公路经此。

翟庄 371523-B06-H08
[Zháizhuāng]

在县驻地振兴街道西北方向 24.3 千米。韩屯镇辖自然村。人口 400。明洪武年间，翟天保、翟天驷、翟天常三兄弟自马李村迁来立村翟庄。聚落呈团块状分布。经济以种植业为主，种植小麦、玉米、棉花等。有公路经此。

米庄 371523-B06-H09
[Mǐzhuāng]

在县驻地振兴街道西北方向 20.3 千米。韩屯镇辖自然村。人口 900。明初，米氏迁来立村，并以姓氏取村名米家庄，后简称米庄。聚落呈团块状分布。经济以种植业为主，种植小麦、玉米、棉花等。有公路经此。

玉皇庙 371523-B06-H10
[Yùhuángmiào]

在县驻地振兴街道西北方向 26.0 千米。韩屯镇辖自然村。人口 500。明初，高氏、赵氏迁来后分别立村高家庄、赵家庄，后合为一村，因在村东南角建了一座气势宏伟的玉皇庙，故名村玉皇庙。聚落呈团块状分布。经济以种植业为主，种植小麦、玉米、棉花等。有公路经此。

司营 371523-B06-H11
[Sīyíng]

在县驻地振兴街道西北方向 22.5 千米。韩屯镇辖自然村。人口 300。明洪武年间，司氏自山西洪洞县迁来立村，因相传历史上曾驻兵于此，故名司家营，后简称司营。聚落呈团块状分布。经济以种植业为主，种植小麦、玉米、棉花等。有公路经此。

蛮营 371523-B06-H12
[Mányíng]

在县驻地振兴街道西北方向 22.9 千米。韩屯镇辖自然村。人口 200。明隆庆年间，张怀从长清县迁来立村，因后唐明宗和明燕王曾在此驻兵，加之明燕王带的兵多为江南人，北方人蔑称南方人为“蛮子”，故名蛮营。聚落呈团块状分布。经济以种植业为主，种植小麦、玉米等。有公路经此。

冯勺子 371523-B06-H13
[Féngsháozi]

在县驻地振兴街道西北方向 24.0 千米。韩屯镇辖自然村。人口 1 300。明洪武年间，冯兴自南京大浦口金陵县迁来立村，并以姓氏取村名冯家庄，后简称冯庄。1982 年，为区别重名村，因村落形似勺子，故更名为冯勺子。聚落呈团块状分布。经济以种植业为主，种植小麦、玉米、棉花、花生、蔬菜等。有公路经此。

还驾店 371523-B06-H14
[Huánjiàdiàn]

在县驻地振兴街道西北方向 21.3 千米。韩屯镇辖自然村。人口 2 300。唐明宗李嗣源带兵东征还驾于此，故名还驾店。聚落呈团块状分布。有图书室 1 处。经济以种植业为主，种植小麦、玉米、棉花、豆类等。有公路经此。

大碾李 371523-B06-H15
[Dàniǎnlǐ]

在县驻地振兴街道西北方向 24.0 千米。韩屯镇辖自然村。人口 700。明初，李氏迁来立村，后来有一年发大水，顺水冲来一个大碾砣，故名村大碾李。聚落呈团块状分布。有市级文物保护单位大碾李遗址。经济以种植业为主，种植小麦、玉米等。有公路经此。

胡屯 371523-B07-H01
[Hútún]

胡屯镇人民政府驻地。在县驻地振兴街道北方向 14.0 千米。人口 400。明洪武年间，王、李、张、池等姓氏先后由山西洪洞县迁此定居，因居民多种瓠子瓜，得名瓠子村，后演变为胡子屯，简称胡屯。聚落呈团块状分布。有文化活动中心 1 处、幼儿园 1 处、中学 1 处。经济以种植业为主，种植小麦、玉米、花生等。105 国道经此。

徐河口 371523-B07-H02
[Xúhékǒu]

在县驻地振兴街道北方向 20.5 千米。胡屯镇辖自然村。人口 700。徐天一迁来立村，以姓氏取村名徐家庄。后因村南邻近徒骇河，设有渡口，故名徐河口。聚落呈团块状分布。有徐河口三英烈士墓。经济以种植业为主，种植小麦、玉米等。有公路经此。

韩糖坊 371523-B07-H03
[Hántángfáng]

在县驻地振兴街道北方向 12.4 千米。胡屯镇辖自然村。人口 500。明洪武年间，韩恕迁来立村韩家庄，后因村里富户韩思问建有十八座名楼，又改村名为韩家楼。明末清初，村里有人开了个糖坊，买卖越做越大，故名韩家糖坊，1949 年后简称韩糖坊。聚落呈团块状分布。有小学 1 处、幼儿园 1 处。经济以种植业为主，种植小麦、玉米等。105 国道经此。

寺后刘 371523-B07-H04
[Sìhòuliú]

在县驻地振兴街道北方向 13.5 千米。胡屯镇辖自然村。人口 600。明洪武年间，刘大亮、刘大千兄弟二人从山西洪洞县迁来立村，因村南有一兴国寺，故取村名寺后刘。聚落呈团块状分布。有文化大院 1 处。经济以种植业为主，种植小麦、玉米等。105 国道经此。

寺后王 371523-B07-H05
[Sìhòuwáng]

在县驻地振兴街道北方向 12.7 千米。胡屯镇辖自然村。人口 300。明洪武年间，王温从山西洪洞县迁来兴国寺东北立村，取名寺后王。聚落呈团块状分布。经济以种植业为主，种植小麦、玉米、棉花等。105 国道经此。

半天张 371523-B07-H06
[Bàntiānzhāng]

在县驻地振兴街道北方向 15.6 千米。胡屯镇辖自然村。人口 400。明末，张氏自山东胶州潍县铁门楼张迁来立村，取名张庄。其后人张公武艺高超，后因与江南高士比武，寓意张公的武功能打半边天，故把村庄更名为半边天张庄，简称半天张庄，后又简称半天张。聚落呈团块状分布。经济以种植业为主，种植小麦、玉米、棉花等，特产半天张糕点。有公路经此。

大尹庄 371523-B07-H07
[Dàyǐnzhuāng]

在县驻地振兴街道北方向 17.6 千米。胡屯镇辖自然村。人口 700。明洪武初年，尹氏始迁博邑，居鸣犊河北，立村尹家庄。1982年，因重名，又改为大尹庄。聚落呈团块状分布。经济以种植业为主，种植小麦、玉米、棉花等。有公路经此。

甄桥 371523-B07-H08

[Zhēnqiáo]

在县驻地振兴街道北方向16.9千米。胡屯镇辖自然村。人口600。明洪武年间，甄贵、张本从莱州府潍县迁居此地，立村甄家庄。因村位于徒骇河北，清道光年间，在河上修了一座桥，取名甄家桥，便改村名为甄家桥，后简称甄桥。聚落呈团块状分布。经济以种植业为主，种植小麦、玉米、棉花等。有公路经此。

南于 371523-B07-H09

[Nányú]

在县驻地振兴街道北方向16.4千米。胡屯镇辖自然村。人口600。明洪武年间，于先玉同父母从胶州迁来，在徒骇河南岸立村，名南于。聚落呈团块状分布。经济以种植业为主，种植小麦、玉米、金针菇等。有公路经此。

陶集 371523-B07-H10

[Táojí]

在县驻地振兴街道北方向16.8千米。胡屯镇辖自然村。人口900。明洪武年间，陶王氏带领儿子陶自弘、王自建从山西洪洞县迁来此地，其子王自建立村陶集。聚落呈团块状分布。经济以种植业为主，种植小麦、玉米、棉花等。105国道经此。

景马 371523-B07-H11

[Jǐngmǎ]

在县驻地振兴街道北方向14.4千米。胡屯镇辖自然村。人口400。明洪武年间，马氏从博平牛营迁来，因靠近大磨王庄，曾名马王庄。清初，景氏从茌平三里庄迁来，故村名改为景马。聚落呈团块状分布。有图书室1处。经济以种植业为主，种植小麦、玉米等。有公路经此。

北于 371523-B07-H12

[Běiyú]

在县驻地振兴街道北方向15.9千米。胡屯镇辖自然村。人口500。明洪武年间，于大京从胶州迁来立村于庄，因地势低洼，曾名于家海子，又因本镇有两个于庄，本村位于徒骇河北，故名北于。聚落呈团块状分布。经济以种植业为主，种植小麦、玉米、棉花、大豆、花生等。有公路经此。

李双熙 371523-B07-H13

[Lǐshuāngxī]

在县驻地振兴街道北方向20.1千米。胡屯镇辖自然村。人口400。李双熙于明永乐年间从山西洪洞县迁来，以其姓名为村名。聚落呈团块状分布。经济以种植业为主，种植小麦、玉米、棉花、蔬菜等。有公路经此。

薛凤台 371523-B07-H14

[Xuēfèngtái]

在县驻地振兴街道北方向18.9千米。胡屯镇辖自然村。人口200。明洪武年间，薛氏兄弟三人从胶州薛家岛迁来，老大在胡屯村南立村南薛，老二在胡屯村西南立村薛庄，老三在此立村。其后人薛如玉号凤台，清初进士，授浙江嘉兴府税科司大使，为纪念此人，村以人名。聚落呈团块状分布。经济以种植业为主，种植小麦、玉米、棉花等。有公路经此。

大刘西 371523-B07-H15

[Dàliúxī]

在县驻地振兴街道北方向19.4千米。

胡屯镇辖自然村。人口 200。清顺治年间，刘志贤迁此立村后，村名大刘庄。1950 年分村而治，按方位改名为大刘西。聚落呈带状分布。经济以种植业为主，种植小麦、玉米等。有公路经此。

大刘东 371523–B07–H16

[Dàliúdōng]

在县驻地振兴街道北方向 19.5 千米。胡屯镇辖自然村。人口 300。清顺治年间，刘志贤迁此立村后，村名大刘庄。1950 年分村而治，按方位改名为大刘东。聚落呈团块状分布。经济以种植业为主，种植小麦、玉米等。有公路经此。

韩庙 371523–B07–H17

[Hánmiào]

在县驻地振兴街道北方向 27.9 千米。胡屯镇辖自然村。人口 400。明洪武年间，韩章、韩良与母亲三人从山西洪洞县迁来；孙德海、孙德江、孙德让兄弟从胶州河南大孙庄迁来。因此地原有一座小庙，两姓合议命村名韩家庙。1946 年全村划分为前韩庙、后韩庙，前韩庙后改称韩庙。聚落呈带状分布。经济以种植业为主，种植小麦、玉米、棉花等。有公路经此。

王贡 371523–B07–H18

[Wánggòng]

在县驻地振兴街道北方向 19.8 千米。胡屯镇辖自然村。人口 400。明朝时期，王清明，人称王老侠，从高唐县纸纺头东邱家庙迁来此地立村，取名王侠庄，后演变为王霸庄，2009 年改名为王贡。聚落呈带状分布。经济以种植业为主，种植小麦、玉米等。有公路经此。

周老庄 371523–B07–H19

[Zhōulǎozhuāng]

在县驻地振兴街道北方向 19.4 千米。胡屯镇辖自然村。人口 600。明洪武年间，周敬由山东昌乐迁此立村，名周家庄。其后人周正迁出自立新村周小庄，故周家庄改名周老庄。聚落呈团块状分布。有小学 1 处。经济以种植业为主，种植小麦、玉米等。105 国道经此。

周小庄 371523–B07–H20

[Zhōuxiǎozhuāng]

在县驻地振兴街道北方向 19.5 千米。胡屯镇辖自然村。人口 400。明洪武年间，周敬由山东昌乐迁此立村，名周家庄。其后人周正迁出自立新村，名周小庄。聚落呈团块状分布。有小学 1 处。经济以种植业为主，种植小麦、玉米等。105 国道经此。

蒋庄 371523–B08–H01

[Jiǎngzhuāng]

肖家庄镇人民政府驻地。在县驻地振兴街道西北方向 24.5 千米。人口 1 200。明洪武年间，蒋氏自山西洪洞县迁此立村，故名。聚落呈团块状分布。有文化大院 1 处、图书阅览室 1 处。经济以种植业为主，种植小麦、玉米等。有公路经此。

后冯 371523–B08–H02

[Hòuféng]

在县驻地振兴街道西北方向 24.9 千米。肖家庄镇辖自然村。人口 600。明洪武二十五年（1392），赵达和好友冯交亮在城西北十五里许鸣犊河岸边立村，名冯家营。冯氏后人冯贯自冯营迁村西北二里许立村冯家庄，后改称后冯。聚落呈团块状分布。经济以种植业为主，种植小麦、玉米、棉花、花生、速生杨、大枣等。有公路经此。

冯家营 371523-B08-H03

[Féngjiāyíng]

在县驻地振兴街道西北方向 24.3 千米。肖家庄镇辖自然村。人口 1 800。明洪武二十五年（1392），赵达和好友冯交亮自胶州潍县迁来立村冯家营，赵氏住西半部，冯氏住东半部。后冯氏为避战乱在东半部修起了围墙，俗称冯围子，赵氏依旧名村冯家营。聚落呈团块状分布。经济以种植业为主，种植小麦、玉米、棉花、花生等。有公路经此。

后场 371523-B08-H04

[Hòuchǎng]

在县驻地振兴街道西北方向 22.7 千米。肖家庄镇辖自然村。人口 1 200。明初，李和富从直隶昌平州迁至老徒骇河南，立村李家营。因其耕地在河北，每逢收割季节便搭起场园屋，收割结束再搬回李家营，很不方便。为此，其后人便迁至徒骇河北岸场园立村，名后场园，简称后场。聚落呈团块状分布。有文化广场 1 处、图书馆 1 处、小学 1 处、幼儿园 1 处。经济以种植业为主，种植小麦、玉米、花生、莲藕等。有公路经此。

康庄 371523-B08-H05

[Kāngzhuāng]

在县驻地振兴街道西北方向 21.8 千米。肖家庄镇辖自然村。人口 400。明洪武七年（1374），康仁美自山西洪洞县迁来立村，因地势低洼取村名康家海子，后改为康庄。聚落呈团块状分布。经济以种植业为主，种植小麦、玉米、花生等。有公路经此。

高营 371523-B08-H06

[Gāoyíng]

在县驻地振兴街道西北方向 23.5 千米。肖家庄镇辖自然村。人口 1 500。明洪武年间，高东来自山西洪洞县迁来立村，并取村名高家营，后简称高营。聚落呈团块状分布。有小学 1 处、幼儿园 1 处、文化广场 1 处、图书馆 1 处。经济以种植业为主，种植小麦、玉米、棉花、花生、莲藕等。有公路经此。

八刘 371523-B08-H07

[Bāliú]

在县驻地振兴街道西北方向 22.8 千米。肖家庄镇辖自然村。人口 1 700。相传刘思敬携二子自二刘迁来立村，后因人丁繁盛，村中有“八甲”之户，故名八甲刘，1971 年更名为八刘。聚落呈团块状分布。有文化广场 1 处、图书馆 1 处。经济以种植业为主，种植小麦、玉米、莲藕等。有公路经此。

沙窝田 371523-B08-H08

[Shāwōtián]

在县驻地振兴街道西北方向 29.6 千米。肖家庄镇辖自然村。人口 1 500。明永乐年间，田文彬迁来立村后，以姓氏取村名田家庄，简称田庄。1982 年，为区别重名村，因村周边皆为沙地，改村名为沙窝田。聚落呈团块状分布。有图书馆 1 处、幼儿园 1 处、小学 1 处。经济以种植业、木材加工业为主，种植小麦、玉米、花生、蔬菜、林果等。有公路经此。

小胡庄 371523-B08-H09

[Xiǎohúzhuāng]

在县驻地振兴街道西北方向 29.3 千米。肖家庄镇辖自然村。人口 400。明永乐年间，胡氏自山西洪洞县迁来立村，以姓氏取村名胡家庄，后简称胡庄。为区别重名村，因村小人少，更名为小胡庄。聚落呈团块状分布。经济以种植业为主，种植小麦、玉米、韭苔、莲藕等。有公路经此。

朱啟虎 371523-B08-H10

[Zhūqǐhǔ]

在县驻地振兴街道西北方向 28.6 千米。肖家庄镇辖自然村。人口 1 300。明洪武年间，朱氏从山西洪洞县迁此立村朱家庄。其后人朱啟虎，家业兴旺，宾客满门，德高望重，故改村名为朱啟虎。聚落呈团块状分布。有文化广场、幼儿园、图书室。经济以种植业为主，种植小麦、玉米、蔬菜等。有公路经此。

王菜瓜 371523-B08-H11

[Wángcàiguā]

在县驻地振兴街道西北方向 29.2 千米。肖家庄镇辖自然村。人口 600。明初，王氏始祖从山西洪洞县迁来立村。其后人以种瓜为生，有一菜瓜又大又长，一江南术士说，这瓜能长到一丈二尺长，能打死一头金牛，并约定了摘瓜时间。此人发财心切，提前摘了瓜等着金牛来，结果只打掉了一只牛角，金牛跑了。从此菜瓜打金牛的传说广为流传，村名亦更为王菜瓜。聚落呈团块状分布。有省级文物保护单位王菜瓜遗址。经济以种植业为主，种植小麦、玉米、花生等。有公路经此。

落角园 371523-B08-H12

[Luòjiǎoyuán]

在县驻地振兴街道西北方向 29.3 千米。肖家庄镇辖自然村。人口 500。罗氏迁来立村，因罗家有一园子，故名罗家园。1949 年后，因传说菜瓜打金牛时，打掉的牛角落在了罗家园，故改村名为落角园。聚落呈团块状分布。经济以种植业、木材加工业为主，种植小麦、玉米、花生等。有公路经此。

贾寨 371523-B09-H01

[Jiǎzhài]

贾寨镇人民政府驻地。在县驻地振兴街道西北方向 31.2 千米。人口 1 300。元末，贾奉先自山西洪洞县迁居东昌府聊城县龙洼。明初，又于龙洼迁至博陵城西北，立村贾寨。聚落呈带状分布。有文化大院 1 处、图书阅览室 1 处。经济以种植业为主，种植小麦、玉米等。有公路经此。

侯楼 371523-B09-H02

[Hóulóu]

在县驻地振兴街道西北方向 32.8 千米。贾寨镇辖自然村。人口 2 700。明洪武二十五年（1392），侯有才自山西洪洞县迁来立村侯家庄，后因盖了楼房，故名侯家楼，简称侯楼。聚落呈团块状分布。有文化广场 1 处、小学 1 处、幼儿园 1 处。经济以种植业为主，种植小麦、玉米、棉花、花生、白杨等。有公路经此。

贾贡庄 371523-B09-H03

[Jiǎgòngzhuāng]

在县驻地振兴街道西北方向 33.9 千米。贾寨镇辖自然村。人口 300。明朝后期，贾拱从贾寨迁来，立村贾贡庄。聚落呈团块状分布。有文化广场 1 处。经济以种植业为主，种植小麦、玉米、蔬菜、苹果等。有公路经此。

贾铁匠庄 371523-B09-H04

[Jiǎtiějiàngzhuāng]

在县驻地振兴街道西北方向 34.7 千米。贾寨镇辖自然村。人口 600。明永乐年间，贾奉先从山西洪洞县迁来立村贾寨。其后人贾祥又自贾寨迁西南立村，因其族人以打铁为业，故取村名贾铁匠庄。聚落呈团块状分布。经济以种植业为主，种植小麦、玉米、蔬菜、葡萄等。有公路经此。

苗庄 371523-B09-H05
[Miáozhuāng]

在县驻地振兴街道西北方向 35.2 千米。贾寨镇辖自然村。人口 1 200。明洪武四年（1371），苗固自山西洪洞县迁来立村，并以姓氏取村名苗家庄，后简称苗庄。聚落呈团块状分布。有文化广场 1 处。经济以种植业为主，种植小麦、玉米、林果、速生杨等。有公路经此。

冯庄 371523-B09-H06
[Féngzhuāng]

在县驻地振兴街道西北方向 33.8 千米。贾寨镇辖自然村。人口 700。明洪武年间，冯子才从山西洪洞县迁来，立村冯庄。聚落呈团块状分布。经济以种植业为主，种植小麦、玉米、花生、棉花等。有公路经此。

堤头袁庄 371523-B09-H07
[Dītóuyuánzhuāng]

在县驻地振兴街道西北方向 34.3 千米。贾寨镇辖自然村。人口 2 000。明洪武二十五年（1392），袁氏到原博平县城西黄河故道防洪大堤头上立村，取村名堤头袁庄。聚落呈团块状分布。有文化广场 1 处。经济以种植业为主，种植小麦、玉米、花生、棉花、蔬菜、林果等。有公路经此。

耿店 371523-B09-H08
[Gěngdiàn]

在县驻地振兴街道西北方向 31.3 千米。贾寨镇辖自然村。人口 2 000。明初，耿惠迁来立村耿家庄，后因村里设有店铺，买卖兴隆，人称耿家店，故村亦名耿家店，后简称耿店。聚落呈团块状分布。有文化大院 1 处、图书室 1 处。经济以种植业、木材加工业为主，种植小麦、玉米、速生杨等。有公路经此。

官赵 371523-B09-H09
[Guānzhào]

在县驻地振兴街道西北方向 31.8 千米。贾寨镇辖自然村。人口 500。明洪武年间，赵天荣迁此立村赵家庄，后因村北紧靠临清至博平官路，更名官路赵庄，简称官赵。聚落呈团块状分布。经济以种植业为主，种植小麦、玉米、林木等。有公路经此。

王药包庄 371523-B09-H10
[Wángyàobāozhuāng]

在县驻地振兴街道西北方向 32.6 千米。贾寨镇辖自然村。人口 700。明中期，王守安自今临清市魏湾镇薛王村迁来立村王家庄。后因族人身背药包行医，在四里八乡很有名声，故更名王药包庄。聚落呈团块状分布。有图书室 1 处、文化广场 1 处、小学 1 处、幼儿园 1 处。经济以种植业为主，种植小麦、玉米、花生、蔬菜等。有公路经此。

郭堤口庄 371523-B09-H11
[Guōdīkǒuzhuāng]

在县驻地振兴街道西方向 30.7 千米。贾寨镇辖自然村。人口 800。原为单家庙。明洪武初年，郭友谅迁来后，随着郭姓人丁繁衍日众，且村东南曾为大禹治水时修建的河堤并有一堤口，故更名郭堤口庄。聚落呈团块状分布。有图书室 1 处。经济以种植业为主，种植小麦、玉米、花生、蔬菜、林木等。有公路经此。

张士宏 371523-B09-H12
[Zhāngshìhóng]

在县驻地振兴街道西方向 31.8 千米。贾寨镇辖自然村。人口 1 100。明洪武年间，张士宏从聊城南张飞庄迁来立村，以姓名名村张士宏。聚落呈团块状分布。有图书室 1 处、小学 1 处、幼儿园 1 处。经济以种植业为主，种植小麦、玉米等。有公路经此。

大梁庄 371523-B09-H13

[Dàliángzhuāng]

在县驻地振兴街道西北方向 29.8 千米。贾寨镇辖自然村。人口 600。明洪武三年（1370），梁喜仁自山西省文水县迁来立村，并以姓氏取村名梁家庄。1982 年，因重名，更名为大梁庄。聚落呈团块状分布。经济以种植业、木材加工业为主，种植小麦、玉米、韭苔、花生、速生杨等。有公路经此。

崔老庄 371523-B09-H14

[Cuīlǎozhuāng]

在县驻地振兴街道西北方向 30.3 千米。贾寨镇辖自然村。人口 800。东汉年间，崔实在此立村，并以姓氏取村名崔家庄。1982 年，为区别重名村，因立村较早，故更名为崔老庄。聚落呈团块状分布。经济以种植业为主，种植小麦、玉米、花生、杨树。有公路经此。

西纸坊头 371523-B09-H15

[Xīzhǐfángtóu]

在县驻地振兴街道西北方向 30.8 千米。贾寨镇辖自然村。人口 800。明洪武二十五年（1392），于良友由山西洪洞县奉旨东迁，来此立村后，因村民多以手工制作粗草纸为业，设有纸坊，故名纸坊头。为区别重名村，1982 年又按方位改村名为西纸坊头。聚落呈团块状分布。经济以种植业为主，种植小麦、玉米、花生、杨树。有公路经此。

洪官屯 371523-B10-H01

[Hóngguāntún]

洪官屯镇人民政府驻地。在县驻地振兴街道西方向 31.2 千米。人口 1 200。明洪武年间，洪祝从山西洪洞县迁至王承祚屯。后因洪氏有一人为武官，故改村名为洪官屯。聚落呈团块状分布。有幼儿园 1 处、小学 1 处。经济以种植业为主，种植小麦、玉米等。有公路经此。

回民李 371523-B10-H02

[Huímínlǐ]

在县驻地振兴街道西方向 31.2 千米。洪官屯镇辖自然村。人口 1 100。有回族、汉族，其中回族占 70%。李氏自山西洪洞县迁来立村李家庄，后蒋姓迁来，蒋姓人丁繁衍日众，且蒋姓是回族，回、汉群众亲如一家，为体现本村民族融合的团结氛围，故易名为回民李。聚落呈团块状分布。有幼儿园 1 处。古迹有清真寺。经济以种植业为主，种植小麦、玉米等。有公路经此。

碱王 371523-B10-H03

[Jiǎnwáng]

在县驻地振兴街道西方向 27.6 千米。洪官屯镇辖自然村。人口 1 000。明初，王氏从山西迁此建村，后因此地土质多碱，故名碱场王，后简称碱王。聚落呈团块状分布。有图书室 1 处、小学 1 处、幼儿园 1 处。有古墓式烽火台。经济以种植业为主，种植小麦、玉米、莲藕。有公路经此。

郭庄 371523-B10-H04

[Guōzhuāng]

在县驻地振兴街道西方向 28.9 千米。洪官屯镇辖自然村。人口 400。明初，郭氏迁来，立村郭家庄，后简称郭庄。聚落呈团块状分布。经济以种植业为主，种植小麦、玉米、棉花、莲藕。有公路经此。

金洼 371523-B10-H05

[Jīnwā]

在县驻地振兴街道西方向 28.6 千米。

洪官屯镇辖自然村。人口400。明初，金氏兄弟二人与家眷自山西洪洞县迁来，老大因途中染疾，便在此落脚立村。因此处属平原洼地，故名金家洼。1949年后简称金洼。聚落呈团块状分布。经济以种植业为主，种植小麦、玉米、棉花、莲藕。有公路经此。

姜庄 371523-B10-H06

[Jiāngzhuāng]

在县驻地振兴街道西方向27.2千米。洪官屯镇辖自然村。人口800。明中后期，姜花自姜家皋东迁至宝塔寺南立村，并以姓氏取村名姜家庄，后简称姜庄。聚落呈团块状分布。经济以种植业为主，种植小麦、玉米、棉花、莲藕。有公路经此。

官庄 371523-B10-H07

[Guānzhuāng]

在县驻地振兴街道西方向27.4千米。洪官屯镇辖自然村。人口1 000。明朝，村民自山西洪洞县迁此，发展成村。因在村西南有一运河闸叫辛闸，当年管理辛闸的官署设在此地，故得村名官庄。聚落呈团块状分布。经济以种植业为主，种植小麦、玉米、棉花、莲藕。有公路经此。

小宋 371523-B10-H08

[Xiǎosòng]

在县驻地振兴街道西方向28.0千米。洪官屯镇辖自然村。人口200。明洪武二十五年（1392），宋姓祖先宋贵黄携子宋起由山西省洪洞县迁此，取名宋庄。1982年因重名，改村名为小宋。聚落呈团块状分布。经济以种植业为主，种植小麦、玉米、花生等。有公路经此。

张德一村 371523-B10-H09

[Zhāngdéyīcūn]

在县驻地振兴街道西方向28.0千米。洪官屯镇辖自然村。人口200。明洪武年间，张成迁来立村张家庄，其后人张四维，字得一，就职候选州同，应赠文林郎，崇祀乡贤祠，人们为纪念他，以其字的谐音改村名为张德一村。聚落呈团块状分布。有文化广场1处、幼儿园1处。经济以种植业为主，种植小麦、玉米、花生、林果等。有公路经此。

成庄 371523-B10-H10

[Chéngzhuāng]

在县驻地振兴街道西方向30.0千米。洪官屯镇辖自然村。人口500。成氏迁此立村，故名。聚落呈团块状分布。有文化广场1处、图书室1处、小学1处、幼儿园1处。经济以种植业为主，种植小麦、玉米、蔬菜等。有公路经此。

摆渡口 371523-B10-H11

[Bǎidùkǒu]

在县驻地振兴街道西方向32.6千米。洪官屯镇辖自然村。人口500。明初，因村靠近运河码头，故名泊渡口，后演为摆渡口。聚落呈团块状分布。有图书室1处。有平调秧歌等民俗。经济以种植业为主，种植小麦、玉米、花生等。有公路经此。

东梭堤 371523-B10-H12

[Dōngsuōdī]

在县驻地振兴街道西方向29.8千米。洪官屯镇辖自然村。人口800。孙氏迁来立村，因村位于古运河拐弯处东岸，古运河在此形成一梭形大堤，故称东梭堤。聚落呈团块状分布。经济以种植业为主，种植小麦、玉米。有公路经此。

耿茂林 371523-B10-H13

[Gěngmàolín]

在县驻地振兴街道西方向26.2千米。

洪官屯镇辖自然村。人口 900。耿氏自今贾寨镇耿大庄先迁居今博平镇西关，后耿岩又自西关迁来立村耿家庄。其后人耿超，字茂林，因其声望高，人们为纪念他，又以其字改村名为耿茂林。聚落呈团块状分布。有幼儿园 1 处。经济以种植业为主，种植小麦、玉米、花生等。有公路经此。

杨官屯 371523-C01-H01
[Yángguāntún]

杨官屯乡人民政府驻地。在县驻地振兴街道西方向 23.4 千米。人口 1 600。明洪武年间，杨姓官员带领王姓、张姓、李姓等自山西洪洞县迁来，在此立村，取村名杨官屯。聚落呈团块状分布。有文化大院 1 处、图书阅览室 1 处。经济以种植业为主，种植小麦、玉米、花生等。有公路经此。

豆腐赵 371523-C01-H02
[Dòufuzhào]

在县驻地振兴街道西方向 23.4 千米。杨官屯乡辖自然村。人口 500。赵氏迁来立村赵家庄，后因族人多以做豆腐为业，故取村名豆腐赵。聚落呈团块状分布。有小学 1 处、幼儿园 1 处。经济以种植业为主，种植小麦、玉米。有公路经此。

邓庄 371523-C01-H03
[Dèngzhuāng]

在县驻地振兴街道西方向 22.4 千米。杨官屯乡辖自然村。人口 500。明永乐年间，邓伯亮偕妻从山西洪洞县城北贾村迁此立村，并以姓氏取村名邓家庄，后简称邓庄。聚落呈团块状分布。古迹有观音庙和邓家桥。经济以种植业为主，种植小麦、玉米、棉花、花生、蔬菜等。有公路经此。

南孙 371523-C01-H04
[Nánsūn]

在县驻地振兴街道西方向 24.3 千米。杨官屯乡辖自然村。人口 1 200。孙景春迁来立村，并以姓氏取村名孙家庄。1958 年，为区别同名村，以方位改村名为南孙。聚落呈团块状分布。有图书室 1 处、幼儿园 1 处。经济以种植业为主，种植小麦、玉米等。有公路经此。

小曹庄 371523-C01-H05
[Xiǎocáozhuāng]

在县驻地振兴街道西方向 23.6 千米。杨官屯乡辖自然村。人口 300。明末清初，曹氏迁来立村曹家庄，后为区别于当时村北后曹庄，曾改村名为前曹。1985 年，因重名，改村名为小曹庄。聚落呈团块状分布。经济以种植业为主，种植小麦、玉米、花生、大棚蔬菜等。有公路经此。

大曹庄 371523-C01-H06
[Dàcáozhuāng]

在县驻地振兴街道西方向 23.6 千米。杨官屯乡辖自然村。人口 600。明初，曹伯敬自山西洪洞县迁来立村曹家庄。后因重名，改村名为大曹庄。聚落呈带状分布。有文化广场 1 处、图书室 1 处、幼儿园 1 处。经济以种植业为主，种植小麦、玉米、棉花、花生、大棚蔬菜、杨树等。有公路经此。

小冯庄 371523-C01-H07
[Xiǎofféngzhuāng]

在县驻地振兴街道西方向 23.3 千米。杨官屯乡辖自然村。人口 500。明洪武年间，冯氏由山西洪洞县迁居山东。后冯椿迁居今杨屯乡大冯立村冯家庄，后人冯景阳迁此立村小冯庄。聚落呈带状分布。有幼儿园 1 处。经济以种植业为主，种植小麦、玉米、棉花、花生、大棚蔬菜等。有鱼塘、藕池。有公路经此。

大冯庄 371523-C01-H08
[Dàféngzhuāng]

在县驻地振兴街道西方向 23.8 千米。杨官屯乡辖自然村。人口 600。明洪武年间，冯氏由山西洪洞县迁居山东。后冯椿迁此立村冯家庄，后人冯景阳迁出立村小冯庄，本村改称大冯庄。聚落呈带状分布。经济以种植业为主，种植小麦、玉米等。有公路经此。

小谢庄 371523-C01-H09
[Xiǎoxièzhuāng]

在县驻地振兴街道西方向 23.3 千米。杨官屯乡辖自然村。人口 300。明洪武二年（1369），谢氏从山东胶州潍县迁来立村小谢庄。聚落呈团块状分布。有幼儿园 1 处。经济以种植业为主，种植小麦、玉米、棉花、花生、蔬菜、苹果等。有公路经此。

大谢庄 371523-C01-H10
[Dàxièzhuāng]

在县驻地振兴街道西方向 21.8 千米。杨官屯乡辖自然村。人口 1 000。明洪武二十五年（1392），谢士通自潍县大柳树村迁来立村，并以姓氏取村名谢家庄，后因有族人西迁不远处立村小谢庄，又改村名为大谢庄。聚落呈团块状分布。经济以种植业为主，种植小麦、玉米、棉花、花生、蔬菜、苹果等。有公路经此。

李显明 371523-C01-H11
[Lǐxiǎnmíng]

在县驻地振兴街道西方向 23.3 千米。杨官屯乡辖自然村。人口 500。明初，张氏迁来立村张家庄，后李玉山迁此。至李氏后人李显名时，张氏仅剩两户，随后迁出。李氏便将张庄改为李显名庄，后写为李显明。聚落呈团块状分布。有幼儿园 1 处。经济以种植业为主，种植小麦、玉米等。有公路经此。

李招安 371523-C01-H12
[Lǐzhāo'ān]

在县驻地振兴街道西方向 21.8 千米。杨官屯乡辖自然村。人口 600。李招安于明洪武年间自山西洪洞县迁来，后人为纪念他，便以其姓名取村名为李招安。聚落呈团块状分布。有图书室 1 处、幼儿园 1 处。经济以种植业为主，种植小麦、玉米、花生等。有公路经此。

东阿县

农村居民点

大店 371524-A01-H01
[Dàdiàn]

在县驻地铜城街道南方向 4.5 千米。铜城街道辖自然村。人口 2 200。传说该村地处去北京的主道路上，店铺很多，故名大店。聚落呈团块状分布。经济以种植业为主，种植小麦、玉米、蔬菜等。有公路经此。

郑于 371524-A01-H02
[Zhèngyú]

在县驻地铜城街道西北方向 2.5 千米。铜城街道辖自然村。人口 2 100。明朝初期，郑姓和于姓迁至本地建村，后村庄合并，故名郑于。聚落呈团块状分布。有文化广场 1 处。有县级文物保护单位郑于民居。经济以种植业为主，种植小麦、玉米、蔬菜等。省道齐南路经此。

艾山 371524-A01-H03
[Àishān]

在县驻地铜城街道西南方向 13.0 千米。铜城街道辖自然村。人口 1 300。因山体得名。聚落呈团块状分布。有文化广场 1 处。经济以种植业为主，种植小麦、玉米、牡丹。有公路经此。

耿集 371524-A01-H04
[Gěngjí]

在县驻地铜城街道东北方向 3.5 千米。铜城街道辖自然村。人口 1 200。明末，耿姓由山西洪洞县迁来建村，故名耿集。聚落呈团块状分布。有文化广场 1 处。经济以种植业为主，种植小麦、玉米等。有公路经此。

郭庄 371524-A01-H05
[Guōzhuāng]

在县驻地铜城街道南方向 10.5 千米。铜城街道辖自然村。人口 300。清康熙三年（1664），郭姓由郭口迁此立村，以姓名村。聚落呈团块状分布。有文化广场 1 处。经济以种植业为主，种植小麦、玉米等。有公路经此。

王宗汤 371524-A01-H06
[Wángzōngtāng]

在县驻地铜城街道西北方向 6.5 千米。铜城街道辖自然村。人口 1 100。因村民王宗汤善于生计，守信用，远近闻名，故以人名命村名。聚落呈团块状分布。有文化广场 1 处。有省级文物保护单位王宗汤遗址、张本家族墓。经济以种植业为主，种植小麦、玉米等。有公路经此。

大秦 371524-A01-H07
[Dàqín]

在县驻地铜城街道西北方向 3.5 千米。铜城街道辖自然村。人口 2 200。元末，秦氏由河南省汝阳县秦家大楼迁东阿县阎家老庄定居，后阎氏迁出，遂改名为秦家老庄，1949 年后简称大秦。聚落呈团块状分布。有文化广场 1 处。经济以种植业为主，种植小麦、玉米等。省道薛馆路经此。

张大人集 371524-A01-H08
[Zhāngdàrénjí]

在县驻地铜城街道西北方向 4.5 千米。铜城街道辖自然村。人口 600。明洪武年间，张姓由青州府益都县迁此，原名王村集。张姓后人张本出任两京兵部尚书之职，村名遂改为张大人集。聚落呈团块状分布。有文化广场 1 处。经济以种植业为主，种植小麦、玉米等。有公路经此。

王庙子 371524-A01-H09
[Wángmiàozi]

在县驻地铜城街道南方向 12.5 千米。铜城街道辖自然村。人口 600。明初，王姓由山西洪洞县迁来立村，因村内修一座小庙，故名王庙子。聚落呈团块状分布。有文化广场 1 处。经济以种植业为主，种植小麦、玉米等。有公路经此。

香山 371524-A01-H10
[Xiāngshān]

在县驻地铜城街道南方向 15.8 千米。铜城街道辖自然村。人口 500。刘姓由山西洪洞县迁至本地，因山顶有一巨峰石，其形酷似香炉，周围又常有云雾弥漫，如袅袅升空的香烟，故取名香山。聚落呈团块状分布。有文化广场 1 处。有香山遗址。经济以种植业为主，种植小麦、玉米、棉花等。有公路经此。

汝道口 371524–A01–H11

[Rǔdàokǒu]

在县驻地铜城街道南方向 14.9 千米。铜城街道辖自然村。人口 400。汝姓由山西洪洞县迁至本地，由于汝姓居多，故取名汝道口。聚落呈团块状分布。有文化广场 1 处。经济以种植业为主，种植小麦、玉米、棉花等。有公路经此。

孙道口 371524–A01–H12

[Sūndàokǒu]

在县驻地铜城街道南方向 13.8 千米。铜城街道辖自然村。人口 1 100。明万历三十八年（1610），孙姓由山西洪洞县迁来，以姓氏取名孙道口。聚落呈团块状分布。有文化广场 1 处。经济以种植业为主，种植小麦、玉米、棉花等。有公路经此。

刘道人堂子 371524–A02–H01

[Liúdàoréntángzi]

在县驻地铜城街道北方向 4.9 千米。新城街道辖自然村。人口 800。明洪武年间，刘氏从山西洪洞县迁此立村，因刘姓族中有一位素日行善的道人，心地仁慈，多行善事，故得村名刘道人堂子。聚落呈团块状分布。有文化广场 1 处。经济以种植业为主，种植小麦、玉米、花生、地瓜等。省道齐南路经此。

西王集 371524–A02–H02

[Xīwángjí]

在县驻地铜城街道北方向 6.9 千米。新城街道辖自然村。人口 800。明洪武年间，王氏由山西洪洞县迁此立村，因此村靠西，故名西王集。聚落呈团块状分布。有文化广场 1 处。古迹有王集遗址。经济以种植业为主，种植小麦、玉米等。105 国道、省道齐南路经此。

后王集 371524–A02–H03

[Hòuwángjí]

在县驻地铜城街道北方向 7.5 千米。新城街道辖自然村。人口 900。明洪武年间，王友从山西洪洞县迁来此地谋生，有四子，每一子立一村，因此村坐落于东王集、老西集、西集三个村之后，故名后王集。聚落呈团块状分布。有文化广场 1 处。经济以种植业为主，种植小麦、玉米、杂粮等。105 国道经此。

东王集 371524–A02–H04

[Dōngwángjí]

在县驻地铜城街道北方向 6.6 千米。新城街道辖自然村。人口 700。明末，王氏由老王村迁此立村，因此村靠东，故名东王集。聚落呈团块状分布。有文化广场 1 处。经济以种植业为主，种植小麦、玉米、棉花、杂粮等。105 国道经此。

北关 371524–A02–H05

[Běiguān]

在县驻地铜城街道北方向 4.9 千米。新城街道辖自然村。人口 1 200。明弘治年间，沈万三由山西洪洞县迁此立村，本村乃铜城四关之一，位于北首，故名。聚落呈团块状分布。有文化广场 1 处。经济以种植业为主，种植小麦、玉米等。105 国道、省道齐南路经此。

西侯 371524–A02–H06

[Xīhóu]

在县驻地铜城街道北方向 2.1 千米。新城街道辖自然村。人口 1 100。明洪武二十五年（1392），侯氏由山西洪洞县迁此定居并建村，取名侯庄。后因有重名村，以方位改称西侯。聚落呈团块状分布。经济以种植业为主，种植小麦、玉米、蔬菜等。省道齐南路经此。

赵徐 371524-A02-H07

[Zhàoxú]

在县驻地铜城街道北方向 2.8 千米。新城街道辖自然村。人口 1 600。明洪武年间，赵姓从山西洪洞县迁来，徐姓由青州府乐安县徐家庄迁来，因两姓同时迁来，故名赵徐。聚落呈团块状分布。经济以种植业为主，种植小麦、玉米、蔬菜等。有公路经此。

郭洞 371524-A02-H08

[Guōdòng]

在县驻地铜城街道北方向 3.9 千米。新城街道辖自然村。人口 500。明洪武二十五年（1392），郭姓由山西洪洞县迁此立村。因村东有井洞，故名郭洞。聚落呈团块状分布。有文化活动广场 1 处。经济以种植业为主，种植小麦、玉米等。省道齐南路经此。

刘明吴 371524-A02-H09

[Liúmíngwú]

在县驻地铜城街道北方向 6.5 千米。新城街道辖自然村。人口 200。明洪武年间，刘明吴从山西洪洞县迁到本村，以人名为村名。聚落呈团块状分布。有文化广场 1 处。经济以种植业为主，种植小麦、玉米等。省道齐南路经此。

代井 371524-A02-H10

[Dàijǐng]

在县驻地铜城街道北方向 5.6 千米。新城街道辖自然村。人口 300。清康熙年间，戴姓从山西迁入此地，在村西头挖掘水井，因周围几个村庄的水都是苦而涩的，只有本村水井内的水是甜的，故起名戴家井，后简化为代井。聚落呈团块状分布。有文化广场 1 处。经济以种植业为主，种植小麦、玉米等。省道齐南路经此。

大王 371524-A02-H11

[Dàwáng]

在县驻地铜城街道北方向 1.7 千米。新城街道辖自然村。人口 700。原名凤凰镇，后王姓迁此定居，更名为大王。聚落呈团块状分布。有文化广场 1 处。经济以种植业为主，种植小麦、玉米等。有恒通建材、恒润运输公司、华鑫包装等企业。省道齐南路经此。

张八 371524-A02-H12

[Zhāngbā]

在县驻地铜城街道北方向 4.5 千米。新城街道辖自然村。人口 600。明洪武年间，张姓从登州府文登县张家崖头迁来。因张氏家族几代相传，失讳期间有兄弟八个，号称八杆枪，故名张八。聚落呈团块状分布。有文化广场 1 处。经济以种植业为主，种植小麦、玉米等。省道齐南路经此。

刘集 371524-B01-H01

[Liújí]

刘集镇人民政府驻地。在县驻地铜城街道南方向 21.1 千米。人口 2 000。明洪武年间，刘恭由山西洪洞县迁来立村，初名刘庄，后来发展成集市，改称刘集。聚落呈团块状分布。有学校 2 处。经济以种植业为主，种植小麦、玉米、沙果、角瓜、红椒、青豆等。省道齐南路经此。

程葛 371524-B01-H02

[Chénggě]

在县驻地铜城街道西南方向 29.9 千米。刘集镇辖自然村。人口 1 400。明末清初，程姓由黄河南斑鸠店镇迁此建村，故名程村。1947 年，程村和相邻的葛庄合为一村，称程葛。聚落呈团块状分布。有文化大院 1 处。经济以种植业为主，种植小麦、玉米、棉花、杂粮等。有公路经此。

东苦山 371524-B01-H03
[Dōngshànshān]

在县驻地铜城街道西南方向 25.1 千米。刘集镇辖自然村。人口 1 700。因此村在苦山东部，故名东苦山。聚落呈团块状分布。经济以种植业为主，种植小麦、玉米等。有公路经此。

西苦山 371524-B01-H04
[Xīshànshān]

在县驻地铜城街道西南方向 23.8 千米。刘集镇辖自然村。人口 1 300。因此村在苦山西部，故名西苦山。聚落呈团块状分布。经济以种植业为主，种植小麦、玉米等。有公路经此。

前苦山 371524-B01-H05
[Qiánshànshān]

在县驻地铜城街道西南方向 25.1 千米。刘集镇辖自然村。人口 1 300。因位于苦山前而得名。聚落呈团块状分布。经济以种植业为主，种植小麦、玉米等。有公路经此。

北双庙 371524-B01-H06
[Běishuāngmiào]

在县驻地铜城街道西南方向 23.8 千米。刘集镇辖自然村。人口 1 300。明洪武二年（1369），周姓由登州府文登县七里河福社村迁此立村，因村内修有真武庙、玄武庙，故取名双庙。1958 年，因有重名村，且本村居北，改称北双庙。聚落呈团块状分布。有文化广场 1 处。经济以种植业为主，种植小麦、玉米等。有公路经此。

南双庙 371524-B01-H07
[Nánshuāngmiào]

在县驻地铜城街道西南方向 20.7 千米。刘集镇辖自然村。人口 600。明洪武二年（1369），周姓由登州府文登县七里河福社村迁此立村，因村内修有真武庙、玄武庙，故取名双庙。1958 年，因有重名村，且本村居南，改称南双庙。聚落呈团块状分布。经济以种植业为主，种植小麦、玉米等。省道齐南路经此。

皋上 371524-B01-H08
[Gāoshàng]

在县驻地铜城街道西南方向 28.8 千米。刘集镇辖自然村。人口 500。因此地原有古庙一处，名为玉皇皋，故村名皋上。聚落呈团块状分布。有文化广场 1 处。经济以种植业为主，种植小麦、玉米等。有公路经此。

狮子宋 371524-B01-H09
[Shīzisòng]

在县驻地铜城街道西南方向 21.8 千米。刘集镇辖自然村。人口 700。明洪武二十五年（1392），宋姓由青州府道都县迁此立村，因村内庙前有一对狮子，故取名狮子宋。聚落呈团块状分布。经济以种植业为主，种植小麦、玉米等。有公路经此。

前关山 371524-B01-H10
[Qiánguānshān]

在县驻地铜城街道西南方向 27.7 千米。刘集镇辖自然村。人口 2 700。明隆庆年间，万历皇帝随业师于慎行游历天下，路过此地，见山险峻，易守难攻，赐名关山。因村居山前，故名。聚落呈团块状分布。有文化广场 1 处。经济以种植业为主，种植小麦、玉米等。有公路经此。

后关山 371524-B01-H11
[Hòuguānshān]

在县驻地铜城街道西南方向 29.8 千米。刘集镇辖自然村。人口 1 600。明隆庆年间，万历皇帝随业师于慎行游历天下，路过此地，见此山险峻，易守难攻，赐名关山。因村居山后，故名。聚落呈团块状分布。经济以种植业为主，种植小麦、玉米等。有公路经此。

葫芦头 371524-B01-H12

[Húlutóu]

在县驻地铜城街道西南方向 23.1 千米。刘集镇辖自然村。人口 700。明洪武五年（1372），王氏由山西洪洞县迁此立村，取名王庄。因村庄靠赵王河飞沙遍地，被沙岗包围，出入困难，素有“难去难进的葫芦头”之称，便以葫芦头为村名。聚落呈团块状分布。经济以种植业为主，种植小麦、玉米等。有公路经此。

官庄 371524-B01-H13

[Guānzhuāng]

在县驻地铜城街道西南方向 27.7 千米。刘集镇辖自然村。人口 2 200。明代，在聊城王官庙建聊王城，设四门四寺，南到官庄，本村是城门最南关，因此取名官庄。聚落呈团块状分布。有文化书屋 1 处。经济以种植业为主，种植小麦、玉米等。有公路经此。

高村 371524-B01-H14

[Gāocūn]

在县驻地铜城街道西南方向 25.8 千米。刘集镇辖自然村。人口 900。明末，高姓来此建村并定居，取村名高村。聚落呈团块状分布。经济以种植业为主，种植小麦、玉米、花生、棉花、苹果。省道齐南路经此。

牛角店 371524-B02-H01

[Niújiǎodiàn]

牛角店镇人民政府驻地。在县驻地铜城街道东北方向 19.5 千米。人口 900。传说“菜瓜打金牛”，在此打掉一只金牛角，故名。聚落呈团块状分布。有学校 2 处、幼儿园 2 处。民俗有王皮戏、秧歌。经济以种植业为主，种植小麦、玉米、杂粮等。省道齐南路经此。

西唐 371524-B02-H02

[Xītáng]

在县驻地铜城街道东北方向 21.7 千米。牛角店镇辖自然村。人口 500。清乾隆十二年（1747），唐氏兄弟四人由山西洪洞县分别迁此立村，此村在西，故取名西唐。聚落呈团块状分布。经济以种植业为主，种植小麦、玉米等。省道齐南路经此。

夏沟 371524-B02-H03

[Xiàgōu]

在县驻地铜城街道东北方向 25.7 千米。牛角店镇辖自然村。人口 900。清乾隆年间，夏有清来此定居，因该村有一条大沟，故取名夏沟。聚落呈团块状分布。有文化广场 1 处。经济以种植业为主，种植小麦、玉米、棉花等。有公路经此。

西张 371524-B02-H04

[Xīzhāng]

在县驻地铜城街道东北方向 23.5 千米。牛角店镇辖自然村。人口 1 000。明初，张氏、张马氏自山西洪洞县领二子张兴、张旺迁居此处，起名张家庄。因位于牛角店西，后称西张。聚落呈团块状分布。有文化广场 1 处。经济以种植业为主，种植小麦、玉米、棉花等。有公路经此。

大李 371524-B02-H05

[Dàlǐ]

在县驻地铜城街道东北方向 23.9 千米。牛角店镇辖自然村。人口 1 200。以姓氏名村，又因当地有两个李庄，因本庄人多村大，故称大李。聚落呈团块状分布。有文化广场1处。经济以种植业为主,种植小麦、玉米、棉花等。省道齐南路经此。

前曹 371524-B02-H06

[Qiáncáo]

在县驻地铜城街道东北方向23.7千米。牛角店镇辖自然村。人口1 000。明朝初年,李姓从山西洪洞县迁来立村,取名李草庄,后改为兴仁庄。土地改革时期,该村在后曹前,故称前曹。聚落呈团块状分布。有文化广场1处。经济以种植业为主,种植小麦、玉米、棉花等。有公路经此。

双庙 371524-B02-H07

[Shuāngmiào]

在县驻地铜城街道东北方向25.7千米。牛角店镇辖自然村。人口700。因村前有两座庙,一座是菩萨庙,一座是三观庙,故名双庙。聚落呈团块状分布。有文化广场1处。经济以种植业为主,种植小麦、玉米、棉花等。有公路经此。

下码头 371524-B02-H08

[Xiàmǎtóu]

在县驻地铜城街道东北方向26.2千米。牛角店镇辖自然村。人口700。从前,有骑马人到此下马渡河,故以谐音称下码头。聚落呈带状分布。有文化广场1处。经济以种植业为主,种植小麦、玉米、大豆、棉花等。有公路经此。

烈庄 371524-B02-H09

[Lièzhuāng]

在县驻地铜城街道东北方向26.5千米。牛角店镇辖自然村。人口1 300。明初,徐氏从山西洪洞县迁此立村,因此地一河两行柳树,故以谐音取名裂柳。后黄河决口把村子冲散,水退后,村民各选高处建宅筑屋。因村民居住分散,改名裂庄,后以谐音逐渐演变成烈庄。聚落呈团块状分布。有文化广场1处。经济以种植业为主,种植小麦、玉米、大豆、棉花等。有公路经此。

店子 371524-B02-H10

[Diànzi]

在县驻地铜城街道东北方向25.6千米。牛角店镇辖自然村。人口1 100。原名李车店,后演变为店子。聚落呈团块状分布。有幼儿园1处、文化广场1处。经济以种植业为主,种植小麦、玉米、大豆、棉花等。有公路经此。

黄七元 371524-B02-H11

[Huángqīyuán]

在县驻地铜城街道东北方向24.1千米。牛角店镇辖自然村。人口1 300。因黄七元迁此立村,村以此人得名。聚落呈团块状分布。有文化广场1处。经济以种植业为主,种植小麦、玉米、大豆、棉花等,特产牛奶草莓。有公路经此。

吕楼 371524-B02-H12

[Lǚlóu]

在县驻地铜城街道东北方向27.2千米。牛角店镇辖自然村。人口1 300。明洪武年间,吕姓从山西洪洞县迁来立村,后吕家盖起楼房,故称吕家楼,简称吕楼。聚落呈团块状分布。有文化广场1处。经济以种植业为主,种植小麦、玉米、大豆、棉花等。有公路经此。

旗杆刘 371524-B02-H13

[Qígānliú]

在县驻地铜城街道东北方向21.5千米。牛角店镇辖自然村。人口1 000。村原名大碾刘庄。清同治十年(1871),村里出了一名贡生，在门前立有旗杆，故名旗杆刘。聚落呈团块状分布。有文化广场 1 处。经济以种植业为主，种植小麦、玉米、大豆、棉花等。有公路经此。

于窝 371524-B03-H01

[Yúwō]

大桥镇人民政府驻地。在县驻地铜城街道东方向 11.7 千米。人口 1 200。明洪武四年（1371），于姓立村，取名于庄。清代该村被黄河冲出一个大窝子，改名于窝。聚落呈团块状分布。有文化广场 1 处。经济以种植业为主，种植小麦、玉米、蔬菜等。105 国道、省道薛馆路经此。

凌山 371524-B03-H02

[Língshān]

在县驻地铜城街道东方向 11.8 千米。大桥镇辖自然村。人口 1 700。明洪武二十五年（1392），王氏从青州府益都县迁来立村，因当地有一座小山叫凌山，故村庄取名为凌山。聚落呈团块状分布。经济以种植业为主，种植小麦、玉米、蔬菜等。省道薛馆路经此。

前韩 371524-B03-H03

[Qiánhán]

在县驻地铜城街道东方向 14.8 千米。大桥镇辖自然村。人口 300。明洪武年间，由凌山村迁来的韩氏兄弟俩各建村庄一处，因本村在前，故名前韩。聚落呈团块状分布。经济以种植业为主，种植小麦、玉米、蔬菜等。省道薛馆路经此。

后韩 371524-B03-H04

[Hòuhán]

在县驻地铜城街道东方向 15.6 千米。大桥镇辖自然村。人口 900。明洪武年间，韩姓来此定居并建村，因位于前韩村北，故名后韩。聚落呈团块状分布。古迹有冢子遗址。经济以种植业为主，种植小麦、玉米、蔬菜等，特产黄河鲤鱼、黄金梨。省道薛馆路经此。

大太平 371524-B03-H05

[Dàtàipíng]

在县驻地铜城街道东方向 13.9 千米。大桥镇辖自然村。人口 700。清顺治年间，史姓从北京顺天府迁来，因村四周是水，故名大圈。太平天国运动时，清军和起义军都不进大圈，故村中未受战乱纷扰，保得平安，因此改名大太平。聚落呈团块状分布。经济以种植业为主，种植小麦、玉米等。105 国道经此。

赵庄 371524-B03-H06

[Zhàozhuāng]

在县驻地铜城街道东方向 11.7 千米。大桥镇辖自然村。人口 700。明万历年间，赵氏从山西洪洞县迁来定居。后来，其亲友谷氏等从山西迁来。因赵姓先来，家人又多，故取名赵庄。聚落呈团块状分布。经济以种植业为主，种植小麦、玉米。105 国道经此。

尹庄 371524-B03-H07

[Yǐnzhuāng]

在县驻地铜城街道东方向 9.8 千米。大桥镇辖自然村。人口 900。以姓氏命名。聚落呈团块状分布。经济以种植业为主，种植小麦、玉米。105 国道经此。

毕庄 371524-B03-H08

[Bìzhuāng]

在县驻地铜城街道东方向 11.4 千米。大桥镇辖自然村。人口 1 700。明永乐年间，毕贵、毕贤兄弟二人从平阴草寺迁来立村，故名毕庄。聚落呈团块状分布。

经济以种植业为主，种植小麦、玉米等。有公路经此。

郭口 371524-B03-H09
[Guōkǒu]

在县驻地铜城街道东方向 10.4 千米。大桥镇辖自然村。人口 1 100。明洪武年间，郭氏由山西洪洞县迁来立村，当时此地是大清河的一个渡口，故取名郭口。聚落呈团块状分布。经济以种植业为主，种植小麦、玉米等。有东昌水泥、蓝天七色板业、东昌科技等企业。省道薛馆路经此。

麻庄 371524-B03-H10
[Mázhuāng]

在县驻地铜城街道东方向 9.8 千米。大桥镇辖自然村。人口 800。明初，麻氏朝聘、待聘兄弟二人由山西洪洞县迁来立村，取名麻庄。聚落呈团块状分布。经济以种植业为主，种植小麦、玉米、核桃等。省道薛馆路经此。

高集 371524-B04-H01
[Gāojí]

高集镇人民政府驻地。在县驻地铜城街道东北方向 22.1 千米。人口 1 300。原名三全镇，唐朝改称三家店。明洪武年间，高姓由山西洪洞县迁来，称高集。聚落呈团块状分布。有学校 2 处。经济以种植业为主，种植小麦、玉米等，特产高集豆腐皮。有公路经此。

程楼 371524-B04-H02
[Chénglóu]

在县驻地铜城街道东北方向 20.7 千米。高集镇辖自然村。人口 900。明洪武六年（1373），程士忠从山东省文登县迁来立村，名程家庄。清代，程家有得功名者，于村内建楼，改称程楼。聚落呈团块状分布。经济以种植业为主，种植小麦、玉米等，特产程楼豆腐皮。有公路经此。

玉皇庙 371524-B04-H03
[Yùhuángmiào]

在县驻地铜城街道东北方向 21.7 千米。高集镇辖自然村。人口 700。相传古时村内有座玉皇大帝庙，故称玉皇庙。聚落呈团块状分布。经济以种植业为主，种植小麦、玉米、大豆等。有公路经此。

娄集 371524-B04-H04
[Lóují]

在县驻地铜城街道东北方向 24.4 千米。高集镇辖自然村。人口 1 200。明洪武年间，娄姓兄弟二人从山西洪洞县迁平阴城北立村，初名娄庄。后来设有集市，改称娄集。聚落呈团块状分布。经济以种植业为主，种植小麦、玉米等。有公路经此。

张武举 371524-B04-H05
[Zhāngwǔjǔ]

在县驻地铜城街道东北方向 24.5 千米。高集镇辖自然村。人口 600。原名张庄。明洪武年间，村内出了一名武举，率众造反被官兵镇压，群众为纪念他，把村名改为张武举。聚落呈团块状分布。经济以种植业为主，种植小麦、玉米等。有公路经此。

张集 371524-B04-H06
[Zhāngjí]

在县驻地铜城街道东北方向 22.7 千米。高集镇辖自然村。人口 800。村中原有卜氏，名卜集。明洪武年间，张氏从张山迁来、李氏从山西洪洞县迁来后，卜姓他迁，遂改称张集。聚落呈团块状分布。经济以种植业为主，种植小麦、玉米等。有公路经此。

大侯 371524-B04-H07
[Dàhóu]

在县驻地铜城街道东北方向 17.1 千米。高集镇辖自然村。人口 2 000。明洪武年间，侯氏由山西洪洞县迁来立村，取名大侯。聚落呈团块状分布。经济以种植业为主，种植小麦、玉米等。有公路经此。

徐庄 371524-B04-H08
[Xúzhuāng]

在县驻地铜城街道东北方向 19.4 千米。高集镇辖自然村。人口 200。明洪武年间，徐氏迁来立村，故名徐庄。聚落呈团块状分布。经济以种植业为主，种植小麦、玉米等。有公路经此。

范庄 371524-B04-H09
[Fànzhuāng]

在县驻地铜城街道东北方向 19.4 千米。高集镇辖自然村。人口 800。元泰定年间，范氏立村，故名范庄。聚落呈团块状分布。经济以种植业为主，种植小麦、玉米等。有公路经此。

潘赵 371524-B04-H10
[Pānzhào]

在县驻地铜城街道东北方向 24.6 千米。高集镇辖自然村。人口 600。明洪武年间，潘、赵两姓自山西省迁来立村，取名潘赵。聚落呈团块状分布。经济以种植业为主，种植小麦、玉米、甜叶菊、大蒜。有公路经此。

朱海 371524-B04-H11
[Zhūhǎi]

在县驻地铜城街道东北方向 22.6 千米。高集镇辖自然村。人口 1 100。明永乐初年，朱氏由江南凤阳府宿州县迁此立村，万历二十六年(1598),因地势低洼,改名朱家海，简称朱海。聚落呈团块状分布。经济以种植业为主，种植小麦、玉米等。有公路经此。

潘庄 371524-B04-H12
[Pānzhuāng]

在县驻地铜城街道东北方向 19.7 千米。高集镇辖自然村。人口 600。原名潘庄。明洪武年间，王茂、王盛兄弟二人从益都迁来定居，沿用原村名。聚落呈团块状分布。有文化大院 1 处。经济以种植业为主，种植小麦、玉米、核桃。有公路经此。

姜楼 371524-B05-H01
[Jiānglóu]

姜楼镇人民政府驻地。在县驻地铜城街道西南方向 11.1 千米。人口 1 700。明洪武年间，姜姓、方姓、何姓来此定居，共同建村，取名凤凰集。后姜姓在村建楼一座，故更名姜家楼，简称姜楼。聚落呈团块状分布。有中学 1 处、小学 1 处、幼儿园 1 处。经济以种植业为主，种植小麦、玉米、棉花。省道齐南路经此。

魏庄 371524-B05-H02
[Wèizhuāng]

在县驻地铜城街道西南方向 3.6 千米。姜楼镇辖自然村。人口 1 100。明洪武年间，齐氏、孟氏等姓定居，命名新兴村。后魏氏定居，以先人姓名改称魏大来，几年后更名魏家村。1950 年改称魏庄。聚落呈团块状分布。有文化广场 1 处。古迹有魏庄遗址。经济以种植业为主，种植小麦、玉米。有公路经此。

邓庙 371524-B05-H03
[Dèngmiào]

在县驻地铜城街道西南方向 12.4 千米。姜楼镇辖自然村。人口 900。因宋元时期邓老妈妈在此修建武当庙，故名。聚落呈团块状分布。有文化广场 1 处。古迹有邓庙石造像、邓庙汉画像石墓、武当庙。经济以种植业为主，种植小麦、玉米、棉花。有公路经此。

广粮门 371524–B05–H04
[Guǎngliángmén]

在县驻地铜城街道西南方向 11.3 千米。姜楼镇辖自然村。人口 1 700。明初，赵德和自青州乐安迁此立村，初名马曹集。正统八年（1443），天下灾荒，赵德和拿出自家谷物救济贫困之人，朝廷旌表其为“义民”，下旨建广粮门一座，故此改称。聚落呈团块状分布。有文化广场 2 处。经济以种植业为主，种植小麦、玉米。有公路经此。

南杨 371524–B05–H05
[Nányáng]

在县驻地铜城街道西南方向 8.7 千米。姜楼镇辖自然村。人口 600。以姓氏和方位命名。聚落呈团块状分布。有文化广场 1 处。经济以种植业为主，种植小麦、玉米。省道齐南路经此。

红庙 371524–B05–H06
[Hóngmiào]

在县驻地铜城街道西南方向 5.8 千米。姜楼镇辖自然村。人口 1 300。因村西有一座红庙，故命村名为红庙。聚落呈团块状分布。有文化广场 1 处。经济以种植业为主，种植小麦、玉米、棉花、大豆。有公路经此。

后王营 371524–B05–H07
[Hòuwángyíng]

在县驻地铜城街道西南方向 14.6 千米。姜楼镇辖自然村。人口 800。明代，王姓自山西迁此立村，以其姓氏取名王营。后分为前后两个村，此村以方位称后王营。聚落呈团块状分布。经济以种植业为主，种植小麦、玉米、棉花、大豆。有公路经此。

陈店 371524–B05–H08
[Chéndiàn]

在县驻地铜城街道西南方向 14.1 千米。姜楼镇辖自然村。人口 2 300。原名鲁店凤凰庄，后陈家兴起，开办三家大店，遂改名陈家店，后简称陈店。聚落呈团块状分布。经济以加工业、种植业为主，种植牡丹、核桃。省道齐南路经此。

归德铺 371524–B05–H09
[Guīdépù]

在县驻地铜城街道西南方向 9.6 千米。姜楼镇辖自然村。人口 1 000。明初，邵姓自山西迁来居住。据《东阿县志》载：归德铺原为邦国驿运西北方向的递铺之一，以此得名。聚落呈团块状分布。有文化广场 1 处。经济以种植业为主，种植小麦、玉米。省道齐南路经此。

司岗 371524–B05–H10
[Sīgǎng]

在县驻地铜城街道西南方向 11.8 千米。姜楼镇辖自然村。人口 1 000。元末，司姓由山西洪洞县迁居东阿县归德乡曹马里五柳庄，后迁居此建村。因当时此处三面环沙岗，故称司家岗，简称司岗。聚落呈团块状分布。经济以种植业为主，种植小麦、玉米。省道齐南路经此。

柳林屯 371524–B05–H11
[Liǔlíntún]

在县驻地铜城街道西南方向 10.3 千米。姜楼镇辖自然村。人口 2 200。明洪武年间，村民由文登县铁板桥迁来，因当时柳树茂密，故名柳林屯。聚落呈团块状分布。经济以加工业、种植业、养殖业为主，种植小麦、玉米，养殖狐、鸭、鸡、猪。有公路经此。

陶楼 371524–B05–H12
[Táolóu]

在县驻地铜城街道西南方向 14.8 千米。姜楼镇辖自然村。人口 600。因陶姓家族兴旺，盖起四层楼房，故名陶楼。聚落呈团块状分布。经济以种植业为主，种植小麦、玉米、大豆、棉花。有公路经此。

王小楼 371524–B05–H13
[Wángxiǎolóu]

在县驻地铜城街道西南方向 14.5 千米。姜楼镇辖自然村。人口 1 800。明初，王氏曾在此建一座小楼，别号小楼，故名王小楼。聚落呈团块状分布。有文艺活动中心 1 处。经济以种植业为主，种植玉米、大豆、棉花。有龙兴汽车附件公司等企业。有公路经此。

卢集 371524–B05–H14
[Lújí]

在县驻地铜城街道西南方向 12.3 千米。姜楼镇辖自然村。人口 1 500。元朝时期，卢姓来到此地，逐渐发展成立粮食交易市场，称卢家集，后改为卢集。聚落呈带状分布。有文化广场 1 处。经济以种植业为主，种植玉米、大豆、棉花。有公路经此。

寨西 371524–B06–H01
[Zhàixī]

姚寨镇人民政府驻地。在县驻地铜城街道东北方向 13.1 千米。人口 800。明初立村，村周围筑有寨墙，过路人必须绕道而行，故名绕寨，后以谐音称姚寨。后发展为两个村，此村居西，故名寨西。聚落呈团块状分布。有学校 2 处、文化广场 1 处。经济以种植业为主，种植小麦、玉米等。省道齐南路经此。

枣科杨 371524–B06–H02
[Zǎokēyáng]

在县驻地铜城街道东方向 23.1 千米。姚寨镇辖自然村。人口 1 000。明洪武年间，杨姓自山西洪洞县迁此立村，因枣树很多，故名枣棵杨，后更名枣科杨。聚落呈团块状分布。有文化广场 1 处。经济以种植业为主，种植小麦、玉米、大豆、杂粮等。105 国道经此。

西大窑 371524–B06–H03
[Xīdàyáo]

在县驻地铜城街道东方向 20.5 千米。姚寨镇辖自然村。人口 1 300。明洪武年间，杜姓从福山县迁此。清光绪年间，因这里多建烧盆罐的窑，改名窑上庄。1947 年改为大窑。后因重名，以方位改称西大窑。聚落呈团块状分布。有文化广场 1 处。古迹有大窑遗址。经济以种植业为主，种植小麦、玉米、大豆、杂粮等。有公路经此。

东侯 371524–B06–H04
[Dōnghóu]

在县驻地铜城街道东方向 15.5 千米。姚寨镇辖自然村。人口 700。明洪武二十五年（1392），侯方带从东平州迁此立村，取名侯庄。因西边另有一侯庄，故改称东侯。聚落呈团块状分布。有文化广场 1 处。经济以种植业为主，种植小麦、玉米、花生、地瓜、苹果。有公路经此。

前八里 371524–B06–H05
[Qiánbālǐ]

在县驻地铜城街道东方向 16.5 千米。姚寨镇辖自然村。人口 800。明初，张氏携子从山西洪洞县来此立村，因距湖西渡八里得名，后以方位改称今名。聚落呈团块状分布。有小学 1 处、幼儿园 1 处、文化广场 1 处。经济以种植业为主，种植小麦、玉米、花生、地瓜等。有公路经此。

后范集 371524-B06-H06
[Hòufànjí]

在县驻地铜城街道东方向 13.5 千米。姚寨镇辖自然村。人口 1 000。明洪武年间，范宗德由北京迁来立村，取名范集。后范集人口众多，分成两村，为示区别，此村以方位改称后范集。聚落呈团块状分布。有文化广场 1 处。经济以种植业为主，种植小麦、玉米、花生等。有公路经此。

郎坊 371524-B06-H07
[Lángfáng]

在县驻地铜城街道东方向 13.7 千米。姚寨镇辖自然村。人口 500。明洪武年间，郎氏从山西洪洞县来此开店，原名郎家坊子，后简称郎坊。聚落呈团块状分布。有文化广场 1 处。经济以种植业为主，种植小麦、玉米、花生等。省道齐南路经此。

纪庄 371524-B06-H08
[Jìzhuāng]

在县驻地铜城街道东方向 13.1 千米。姚寨镇辖自然村。人口 900。明洪武二十年（1387），纪氏由茌平县广平南纪庄来此立村，为不忘其老家，仍命名为纪庄。聚落呈团块状分布。有文化广场 1 处。经济以种植业为主，种植小麦、玉米、蔬菜等。有公路经此。

王井 371524-B06-H09
[Wángjǐng]

在县驻地铜城街道东方向 15.5 千米。姚寨镇辖自然村。人口 800。明初，孙文瑞由山西洪洞县迁来立村，盖房时挖出了一口井，井的棚石上刻着“王家修的井”，故起名王家井，后简称王井。聚落呈团块状分布。有文化广场 1 处。经济以种植业为主，种植小麦、玉米、蔬菜等。有公路经此。

后八里 371524-B06-H10
[Hòubālǐ]

在县驻地铜城街道东方向 15.6 千米。姚寨镇辖自然村。人口 1 100。明初，张氏携子从山西洪洞县来此立村，因距湖西渡八里得名，后以方位改今名。聚落呈团块状分布。有文化广场 1 处。经济以种植业为主，种植小麦、玉米、花生、玫瑰等。有公路经此。

黄圈 371524-B06-H11
[Huángquān]

在县驻地铜城街道东方向 15.1 千米。姚寨镇辖自然村。人口 600。该村老户姓黄，故名黄圈。聚落呈团块状分布。有文化广场 1 处。经济以种植业为主，种植小麦、玉米、花生等。省道齐南路经此。

宋楼 371524-B06-H12
[Sònglóu]

在县驻地铜城街道东方向 12.2 千米。姚寨镇辖自然村。人口 600。明洪武年间，宋朱由登州府文登县迁来立村，命村名宋楼。聚落呈团块状分布。有文化广场 1 处。经济以种植业为主，种植小麦、玉米、花生等。省道齐南路经此。

解屯 371524-B06-H13
[Xiètún]

在县驻地铜城街道东方向 12.8 千米。姚寨镇辖自然村。人口 500。明洪武年间，解姓从山西迁此立村，故名解屯。聚落呈团块状分布。有文化广场 1 处。经济以种植业为主，种植小麦、玉米等。有公路经此。

曹庙 371524-B07-H01
[Cáomiào]

鱼山镇人民政府驻地。在县驻地铜城街道南方向 13.7 千米。人口 800。明洪武八年（1375），曹氏从山东省文登县铁板桥沟迁至东阿县曹李庄，明朝中叶迁至此地。因曹氏有人会刻戳，便叫戳子曹庄。又因本村有一小庙，香火很旺，故名曹庙。聚落呈团块状分布。有文化广场 1 处、学校 2 处。经济以种植业为主，种植小麦、玉米等。省道齐南路经此。

王古庄 371524-B07-H02
[Wánggǔzhuāng]

在县驻地铜城街道南方向 17.3 千米。鱼山镇辖自然村。人口 800。明洪武年间，王氏从山西洪洞县迁此，因离曹子建墓近，取名皇陵坡。后因重名，以村前大沟改名王沟子。1912 年，村人贺金玲嫌村名欠雅，便改名王古庄。聚落呈团块状分布。经济以种植业为主，种植小麦、玉米、花生、棉花等。有公路经此。

鱼山 371524-B07-H03
[Yúshān]

在县驻地铜城街道南方向 21.2 千米。鱼山镇辖自然村。人口 700。因鱼山得名。聚落呈带状分布。古迹有曹植墓。经济以种植业为主，种植小麦、玉米、大蒜等。有荣升饮品有限公司等企业。有公路经此。

赵洼 371524-B07-H04
[Zhàowā]

在县驻地铜城街道南方向 14.8 千米。鱼山镇辖自然村。人口 700。赵璧于明崇祯年间兄弟分家后从东阿卞庄迁此，因此处本是赵家北洼的一片耕地，地势低洼，故取名赵洼。聚落呈团块状分布。经济以种植业为主，种植小麦、玉米等。

梨园 371524-B07-H05
[Líyuán]

在县驻地铜城街道南方向 18.8 千米。鱼山镇辖自然村。人口 700。明洪武二十五年（1392），刘冕从山西洪洞县迁至范县，因当时车子坏了留在此地，故名车留庄。后来有人以经营梨园出名，故改称梨园。聚落呈团块状分布。经济以种植业为主，种植小麦、玉米。有公路经此。

周井 371524-B07-H06
[Zhōujǐng]

在县驻地铜城街道南方向 15.8 千米。鱼山镇辖自然村。人口 1 000。明洪武三年（1370），周姓族人迁居至此，挖井建村，故名周井。聚落呈团块状分布。经济以种植业为主，种植小麦、玉米、花生。有金马矿业、金马理石、大地毛纺、金亚皮革等企业。有公路经此。

姜韩 371524-B07-H07
[Jiānghán]

在县驻地铜城街道南方向 18.3 千米。鱼山镇辖自然村。人口 1 000。明洪武年间，姜姓由登州府文登县迁至此地立村，名姜庄。韩庄位于姜庄西南部，后两村合并，称姜韩。聚落呈团块状分布。经济以种植业为主，种植小麦、玉米、棉花、大蒜。有公路经此。

黄胡同 371524-B07-H08
[Huánghútòng]

在县驻地铜城街道南方向 16.3 千米。鱼山镇辖自然村。人口 1 300。明朝初期，黄氏由山西洪洞县迁至东阿县姜楼镇邓庙村居住。明朝中期又迁此立村，初来时住在一个胡同中，故名黄胡同。聚落呈团块状分布。经济以种植业为主，种植小麦、玉米、大蒜等。有公路经此。

张坊 371524-B07-H09

[Zhāngfāng]

在县驻地铜城街道南方向 15.3 千米。鱼山镇辖自然村。人口 1 100。明洪武二十五年（1392），周氏老太太携两子从登州府文登县张家老埃头迁此定居，立村时有一口水井，故名张井，后改为张家坊子，简称张坊。聚落呈团块状分布。有文化广场 1 处。经济以种植业为主，种植小麦、玉米、西瓜、苹果。有公路经此。

青苔铺 371524-B07-H10

[Qīngtāipū]

在县驻地铜城街道南方向 16.2 千米。鱼山镇辖自然村。人口 300。明洪武年间，刘氏从江西省南昌寿州迁此立村，因村子附近地势低洼，遍布青苔，故名青苔铺。聚落呈团块状分布。有文化广场 1 处。有陈宗妫故居。经济以种植业为主，种植小麦、玉米。有公路经此。

沙窝 371524-B07-H11

[Shāwō]

在县驻地铜城街道南方向 16.3 千米。鱼山镇辖自然村。人口 1 000。明洪武年间，王姓由文登铁板桥迁此，因黄河决口堆积成沙，故名沙窝。聚落呈团块状分布。经济以种植业为主，种植小麦、玉米。有公路经此。

大姜 371524-B07-H12

[Dàjiāng]

在县驻地铜城街道南方向 15.8 千米。鱼山镇辖自然村。人口 1 100。明洪武年间，姜氏从南昌寿州迁此，取名姜庄。后因曲山附近也有一姜庄，故更名大姜。聚落呈团块状分布。经济以种植业为主，种植小麦、玉米。有公路经此。

司庄 371524-B07-H13

[Sīzhuāng]

在县驻地铜城街道南方向 13.8 千米。鱼山镇辖自然村。人口 1 100。清乾隆年间，司氏迁此立村，定名司庄。聚落呈团块状分布。有文化广场 2 处。经济以种植业为主，种植小麦、玉米。有公路经此。

刘楼 371524-B07-H14

[Liúlóu]

在县驻地铜城街道南方向 17.5 千米。鱼山镇辖自然村。人口 400。该村原名孙家洼，至明嘉靖年间，刘集镇苫山村刘都唐在本村盖一座楼叫东楼，故改村名为刘楼。聚落呈团块状分布。有文化广场 2 处。经济以种植业为主，种植小麦、玉米、花生。有公路经此。

单庄 371524-B07-H15

[Shànzhuāng]

在县驻地铜城街道南方向 15.0 千米。鱼山镇辖自然村。人口 800。明洪武年间，姜、单、李三姓立村，名姜单李庄，后简称单庄。聚落呈带状分布。有学校 2 处、幼儿园 2 处。有市级文物保护单位泰山行宫。经济以种植业为主，种植小麦、玉米。有公路经此。

陈集 371524-C01-H01

[Chénjí]

陈集乡人民政府驻地。在县驻地铜城街道东方向 8.0 千米。人口 800。明代，陈姓自山西迁此立村，初名陈家庄。清康熙年间设集，改名陈家集，后简称陈集。聚落呈团块状分布。有文化广场、小学、幼儿园等。经济以加工业为主。105 国道、省道齐南路经此。

任集 371524-C01-H02

[Rénjí]

在县驻地铜城街道东方向 4.1 千米。陈集乡辖自然村。人口 1 100。原名清泠口。因村中任姓系望族，明万历九年（1581）立集市后，改名任集。聚落呈团块状分布。经济以种植业为主，种植小麦、玉米、苹果、杨树、槐树。有公路经此。

白庄 371524-C01-H03

[Báizhuāng]

在县驻地铜城街道东方向 8.6 千米。陈集乡辖自然村。人口 600。明代，白姓自茌平大白庄迁此立村，故名。聚落呈团块状分布。经济以种植业为主，种植小麦、玉米、杨树、槐树、椿树等。有公路经此。

王凤轩 371524-C01-H04

[Wángfèngxuān]

在县驻地铜城街道东方向 3.8 千米。陈集乡辖自然村。人口 900。该村原名孙家庄。清康熙年间，王大清由单县迁来孙家庄落户，其后人王邦敬，字凤轩，为人忠孝，品行端庄，人财两旺，后人为纪念他，将村改名为王凤轩。聚落呈团块状分布。有文化大院 1 处。经济以种植业为主，种植小麦、玉米、杨树、槐树。有公路经此。

朱旺山 371524-C01-H05

[Zhūwàngshān]

在县驻地铜城街道东方向 5.4 千米。陈集乡辖自然村。人口 1 200。明中期，朱姓自安徽迁此立村，以其后人朱旺山之名为村名。聚落呈团块状分布。有小学 1 处。经济以种植业为主，种植小麦、玉米、杨树、槐树。有公路经此。

陈店 371524-C01-H06

[Chéndiàn]

在县驻地铜城街道东方向 7.4 千米。陈集乡辖自然村。人口 700。明初，陈姓来此建村，村内有要道穿过，十里八乡的人皆来此处开店铺，故名陈店子，简称陈店。聚落呈团块状分布。有文化广场 1 处。经济以种植业为主，种植小麦、玉米、棉花、杨树、槐树。有公路经此。

张楼 371524-C01-H07

[Zhánglóu]

在县驻地铜城街道东方向 7.8 千米。陈集乡辖自然村。人口 600。明初，张姓自山西迁此立村，名张庄。清初建起楼房，更名张楼。聚落呈团块状分布。经济以种植业为主，种植小麦、玉米、葡萄、牡丹、西瓜、杨树、槐树。有公路经此。

曹屯 371524-C01-H08

[Cáotún]

在县驻地铜城街道东方向 7.8 千米。陈集乡辖自然村。人口 1 400。明初，曹姓自山西洪洞县迁此立村，故名。聚落呈团块状分布。有小学 1 处。经济以种植业为主，种植小麦、玉米、棉花、葡萄、西瓜、杨树、槐树。省道齐南路经此。

六里 371524-C01-H09

[Liùlǐ]

在县驻地铜城街道东方向 7.2 千米。陈集乡辖自然村。人口 700。原名刘李庄，后因该村距离马棚顶六里，更名六里。聚落呈团块状分布。经济以种植业为主，种植小麦、玉米、地瓜、葡萄。有公路经此。

赵楼 371524-C01-H10

[Zhàolóu]

在县驻地铜城街道东方向 9.8 千米。陈集乡辖自然村。人口 600。明初，赵姓自山西迁此立村并建楼，故名。聚落呈团块状分布。经济以种植业为主，种植小麦、玉米、棉花、葡萄、西瓜、杨树、槐树。有公路经此。

张太宁 371524-C01-H11

[Zhāngtàiníng]

在县驻地铜城街道东方向 4.7 千米。陈集乡辖自然村。人口 1 100。村名来历不可考。聚落呈团块状分布。有小学 1 处。经济以种植业为主，种植小麦、玉米、香椿芽。105 国道、省道齐南路经此。

周庄 371524-C01-H12

[Zhōuzhuāng]

在县驻地铜城街道东方向 6.7 千米。陈集乡辖自然村。人口 400。周姓于明初自平阴东阿镇桃园村迁此立村，故名。聚落呈团块状分布。经济以种植业为主，种植小麦、玉米、棉花、杨树、槐树。329 省道经此。

胡庄 371524-C01-H13

[Húzhuāng]

在县驻地铜城街道东方向 8.5 千米。陈集乡辖自然村。人口 700。明初，胡姓从山西洪洞县迁此，以姓名村。聚落呈团块状分布。有幼儿园 1 处、小学 1 处。经济以种植业为主，种植小麦、玉米、棉花、杨树、槐树。有公路经此。

冠县

农村居民点

西街 371525-A01-H01

[Xījiē]

在县驻地清泉街道南方向 1.3 千米。清泉街道辖自然村。人口 2 100。有汉族、回族，其中回族占 95%。明初，沙、张两姓分别从县内沙家庄和济宁迁居冠县县城西部，故名西街。聚落呈团块状分布。有幼儿园 1 处。有省级文物保护单位中共鲁西北地委旧址（南街民居）、西街清真寺。经济以种植业为主，种植小麦、玉米、花生等。有公路经此。

南街 371525-A01-H02

[Nánjiē]

在县驻地清泉街道南方向 1.6 千米。清泉街道辖自然村。人口 2 400。有汉族、回族，其中回族占 90%。明洪武年间，张、沙、齐三姓从山西洪洞县迁冠县县城南部，取名南街。1928 年改为中山南大街。1949 年后复名南街。聚落呈团块状分布。经济以种植业为主，种植苹果、小麦、玉米等。有公路经此。

张尹庄 371525-A01-H03

[Zhāngyǐnzhuāng]

在县驻地清泉街道南方向 2.1 千米。清泉街道辖自然村。人口 2 500。全部为回族。唐借大食国兵平安史之乱，战后留居此地的“大食人”建村后，为使后人不忘故乡，取村名伊犁庄，后演变为张尹庄。聚落呈团块状分布。经济以种植业为主，种植小麦、玉米、花生、苹果、杂粮等。有公路经此。

耿儿庄 371525–A01–H04
[Gěng'érzhuāng]

在县驻地清泉街道南方向 3.1 千米。清泉街道辖自然村。人口 3 600。东汉时耿姓建村，故名。聚落呈团块状分布。经济以种植业为主，种植小麦、玉米、花生、苹果等。有公路经此。

寨里 371525–A01–H05
[Zhàilǐ]

在县驻地清泉街道西方向 4.1 千米。清泉街道辖自然村。人口 2 300。宋朝年间称焦家村，后冯、邴、田、张等姓迁入，为避世乱，环村筑起寨墙，后罗姓迁入，焦姓日衰，诸姓协商改村名为寨里。聚落呈团块状分布。经济以种植业为主，种植小麦、玉米、花生、水果。有公路经此。

徐刘 371525–A01–H06
[Xúliú]

在县驻地清泉街道西南方向 6.5 千米。清泉街道辖自然村。人口 2 300。因处明前老村刘村遗址及大庙旁，初名大庙刘村，后村中徐姓兴盛，改名徐刘。聚落呈团块状分布。经济以种植业为主，种植小麦、玉米、地瓜、花生等。有公路经此。

田庄 371525–A01–H07
[Tiánzhuāng]

在县驻地清泉街道南方向 5.4 千米。清泉街道辖自然村。人口 500。明初，田姓从山西洪洞县徙居于此，故名田家庄，后简称田庄。聚落呈团块状分布。有市级非物质文化遗产田庄花船。经济以种植业为主，种植小麦、玉米、花生等。有公路经此。

东谷子头 371525–A01–H08
[Dōnggǔzitóu]

在县驻地清泉街道西南方向 4.7 千米。清泉街道辖自然村。人口 1 000。战国时期，齐魏马陵战役，魏败，太子申命殒，尸首分葬。明前建村，因村近太子首墓，故名固子头，意为墓葬中有太子之头。又因居墓东，称东固子头，后演变为东谷子头。聚落呈团块状分布。有县级文物保护单位太子申墓。经济以种植业为主，种植小麦、玉米、花生等。有公路经此。

沙庄 371525–A01–H09
[Shāzhuāng]

在县驻地清泉街道南方向 4.1 千米。清泉街道辖自然村。人口 700。全部为回族。明初建村，以姓氏取名沙家庄，后简化为沙庄。聚落呈团块状分布。古迹有清真寺一处。经济以种植业为主，种植小麦、玉米、花生等。有公路经此。

七里韩 371525–A01–H10
[Qīlǐhán]

在县驻地清泉街道东南方向 4.6 千米。清泉街道辖自然村。人口 1 900。以距离、姓氏得名。聚落呈团块状分布。经济以种植业为主，种植小麦、玉米、棉花、花生等。有公路经此。

刘神伯 371525–A01–H11
[Liúshénbó]

在县驻地清泉街道西南方向 4.8 千米。清泉街道辖自然村。人口 2 900。传说刘老伯为避兵乱跳入水井，经久不死，故命村名为刘神伯。聚落呈团块状分布。经济以种植业为主，种植小麦、玉米、花生等。有公路经此。

东三里庄 371525–A01–H12
[Dōngsānlǐzhuāng]

在县驻地清泉街道东方向 3.2 千米。清泉街道辖自然村。人口 1 700。明永乐年间，常、李、刘、朱四姓从山西洪洞县迁此立村，因村落在县城城东三里，故名东三里庄。聚落呈团块状分布。经济以种植业为主，种植小麦、玉米、花生等。有公路经此。

朱霍三里庄 371525-A02-H01
[Zhūhuòsānlǐzhuāng]

在县驻地清泉街道北方向 0.8 千米。崇文街道辖自然村。人口 1 500。明初，朱、霍、郭三姓从山西洪洞县迁此立村，因朱姓人口较多，且村距县城三里，故名朱三里庄。后霍姓人口增多，改称朱霍三里庄。聚落呈团块状分布。经济以手工业、建筑业、种植业为主。309 国道经此。

常芦 371525-A02-H02
[Chánglú]

在县驻地清泉街道西北方向 6.4 千米。崇文街道辖自然村。人口 1 700。因此地芦苇丛生，初名芦村。后为区别附近同村名，因村庄聚落较长，得名长芦，后演变为常芦。聚落呈团块状分布。经济以种植业为主，种植小麦、玉米、花生、油桃、葡萄、苹果。309 国道经此。

高三里庄 371525-A02-H03
[Gāosānlǐzhuāng]

在县驻地清泉街道北方向 1.1 千米。崇文街道辖自然村。人口 1 500。明初，庞姓居于此，此村距离县城三里，故名庞三里庄，后庞姓绝嗣，高姓渐成大姓，遂改为高三里庄。聚落呈团块状分布。经济以服务业为主。有公路经此。

李芦 371525-A02-H04
[Lǐlú]

在县驻地清泉街道西北方向 5.3 千米。崇文街道辖自然村。人口 900。明永乐年间，刘姓从山西洪洞县迁来，定居原汪家大村东头，初名小东头。后因此地芦苇丛生，改村名刘家芦。清末，刘姓外甥李姓从城东三里迁入，因形成集市，称芦村集。后因李姓兴旺，出了绅士，改名李芦。聚落呈团块状分布。有小学 1 处。有刘邓大军南下指挥部旧址。经济以种植业为主，种植果树。邯济高速经此。

后唐固 371525-A02-H05
[Hòutánggù]

在县驻地清泉街道西方向 1.8 千米。崇文街道辖自然村。人口 2 200。因处唐代老村遗址，又取村庄永固之意，命村名为唐固。后因人口繁衍增多，形成前后两村，此村居后，称后唐固。聚落呈团块状分布。经济以种植业为主，种植苹果、小麦等。309 国道经此。

殷芦 371525-A02-H06
[Yīnlú]

在县驻地清泉街道西北方向 4.1 千米。崇文街道辖自然村。人口 700。明永乐年间，殷、张、马、秦四姓从山西洪洞县迁来，定居汪家大村旧址南头，初名小南头。后因殷姓居此最早，此处芦苇丛生，改村名为殷芦。聚落呈团块状分布。经济以种植业为主，种植小麦、玉米、花生、油桃、葡萄、苹果。309 国道经此。

多庄 371525-A02-H07
[Duōzhuāng]

在县驻地清泉街道西北方向 4.3 千米。崇文街道辖自然村。人口 1 200。明初，高、李两姓来西十里铺（今铺上村）东建房定居，人称十里铺东庄上。明嘉靖年间，此处建起砖窑，专门烧制城砖，人口渐多，独立成村，因村成于人多，故名多庄。聚落呈团块状分布。经济以种植业为主，种植小麦、玉米、棉花、苹果。309 国道经此。

唐寺 371525-A02-H08
[Tángsì]

在县驻地清泉街道西北方向 6.1 千米。崇文街道辖自然村。人口 1 700。明永乐年间，孙、姬、董、王、马、郝六姓从山西洪洞县迁此立村，因处唐朝兴建的大寺旁，故名唐寺。聚落呈团块状分布。经济以种植业为主，种植小麦、玉米、棉花、花生、地瓜、苹果。309 国道经此。

孙疃 371525-A02-H09
[Sūntuǎn]

在县驻地清泉街道西北方向 4.8 千米。崇文街道辖自然村。人口 1 500。该村系明前老村，为孙姓所建，且村傍古黄河滩地，故名孙家滩。明永乐年间，高、孔、张三姓从山西洪洞县迁此落居。因河滩渐失，村名改称孙家疃，后简称孙疃。聚落呈团块状分布。经济以种植业为主，种植小麦、玉米、棉花、苹果、葡萄。邯济铁路、309 国道经此。

烟庄 371525-A03-H01
[Yānzhuāng]

在县驻地清泉街道东方向 7.7 千米。烟庄街道辖自然村。人口 3 200。因此处古有烟墩，是孟子“去齐适魏及晋都”烽烟告警地方，故名烟庄。聚落呈团块状分布。有幼儿园 1 处、小学 1 处、中学 1 处。经济以种植业为主，种植小麦、玉米、花生、地瓜和杂粮等。329 国道经此。

均庄子 371525-A03-H02
[Jūnzhuāngzi]

在县驻地清泉街道东北方向 11.1 千米。烟庄街道辖自然村。人口 800。明初已有此村，原名金庄子。冯姓女嫁入金庄子后无子，遂有娘家男丁来金庄子继支，并带来在冯家均分的一份家产，以此改村名为均庄，后演变为均庄子。聚落呈团块状分布。经济以种植业为主，种植小麦、玉米、花生、地瓜、杂粮、玫瑰。济馆高速经此。

野庄 371525-A03-H03
[Yězhuāng]

在县驻地清泉街道东北方向 9.8 千米。烟庄街道辖自然村。人口 1 000。明天顺年间，大近村贾、曲两姓为方便农事，在村东四里旷野上建房定居，渐成一村，取名野庄。聚落呈团块状分布。经济以种植业为主，种植小麦、玉米、花生、苗木等。309 国道经此。

王村 371525-A03-H04
[Wángcūn]

在县驻地清泉街道东方向 9.6 千米。烟庄街道辖自然村。人口 1 600。因是王姓所建，故名王村。聚落呈团块状分布。经济以种植业为主，种植小麦、玉米、棉花、蔬菜。309 国道经此。

王马庄 371525-A03-H05
[Wángmǎzhuāng]

在县驻地清泉街道东方向 9.6 千米。烟庄街道辖自然村。人口 1 300。明永乐年间，马姓从山西洪洞县迁此自立为马庄，因东有东马庄，此村以位置称西马庄。清同治年间，村中王姓族人得中五名贡生，成为望族，遂改称王马庄。聚落呈团块状分布。经济以种植业为主，种植小麦、玉米、棉花、花生、蔬菜。309 国道经此。

赵辛庄 371525-A03-H06
[Zhàoxīnzhuāng]

在县驻地清泉街道东北方向 7.1 千米。烟庄街道辖自然村。人口 1 500。明永乐年间，朱姓从山西洪洞县迁此立村，以姓氏命名为朱家寨。清末，朱氏后人朱登峰参加五大旗起义为三帅，起义失败后株连全村，村被迫以亲戚的姓氏和邻村梁辛庄的村名，改村名为赵辛庄。聚落呈团块状分布。有小学1处、幼儿园1处。经济以种植业为主，种植小麦、玉米、棉花、花生、辣椒、蔬菜。309国道经此。

义村 371525-A03-H07

[Yìcūn]

在县驻地清泉街道东北方向9.7千米。烟庄街道辖自然村。人口1 800。相传建村时此处有条东西向小河，梁山将萧恩在河内驶船打鱼时曾捞出一块宝玉，故取村名玉石村，后简化为玉村，又谐音演变为义村。聚落呈团块状分布。有幼儿园1处、小学1处。经济以种植业为主，种植小麦、玉米、棉花、花生、苹果。有公路经此。

后十里铺 371525-A03-H08

[Hòushílǐpù]

在县驻地清泉街道东北方向6.1千米。烟庄街道辖自然村。人口1 500。全部为回族。因处冠聊官道驿站铺舍旁，又居县城东十里，故名东十里铺。后分为两村，以位置称后十里铺。聚落呈团块状分布。有小学1处。经济以种植业为主，种植小麦、玉米、棉花、花生。309国道经此。

贾镇 371525-B01-H01

[Jiǎzhèn]

贾镇人民政府驻地。在县驻地清泉街道东方向15.7千米。人口1 100。明嘉靖二十二年（1543），知县姚本在此筑贾镇堡，村以堡名。聚落呈团块状分布。有小学1处、幼儿园1处。经济以种植业为主，种植小麦、玉米、蔬菜、苹果。济邯铁路、济馆高速、309国道经此。

张货营 371525-B01-H02

[Zhānghuòyíng]

在县驻地清泉街道东北方向13.1千米。贾镇辖自然村。人口3 100。明初，此地瘟疫大流行，仅一串巷卖货的张姓货郎幸存，后与山西洪洞县移民郭、解、王、刘、艾等姓共建新村，取村名张货郎营，后简化为张货营。聚落呈团块状分布。有幼儿园1处。经济以种植业为主，种植小麦、玉米、棉花、花生、蔬菜、苗木、苹果、梨、桃。309国道经此。

李辛 371525-B01-H03

[Lǐxīn]

在县驻地清泉街道东北方向14.4千米。贾镇辖自然村。人口1 900。明初，李姓从山西洪洞县迁此立村，取名李家新村，后简化为李新，又演为李辛。聚落呈团块状分布。有小学1处、幼儿园1处。经济以种植业为主，种植小麦、玉米、棉花、花生等。309国道经此。

杨马庄 371525-B01-H04

[Yángmǎzhuāng]

在县驻地清泉街道东方向11.2千米。贾镇辖自然村。人口1 100。明初，杨、刘两姓从山西洪洞县迁此立村，因坐落在赵王河畔，水多草盛，村民多以养马为业，取村名马庄。又因居西马庄东，称东马庄，后以主姓更名杨马庄。聚落呈团块状分布。有幼儿园1处。经济以种植业为主，种植小麦、玉米、棉花。309国道经此。

艾寨 371525-B01-H05

[Àizhài]

在县驻地清泉街道东北方向15.5千米。贾镇辖自然村。人口700。明初，任姓从山西洪洞县迁此立村，因此地野艾繁茂，故名艾寨。聚落呈团块状分布。经济以种植业为主，种植小麦、玉米、棉花、花生等。309 国道经此。

石家 371525-B01-H06

[Shíjiā]

在县驻地清泉街道东方向 11.0 千米。贾镇辖自然村。人口 900。明初，石姓建村，以姓氏命村名石家。聚落呈团块状分布。经济以种植业为主，种植小麦、玉米、棉花等。309 国道经此。

高庄铺 371525-B01-H07

[Gāozhuāngpù]

在县驻地清泉街道东方向 18.0 千米。贾镇辖自然村。人口 1 200。明初，常、王、宋三姓从山西洪洞县迁此立村，因村傍驿站铺舍，地势高亢，取名高庄铺。聚落呈团块状分布。经济以种植业为主，种植小麦、玉米、苹果、棉花。有恒通斯太尔有限公司等企业。309 国道经此。

吕田 371525-B01-H08

[Lǚtián]

在县驻地清泉街道东北方向 16.1 千米。贾镇辖自然村。人口 600。明初，吕、王、庞三姓从山西洪洞县迁来，分建前后两村，因此处地平田阔，且吕、王两姓居后，故名后田。后又以姓氏分为两村，此为吕田。聚落呈团块状分布。经济以种植业为主，种植小麦、玉米、棉花、花生等。309 国道经此。

活佛堂 371525-B01-H09

[Huófótáng]

在县驻地清泉街道东北方向 14.5 千米。贾镇辖自然村。人口 500。明初，侯、张两姓从山西洪洞县迁此立村，因村傍活佛堂，故名。聚落呈团块状分布。有中学 1 处。古迹有唐、明代名寺慈宁活佛堂，现留有白瓷佛像一尊。经济以种植业为主，种植小麦、玉米、棉花等。309 国道经此。

西赵店 371525-B01-H10

[Xīzhàodiàn]

在县驻地清泉街道东方向 14.6 千米。贾镇辖自然村。人口 1 500。明初，刘姓从山西洪洞县迁此立村，因传说战国齐军“围魏救赵”时，曾在此驻扎，故名救赵店，后演变为赵店。又以方位称此村西赵店。聚落呈团块状分布。经济以种植业为主，种植小麦、玉米、棉花。309 国道经此。

宫庄 371525-B01-H11

[Gōngzhuāng]

在县驻地清泉街道东方向 16.5 千米。贾镇辖自然村。人口 800。明初，宫姓从山西洪洞县迁此建村，一同迁来三兄弟，此村为二弟所建，以方位、姓氏名南宫庄，后简称宫庄。聚落呈团块状分布。经济以种植业为主，种植小麦、玉米、棉花。有山东双力车辆有限公司。309 国道经此。

王谈二寨 371525-B01-H12

[Wángtán'èrzhài]

在县驻地清泉街道东北方向 17.4 千米。贾镇辖自然村。人口 1 200。明初，王姓从山西洪洞县迁此立村，仿邻村许担儿寨，命村名王担儿寨，后以谐音演为王谈二寨。聚落呈团块状分布。经济以种植业为主，种植小麦、玉米、棉花、花生等。有公路经此。

庞田 371525-B01-H13

[Pángtián]

在县驻地清泉街道东北方向 16.8 千米。贾镇辖自然村。人口 1 300。明初，吕、王、庞三姓从山西洪洞县迁来，分建前后两村，因此处地平田阔，且庞姓建村居前，故名前田，后称庞田。聚落呈团块状分布。经济以种植业为主，种植小麦、玉米、棉花、花生等。有公路经此。

桑阿镇 371525-B02-H01
[Sāngāzhèn]

桑阿镇人民政府驻地。在县驻地清泉街道东南方向 16.5 千米。人口 2 200。因设村时植桑于高地，故名。聚落呈团块状分布。有中学 1 处、小学 1 处、幼儿园 1 处。经济以种植业为主，种植小麦、玉米、谷子、花生、棉花，特产桑阿镇豆腐丝、冠桑皮。有公路经此。

东吕庄 371525-B02-H02
[Dōnglǚzhuāng]

在县驻地清泉街道东南方向 14.4 千米。桑阿镇辖自然村。人口 1 600。刘、高两姓在此世代居住，始称高庄。明初，朱、陈等姓从山西洪洞县迁此立村，因傍女儿庙，故名女儿庄，后以谐音雅化为吕庄。此村居庙东南，称前吕庄，又称东吕庄。聚落呈团块状分布。有小学 1 处、幼儿园 1 处。经济以种植业为主，种植小麦、玉米、谷子、花生、蔬菜等。有公路经此。

苏胡疃 371525-B02-H03
[Sūhútuǎn]

在县驻地清泉街道东南方向 11.6 千米。桑阿镇辖自然村。人口 1 100。西晋时董姓建村，因村落地处湖泊滩地，故取名湖滩。至北魏，因村东有范湖滩，此村改称董湖滩。后湖平水涸，因“枯”“胡”为近音，“疃”为村意，又演变为董胡疃。明朝中叶，苏姓从山西洪洞县迁入，渐成望族，村又改称苏胡疃。聚落呈团块状分布。经济以种植业为主，种植小麦、玉米、辣椒、地瓜、花生。有聊城市荣信食品有限公司等企业。有公路经此。

苇园 371525-B02-H04
[Wěiyuán]

在县驻地清泉街道东南方向 14.4 千米。桑阿镇辖自然村。人口 800。明初，宫姓定居建村，因处于洼地苇丛中，故名苇园。聚落呈团块状分布。有省级非物质文化遗产蛤蟆嗡。经济以种植业为主，种植小麦、玉米、谷子、花生，特产苇园小米。有公路经此。

白佛头 371525-B02-H05
[Báifótóu]

在县驻地清泉街道东南方向 15.7 千米。桑阿镇辖自然村。人口 1 400。因村中古代有白佛头禅寺，内有白石玉佛，取名白佛头。聚落呈团块状分布。有鲁西北革命烈士林。经济以种植业为主，种植小麦、玉米、地瓜、花生等。有公路经此。

西白塔 371525-B02-H06
[Xībáitǎ]

在县驻地清泉街道东南方向 7.5 千米。桑阿镇辖自然村。人口 2 100。相传，某夜，一天神欲将偷来的托塔李天王的白色宝塔安放于此，塔未放稳，见一起早的村翁走来，便匆忙提宝塔腾空而去。因村在天神落塔处西侧，故名西白塔。聚落呈团块状分布。经济以种植业为主，种植小麦、玉米、花生、蔬菜、苹果等。有西白塔兴阔佳源奶牛养殖合作社等企业。有公路经此。

杜赵庄 371525-B02-H07
[Dùzhàozhuāng]

在县驻地清泉街道东南方向 11.5 千米。桑阿镇辖自然村。人口 1 100。明初，杜、王、辛、李、蔡五姓从山西洪洞县迁此立村，因东邻赵王河，故名赵庄。清末，杜姓出一举人，成为望族，村又改称杜赵庄。聚落呈团块状分布。经济以种植业为主，种植小麦、玉米、花生、蔬菜等。有公路经此。

桑桥 371525-B02-H08

[Sāngqiáo]

在县驻地清泉街道东南方向 14.4 千米。桑阿镇辖自然村。人口 2 200。明初，王、程、张三姓从山西洪洞县迁此立村，因傍鸿雁渠上一桑木桥，故名桑桥。聚落呈团块状分布。经济以种植业为主，种植小麦、玉米、地瓜、花生、蔬菜。有公路经此。

务头 371525-B02-H09

[Wùtóu]

在县驻地清泉街道东南方向 14.2 千米。桑阿镇辖自然村。人口 2 200。明洪武年间，冯氏迁此建村。因旧时收税的关卡称"务"，此地南临莘县界，官方在此设"务"，村居"务"旁，故名务头。聚落呈团块状分布。有小学 1 处、幼儿园 1 处。经济以种植业为主，种植小麦、玉米、地瓜、花生。有公路经此。

凤庄 371525-B02-H10

[Fèngzhuāng]

在县驻地清泉街道东南方向 18.3 千米。桑阿镇辖自然村。人口 2 000。因传说此地曾落过凤凰，是块宝地，故名凤凰庄，后简化为凤庄。聚落呈团块状分布。有小学 1 处。经济以种植业为主，种植小麦、玉米、花生、蔬菜等。有公路经此。

任菜庄 371525-B02-H11

[Réncàizhuāng]

在县驻地清泉街道东南方向 20.6 千米。桑阿镇辖自然村。人口 1 100。明初，孙姓从山西洪洞县迁此定居，以种菜为主业，故名孙菜庄。明天顺年间，任诚转此立村，因靠近孙菜庄，取名任菜庄。后两村合并，称任菜庄。聚落呈团块状分布。经济以种植业为主，种植小麦、玉米、花生、蔬菜等。有公路经此。

大张庄 371525-B02-H12

[Dàzhāngzhuāng]

在县驻地清泉街道东南方向 17.9 千米。桑阿镇辖自然村。人口 1 600。明洪武年间，张姓兄弟二人从山西洪洞县迁来分别建村，以姓氏、长幼命村名为大张庄、小张庄，此为兄长建村，故名大张庄。聚落呈团块状分布。经济以种植业为主，种植小麦、玉米、花生、蔬菜等。有公路经此。

大花园头 371525-B02-H13

[Dàhuáyuántóu]

在县驻地清泉街道东南方向 13.7 千米。桑阿镇辖自然村。人口 800。明朝初期，赵姓从山西洪洞县迁此建村，因坐落在程村一富户的花园尽头，故名花园头。后按人口多少分为大花园头、小花园头，此为大花园头。聚落呈团块状分布。经济以种植业为主，种植小麦、玉米、谷子、花生等。有公路经此。

玉庄 371525-B02-H14

[Yùzhuāng]

在县驻地清泉街道东南方向 14.2 千米。桑阿镇辖自然村。人口 1 600。传说古时此地南邻鸿雁渠，西靠赵王河，北至河岔口，曾为鱼市，故后得名鱼庄，后改名玉庄。聚落呈团块状分布。经济以种植业为主，种植小麦、玉米、花生、蔬菜等。有冠玉门窗厂等企业。有公路经此。

柳林 371525-B03-H01

[Liǔlín]

柳林镇人民政府驻地。在县驻地清泉街道东北方向 29.8 千米。人口 3 200。明永乐年间，穆、杨等姓于柳林成荫之饮马场建村，故名。聚落呈团块状分布。有中学、小学等。有国家级非物质文化遗产柳林花鼓、省级非物质文化遗产降狮舞。经济以种植业为主，种植小麦、玉米、棉花、花生、蔬菜。有公路经此。

西杨庄 371525-B03-H02

[Xīyángzhuāng]

在县驻地清泉街道东北方向 29.1 千米。柳林镇辖自然村。人口 700。清顺治年间，杨桂兄弟二人从杨佛堂迁至此地，分别立村，兄建大杨庄、弟建小杨庄，此村为小杨庄。1983 年以方位改名西杨庄。聚落呈团块状分布。经济以种植业为主，种植小麦、玉米、棉花、花生等。有公路经此。

乔庄 371525-B03-H03

[Qiáozhuāng]

在县驻地清泉街道东北方向 26.5 千米。柳林镇辖自然村。人口 3 300。明前，姚、赵两姓分别定居赵王河两岸，后双方集资共建一座桥，两岸居民渐成村落，故名桥二庄。至清初，河平桥毁，村名演变为乔家庄，后简称乔庄。聚落呈团块状分布。有小学 1 处、幼儿园 1 处。经济以种植业为主，种植小麦、玉米、棉花、花生。有公路经此。

元造户 371525-B03-H04

[Yuánzàohù]

在县驻地清泉街道东北方向 32.4 千米。柳林镇辖自然村。人口 800。明朝中叶，王姓从山西洪洞县迁此立村，称盐皂户。民国时期改称元造户。聚落呈团块状分布。有小学 1 处、幼儿园 1 处。经济以种植业为主，种植小麦、玉米、蔬菜、棉花、花生等。有柳林同发畜禽有限公司、冠县海登工艺品有限公司等企业。有公路经此。

大杨庄 371525-B03-H05

[Dàyángzhuāng]

在县驻地清泉街道东北方向 30.5 千米。柳林镇辖自然村。人口 2 000。清顺治年间，杨桂兄弟二人从杨佛堂迁至此地，分别立村，兄建大杨庄、弟建小杨庄，此村为大杨庄。聚落呈团块状分布。经济以种植业为主，种植小麦、玉米、棉花、花生。有公路经此。

武庄 371525-B03-H06

[Wǔzhuāng]

在县驻地清泉街道东北方向 28.3 千米。柳林镇辖自然村。人口 1 100。因武姓建村，故名武庄。聚落呈团块状分布。经济以种植业为主，种植小麦、玉米、棉花、花生等。有公路经此。

南菜园 371525-B03-H07

[Náncàiyuán]

在县驻地清泉街道东北方向 26.7 千米。柳林镇辖自然村。人口 500。清初，纪姓从临清尚店来乔庄为地主张八顷种菜，因其在村南菜园定居，逐渐繁衍成村，取名菜园庄，后简称菜园。后因有重名村，故以方位改称南菜园。聚落呈团块状分布。经济以种植业为主，种植小麦、玉米、棉花、花生、蔬菜。有公路经此。

大桑树 371525-B03-H08

[Dàsāngshù]

在县驻地清泉街道东北方向 34.8 千米。柳林镇辖自然村。人口 1 900。因处堂邑县北段，原名大北屯，后分为三村。东村以姓取名乔刘庄，中村以嘉言取名仁义庄，西村以村中植被取名大桑树。后人丁繁衍增多，三村渐连一体，统称大桑树。聚落呈团块状分布。有幼儿园 1 处。经济以种植业为主，种植小麦、玉米、棉花、花生等。有公路经此。

崔庄 371525–B03–H09
[Cuīzhuāng]

在县驻地清泉街道东北方向 30.2 千米。柳林镇辖自然村。人口 1 100。明嘉靖二年（1523），崔姓从山东兖州府邹邑迁此立村，因人口较少，人称小崔家庄，后称崔庄。聚落呈团块状分布。经济以种植业为主，种植小麦、玉米、棉花、花生等。有公路经此。

大梨园头 371525–B03–H10
[Dàlíyuántóu]

在县驻地清泉街道东北方向 33.1 千米。柳林镇辖自然村。人口 1 900。明初，吴姓迁此立村，因处李八倾梨园东边，故名梨园头，后改为大梨园头。聚落呈团块状分布。有幼儿园 1 处、小学 1 处。经济以种植业为主，种植小麦、玉米、棉花、花生等。有公路经此。

吴海子 371525–B03–H11
[Wúhǎizi]

在县驻地清泉街道东北方向 32.9 千米。柳林镇辖自然村。人口 1 700。明初，崔、王两姓从山西洪洞县迁此立村，名崔王庄。明朝中叶，吴姓自大梨园头迁入，渐成大户，因村前地洼，逢雨积水，改村名吴家海子，后简化为吴海子。聚落呈团块状分布。有幼儿园 1 处。经济以种植业为主，种植小麦、玉米、蔬菜、棉花等。有公路经此。

后和寨 371525–B03–H12
[Hòuhézhài]

在县驻地清泉街道东北方向 27.5 千米。柳林镇辖自然村。人口 600。明永乐年间，郭姓从山西洪洞县迁此立村，后王、萧、马等姓相继迁入，取移民团结和睦共建新村之意，命村名和儿寨。清朝中叶，萧、马两姓南迁另建前和儿寨，此村遂改为后和儿寨，后简称后和寨。聚落呈团块状分布。经济以种植业为主，种植小麦、玉米、棉花、花生等。有公路经此。

岳刘庄 371525–B03–H13
[Yuèliǔzhuāng]

在县驻地清泉街道东北方向 25.1 千米。柳林镇辖自然村。人口 200。明景泰三年（1452），刘姓建村，以姓取名小刘家庄。后因刘姓绝嗣，岳姓成为大户望族，改称岳刘庄。聚落呈团块状分布。经济以种植业为主，种植小麦、玉米、棉花、花生、蔬菜等。有公路经此。

清水 371525–B04–H01
[Qīngshuǐ]

清水镇人民政府驻地。在县驻地清泉街道东方向 17.3 千米。人口 4 000。因临古清河得名。聚落呈团块状分布。有小学 1 处、幼儿园 1 处。经济以种植业为主，种植小麦、玉米、花生。有公路经此。

刘屯 371525–B04–H02
[Liútún]

在县驻地清泉街道东方向 17.2 千米。清水镇辖自然村。人口 2 800。明初，刘、王、张三姓从山西洪洞县迁此立村，初名移民屯，后因刘姓居多，改名刘家屯，后简称刘屯。聚落呈团块状分布。有小学 1 处、幼儿园 3 处。经济以种植业为主，种植苹果、梨、花生等。有公路经此。

汤村 371525-B04-H03
[Tāngcūn]

在县驻地清泉街道东方向 17.3 千米。清水镇辖自然村。人口 3 300。明初，汤氏落居山东东昌府冠县清渊乡清水，后渐成一村，名汤家村，后简化为汤村。聚落呈团块状分布。有小学 1 处、幼儿园 2 处。经济以种植业为主，种植小麦、玉米、棉花、花生、地瓜。有公路经此。

锡华 371525-B04-H04
[Xīhuá]

在县驻地清泉街道东北方向 16.0 千米。清水镇辖自然村。人口 1 600。此村原名西焦庄，为纪念抗日烈士耿锡华，1945 年改村名为锡华。聚落呈团块状分布。有幼儿园 1 处。有县级文物保护单位耿锡华烈士墓。经济以种植业为主，种植小麦、玉米、棉花、花生、林果。有公路经此。

小郭寨 371525-B04-H05
[Xiǎoguōzhài]

在县驻地清泉街道东北方向 21.4 千米。清水镇辖自然村。人口 9 800。以姓氏名村。聚落呈团块状分布。有文化广场 1 处、小学 2 处、幼儿园 7 处。经济以种植业为主，种植小麦、玉米、棉花、花生、苹果、梨。有公路经此。

后东汪 371525-B04-H06
[Hòudōngwāng]

在县驻地清泉街道东北方向 18.1 千米。清水镇辖自然村。人口 1 300。明朝初期，王、芦、崔三姓从山西洪洞县迁入此村。当时村前黄河故道常年积水，一片汪洋，故名汪村，根据方位改名后东汪。聚落呈团块状分布。经济以种植业为主，种植小麦、玉米、花生。有公路经此。

东古城 371525-B05-H01
[Dōnggǔchéng]

东古城镇人民政府驻地。在县驻地清泉街道西方向 12.1 千米。人口 3 700。因在馆陶东，为春秋古城邑，故名。聚落呈团块状分布。有幼儿园 1 处、小学 1 处、中学 1 处。经济以种植业为主，种植小麦、玉米、花生等。106 国道、309 国道、省道永馆路经此。

年庄 371525-B05-H02
[Niánzhuāng]

在县驻地清泉街道西方向 11.1 千米。东古城镇辖自然村。人口 900。因传说某年临近年关之时，朱元璋在战乱时路经此地，故名年庄。聚落呈团块状分布。有幼儿园 1 处。经济以种植业为主，种植小麦、玉米、棉花等。有公路经此。

平村 371525-B05-H03
[Píngcūn]

在县驻地清泉街道西方向 10.6 千米。东古城镇辖自然村。人口 1 700。明前，平姓建村，故名平村。明建文年间，平村毁于兵乱。明永乐二年（1404），孙姓从山西洪洞县迁此重建新村，仍称平村。聚落呈团块状分布。经济以种植业为主，种植小麦、玉米、棉花、花生、大蒜。106 国道经此。

田马园 371525-B05-H04
[Tiánmǎyuán]

在县驻地清泉街道西方向 7.9 千米。东古城镇辖自然村。人口 1 400。明永乐年间，田、李、赵三姓从山西洪洞县迁此立村，仿此处明前老村温马园，以主姓取名田马园。聚落呈团块状分布。有小学 1 处。经济以种植业为主，种植苹果、梨、樱桃。309 国道经此。

秤钩湾 371525–B05–H05

［Chènggōuwān］

在县驻地清泉街道西方向 14.7 千米。东古城镇辖自然村。人口 1 800。明永乐年间，王姓居此，因当时村东一段漳卫河弯曲如秤钩，故名。聚落呈团块状分布。有八路军一二九师会议旧址。经济以种植业为主，种植小麦、玉米、棉花、花生、大蒜、蔬菜。106 国道经此。

李才 371525–B05–H06

［Lǐcái］

在县驻地清泉街道西方向 8.6 千米。东古城镇辖自然村。人口 2 800。此村为明前老村，村东有土地庙，庙碑所载村名为李菜。1948 年简为李才。聚落呈团块状分布。经济以种植业为主，种植小麦、玉米、棉花、蔬菜、西瓜、苹果。309 国道经此。

南童庄 371525–B05–H07

［Nántóngzhuāng］

在县驻地清泉街道西方向 13.9 千米。东古城镇辖自然村。人口 1 500。明永乐年间，吴、王两姓从山西洪洞县迁此定居立村，因邻村为童堤村，故取名童庄。后为与北童庄相对应，1958 年改称南童庄。聚落呈团块状分布。有幼儿园 1 处。经济以种植业为主，种植小麦、玉米、棉花、大蒜。106 国道经此。

南么庄 371525–B05–H08

［Nányāozhuāng］

在县驻地清泉街道西方向 11.9 千米。东古城镇辖自然村。人口 1 200。明洪武年间，么从善从山西洪洞县迁居东馆陶。嘉靖末年，其后人中的一支迁此建村，以姓取名么庄。后为与北么庄相对应，改称南么庄。聚落呈团块状分布。经济以种植业为主，种植小麦、玉米、棉花、花生、大蒜、蔬菜。106 国道经此。

栾庄 371525–B05–H09

［Luánzhuāng］

在县驻地清泉街道东北方向 12.2 千米。东古城镇辖自然村。人口 400。因是栾姓建村，故名栾庄。聚落呈团块状分布。经济以种植业为主，种植小麦、玉米、棉花。106 国道经此。

董安堤 371525–B05–H10

［Dǒng'āndī］

在县驻地清泉街道西方向 12.8 千米。东古城镇辖自然村。人口 900。明永乐二年（1404），董姓从山西洪洞县迁此立村，因村西傍漳卫河大堤，以姓氏和吉祥嘉言命村名为董安堤。聚落呈团块状分布。经济以种植业为主，种植小麦、玉米、棉花、花生、大蒜。106 国道经此。

郭安堤 371525–B05–H11

［Guō'āndī］

在县驻地清泉街道西方向 12.6 米。东古城镇辖自然村。人口 1 400。明永乐二年（1404），郭姓从山西洪洞县迁此立村，因村西傍漳卫河大堤，以姓氏和吉祥嘉言命村名为郭安堤。聚落呈团块状分布。经济以种植业为主，种植小麦、玉米、棉花、花生、大蒜。106 国道经此。

王安堤 371525–B05–H12

［Wáng'āndī］

在县驻地清泉街道西方向 13.4 千米。东古城镇辖自然村。人口 800。明永乐二年（1404），王姓从山西洪洞县迁此立村，村落漳卫河大堤东侧，以姓氏和吉祥嘉言命村名为王安提。聚落呈团块状分布。经济以种植业为主，种植小麦、玉米、棉花、大蒜。106 国道经此。

么安堤 371525–B05–H13

[Yāo'āndī]

在县驻地清泉街道西方向 13.3 千米。东古城镇辖自然村。人口 1 100。明永乐二年（1404），么姓从东馆陶、王姓从山西洪洞县迁此立村，村落漳卫河大堤东侧，以主姓和吉祥嘉言命村名为么安堤。聚落呈团块状分布。经济以种植业为主，种植小麦、玉米、棉花、花生、大蒜。106 国道经此。

廖安堤 371525–B05–H14

[Liào'āndī]

在县驻地清泉街道西方向 12.8 千米。东古城镇辖自然村。人口 900。明永乐二年（1404），廖、王两姓从山西洪洞县迁此立村，因村傍漳卫河大堤，以主姓和吉祥嘉言命村名为廖安堤。聚落呈团块状分布。经济以种植业为主，种植小麦、玉米、棉花、花生、大蒜、蔬菜。106 国道经此。

前刘庄 371525–B05–H15

[Qiánliúzhuāng]

在县驻地清泉街道西方向 12.3 千米。东古城镇辖自然村。人口 1 000。明永乐二年（1404），两户刘姓从山西洪洞县迁来，分建南、北两村，此村居南，名南刘庄。后因县内重名，1983 年改名前刘庄。聚落呈团块状分布。有小学 1 处、幼儿园 1 处。经济以种植业为主，种植小麦、玉米、棉花、大蒜。106 国道经此。

后刘庄 371525–B05–H16

[Hòuliúzhuāng]

在县驻地清泉街道西方向 12.2 千米。东古城镇辖自然村。人口 500。明永乐二年（1404），两户刘姓从山西洪洞县迁来，分建南、北两村，此村居北，名北刘庄。后因东古城北有北刘庄，又改称后刘庄。聚落呈团块状分布。经济以种植业为主，种植小麦、玉米、棉花、大蒜。106 国道经此。

乜村 371525–B05–H17

[Niècūn]

在县驻地清泉街道西方向 11.7 千米。东古城镇辖自然村。人口 2 700。相传，明前乜姓建村，故名乜村。聚落呈团块状分布。有小学 1 处、幼儿园 1 处。经济以种植业为主，种植小麦、玉米、棉花、大蒜。106 国道经此。

路庄 371525–B05–H18

[Lùzhuāng]

在县驻地清泉街道西方向 11.2 千米。东古城镇辖自然村。人口 700。相传，明前高姓建村，故名高庄。明永乐二年（1404），路、袁两姓从山西洪洞县迁此定居，沿用高庄村名。后路姓成为本村大族，遂改名路庄。聚落呈团块状分布。经济以种植业为主，种植小麦、玉米、棉花、花生、大蒜。106 国道经此。

张查 371525–B05–H19

[Zhāngchá]

在县驻地清泉街道西方向 10.7 千米。东古城镇辖自然村。人口 4 700。明前张姓建村，陈、尹两姓为世代老户，因村傍黄河故道，泥沙多，故名张沙，后演变为张查。聚落呈团块状分布。有小学 1 处、幼儿园 1 处。经济以种植业为主，种植小麦、玉米、棉花、大蒜。106 国道经此。

后田庄 371525–B05–H20

[Hòutiánzhuāng]

在县驻地清泉街道西方向 11.1 千米。

东古城镇辖自然村。人口 1 200。此处原是翟庄翟姓一富户的田园，其女嫁与张林为妻，以田园作陪嫁，张林夫妇在此建房定居，繁衍成村，故名田庄。后曲、马等姓迁入，人口增多，村落扩大，分前后两村，此村居后，称后田庄。聚落呈团块状分布。有省级重点革命文物保护单位六十二烈士墓。经济以种植业为主，种植小麦、玉米、棉花、花生。有公路经此。

北馆陶 371525-B06-H01

[Běiguǎntáo]

北馆陶镇人民政府驻地。在县驻地清泉街道西北方向 20.1 千米。人口 5 300。曾为馆陶县治，因位于馆陶故址北得名。聚落呈团块状分布。有小学 1 处、幼儿园 1 处。古迹有旧馆陶县城城墙、城门和民国县署旧址。经济以种植业为主，种植小麦、玉米、棉花、地瓜、花生。有公路经此。

戴庄 371525-B06-H02

[Dàizhuāng]

在县驻地清泉街道西北方向 19.7 千米。北馆陶镇辖自然村。人口 700。明朝，戴、樊两姓从山西洪洞县迁此立村，因处北馆陶北门外，故名北关。后以村中大姓改称戴庄。聚落呈团块状分布。有县级非物质文化遗产粉皮制作技艺。经济以种植业为主，种植小麦、玉米、地瓜。有公路经此。

许庄 371525-B06-H03

[Xǔzhuāng]

在县驻地清泉街道西北方向 16.6 千米。北馆陶镇辖自然村。人口 1 900。明弘治十三年（1500），许、张两姓从山西洪洞县迁此立村。因许姓居此较早，取名许庄。聚落呈团块状分布。有小学 1 处、幼儿园 1 处。经济以种植业为主，种植小麦、玉米、棉花和苹果。有公路经此。

魏庄 371525-B06-H04

[Wèizhuāng]

在县驻地清泉街道西北方向 18.6 千米。北馆陶镇辖自然村。人口 1 900。明弘治十三年（1500），魏姓从山西洪洞县迁此立村，故名魏庄。聚落呈团块状分布。经济以种植业为主，种植小麦、玉米、棉花。有公路经此。

孟庄 371525-B06-H05

[Mèngzhuāng]

在县驻地清泉街道东北方向 18.8 千米。北馆陶镇辖自然村。人口 1 000。明朝，孟姓最先从山西洪洞县迁此定居，渐成村落，以姓取名孟庄。聚落呈团块状分布。经济以种植业为主，种植小麦、玉米、棉花。有公路经此。

郎庄 371525-B06-H06

[Lángzhuāng]

在县驻地清泉街道西南方向 17.5 千米。北馆陶镇辖自然村。人口 300。明成化年间郎姓建村，故名。聚落呈团块状分布。有国家级非物质文化遗产郎庄面塑。经济以种植业为主，种植小麦、玉米、花生。有公路经此。

萧城 371525-B06-H07

[Xiāochéng]

在县驻地清泉街道西北方向 15.7 千米。北馆陶镇辖自然村。人口 1 500。辽国萧太后倾兵侵宋地及澶渊，筑城堡于此，故名。聚落呈团块状分布。有小学 1 处、幼儿园 1 处。有国家级文物保护单位萧城遗址。经济以种植业为主，种植小麦、玉米、花生、杂粮等。有公路经此。

大郭庄 371525-B06-H08

[Dàguōzhuāng]

在县驻地清泉街道东北方向 20.8 千米。北馆陶镇辖自然村。人口 800。明永乐十三年（1415），郭氏从山西洪洞县迁此立村，以姓取名郭庄。清乾隆年间，因北有小郭庄，遂改名大郭庄。聚落呈团块状分布。有市级非物质遗产烧袍仪式。经济以种植业为主，种植小麦、玉米、棉花。有公路经此。

闫庄 371525-B06-H09

[Yánzhuāng]

在县驻地清泉街道东北方向 14.7 千米。北馆陶镇辖自然村。人口 700。明永乐年间，阎姓从山西洪洞县迁此立村，以姓取名阎村，后改为闫庄。聚落呈团块状分布。经济以种植业为主，种植小麦、玉米、苹果、梨。有公路经此。

西沟塞 371525-B06-H10

[Xīgōusài]

在县驻地清泉街道东北方向 16.3 千米。北馆陶镇辖自然村。人口 700。此处是宋景德元年（1004）宋、辽之役一重要战场，沟壑栉比，道路闭塞，故名沟塞。为与东沟塞相对应，称西沟塞。聚落呈团块状分布。经济以种植业为主，种植小麦、玉米、棉花。有公路经此。

东宋庄 371525-B06-H11

[Dōngsòngzhuāng]

在县驻地清泉街道东北方向 15.8 千米。北馆陶镇辖自然村。人口 1 000。传说一路姓在朝为官，获灭族之罪，经宋姓营救，得以至此建村，村以恩人之姓名宋庄。后分东、西两村，此村居东，名东宋庄。聚落呈团块状分布。经济以种植业为主，种植小麦、玉米、棉花、葡萄，是果品生产重点村。有公路经此。

大刘庄 371525-B06-H12

[Dàliúzhuāng]

在县驻地清泉街道东北方向 21.9 千米。北馆陶镇辖自然村。人口 1 700。明洪武十八年（1385），刘姓从山西洪洞县迁此立村，以姓名刘庄。明弘治年间，因南建小刘庄，遂改名大刘庄。聚落呈团块状分布。经济以种植业为主，种植小麦、玉米、棉花。有公路经此。

林庄 371525-B06-H13

[Línzhuāng]

在县驻地清泉街道东北方向 17.8 千米。北馆陶镇辖自然村。人口 1 600。明成化二十一年（1485），林姓从山西洪洞县迁此立村，以姓取名林庄。聚落呈团块状分布。经济以种植业、林果业为主，有樱桃园。有公路经此。

店子 371525-B07-H01

[Diànzi]

店子镇人民政府驻地。在县驻地清泉街道东北方向 11.0 千米。人口 1 300。传战国时孟轲经此去魏，有千家百姓聚此迎候，后立村设店名千家店。明称三家店，清更今名。聚落呈团块状分布。有小学、幼儿园各 1 处。经济以种植业为主，种植小麦、玉米、棉花、花生、灵芝、辣椒。有公路经此。

靖当铺 371525-B07-H02

[Jìngdàngpù]

在县驻地清泉街道北方向 9.3 千米。店子镇辖自然村。人口 1 200。明前，村名小杨庄。元末，因战乱村毁。明洪武三年（1370）重建新村，仿邻村唐里当堡，取名靖里当堡，后演变为靖里当铺，1984 年简化为靖当铺。聚落呈团块状分布。经济以种植业为主，种植小麦、玉米、棉花、花生、灵芝。有公路经此。

里固 371525-B07-H03
[Lǐgù]

在县驻地清泉街道北方向 12.5 千米。店子镇辖自然村。人口 4 600。有汉族、回族，其中回族占 75%。此村原名马固。明建文年间，毁于战乱，幸存者北迁重建新村，以距原马固一里，名一里固，后简化为里固。聚落呈团块状分布。有小学 1 处、幼儿园 1 处。经济以种植业为主，种植小麦、玉米、棉花、花生、地瓜。有公路经此。

东化 371525-B07-H04
[Dōnghuà]

在县驻地清泉街道北方向 6.2 千米。店子镇辖自然村。人口 1 700。因村建于春暖冻化之时，以姓氏结合时令，定名梁华春。战国时期，“孟子去齐适魏及晋都”，曾在此“谈教化”“晓谕景春”，故名梁化春。明末，因居大寺东，改名东化春，又演变为东化。聚落呈团块状分布。经济以种植业为主，种植小麦、玉米、棉花、花生、辣椒、蔬菜。有公路经此。

董当铺 371525-B07-H05
[Dǒngdàngpù]

在县驻地清泉街道东北方向 8.8 千米。店子镇辖自然村。人口 1 700。明初，唐、董、郝、王、朱、任、梁七姓从山西洪洞县迁此立村，因村落位于里当堡旧址西头，且唐姓居此较早，初名唐里当堡。后董姓兴盛，改称董里当堡，又演变为董里当铺。1984 年简化为董当铺。聚落呈团块状分布。有小学 1 处、幼儿园 1 处。经济以种植业为主，种植小麦、玉米、棉花、花生、辣椒。有公路经此。

赵固 371525-B07-H06
[Zhàogù]

在县驻地清泉街道东北方向 6.3 千米。店子镇辖自然村。人口 1 800。明洪武三年（1370），赵、齐、干三姓从山西洪洞县迁此立村，因赵姓人口较多，“固”乃“村”义，故取名赵固。聚落呈团块状分布。经济以种植业为主，种植小麦、玉米、棉花、花生。有公路经此。

闫营 371525-B08-H01
[Yányíng]

定远寨镇人民政府驻地。在县驻地清泉街道东方向 20.4 千米。人口 600。明初，闫姓最先从山西洪洞县迁此，以姓取名闫家营，后简化为闫营。聚落呈团块状分布。有中学、小学、幼儿园。经济以种植业为主，种植小麦、玉米和杂粮等。济邯铁路、309 国道经此。

呼家 371525-B08-H02
[Hūjiā]

在县驻地清泉街道东方向 19.9 千米。定远寨镇辖自然村。人口 1 300。明洪武元年（1368），呼姓从山西洪洞县迁此立村，以姓取名呼家村，后简化为呼家。聚落呈团块状分布。经济以种植业为主，种植小麦、玉米、棉花、花生、果树。有公路经此。

千户营 371525-B08-H03
[Qiānhùyíng]

在县驻地清泉街道东北方向 24.7 千米。定远寨镇辖自然村。人口 1 700。因隋朝时，宇文化及先立许国于魏州，后以此为营垒，故名许有营。明末清初，因当地营帐一个挨着一个，故改名千户营。聚落呈团块状分布。有小学 1 处、幼儿园 1 处。有县级非物质文化遗产千户营唢呐。古迹有宇文化及台遗址。经济以种植业、养殖业为主，种植小麦、玉米、棉花，养殖貉、狐狸。有公路经此。

三庙 371525–B08–H04
[Sānmiào]

在县驻地清泉街道东方向 23.7 千米。定远寨镇辖自然村。人口 600。因村小而新，名小新村。明万历年间，村东北建起三奶奶庙，遂以庙改村名为三奶奶庙。1992 年，简化为三庙。聚落呈团块状分布。经济以种植业为主，种植小麦、玉米、棉花、花生。有公路经此。

黄寨子 371525–B08–H05
[Huángzhàizi]

在县驻地清泉街道东方向 22.8 千米。定远寨镇辖自然村。人口 2 300。明初，始祖黄义从安徽省萧县瓦口子迁此定居，初名黄家寨，后称黄家寨子，简化为黄寨子。聚落呈团块状分布。有幼儿园 1 处。有县级非物质文化遗产黄寨子四股弦。经济以种植业为主，种植小麦、玉米、棉花、花生。有公路经此。

定远寨 371525–B08–H06
[Dìngyuǎnzhài]

在县驻地清泉街道东北方向 20.8 千米。定远寨镇辖自然村。人口 3 500。因附近有定远将军墓，故名定远寨。聚落呈团块状分布。有小学 1 处、幼儿园 1 处。有刻有“定远将军寨”佛像一尊。经济以种植业为主，种植小麦、玉米、棉花。有公路经此。

银郭庄 371525–B08–H07
[Yínguōzhuāng]

在县驻地清泉街道东方向 24.2 千米。定远寨镇辖自然村。人口 400。明永乐年间，郭姓兄弟三人从山西洪洞县迁来，分居两处，渐成两村，此村居东，为三弟所建，称小郭庄。后因与北馆陶镇小郭庄重名，1983 年更名银郭庄。聚落呈团块状分布。经济以种植业为主，种植小麦、玉米、棉花。有公路经此。

魏家庄 371525–B08–H08
[Wèijiāzhuāng]

在县驻地清泉街道东方向 22.1 千米。定远寨镇辖自然村。人口 1 500。原名青龙寨，元末因战乱瘟疫村毁。明洪武二年（1369），魏姓从山西洪洞县迁至青龙寨遗址重建新村，名魏家庄。聚落呈团块状分布。经济以种植业为主，种植小麦、玉米、棉花、花生。有公路经此。

双庙 371525–B08–H09
[Shuāngmiào]

在县驻地清泉街道东北方向 18.9 千米。定远寨镇辖自然村。人口 700。清乾隆年间，村连建土地庙、奶奶庙，遂名双庙。聚落呈团块状分布。经济以种植业为主，种植小麦、玉米、棉花。有公路经此。

赵桂 371525–B08–H10
[Zhàoguì]

在县驻地清泉街道东北方向 19.9 千米。定远寨镇辖自然村。人口 300。明洪武年间，赵姓从山西洪洞县迁此，与当地于姓共建新村，仿傅家贵树村，命村名为赵家贵树，演变为赵家桂树，后简化为赵桂树，又省称赵桂。聚落呈团块状分布。经济以种植业为主，种植小麦、玉米、棉花、花生。有公路经此。

后杏园 371525–B08–H11
[Hòuxìngyuán]

在县驻地清泉街道东北方向 22.8 千米。定远寨镇辖自然村。人口 1 900。明洪武二年（1369），路、王、冯等姓从山西洪洞县迁此定居，因村旁有大杏园，故名杏园。后多姓迁入，居住分散，自然形成前后两村，此村居后，名后杏园。聚落呈团块状分布。经济以种植业为主，种植小麦、玉米、棉花、花生。有公路经此。

辛集 371525-B09-H01
[Xīnjí]

辛集镇人民政府驻地。在县驻地清泉街道东北方向 22.5 千米。人口 2 500。宋时名辛龙镇，元初设集，更今名。聚落呈团块状分布。有中学 1 处、小学 1 处、幼儿园 1 处。经济以种植业为主，种植小麦、玉米、棉花、果树。有公路经此。

前张官屯 371525-B09-H02
[Qiánzhāngguāntún]

在县驻地清泉街道东北方向 21.5 千米。辛集镇辖自然村。人口 1 300。元初，张清瑞从河北保定迁此屯定居，取名张管屯，即此屯由张姓管理之意。后张姓失传，明永乐年间，高、石、车等姓相继迁居此地，各以姓名庄，又统称张管屯，演为张官屯。1948 年分为前后两村，此村居前，称前张官屯。聚落呈团块状分布。经济以种植业为主，种植小麦、玉米、棉花、花生。有公路经此。

边庄 371525-B09-H03
[Biānzhuāng]

在县驻地清泉街道东北方向 22.6 千米。辛集镇辖自然村。人口 1 700。明永乐年间，边姓从河北省任丘县迁此立村，以姓氏取村名为边家庄，后简化为边庄。聚落呈团块状分布。经济以种植业为主，种植小麦、玉米、棉花。有公路经此。

野屋 371525-B09-H04
[Yěwū]

在县驻地清泉街道东北方向 24.1 千米。辛集镇辖自然村。人口 1 000。明永乐年间，王姓从山西洪洞县迁此定居，在田野上盖起一座简易小屋，逐渐发展成村，取村名小野屋，又简称野屋。聚落呈团块状分布。经济以种植业为主，种植小麦、玉米、棉花、花生。有众生棉业等企业。有公路经此。

王刘八寨 371525-B09-H05
[Wángliúbāzhài]

在县驻地清泉街道东北方向 20.0 千米。辛集镇辖自然村。人口 2 400。明永乐年间，王姓从山西洪洞县迁此立村，因处溜八寨之域，取村名王溜八寨，后演变为王刘八寨。聚落呈团块状分布。有小学 1 处、幼儿园 1 处。经济以种植业为主，种植小麦、玉米、棉花、花生、谷子。有公路经此。

史庄 371525-B09-H06
[Shǐzhuāng]

在县驻地清泉街道东北方向 28.3 千米。辛集镇辖自然村。人口 1 600。明前，史姓建村，名史家庄。明宣德年间，史家庄张姓一分支迁居村北，渐成村落，取名后史庄。后两村合并，统称史庄。聚落呈团块状分布。有小学 1 处、幼儿园 2 处。有省级非物质文化遗产史庄圈椅。经济以种植业为主，种植小麦、玉米、棉花。有公路经此。

齐庄 371525-B09-H07
[Qízhuāng]

在县驻地清泉街道东北方向 25.4 千米。辛集镇辖自然村。人口 1 700。元朝中期，德州李山，官居侍郎，落居此村，人称李侍郎庄。明万历年间，齐姓从山西洪洞县迁入，渐成大族，于明崇祯年间改村名为齐家庄，后简化为齐庄。聚落呈团块状分布。有小学 1 处、幼儿园 1 处。经济以种植业为主，种植小麦、玉米、棉花。有公路经此。

丁刘八寨 371525-B09-H08
[Dīngliúbāzhài]

在县驻地清泉街道东北方向 20.5 千米。辛集镇辖自然村。人口 2 200。明永乐年间，阎姓最早居此，故名阎村。后康、丁两姓从山西洪洞县迁入，阎姓迁出，康姓绝嗣，丁姓仿邻村崔刘八寨，改村名为丁刘八寨。聚落呈团块状分布。经济以种植业为主，种植小麦、玉米、棉花、冬瓜。有公路经此。

冯杜庄 371525-B09-H09
[Féngdùzhuāng]

在县驻地清泉街道东北方向 22.1 千米。辛集镇辖自然村。人口 1 000。明朝前期，冯、杜两姓分别从山东登州府栖霞县冯家高门楼和山西洪洞县迁到洪官屯东西两头各立新村，名冯家庄、杜家庄，后简化为冯庄、杜庄。1958 年两村合并，统称冯杜庄。聚落呈团块状分布。有县级非物质文化遗产冯杜庄杂技。经济以种植业为主，种植小麦、玉米、棉花。有鑫恒祥面粉厂等企业。有公路经此。

白官屯 371525-B09-H10
[Báiguāntún]

在县驻地清泉街道东北方向 21.7 千米。辛集镇辖自然村。人口 1 000。唐末，白刚从四川万县迁此定居建村，取名白屯。宋仁宗年间，白姓出了大官，人称白官，村名遂演变为白官屯。聚落呈团块状分布。有县级文物保护单位冯氏家祖谱系碑、县级非物质文化遗产白官屯花棍。经济以种植业为主，种植小麦、玉米、棉花。有公路经此。

小夫人寨 371525-B09-H11
[Xiǎofūrénzhài]

在县驻地清泉街道东北方向 20.3 千米。辛集镇辖自然村。人口 400。宋初，李姓从山西洪洞县迁此立村，相传因村中有一女被选入皇宫做小夫人，故名小夫人寨。聚落呈团块状分布。经济以种植业、养殖业为主，种植小麦、玉米、棉花，养殖生猪。有公路经此。

岳胡庄 371525-B09-H12
[Yuèhúzhuāng]

在县驻地清泉街道东北方向 30.6 千米。辛集镇辖自然村。人口 1 100。明朝前期，因胡姓居此，命名小胡庄。明洪武年间，王姓迁入，后岳、张、李、常等姓居此，岳姓渐成大户。1935 年，为与村西南胡庄区别，改名岳胡庄。聚落呈团块状分布。有市级非物质文化遗产保德葫芦。经济以种植业为主，种植小麦、玉米、棉花。有林阳光伏有限公司等企业。有公路经此。

洼陈 371525-B09-H13
[Wāchén]

在县驻地清泉街道东北方向 29.8 千米。辛集镇辖自然村。人口 800。明永乐年间，陈德新从安徽萧县迁来落居，陈氏后人出了邑丞和府官，成为显族。明正德年间，以姓氏和地势低洼改村名为洼里陈家庄，后称洼里陈，又简化为洼陈。聚落呈团块状分布。经济以种植业为主，种植小麦、玉米、棉花。有公路经此。

三合庄 371525-B09-H14
[Sānhézhuāng]

在县驻地清泉街道东北方向 27.9 千米。辛集镇辖自然村。人口 1 400。明洪武九年（1376），曲、宋、王姓从山西洪洞县迁此立村。因王姓时人口较多，共有三户居此，取名三王庄。同年，许其明从山西洪洞县城内北街迁此立村，以姓取村名许庄。明朝中期，梁姓从本县梁庄迁此立村，以嘉言取村名义和庄。1948 年，三王庄、许庄、义和庄合并为三合庄。聚落呈带状分布。有县级非物质文化遗产三合庄高跷。经济以种植业为主，种植小麦、玉米、棉花。有公路经此。

赵梁堂 371525–B10–H01

［Zhàoliángtáng］

梁堂镇人民政府驻地。在县驻地清泉街道南方向 8.3 千米。人口 2 700。明初建村，名北里村。后梁姓建白佛堂，名梁堂。赵姓迁入后渐成大户，更今名。聚落呈团块状分布。有幼儿园 1 处、小学 1 处。经济以种植业为主，种植小麦、玉米、花生等。有公路经此。

菜庄集 371525–B10–H02

［Càizhuāngjí］

在县驻地清泉街道南方向 9.8 千米。梁堂镇辖自然村。人口 2 300。元朝中叶，蔡姓分东西建两村，本村居东，名东蔡庄。明洪武三年（1370），赵、杜、贾、高、张、王、薛七姓从山西洪洞县迁来定居，后因赵姓族众，改名赵蔡庄。清初设集后，又更名蔡家集，后演变为菜庄集。聚落呈团块状分布。经济以种植业为主，种植小麦、玉米、棉花、西瓜。有公路经此。

北寺地 371525–B10–H03

［Běisìdì］

在县驻地清泉街道南方向 6.3 千米。梁堂镇辖自然村。人口 2 100。明初，张、王、杨等姓从山西洪洞县迁入，因处古寺庙北端，故名北寺地。聚落呈团块状分布。有小学 1 处。经济以种植业为主，种植小麦、玉米、棉花。有山东华星电力辅机有限公司、山东奥邦织业有限公司等企业。有公路经此。

高庄 371525–B10–H04

［Gāozhuāng］

在县驻地清泉街道南方向 8.8 千米。梁堂镇辖自然村。人口 1 400。有汉族、回族，其中回族占 80%。明洪武三年（1370），高姓从山西洪洞县迁此立村，以姓取名高家庄。明末，沙姓由县城南沙家庄（今沙庄）迁此另立一村，因东傍高家庄，仿其名称西高家庄。清代，两村合并，统称高家庄，后简化为高庄。聚落呈团块状分布。经济以种植业为主，种植小麦、玉米、棉花。有公路经此。

胡闫 371525–B10–H05

［Húyán］

在县驻地清泉街道南方向 10.8 千米。梁堂镇辖自然村。人口 1 700。明初，胡、刘、李、吕四姓从山西洪洞县迁此立村，因胡姓居多，且西北有阎村庙，仿唐朝老村姬阎，命村名胡阎，后简化为胡闫。聚落呈团块状分布。经济以种植业为主，种植小麦、玉米、棉花，有食用菌种植大棚。有公路经此。

常菜庄 371525–B10–H06

［Chángcàizhuāng］

在县驻地清泉街道南方向 8.7 千米。梁堂镇辖自然村。人口 1 100。元朝中叶，蔡姓建村，因此村居西，名西蔡庄。明初，侯、赵、常、孙等姓从山西洪洞县迁此落居，因常姓人口较多，以其姓氏和原村名称常蔡庄，后演变为常菜庄。聚落呈团块状分布。有小学 1 处、幼儿园 1 处。经济以种植业为主，种植小麦、玉米、棉花。有公路经此。

刘寺地 371525–B10–H07

[Liúsìdì]

在县驻地清泉街道南方向 7.7 千米。梁堂镇辖自然村。人口 1 400。北宋年间，高、稽两姓建村，因处古大寺庙地南端，取名南寺地。明洪武三年（1370），刘、曹两姓从山西洪洞县迁入。至明朝中叶，刘姓成为大户，遂改村名为刘寺地。聚落呈团块状分布。经济以种植业为主，种植小麦、玉米、棉花、辣椒。有公路经此。

杨黄城 371525–B10–H08

[Yánghuángchéng]

在县驻地清泉街道南方向 7.2 千米。梁堂镇辖自然村。人口 1 000。因杨姓最早定居于古黄邑城遗址，故名杨黄城。聚落呈团块状分布。经济以种植业为主，种植小麦、玉米、棉花。有公路经此。

邹六庄 371525–B10–H09

[Zōuliùzhuāng]

在县驻地清泉街道南方向 9.7 千米。梁堂镇辖自然村。人口 900。原名卢六庄。明朝中叶，邹逢春从本县旺庄迁入，传至清末，成为大户，改村名为邹六庄。聚落呈团块状分布。经济以种植业为主，种植小麦、玉米、棉花。有公路经此。

斜店 371525–C01–H01

[Xiédiàn]

斜店乡人民政府驻地。在县驻地清泉街道西南方向 15.1 千米。人口 2 800。原名二十里铺，后立新村，傍路设店，店户斜向，故名。聚落呈团块状分布。有小学 1 处、幼儿园 1 处。经济以种植业为主，种植小麦、玉米和苗木。有公路经此。

前社庄 371525–C01–H02

[Qiánshèzhuāng]

在县驻地清泉街道西南方向 6.9 千米。斜店乡辖自然村。人口 2 000。原名吴家村，后此村以社戏出名，故改今名。聚落呈团块状分布。有文化大院 1 处、中学 1 处、幼儿园 1 处。经济以种植业为主，种植蔬菜。有公路经此。

西野庄 371525–C01–H03

[Xīyězhuāng]

在县驻地清泉街道西南方向 10.4 千米。斜店乡辖自然村。人口 1 000。后唐清泰二年（935），小赵庄村民为避兵乱，迁此定居，因处荒野，故名野庄。1931 年以庙为界分为东、西两村，此村居西，名西野庄。聚落呈团块状分布。经济以种植业为主，种植小麦、玉米、蔬菜、花生。有公路经此。

孙庄 371525–C01–H04

[Sūnzhuāng]

在县驻地清泉街道西南方向 7.1 千米。斜店乡辖自然村。人口 1 600。相传，唐朝监修村北圆新寺的韩姓京官落居此地，渐成村落，因其官高位显，人称老爷庄。明太祖朱元璋经此，认为村名不妥，赐名孙庄。聚落呈团块状分布。经济以种植业为主，种植小麦、玉米、蔬菜、花生。有公路经此。

辛庄 371525–C01–H05

[Xīnzhuāng]

在县驻地清泉街道西南方向 10.8 千米。斜店乡辖自然村。人口 1 900。明初，辛姓从山西洪洞县迁此立村，以姓命名辛庄。聚落呈团块状分布。有省级文物保护单位辛庄龙山文化遗址。经济以种植业为主，种植小麦、玉米、蔬菜、花生。有公路经此。

后社庄 371525-C01-H06

[Hòushèzhuāng]

在县驻地清泉街道西南方向 6.4 千米。斜店乡辖自然村。人口 1 500。唐末，钟、王、齐、高等姓建村，因地处圆新寺后，又善社戏，故名后社庄。聚落呈团块状分布。经济以种植业为主，种植小麦、玉米、蔬菜、花生、山楂、苹果、樱桃等。有公路经此。

赵屯 371525-C01-H07

[Zhàotún]

在县驻地清泉街道西南方向 10.7 千米。斜店乡辖自然村。人口 1 800。明洪武年间，赵姓从山西洪洞县迁此立村，初名屯里。清末民初，因赵姓人口较多，取名赵屯。聚落呈团块状分布。经济以种植业为主，种植小麦、玉米、花生。有公路经此。

戴里庄 371525-C02-H01

[Dàilǐzhuāng]

范寨乡人民政府驻地。在县驻地清泉街道东北方向 24.3 千米。人口 2 300。明朝郭姓建村，后戴姓迁入，渐成望族，名戴家庄。因邻近赵家李庄，故名戴家李庄，后演变为戴里庄。聚落呈团块状分布。有小学、幼儿园。经济以种植业为主，种植小麦、玉米、棉花、花生。有公路经此。

孔里庄 371525-C02-H02

[Kǒnglǐzhuāng]

在县驻地清泉街道东北方向 23.1 千米。范寨乡辖自然村。人口 700。明成化十六年（1480），萧家里庄孔姓兄弟五人分家，其三支定居村南菜园内，渐成村落，初名小孔家庄，后改名孔家里庄，又演为孔里庄。聚落呈团块状分布。经济以种植业为主，种植小麦、玉米、棉花、花生。有公路经此。

范寨 371525-C02-H03

[Fànzhài]

在县驻地清泉街道东北方向 25.7 千米。范寨乡辖自然村。人口 3 500。明洪武年间，范、刘、咸、于四姓分别从山西洪洞县和山东登州府迁入。后因范姓兴盛，命名范家寨，又简化为范寨。聚落呈团块状分布。有中学 1 处、小学 1 处、幼儿园 1 处。经济以种植业为主，种植小麦、玉米、果树。有聊城隆裕纺织有限公司、鑫盛纺织有限公司、冠县天马饲料有限公司、腾达家具加工厂等企业。有公路经此。

大纸坊头 371525-C02-H04

[Dàzhǐfángtóu]

在县驻地清泉街道东北方向 25.3 千米。范寨乡辖自然村。人口 1 600。明洪武年间，曹弘从山西洪洞县迁此立村，因以造纸为业，故名纸房头。后以其人口较多，改称大纸房头，1983 年改为大纸坊头。聚落呈团块状分布。经济以种植业为主，种植小麦、玉米等。有公路经此。

赵里庄 371525-C02-H05

[Zhàolǐzhuāng]

在县驻地清泉街道东北方向 23.3 千米。范寨乡辖自然村。人口 2 100。北宋时期，赵家贤定居成村，名赵家李庄，后演为赵里庄。明末清初，杨姓始祖杨金池从北京乐亭县迁至赵家李庄东立村，后仿赵家李庄，名村杨家李庄，后演为杨里庄。1949 年后，赵里庄、杨里庄和由集市贸易自然形成的胡堂合并，统称赵里庄。聚落呈团块状分布。有县级非物质文化遗产赵里庄梨木雕刻技艺。经济以种植业为主，种植小麦、玉米、棉花、花生。有公路经此。

温庄 371525-C02-H06
[Wēnzhuāng]

在县驻地清泉街道东北方向 25.7 千米。范寨乡辖自然村。人口 900。因建村人名温二，故名温二庄，后简化为温庄。聚落呈团块状分布。经济以种植业为主，种植小麦、玉米、棉花、花生。有公路经此。

张坊 371525-C02-H07
[Zhāngfāng]

在县驻地清泉街道东北方向 25.9 千米。范寨乡辖自然村。人口 700。明末，张姓兄弟二人从今梁水镇冻枣园迁至郭堂旧址重建新村，以姓氏命村名为张坊。聚落呈团块状分布。经济以种植业为主，种植小麦、玉米、棉花、花生。有冠县中冠油面加工有限公司等企业。有公路经此。

祁家务 371525-C02-H08
[Qíjiāwù]

在县驻地清泉街道东北方向 23.7 千米。范寨乡辖自然村。人口 1 200。据传村为祁姓所建，以此地上空“风水”似雾，景观异常，得村名祁家雾，后演变为祁家务。聚落呈团块状分布。有县级非物质文化遗产祁家务武术小洪拳。经济以种植业为主，种植小麦、玉米、棉花、花生。有公路经此。

范庄 371525-C02-H09
[Fànzhuāng]

在县驻地清泉街道东北方向 26.7 千米。范寨乡辖自然村。人口 1 100。明正德年间，范姓从范家寨（今范寨）迁此立村，以姓氏命村名为小范家寨，后演变成范庄。聚落呈团块状分布。经济以种植业为主，种植小麦、玉米、棉花。有康源奶牛养殖合作社等企业。有公路经此。

甘官屯 371525-C03-H01
[Gānguāntún]

甘官屯乡人民政府驻地。在县驻地清泉街道东北方向 25.1 千米。人口 4 100。因于高地立村，初名岗屯。明末，有甘姓官员来访，病逝于此，更今名。聚落呈团块状分布。有中学 1 处、小学 1 处、幼儿园 1 处。经济以种植业为主，种植小麦、玉米、棉花、花生。有公路经此。

邓官屯 371525-C03-H02
[Dèngguāntún]

在县驻地清泉街道东北方向 18.1 千米。甘官屯乡辖自然村。人口 2 800。元朝建村，因邓姓居多，名邓家屯，后邓姓绝嗣。明洪武年间，孙姓从山西洪洞县迁来重新建村，村仍名邓家屯，后演变为邓官屯。聚落呈团块状分布。有幼儿园 1 处。经济以种植业为主，种植小麦、玉米、棉花、花生、西瓜、地瓜、鸭梨、苹果、杏等。有公路经此。

张八寨 371525-C03-H03
[Zhāngbāzhài]

在县驻地清泉街道东北方向 20.2 千米。甘官屯乡辖自然村。人口 3 600。明洪武年间，金、冯、李、蒋、刘等姓从山西洪洞县迁来，分居八处各成一寨。后耿、徐、张、等姓相继迁入，八寨连成一村。因村由八寨合并而成，且张姓最为兴盛，便定村名为张八寨。聚落呈团块状分布。有小学 1 处、幼儿园 1 处。经济以种植业为主，种植小麦、玉米、棉花、花生、地瓜、鸭梨、苹果、桃、杏、山楂、李子等。有公路经此。

刘贯庄 371525-C03-H04
[Liúguànzhuāng]

在县驻地清泉街道东北方向 23.3 千米。

甘官屯乡辖自然村。人口 500。明永乐年间，刘姓从山西洪洞县迁此定居建村，因刘老贯率二子种菜有术，经营有方，四乡闻名，人称刘贯庄，后以此名为村名。聚落呈团块状分布。有县级文物保护单位刘贯庄围墙。经济以种植业为主，种植小麦、玉米、棉花、花生。有公路经此。

张官寨 371525-C03-H05
[Zhāngguānzhài]

在县驻地清泉街道东北方向 25.3 千米。甘官屯乡辖自然村。人口 2 600。明洪武八年（1375），张姓自山西洪洞县迁此定居，继而王、马、朱、许等姓分别从山西洪洞县及甘官屯徙此，渐成村落。因张姓迁此最早，且族中有一乡医，颇受人敬仰，便定村名为张管寨，后又演变为张官寨。聚落呈团块状分布。经济以种植业为主，种植小麦、玉米、棉花、花生。有公路经此。

连寨 371525-C03-H06
[Liánzhài]

在县驻地清泉街道东北方向 25.1 千米。甘官屯乡辖自然村。人口 3 700。明洪武八年（1375），范、林两姓最先从山西洪洞县迁来。明天顺年间，刘、关、路等姓迁入，村民繁衍增多，自然形成前、后两个村落。因村有胡同连接而成，故名连寨。聚落呈团块状分布。有幼儿园 1 处。经济以种植业为主，种植小麦、玉米、棉花、花生、西瓜。有公路经此。

后蚕姑庙 371525-C03-H07
[Hòucángūmiào]

在县驻地清泉街道东北方向 21.8 千米。甘官屯乡辖自然村。人口 1 700。明初，程、李两姓分别从临清丁皂和河北遵化县李家大马迁此立村，因处蚕姑庙西侧，得村名蚕姑庙。后因人口渐多，居住分散，自然形成前后两个村落，此村居北，名后蚕姑庙。聚落呈团块状分布。经济以种植业为主，种植小麦、玉米、棉花、花生。有公路经此。

南野庄 371525-C03-H08
[Nányězhuāng]

在县驻地清泉街道东北方向 21.7 千米。甘官屯乡辖自然村。人口 1 400。明初，张姓从山东登州府莱阳县迁此立村，因处荒野，取名野庄。后因与临清影庄音近，以方位改名南野庄。聚落呈团块状分布。有省级非物质文化遗产野庄乱弹。经济以种植业为主，种植小麦、玉米、花生、棉花、鸭梨、苹果、桃、杏、山楂等。有公路经此。

大兰沃 371525-C04-H01
[Dàlánwò]

兰沃乡人民政府驻地。在县驻地清泉街道东北方向 14.2 千米。人口 3 200。原名大狼窝，后雅称今名。聚落呈团块状分布。有小学 1 处。经济以种植业为主，种植小麦、玉米、棉花、花生、西瓜、苹果、鸭梨。有公路经此。

韩路 371525-C04-H02
[Hánlù]

在县驻地清泉街道东北方向 19.1 千米。兰沃乡辖自然村。人口 3 300。此村原名寒露，因傍寒露寺而得名，后演为韩路。聚落呈团块状分布。有小学 1 处、幼儿园 1 处。经济以种植业为主，种植梨、苹果、小麦、玉米、棉花、花生。有公路经此。

田寨 371525-C04-H03
[Tiánzhài]

在县驻地清泉街道东北方向 15.1 千米。兰沃乡辖自然村。人口 1 400。明洪武年间，刘、陈、金、卢等姓从山西洪洞县迁此定居。因当时村内井水味道奇苦，多称其村为苦寨。后在村西打出一眼甜水井，水味甘甜，村名渐改为甜寨，又演为田寨。聚落呈团块状分布。经济以种植业为主，种植小麦、玉米、棉花、花生、西瓜、鸭梨、苹果、蔬菜。有公路经此。

蔡庄 371525-C04-H04
[Càizhuāng]

在县驻地清泉街道东北方向 16.3 千米。兰沃乡辖自然村。人口 1 300。蔡姓建村，故名蔡庄。聚落呈团块状分布。经济以种植业为主，种植小麦、玉米、棉花、花生、地瓜、西瓜、鸭梨、苹果、油桃。有公路经此。

东兰沃 371525-C04-H05
[Dōnglánwò]

在县驻地清泉街道东北方向 14.2 千米。兰沃乡辖自然村。人口 700。明永乐年间，陈仁龙兄弟三人从山西洪洞县迁此建村，因处狼窝村东，人称东狼窝，后雅化为东郎窝，又演为东兰沃。聚落呈团块状分布。经济以种植业为主，种植小麦、玉米、棉花、花生、西瓜、樱桃、油桃。有公路经此。

大曲 371525-C04-H06
[Dàqū]

在县驻地清泉街道东北方向 12.5 千米。兰沃乡辖自然村。人口 1 900。元代，曲姓建村，故名曲村。明洪武十三年（1380），张、赵两姓分别从山西洪洞县和北京赵家胡同迁入，村落逐渐扩大，为区分附近同名村，改名大曲。聚落呈团块状分布。有影剧院 1 处、图书馆 1 处、文化大院 1 处、小学 1 处、幼儿园 1 处。经济以种植业为主，种植小麦、玉米、棉花、花生、地瓜、西瓜、鸭梨、油桃。有公路经此。

曲屯 371525-C04-H07
[Qūtún]

在县驻地清泉街道东北方向 13.7 千米。兰沃乡辖自然村。人口 1 100。明洪武年间，胡、曲、杨、郭等姓从山西洪洞县迁此立村。因胡姓人多，命村名为胡官屯。清朝中叶，胡姓绝嗣，曲姓成为旺族，遂改名曲家屯。1945 年简化为曲屯。聚落呈团块状分布。经济以种植业为主，种植小麦、玉米、棉花、花生、地瓜、西瓜、鸭梨、苹果。有公路经此。

大万善 371525-C05-H01
[Dàwànshàn]

万善乡人民政府驻地。在县驻地清泉街道北方向 10.9 千米。人口 2 500。明初立村，因位于万善寺旁得名。聚落呈团块状分布。有小学 1 处、中学 1 处。经济以种植业为主，种植玉米、小麦、大豆、花生、苹果。有公路经此。

北田平 371525-C05-H02
[Běitiánpíng]

在县驻地清泉街道北方向 9.4 千米。万善乡辖自然村。人口 1 900。春秋时期，冉雍来冠讲学路经此地，再添新病，村因此得名添病，演变为田平。后因南有前田平、后田平，此村以方位改名北田平。聚落呈团块状分布。经济以种植业为主，种植小麦、玉米、棉花等。有公路经此。

高王段 371525-C05-H03
[Gāowángduàn]

在县驻地清泉街道东北方向 7.9 千米。万善乡辖自然村。人口 1 200。相传，冉雍来冠讲学，至此病亡断气，村因此得名亡断。因高姓居多，名高亡断，后演变为高王段。聚落呈团块状分布。有市级文物保护单位冉子祠遗址。经济以种植业为主，种植小麦、玉米、棉花等。有公路经此。

后田平 371525-C05-H04

［Hòutiánpíng］

在县驻地清泉街道东北方向 8.1 千米。万善乡辖自然村。人口 1 300。春秋时期，冉雍来冠讲学路经此地，再添新病，村因此得名添病，演变为田平。后因处前田平之后，以方位称后田平。聚落呈团块状分布。有县级非物质文化遗产竹编耙子。经济以种植业为主，种植小麦、玉米、棉花等。有公路经此。

南王段 371525-C05-H05

［Nánwángduàn］

在县驻地清泉街道东北方向 6.3 千米。万善乡辖自然村。人口 2 300。因村近冉雍病亡断气之地，仿高亡断，以方位取村名为南亡断。清乾隆年间，黄姓从河南迁入，渐成大族，村改名黄亡断，后演变为黄王段。后称南王段。聚落呈团块状分布。有县级非物质文化遗产竹编圈椅。经济以种植业为主，种植小麦、玉米、棉花等。有公路经此。

孝子哭村 371525-C05-H06

［Xiàozǐkūcūn］

在县驻地清泉街道东北方向 5.7 千米。万善乡辖自然村。人口 800。相传，春秋时期冉雍来冠讲学病逝，守孝者至此皆哭，故名孝子哭村。聚落呈团块状分布。经济以种植业为主，种植小麦、玉米、棉花等。有公路经此。

宋村 371525-C05-H07

［Sòngcūn］

在县驻地清泉街道东北方向 10.3 千米。万善乡辖自然村。人口 700。明初，庞、宋两姓从山西洪洞县迁来，庞姓在此定居；宋姓先定居今水赞西北，后迁今址，与庞姓共建新村。因处龙爪寺北，初名庙后头，后宋姓众，改名宋家村，后简化为宋村。聚落呈团块状分布。经济以种植业为主，种植小麦、玉米、棉花等。有公路经此。

高唐县

城市居民点

怡园小区 371526-I01

［Yíyuán Xiǎoqū］

在县城中部。人口 4 800。总面积 21.5 公顷。取怡然、愉快之意，故名。2002 年始建，2003 年正式使用。建筑总面积 85 800 平方米，多层住宅楼 24 栋，现代建筑风格，绿化率 31%，有健身器材等配套设施。通公交车。

湖滨花园 371526-I02

［Húbīn Huāyuán］

在县城中部。人口 921。总面积 2.1 公顷。因南临高唐北湖而得名。2003 年始建，2005 年正式使用。建筑总面积 53 000 平方米，多层住宅楼 14 栋，现代建筑风格，绿化率 32%，有健身器材等配套设施。通公交车。

大顺花园 371526-I03

［Dàshùn Huāyuán］

在县城中部。人口 3 200。总面积 16.6 公顷。以寓意祖国强大，祈愿生活顺遂而得名。2008 年始建，2010 年正式使用。建筑总面积 113 000 平方米，住宅楼 21 栋，其中高层 2 栋、多层 19 栋，别墅 7 栋，现代建筑风格，绿化率 32%，有健身器材、门诊、商店等配套设施。通公交车。

名门世家 371526-I04

[Míngmén Shìjiā]

在县城中部。人口 890。总面积 3.5 公顷。寓意小区人杰地灵而得名。2003 年始建，2006 年正式使用。建筑总面积 50 000 平方米，多层住宅楼 8 栋，别墅 28 栋，现代建筑风格，绿化率 31%，有健身器材等配套设施。通公交车。

普利建业花园 371526-I05

[Pǔlì Jiànyè Huāyuán]

在县城北部。人口 2 550。总面积 17.9 公顷。由高唐县普利房地产开发有限公司出资开发，冠名“普利”。2005 年始建，2007 年正式使用。建筑总面积 252 886 平方米，住宅楼 42 栋，其中高层 16 栋、多层 26 栋，现代建筑风格，绿化率 34%，有健身器材等配套设施。通公交车。

七星花园 371526-I06

[Qīxīng Huāyuán]

在县城中部。人口 654。总面积 2.5 公顷。以七星高照的美好愿望而得名。2004 年始建，2005 年正式使用。建筑总面积 25 000 平方米，多层住宅楼 8 栋，现代建筑风格，绿化率 29%，有健身器材等配套设施。通公交车。

盛世豪庭 371526-I07

[Shèngshì Háotíng]

在县城中部。人口 2 200。总面积 5.5 公顷。取繁荣昌盛、太平盛世之意命名。2008 年始建，2010 年正式使用。建筑总面积 84 000 平方米，住宅楼 20 栋，其中高层 1 栋、多层 19 栋，现代建筑风格，绿地面积 11 000 平方米，有健身器材等配套设施。通公交车。

北湖小区 371526-I08

[Běihú Xiǎoqū]

在县城中部。人口 625。总面积 1.8 公顷。因小区坐落在北湖北侧，故名。2002 年始建，2003 年正式使用。建筑总面积 20 000 平方米，多层住宅楼 6 栋，现代建筑风格，绿化率 29%，有健身器材等配套设施。通公交车。

大田小区 371526-I09

[Dàtián Xiǎoqū]

在县城西北部。人口 7 600。总面积 18.0 公顷。因小区建设在大田村，故名。2003 年始建，2005 年正式使用。建筑总面积 280 000 平方米，多层住宅楼 56 栋，现代建筑风格，绿化率 30%，有门诊部、商店、健身器材等配套设施。通公交车。

华盛园 371526-I10

[Huáshèng Yuán]

在县城中部。人口 350。总面积 0.8 公顷。由华盛园房地产开发置业有限公司开发建设，取中华盛世之意，故名。2002 年始建，2004 年正式使用。建筑总面积 20 000 平方米，住宅楼 4 栋，其中高层 1 栋、多层 3 栋，现代建筑风格，绿地面积 3 080 平方米，有健身器材等配套设施。通公交车。

康乐小区 371526-I11

[Kānglè Xiǎoqū]

在县城北部。人口 2 138。总面积 8.4 公顷。取健康、快乐之意命名。2003 年始建，2005 年正式使用。建筑总面积 32 400 平方米，多层住宅楼 12 栋，现代建筑风格，绿化率 30%，有门诊部、商店、健身器材等配套设施。通公交车。

学府景苑 371526-I12

[Xuéfǔ Jǐngyuàn]

在县城中部。人口 3 031。总面积 4.2

公顷。因小区毗邻学校而得名。2012年始建，2014年正式使用。建筑总面积119 387平方米，高层住宅楼12栋，现代建筑风格，绿化率31%，有健身器材等配套设施。通公交车。

农村居民点

一街 371526-A01-H01
[Yījiē]

在县驻地鱼邱湖街道西方向1.1千米。鱼邱湖街道辖自然村。人口1 100。原属高唐东关，1961年东关分设大队，以数字命名，故名一街。聚落呈团块状分布。有文化广场1处。经济以服务业为主。有公路经此。

大赵 371526-A01-H02
[Dàzhào]

在县驻地鱼邱湖街道东南方向2.2千米。鱼邱湖街道辖自然村。人口1 100。明朝年间，赵姓迁居于此，取名赵庄。因周围还有一赵庄，而该村面积较大，故称大赵。聚落呈团块状分布。有小学1处、幼儿园1处。有树龄150年的古柳树一棵。经济以种植业为主，种植小麦、玉米、棉花等。105国道、322省道经此。

东罗寨 371526-A01-H03
[Dōngluózhài]

在县驻地鱼邱湖街道东南方向6.8千米。鱼邱湖街道辖自然村。人口600。本村位于古代沙河东岸，因沙河西有罗家寨，以沙河为界，河东侧易名东罗寨。聚落呈团块状分布。有文化广场1处、幼儿园1处。经济以种植业为主，种植小麦、玉米、蔬菜等。322省道经此。

二杨 371526-A01-H04
[Èryáng]

在县驻地鱼邱湖街道西南方向3.3千米。鱼邱湖街道辖自然村。人口1 100。明末，宋、杨两姓来此建村，名宋杨庄。后杜姓来此，改名杨杜庄。1949年后更名二杨。聚落呈带状分布。有文化广场1处。经济以种植业为主，种植小麦、玉米、棉花。有公路经此。

姜庄 371526-A01-H05
[Jiāngzhuāng]

在县驻地鱼邱湖街道东南方向4.5千米。鱼邱湖街道辖自然村。人口700。明永乐年间，姜氏由山西洪洞县迁来，故名。聚落呈团块状分布。经济以种植业为主，种植小麦、玉米。有公路经此。

李棉 371526-A01-H06
[Lǐmián]

在县驻地鱼邱湖街道西南方向4.2千米。鱼邱湖街道辖自然村。人口600。明朝，李氏为村后一块林地和外村对簿公堂，公堂上李氏有理说不出，县太爷见状说李氏的脾气像绵羊一样，故名李绵羊村，后因种棉花改名李棉。聚落呈团块状分布。有文化广场1处。经济以种植业为主，种植小麦、玉米。有公路经此。

刘郭 371526-A01-H07
[Liúguō]

在县驻地鱼邱湖街道西南方向3.6千米。鱼邱湖街道辖自然村。人口500。明永乐年间，郭氏由山西洪洞县迁来，因当时只有四户人家，故起名四家郭庄。清初，刘姓由乡内大杨庄迁来，以养花为主，故称刘家花园。1947年两村合并为刘郭。聚落呈团块状分布。有文化广场1处。经济以种植业为主，种植小麦、玉米。有公路经此。

麻庄 371526-A01-H08

[Mázhuāng]

在县驻地鱼邱湖街道东南方向 5.8 千米。鱼邱湖街道辖自然村。人口 1 000。明嘉靖年间，麻氏从山西洪洞县迁来立村，故称麻庄。聚落呈团块状分布。有文化大院 1 处、农家书屋 1 处。经济以种植业为主，种植小麦、玉米、树莓、蔬菜等。105 国道、308 国道、322 省道经此。

迈官屯 371526-A01-H09

[Màiguāntún]

在县驻地鱼邱湖街道东方向 5.6 千米。鱼邱湖街道辖自然村。人口 1 600。明初，迈氏官员奉旨督民由山西洪洞县迁此垦荒，称迈官屯。聚落呈团块状分布。经济以种植业为主，种植小麦、玉米、棉花等。有公路经此。

卢田楼 371526-A02-H01

[Lútiánlóu]

在县驻地鱼邱湖街道东北方向 5.8 千米。人和街道辖自然村。人口 900。明成化年间，田姓人家迁居于此建村，起村名田家楼。随后又有卢姓从卢五里迁来，后因卢姓家族兴盛，更名为卢田楼。聚落呈团块状分布。经济以种植业为主，种植小麦、玉米、棉花。105 国道经此。

董楼 371526-A02-H02

[Dǒnglóu]

在县驻地鱼邱湖街道东北方向 6.2 千米。人和街道辖自然村。人口 800。耿姓于明嘉靖年间由山西洪洞县迁此立村，相继董姓迁来，紧邻耿庄建村，并有护院土楼，故名董楼。后董姓兴旺，耿姓日衰，耿庄之名消失，两村合称董楼。聚落呈团块状分布。有文化广场 1 处。经济以种植业为主，种植小麦、玉米、棉花等。105 国道经此。

林寨 371526-A02-H03

[Línzhài]

在县驻地鱼邱湖街道东北方向 4.9 千米。人和街道辖自然村。人口 700。明成化年间，林氏由山西洪洞县迁来立村，因筑有护村寨墙，故名林寨。聚落呈团块状分布。经济以种植业为主，种植小麦、玉米。105 国道、308 国道经此。

刘双安 371526-A02-H04

[Liúshuāng'ān]

在县驻地鱼邱湖街道东北方向 8.1 千米。人和街道辖自然村。人口 700。明初，刘双、刘安兄弟二人从山西洪洞县迁来居住，名村刘双安。聚落呈团块状分布。有文化广场 1 处、文化活动室 1 处。经济以种植业为主，种植小麦、玉米、棉花。有公路经此。

前张 371526-A02-H05

[Qiánzhāng]

在县驻地鱼邱湖街道东北方向 6.3 千米。人和街道辖自然村。人口 500。明成化年间，张氏自山东莱州即墨四槐树迁来，立村张庄。后有分支立村于原村前，故名前张。聚落呈团块状分布。有文化广场 1 处。经济以种植业为主，种植小麦、玉米。省道 316 经此。

孙五里 371526-A02-H06

[Sūnwǔlǐ]

在县驻地鱼邱湖街道东北方向 3.6 千米。人和街道辖自然村。人口 700。明朝初期，孙氏由山西洪洞县迁来，于县城东五华里之处，立村孙家五里庄，简称孙五里。

聚落呈团块状分布。经济以种植业为主，种植小麦、玉米等。有公路经此。

赵八里 371526–A02–H07

[Zhàobālǐ]

在县驻地鱼邱湖街道北方向 5.6 千米。人和街道辖自然村。人口 900。清康熙年间，赵氏从山西洪洞县迁来定居，因距县城八里，故名赵家八里庄，简称赵八里。聚落呈团块状分布。经济以种植业为主，种植小麦、玉米。有公路经此。

赵西 371526–A03–H01

[Zhàoxī]

在县驻地鱼邱湖街道西北方向 5.8 千米。汇鑫街道辖自然村。人口 900。明朝年间，魏氏由山西洪洞县迁此定居，建魏庄村。1949 年后并入赵庄，1982 年以方位划分为赵西。聚落呈团块状分布。经济以种植业为主，种植小麦、玉米、棉花、大豆、花生等。308 国道、316 省道经此。

北邱 371526–A03–H02

[Běiqiū]

在县驻地鱼邱湖街道西北方向 9.8 千米。汇鑫街道辖自然村。人口 1 400。明初，邱元明从山西洪洞县迁来，立村邱庄。1971 年为区别同名村，故加方位词，称北邱。聚落呈团块状分布。有幼儿园 1 处。经济以种植业为主，种植小麦、玉米、棉花。308 国道经此。

曹堤口 371526–A03–H03

[Cáodīkǒu]

在县驻地鱼邱湖街道西北方向 10.2 千米。汇鑫街道辖自然村。人口 900。明朝时期，曹姓来此定居，逐步建村，故名曹庄。后因挖掘马颊河时此村临靠河堤，更名曹堤口。聚落呈团块状分布。有幼儿园 1 处。经济以种植业为主，种植小麦、玉米、棉花。有公路经此。

陈庄 371526–A03–H04

[Chénzhuāng]

在县驻地鱼邱湖街道西方向 6.1 千米。汇鑫街道辖自然村。人口 700。明朝，陈友直从河南省陈州迁居茌平县陈寨子，其后人陈邦基分支迁居高唐城西十里铺，后因陈氏兴旺发家，靠近十里铺另立一村，名陈庄。聚落呈团块状分布。经济以种植业为主，种植小麦、玉米、棉花、梨、大豆、花生等。有公路经此。

谷官屯 371526–A03–H05

[Gǔguāntún]

在县驻地鱼邱湖街道西北方向 6.9 千米。汇鑫街道辖自然村。人口 1 800。元朝，谷、柳两家来到城西房庄村西侧开荒种地，取名谷柳二屯。明朝初年，谷家和官府结缘，更名为谷官屯。聚落呈团块状分布。有文化广场 1 处。经济以种植业为主，种植小麦、玉米、棉花。316 省道经此。

梁庄 371526–A03–H06

[Liángzhuāng]

在县驻地鱼邱湖街道西北方向 6.9 千米。汇鑫街道辖自然村。人口 700。明洪武年间，梁氏来此定居，故名梁庄。聚落呈团块状分布。有幼儿园 1 处。经济以种植业为主，种植小麦、玉米、棉花。有公路经此。

南王 371526–A03–H07

[Nánwáng]

在县驻地鱼邱湖街道西北方向 7.9 千米。汇鑫街道辖自然村。人口 500。原称独立王庄，清康熙年间，南氏由邱家庙迁来定居，改称南王庄，后演为南王。聚落呈团块状分布。有文娱广场 1 处。经济以种植业为主，种植小麦、玉米、棉花。有公路经此。

沙刘 371526-A03-H08

[Shāliú]

在县驻地鱼邱湖街道西北方向 6.4 千米。汇鑫街道辖自然村。人口 600。明洪武年间，刘姓来此定居，因此地为沙质土，故名沙刘。聚落呈团块状分布。有文体活动广场 1 处。经济以种植业为主，种植小麦、玉米、棉花。有公路经此。

辛兴店 371526-A03-H09

[Xīnxīngdiàn]

在县驻地鱼邱湖街道西北方向 8.0 千米。汇鑫街道辖自然村。人口 1 000。明初，辛氏从山西洪洞县迁来，不久杨、曹二姓迁此，村民议名三姓庄。后辛姓开店兴旺起来，遂改名辛兴店。聚落呈团块状分布。经济以种植业为主，种植小麦、玉米、棉花。308 国道经此。

臧庄 371526-A03-H10

[Zāngzhuāng]

在县驻地鱼邱湖街道西北方向 9.2 千米。汇鑫街道辖自然村。人口 700。明初，臧氏由山西洪洞县迁来，立村臧庄。1982 年更名为臧家。聚落呈团块状分布。经济以种植业为主，种植小麦、玉米、棉花。有公路经此。

梁村 371526-B01-H01

[Liángcūn]

梁村镇人民政府驻地。在县驻地鱼邱湖街道北方向 13.4 千米。人口 2 000。原名九曲寨，后因军队于此屯粮，称粮村，后以谐音称梁村。聚落呈团块状分布。有国家级文物保护单位兴国寺塔。经济以种植业为主，种植小麦、玉米、棉花。105 国道经此。

北大杨 371526-B01-H02

[Běidàyáng]

在县驻地鱼邱湖街道北方向 14.6 千米。梁村镇辖自然村。人口 700。因杨姓来此定居并建村，故以方位取名北大杨。聚落呈团块状分布。经济以种植业为主，种植小麦、玉米、棉花等。有公路经此。

北小杨 371526-B01-H03

[Běixiǎoyáng]

在县驻地鱼邱湖街道北方向 14.4 千米。梁村镇辖自然村。人口 600。因杨姓来此定居并建村，故以方位取名北小杨。聚落呈团块状分布。经济以种植业为主，种植小麦、玉米、棉花等。有公路经此。

北镇 371526-B01-H04

[Běizhèn]

在县驻地鱼邱湖街道北方向 15.7 千米。梁村镇辖自然村。人口 600。据传为穆桂英所设的四大镇之一，因方位在北，故名北镇。聚落呈团块状分布。经济以种植业为主，种植小麦、玉米、棉花等。有公路经此。

茶棚 371526-B01-H05

[Chápéng]

在县驻地鱼邱湖街道北方向 16.5 千米。梁村镇辖自然村。人口 400。古时老官道旁的茶馆设于此地，故名茶棚。聚落呈团块状分布。经济以种植业为主，种植小麦、玉米等。105 国道经此。

打渔李 371526-B01-H06

[Dǎyúlǐ]

在县驻地鱼邱湖街道西北方向 10.2 千米。梁村镇辖自然村。人口 2 500。明洪武年间，李氏由甘肃陇西县白沟村迁于高唐城西北二十五里处，见此地大河洋溢，于是建村名打渔李庄，简称打渔李。聚落呈团块状分布。经济以种植业为主，种植小麦、玉米、棉花等。有公路经此。

东崔 371526-B01-H07

[Dōngcuī]

在县驻地鱼邱湖街道北方向 9.1 千米。梁村镇辖自然村。人口 600。崔氏由山西洪洞县迁到山东即墨县，明初又迁此定居，建村崔庄。为区别同名村，故以方位改名东崔庄，简称东崔。聚落呈团块状分布。经济以种植业为主，种植小麦、玉米、棉花等。105 国道经此。

东张 371526-B01-H08

[Dōngzhāng]

在县驻地鱼邱湖街道北方向 14.6 千米。梁村镇辖自然村。人口 600。明万历年间，张姓由山西洪洞县迁来，立村张庄。为区别同名村，因此村位东，故名东张。聚落呈团块状分布。经济以种植业为主，种植小麦、玉米、棉花等。有公路经此。

董姑桥 371526-B01-H09

[Dǒnggūqiáo]

在县驻地鱼邱湖街道北方向 19.4 千米。梁村镇辖自然村。人口 1 000。清雍正年间，董姓考中当朝探花，他家姑娘出嫁，路隔马家河不便，故在河上建桥一座，取名董姑桥，村以此得名。聚落呈团块状分布。经济以种植业为主，种植小麦、玉米等。有公路经此。

盖洼 371526-B01-H10

[Gàiwā]

在县驻地鱼邱湖街道北方向 16.9 千米。梁村镇辖自然村。人口 900。明嘉靖年间，盖氏从山西洪洞县迁来定居，因附近地势低洼，故名盖洼。聚落呈团块状分布。经济以种植业为主，种植小麦、玉米等。105 国道经此。

郭丰 371526-B01-H11

[Guōfēng]

在县驻地鱼邱湖街道北方向 11.3 千米。梁村镇辖自然村。人口 600。明初，郭姓祖先由山西洪洞县迁来定居，立村郭奉庄，“奉”为奉养的意思，后演为郭丰。聚落呈团块状分布。经济以种植业为主，种植小麦、玉米、棉花等。有公路经此。

韩寨 371526-B01-H12

[Hánzhài]

在县驻地鱼邱湖街道北方向 8.9 千米。梁村镇辖自然村。人口 400。明初，韩氏由山西洪洞县迁来定居，后筑有护村寨墙，故取名韩寨。聚落呈团块状分布。经济以种植业为主，种植小麦、玉米、棉花等。有公路经此。

韩庄 371526-B01-H13

[Hánzhuāng]

在县驻地鱼邱湖街道北方向 12.4 千米。梁村镇辖自然村。人口 1 000。明万历年间，韩龙、韩虎兄弟二人由山东诸城县西关迁来，立村韩庄。聚落呈团块状分布。经济以种植业为主，种植小麦、玉米等。有公路经此。

黄圈 371526-B01-H14

[Huángquān]

在县驻地鱼邱湖街道西北方向 11.2 千米。梁村镇辖自然村。人口 1 200。明初，黄姓家族由山西洪洞县迁来定居，因此地处马颊河东侧，受大水威胁，建村于堤圈的高处，故取名黄圈。聚落呈团块状分布。

经济以种植业为主，种植小麦、玉米、棉花等。有公路经此。

刘百户 371526-B01-H15

[Liúbǎihù]

在县驻地鱼邱湖街道北方向 10.4 千米。梁村镇辖自然村。人口 500。北宋时期，刘氏由山西洪洞县迁此定居，因村中已有数百户人家，故名。聚落呈团块状分布。经济以种植业为主，种植小麦、玉米、棉花等。有公路经此。

穆庄 371526-B01-H16

[Mùzhuāng]

在县驻地鱼邱湖街道北方向 15.9 千米。梁村镇辖自然村。人口 600。穆氏于明初由青州府迁来立村，以姓氏命名为穆庄。聚落呈团块状分布。经济以种植业为主，种植小麦、玉米、棉花等。有公路经此。

皮户李 371526-B01-H17

[Píhùlǐ]

在县驻地鱼邱湖街道北方向 15.6 千米。梁村镇辖自然村。人口 600。明万历年间，李氏由山西洪洞县迁来，立村小李庄。因该村麦收户善于加工制作动物皮革，后改名皮户李。聚落呈团块状分布。经济以种植业为主，种植小麦、玉米等。有公路经此。

十五里铺 371526-B01-H18

[Shíwǔlǐpù]

在县驻地鱼邱湖街道北方向 8.9 千米。梁村镇辖自然村。人口 700。本村地处南北两京大官道西侧，距高唐城十五里，故名十五里铺。聚落呈团块状分布。有文化广场 1 处。经济以种植业为主，种植小麦、玉米等。105 国道经此。

田寨 371526-B01-H19

[Tiánzhài]

在县驻地鱼邱湖街道北方向 9.4 千米。梁村镇辖自然村。人口 700。明初，田姓祖先由山西洪洞县迁此建村，因村有围墙，故取名田寨。聚落呈团块状分布。有文化广场 1 处。经济以种植业为主，种植小麦、玉米等。有公路经此。

王屯 371526-B01-H20

[Wángtún]

在县驻地鱼邱湖街道北方向 15.9 千米。梁村镇辖自然村。人口 900。王氏村民自山西洪洞县迁来，在此立村，取名王屯。聚落呈团块状分布。经济以种植业为主，种植小麦、玉米、棉花等。有公路经此。

西屯 371526-B01-H21

[Xītún]

在县驻地鱼邱湖街道西南方向 12.5 千米。梁村镇辖自然村。人口 900。明成化年间，徐氏奉命率二子文光、文美随军来此垦荒建村，名军屯。因村东有同名村，故以方位称西军屯，简称西屯。聚落呈团块状分布。经济以种植业为主，种植小麦、玉米、棉花等。有公路经此。

西张 371526-B01-H22

[Xīzhāng]

在县驻地鱼邱湖街道北方向 13.2 千米。梁村镇辖自然村。人口 800。清初，张氏由青州府兰柳树迁来，立村张庄。1958 年后，为区分同名村，故以方位称西张。聚落呈团块状分布。经济以种植业为主，种植小麦、玉米、棉花。有公路经此。

小李楼 371526-B01-H23

[Xiǎolǐlóu]

在县驻地鱼邱湖街道北方向 13.5 千米。

梁村镇辖自然村。人口 700。李氏兄弟二人奉命由青州府益都县南关迁来，二人经商挣钱后来此定居，在落户处各建了一座小楼，本村为弟弟住的村庄，名小李楼。聚落呈团块状分布。经济以种植业为主，种植小麦、玉米等。有公路经此。

臧庄 371526–B01–H24
[Zāngzhuāng]

在县驻地鱼邱湖街道北方向 11.1 千米。梁村镇辖自然村。人口 1 100。明永乐年间，臧姓家族由山东省青州府诸城县迁来定居建村，故名臧庄。聚落呈团块状分布。经济以种植业为主，种植小麦、玉米、棉花等。有公路经此。

朱楼 371526–B01–H25
[Zhūlóu]

在县驻地鱼邱湖街道北方向 18.7 千米。梁村镇辖自然村。人口 500。清初，朱氏祖由山西洪洞县迁来定居，后朱家修了一座护院大楼，故名朱楼。聚落呈团块状分布。经济以种植业为主，种植小麦、玉米、棉花等。有公路经此。

尹西 371526–B02–H01
[Yǐnxī]

尹集镇人民政府驻地。在县驻地鱼邱湖街道东北方向 10.2 千米。人口 900。明代，尹姓立村设集，名尹集。后因该村位于镇西，故名尹西。聚落呈团块状分布。有幼儿园 1 处。经济以种植业为主，种植小麦、玉米、棉花等。有公路经此。

大王 371526–B02–H02
[Dàwáng]

在县驻地鱼邱湖街道东北方向 10.1 千米。尹集镇辖自然村。人口 700。明末，王氏由山西洪洞县迁来，立村大王。聚落呈团块状分布。经济以种植业为主，种植小麦、玉米、棉花。有公路经此。

红庙 371526–B02–H03
[Hóngmiào]

在县驻地鱼邱湖街道东北方向 8.6 千米。尹集镇辖自然村。人口 600。因村民由红庙迁来，沿用村名红庙。聚落呈团块状分布。经济以种植业为主，种植小麦、玉米、棉花。有公路经此。

华家务 371526–B02–H04
[Huájiāwù]

在县驻地鱼邱湖街道东北方向 10.6 千米。尹集镇辖自然村。人口 1 300。明万历年间，华氏从江苏省无锡县来本县赵王河畔选坞、修船、定居，称华家坞，演称华家务。聚落呈团块状分布。经济以种植业为主，种植小麦、玉米、棉花。有公路经此。

孔张 371526–B02–H05
[Kǒngzhāng]

在县驻地鱼邱湖街道东北方向 9.6 千米。尹集镇辖自然村。人口 600。孔姓、张姓来此定居建村，取名孔张。聚落呈团块状分布。经济以种植业为主，种植小麦、玉米、棉花。有公路经此。

老王寨 371526–B02–H06
[Lǎowángzhài]

在县驻地鱼邱湖街道东北方向 12.1 千米。尹集镇辖自然村。人口 1 100。明末，王氏由山西洪洞县迁来定居，修建村寨，故名。聚落呈散状分布。经济以种植业为主，种植小麦、玉米、棉花。有公路经此。

双庙 371526–B02–H07
[Shuāngmiào]

在县驻地鱼邱湖街道东北方向 10.8 千

米。尹集镇辖自然村。人口 1 100。明初，刘氏由山西洪洞县迁来居住，命村名刘庄。清初，村里有一刘善人献地，修庙二座，分别为土地庙、关爷庙，故更名双庙。聚落呈团块状分布。经济以种植业为主，种植小麦、玉米、棉花。有公路经此。

唐洼 371526-B02-H08
[Tángwā]

在县驻地鱼邱湖街道东北方向 16.9 千米。尹集镇辖自然村。人口 700。唐氏由山西洪洞县迁来，因此处地势低洼，故名唐洼。聚落呈团块状分布。经济以种植业为主，种植小麦、玉米、棉花。有公路经此。

田寨 371526-B02-H09
[Tiánzhài]

在县驻地鱼邱湖街道东北方向 14.5 千米。尹集镇辖自然村。人口 900。明朝，田氏先祖由山西洪洞县迁居来此，取名田家岗。后修建了护院宅墙，改名田寨。聚落呈团块状分布。经济以种植业为主，种植小麦、玉米。有公路经此。

王庄 371526-B02-H10
[Wángzhuāng]

在县驻地鱼邱湖街道东北方向 14.5 千米。尹集镇辖自然村。人口 700。明永乐年间，王氏由山西洪洞县迁居来此，立村王庄。聚落呈团块状分布。经济以种植业为主，种植小麦、玉米。有公路经此。

武花园 371526-B02-H11
[Wǔhuāyuán]

在县驻地鱼邱湖街道东北方向 8.2 千米。尹集镇辖自然村。人口 500。武进州自山西洪洞县迁来，起名武花园。聚落呈团块状分布。经济以种植业为主，种植小麦、玉米。316 省道、105 国道经此。

小刘庄 371526-B02-H12
[Xiǎoliúzhuāng]

在县驻地鱼邱湖街道东北方向 9.6 千米。尹集镇辖自然村。人口 1 000。清道光年间，刘氏兴旺，名小刘庄。聚落呈团块状分布。有幼儿园 1 处。经济以种植业为主，种植玉米、小麦、棉花等。有公路经此。

徐官屯 371526-B02-H13
[Xúguāntún]

在县驻地鱼邱湖街道东北方向 14.1 千米。尹集镇辖自然村。人口 1 000。明初，徐氏由山西洪洞县迁来，以姓氏定名。聚落呈团块状分布。有幼儿园 1 处。经济以种植业为主，种植玉米、小麦、棉花等。有公路经此。

杨寨子 371526-B02-H14
[Yángzhàizi]

在县驻地鱼邱湖街道东北方向 11.5 千米。尹集镇辖自然村。人口 900。明洪武二十二年（1389），杨明由山西洪洞县迁来，立村杨家。清初，杨其本家修寨自御，保护村落，故改名杨家寨，清光绪年间改称杨寨子。聚落呈团块状分布。经济以种植业为主，种植玉米、小麦、棉花等。有公路经此。

张官屯 371526-B02-H15
[Zhāngguāntún]

在县驻地鱼邱湖街道东北方向 16.5 千米。尹集镇辖自然村。人口 1 000。明初，张氏由山西洪洞县迁来，故名张官屯。聚落呈团块状分布。经济以种植业为主，种植玉米、小麦、棉花等。有公路经此。

张老庄 371526-B02-H16
[Zhānglǎozhuāng]

在县驻地鱼邱湖街道东北方向 17.1 千

米。尹集镇辖自然村。人口 600。明末，张礼由山西洪洞县迁来，因三子分居他乡，此地是父辈生活居住的地方，故名张老庄。聚落呈团块状分布。经济以种植业为主，种植玉米、小麦、棉花等。有公路经此。

朱庄 371526-B02-H17
[Zhūzhuāng]

在县驻地鱼邱湖街道东北方向 16.7 千米。尹集镇辖自然村。人口 1 100。明朝，朱氏由山西洪洞县迁来，因门前有两棵大槐树，故取名朱双槐庄，后演变为朱庄。聚落呈团块状分布。经济以种植业为主，种植玉米、小麦、棉花等。有公路经此。

北街 371526-B03-H01
[Běijiē]

清平镇人民政府驻地。在县驻地鱼邱湖街道西南方向 16.5 千米。人口 600。因位置得名。聚落呈团块状分布。有小学 1 处、中学 1 处。有省级文物保护单位清平文庙。经济以种植业为主，种植玉米、小麦、棉花等。有公路经此。

仓上 371526-B03-H02
[Cāngshàng]

在县驻地鱼邱湖街道西南方向 13.6 千米。清平镇辖自然村。人口 1 100。宋朝，因本村王员外有两个大仓库，即东仓和西仓，故命名为东西仓。1966 年两村合并为仓上。聚落呈团块状分布。有文体广场 1 处。经济以种植业为主，种植棉花、玉米、小麦、花生、豆类等。有公路经此。

陈井 371526-B03-H03
[Chénjǐng]

在县驻地鱼邱湖街道西南方向 16.8 千米。清平镇辖自然村。人口 1 300。陈氏由山西洪洞县迁来，因该村形状像条龙，村东有两口井如龙眼，本村又以陈姓为主，故名陈井。聚落呈团块状分布。经济以种植业为主，种植棉花、玉米、小麦、花生、豆类等。有公路经此。

大高 371526-B03-H04
[Dàgāo]

在县驻地鱼邱湖街道西南方向 19.6 千米。清平镇辖自然村。人口 1 300。明洪武年间，高姓先迁清平，后迁来此地，称高庄。后因重名，改为大高。聚落呈团块状分布。经济以种植业为主，种植棉花、玉米。有公路经此。

代官屯 371526-B03-H05
[Dàiguāntún]

在县驻地鱼邱湖街道西南方向 18.8 千米。清平镇辖自然村。人口 1 100。本村有一老户姓代，是一位德高望重的知县，故村名代官屯。聚落呈团块状分布。有小学 1 处。经济以种植业为主，种植棉花、玉米。有公路经此。

丁堤口 371526-B03-H06
[Dīngdīkǒu]

在县驻地鱼邱湖街道西南方向 18.8 千米。清平镇辖自然村。人口 1 100。丁姓从登州府莱阳县迁来，紧靠马家河口建村，故名丁堤口。聚落呈团块状分布。有文化大院。经济以种植业为主，种植棉花、玉米。有公路经此。

东街 371526-B03-H07
[Dōngjiē]

在县驻地鱼邱湖街道西南方向 16.5 千米。清平镇辖自然村。人口 1 100。因位置得名。聚落呈团块状分布。有小学 1 处、幼儿园 1 处。经济以种植业为主，种植小麦、玉米、花生、地瓜和杂粮等。有公路经此。

军户李 371526-B03-H08
[Jūnhùlǐ]

在县驻地鱼邱湖街道西南方向 13.0 千米。清平镇辖自然村。人口 700。李田贵随明燕王扫北后安家于此，燕王为了照顾这批有功的军人将官，定其为军户，不用上缴公粮，故取村名军户李。聚落呈团块状分布。经济以种植业为主，种植小麦、玉米、花生、黄金梨。有公路经此。

刘海子 371526-B03-H09
[Liúhǎizi]

在县驻地鱼邱湖街道西南方向 18.2 千米。清平镇辖自然村。人口 1 400。以姓氏和自然地理特点命名。聚落呈团块状分布。经济以种植业为主，种植小麦、玉米、花生。有公路经此。

刘臻庄 371526-B03-H10
[Liúzhēnzhuāng]

在县驻地鱼邱湖街道西南方向 18.2 千米。清平镇辖自然村。人口 1 400。明永乐年间，刘姓迁此，其后人刘臻发展成当地地主，后方圆数十里的小粮贩经常到此处购买粮食，惯称村刘臻庄。聚落呈团块状分布。经济以种植业为主，种植棉花、小麦、玉米、花生、豆类等。有公路经此。

皮庄 371526-B03-H11
[Pízhuāng]

在县驻地鱼邱湖街道西南方向 19.8 千米。清平镇辖自然村。人口 2 100。因皮氏在此居住，故名皮庄。聚落呈团块状分布。经济以种植业为主，种植棉花、小麦、玉米、花生、豆类等。有公路经此。

小马厂 371526-B03-H12
[Xiǎomǎchǎng]

在县驻地鱼邱湖街道西南方向 18.5 千米。清平镇辖自然村。人口 2 100。传说此村原是唐、明、宋时的小牧马场，故名小马场，后演变为小马厂。聚落呈团块状分布。经济以种植业为主，种植小麦、玉米、花生等。有公路经此。

小屯 371526-B03-H13
[Xiǎotún]

在县驻地鱼邱湖街道西南方向 14.1 千米。清平镇辖自然村。人口 1 500。明洪武年间，萧姓由山西洪洞县迁来立村萧屯，后演变为小屯。聚落呈团块状分布。经济以种植业为主，种植小麦、玉米、花生、柿子，特产小屯糖藕。有公路经此。

邢庄 371526-B03-H14
[Xíngzhuāng]

在县驻地鱼邱湖街道西南方向 13.3 千米。清平镇辖自然村。人口 1 500。明永乐年间，邢氏从山西洪洞县迁居河北，后迁此，立村邢庄。聚落呈团块状分布。经济以种植业为主，种植棉花、小麦、花生。有公路经此。

于楼 371526-B03-H15
[Yúlóu]

在县驻地鱼邱湖街道西南方向 14.7 千米。清平镇辖自然村。人口 1 000。明朝，于氏由山东省青州府益都县大于河村迁此，当时已有李氏立村李楼，后李氏衰、于氏兴旺，故改名于楼。聚落呈团块状分布。经济以种植业为主，种植小麦、玉米、花生等。有公路经此。

于庄 371526-B03-H16
[Yúzhuāng]

在县驻地鱼邱湖街道西南方向 17.5 千米。清平镇辖自然村。人口 1 600。明初，于姓由山西洪洞县迁来，在陈庄东南定居。

于姓当时较富裕，后两村连成一片，统称于庄。聚落呈团块状分布。经济以种植业为主，种植小麦、玉米等。有公路经此。

固河 371526-B04-H01

[Gùhé]

固河镇人民政府驻地。在县驻地鱼邱湖街道东北方向 17.5 千米。人口 2 200。因古黄河至此常改道，村名固河，乃求固定河道之意。聚落呈团块状分布。有幼儿园 1 处、小学 1 处、中学 1 处。有省级文物保护单位齐肦子墓。经济以种植业为主，种植小麦、玉米、苹果、棉花等。省道永莘路经此。

崔官屯 371526-B04-H02

[Cuīguāntún]

在县驻地鱼邱湖街道东北方向 16.7 千米。固河镇辖自然村。人口 800。明末，因崔氏是奉旨督迁民从山西洪洞县来此垦荒的官员，故名崔官屯。聚落呈团块状分布。经济以种植业为主，种植小麦、玉米、棉花等。有公路经此。

大胡集 371526-B04-H03

[Dàhújí]

在县驻地鱼邱湖街道东北方向 19.4 千米。固河镇辖自然村。人口 800。明万历年间，胡氏从山西洪洞县迁来，因设有集市，故名胡集。后因村子扩大，1945 年后分为两村，该村相对较大，故称大胡集。聚落呈团块状分布。经济以种植业为主，种植小麦、玉米、棉花等。有公路经此。

董庄 371526-B04-H04

[Dǒngzhuāng]

在县驻地鱼邱湖街道东北方向 17.7 千米。固河镇辖自然村。人口 600。明万历年间，董氏从山西洪洞县迁来，立村董庄。聚落呈团块状分布。经济以种植业为主，种植小麦、玉米、棉花等。有公路经此。

窦集 371526-B04-H05

[Dòují]

在县驻地鱼邱湖街道东北方向 20.2 千米。固河镇辖自然村。人口 600。明隆庆年间，窦氏从山西洪洞县迁来，立村窦庄。后因在此村设了集市，故称窦集。聚落呈团块状分布。经济以种植业为主，种植小麦、玉米等。有公路经此。

巩庄 371526-B04-H06

[Gǒngzhuāng]

在县驻地鱼邱湖街道东北方向 18.6 千米。固河镇辖自然村。人口 1 100。明朝，巩氏从山东省蓬莱县迁来，立村巩庄。聚落呈团块状分布。经济以种植业为主，种植小麦、玉米、中药材等。有公路经此。

谷庄 371526-B04-H07

[Gǔzhuāng]

在县驻地鱼邱湖街道东北方向 21.4 千米。固河镇辖自然村。人口 600。明朝，谷氏从山西洪洞县迁来，立村谷家，后简称谷庄。聚落呈团块状分布。经济以种植业为主，种植小麦、玉米、棉花、果树。有公路经此。

侯庄 371526-B04-H08

[Hóuzhuāng]

在县驻地鱼邱湖街道东北方向 21.6 千米。固河镇辖自然村。人口 600。清康熙年间，侯姓从山西洪洞县迁来立村，以姓氏取名侯庄。聚落呈团块状分布。经济以种植业为主，种植小麦、玉米、棉花等。有公路经此。

李集 371526-B04-H09

[Lǐjí]

在县驻地鱼邱湖街道东北方向 17.2 千米。固河镇辖自然村。人口 1 100。明末，李姓从山西洪洞县迁此立村，以姓氏取名李庄。后因村大设集，遂称李集。聚落呈团块状分布。经济以种植业为主，种植小麦、玉米、棉花、西红柿、西瓜、茄子等。有公路经此。

刘桥 371526-B04-H10

[Liúqiáo]

在县驻地鱼邱湖街道东方向 13.9 千米。固河镇辖自然村。人口 1 100。明隆庆年间，刘氏从山西洪洞县迁来立村，称刘家。因村紧依徒骇河，村民为交通方便，在河上架一座桥，后村亦称刘桥。聚落呈团块状分布。经济以种植业为主，种植小麦、玉米、棉花等。有公路经此。

前坡 371526-B04-H11

[Qiánpō]

在县驻地鱼邱湖街道东方向 12.7 千米。固河镇辖自然村。人口 600。因位于洼子坡之东，故名前坡。聚落呈团块状分布。经济以种植业为主，种植小麦、玉米、棉花等。有公路经此。

前辛 371526-B04-H12

[Qiánxīn]

在县驻地鱼邱湖街道西南方向 17.2 千米。固河镇辖自然村。人口 1 100。以姓氏、方位得名。聚落呈团块状分布。经济以种植业为主，种植小麦、玉米、棉花等。有公路经此。

任庄 371526-B04-H13

[Rénzhuāng]

在县驻地鱼邱湖街道东方向 12.8 千米。固河镇辖自然村。人口 900。明隆庆年间，任氏从山西洪洞县迁来立村，以姓氏命名为任庄。聚落呈团块状分布。经济以种植业为主，种植小麦、玉米、棉花等。有公路经此。

沙王 371526-B04-H14

[Shāwáng]

在县驻地鱼邱湖街道东北方向 21.2 千米。固河镇辖自然村。人口 1 900。明朝，王姓从山西洪洞县迁来，定居于沙丘之北，故取名沙窝村，后改称沙王庄，简称沙王。聚落呈团块状分布。有文化大院 1 处。经济以种植业为主，种植小麦、玉米、棉花、中药材。有公路经此。

太和 371526-B04-H15

[Tàihé]

在县驻地鱼邱湖街道东北方向 21.8 千米。固河镇辖自然村。人口 900。明末，孙姓从山东蓬莱县迁来，在赵王河岸上定居，故取名小岸上。时值河水改道，水害减轻，故取名太和庄。1982 年以方位更名为东太和。1988 年 3 月复名太和庄，后简称太和。聚落呈团块状分布。有文化大院 1 处。经济以种植业为主，种植小麦、玉米、棉花。有公路经此。

张桃 371526-B04-H16

[Zhāngtáo]

在县驻地鱼邱湖街道东北方向 19.4 千米。固河镇辖自然村。人口 600。明崇祯年间，张氏从山西洪洞县迁来，因该村西种了一片桃树，故称张桃。聚落呈团块状分布。经济以种植业为主，种植小麦、玉米等。有公路经此。

三十里铺 371526-B05-H01

[Sānshílǐpù]

三十里铺镇人民政府驻地。在县驻地鱼邱湖街道西方向 12.6 千米。人口 1 300。明洪武四年（1371），张姓由青州府益都县、杜姓由河南省扶沟迁来建村，因此处距离高唐县城二十里地，故名三十里铺。聚落呈团块状分布。有幼儿园 1 处、小学 1 处、中学 1 处。经济以种植业为主，种植小麦、玉米、棉花等。有公路经此。

北王 371526-B05-H02

[Běiwáng]

在县驻地鱼邱湖街道西北方向 14.3 千米。三十里铺镇辖自然村。人口 1 000。明成化年间，因王氏家族首先迁来此地立村，村中以王姓为主，故以方位称北王。聚落呈团块状分布。经济以种植业为主，种植小麦、玉米、棉花等。有公路经此。

车庄 371526-B05-H03

[Chēzhuāng]

在县驻地鱼邱湖街道西北方向 15.8 千米。三十里铺镇辖自然村。人口 800。明永乐年间，车姓由山西洪洞县迁来立村，取名车庄。聚落呈团块状分布。经济以种植业为主，种植小麦、玉米、棉花等。有公路经此。

大周 371526-B05-H04

[Dàzhōu]

在县驻地鱼邱湖街道西北方向 13.2 千米。三十里铺镇辖自然村。人口 800。明永乐年间，周姓由山东莱州即墨县迁来立村周庄。后分大小二庄，西为大周庄，后称大周。聚落呈团块状分布。经济以种植业为主，种植小麦、玉米、棉花等。有公路经此。

冯庄 371526-B05-H05

[Féngzhuāng]

在县驻地鱼邱湖街道西南方向 13.8 千米。三十里铺镇辖自然村。人口 800。明洪武年间，冯姓最早从青州迁来，取名冯庄。聚落呈团块状分布。经济以种植业为主，种植小麦、玉米、棉花等。322 省道经此。

郭庄 371526-B05-H06

[Guōzhuāng]

在县驻地鱼邱湖街道西南方向 14.8 千米。三十里铺镇辖自然村。人口 1 000。明永乐年间，郭姓从山东青州府益都县迁来，立村郭庄。聚落呈团块状分布。经济以种植业为主，种植小麦、玉米、花生、棉花等。322 省道经此。

焦庄 371526-B05-H07

[Jiāozhuāng]

在县驻地鱼邱湖街道西南方向 14.7 千米。三十里铺镇辖自然村。人口 900。明初，焦氏由山西洪洞县迁来，以姓氏命村为焦庄。聚落呈团块状分布。经济以种植业为主，种植小麦、玉米、花生、棉花等。有公路经此。

李奇 371526-B05-H08

[Lǐqí]

在县驻地鱼邱湖街道西方向 15.6 千米。三十里铺镇辖自然村。人口 900。明永乐年间，李奇、李祥二人从青州益都县五里野村迁至此地，兄李奇立村，故名李奇。聚落呈团块状分布。有小学 1 处。经济以种植业为主，种植小麦、玉米、棉花等。有公路经此。

曲庄 371526-B05-H09
[Qūzhuāng]

在县驻地鱼邱湖街道西方向 15.4 千米。三十里铺镇辖自然村。人口 800。明洪武年间，曲姓由山西洪洞县迁至此地立村，取名曲庄。聚落呈团块状分布。经济以种植业为主，种植小麦、玉米、棉花等。322 省道经此。

杓子刘 371526-B05-H10
[Sháoziliú]

在县驻地鱼邱湖街道西北方向 11.5 千米。三十里铺镇辖自然村。人口 1 500。明洪武四年（1371），刘氏由山西洪洞县迁来，立村刘庄。后因村民卖木勺的居多，而且质量较好，故称杓子刘。聚落呈团块状分布。经济以种植业、养殖业为主，种植小麦、玉米等，养殖羊、鸡、鸭等。308 国道经此。

孙庄 371526-B05-H11
[Sūnzhuāng]

在县驻地鱼邱湖街道西北方向 15.8 千米。三十里铺镇辖自然村。人口 1 500。明初，孙姓由山西洪洞县迁来，因靠马颊河，故名河涯孙，1984 年改为孙庄。聚落呈团块状分布。有文化广场 1 处、小学 1 处。经济以种植业、养殖业为主，种植小麦、玉米等，养殖羊、鸡、鸭等。322 省道经此。

囤庄 371526-B05-H12
[Túnzhuāng]

在县驻地鱼邱湖街道西北方向 14.2 千米。三十里铺镇辖自然村。人口 1 300。明永乐年间，囤姓由山西洪洞县迁来，因此地为一片粮田，囤粮为主，故名囤庄。聚落呈团块状分布。经济以种植业为主，种植小麦、玉米等。有公路经此。

庄庄 371526-B05-H13
[Zhuāngzhuāng]

在县驻地鱼邱湖街道西北南方向 12.4 千米。三十里铺镇辖自然村。人口 1 000。明洪武四年（1371），庄姓迁此定居，以姓名村庄庄。聚落呈团块状分布。经济以种植业为主，种植小麦、玉米、棉花、花生等。有公路经此。

琉璃寺 371526-B06-H01
[Liúlísì]

琉璃寺镇人民政府驻地。在县驻地鱼邱湖街道东南方向 17.7 千米。人口 2 100。明洪武十五年（1382），张姓由莱州迁此，居琉璃寺院两侧，故村以寺名。聚落呈团块状分布。有文化广场 1 处、小学 1 处、中学 1 处。有古建筑明代民宅。经济以种植业为主，种植小麦、玉米、棉花。有公路经此。

安阜屯 371526-B06-H02
[Ānfùtún]

在县驻地鱼邱湖街道东南方向 24.3 千米。琉璃寺镇辖自然村。人口 800。宋末，王怀女大战潭州城，本村位于潭州城西北，战乱结束后，该村取太平无事之意，命名安阜屯。聚落呈团块状分布。经济以种植业为主，种植小麦、玉米等。有公路经此。

北蒋 371526-B06-H03
[Běijiǎng]

在县驻地鱼邱湖街道东南方向 17.3 千米。琉璃寺镇辖自然村。人口 700。明洪武年间，蒋氏由山东登州府旱刘庄迁来，立村蒋庄。1958 年，因有重名村，以方位改称北蒋。聚落呈团块状分布。有文化大院 1 处。经济以种植业为主，种植小麦、玉米等。有公路经此。

陈营 371526-B06-H04
[Chényíng]

在县驻地鱼邱湖街道东南方向 20.7 千米。琉璃寺镇辖自然村。人口 1 000。明洪武年间，陈姓来此定居并建村，取名陈营。聚落呈团块状分布。经济以种植业为主，种植小麦、玉米等。有公路经此。

大范 371526-B06-H05
[Dàfàn]

在县驻地鱼邱湖街道东南方向 17.1 千米。琉璃寺镇辖自然村。人口 1 000。此村由范村、吕庄合并而成。明洪武年间，范姓从山西洪洞县迁入，后因范姓人口数量多，吕庄逐渐消失，改称大范。聚落呈团块状分布。经济以种植业为主，种植小麦、玉米。有公路经此。

郭店 371526-B06-H06
[Guōdiàn]

在县驻地鱼邱湖街道东南方向 24.6 千米。琉璃寺镇辖自然村。人口 1 100。明朝中期，村内有众多店铺，以郭、吕两家合开的店铺生意最兴隆，故名郭吕店。后因吕姓绝后，逐渐称为郭店。聚落呈团块状分布。经济以种植业为主，种植玉米、小麦。有公路经此。

郝庄 371526-B06-H07
[Hǎozhuāng]

在县驻地鱼邱湖街道东南方向 19.6 千米。琉璃寺镇辖自然村。人口 800。明洪武年间，郝姓来此定居并建村，取名郝庄。聚落呈团块状分布。经济以种植业为主，种植小麦、玉米等。有公路经此。

南姜 371526-B06-H08
[Nánjiāng]

在县驻地鱼邱湖街道东南方向 21.6 千米。琉璃寺镇辖自然村。人口 900。明洪武年间，姜氏由青州府益都县姜家楼迁居于此，立村姜庄。后因重名，以方位改称南姜。聚落呈团块状分布。经济以种植业为主，种植小麦、玉米。有公路经此。

秦庄 371526-B06-H09
[Qínzhuāng]

在县驻地鱼邱湖街道东南方向 18.6 千米。琉璃寺镇辖自然村。人口 700。明洪武年间，秦氏由山西洪洞县迁来，因秦氏一族学识渊博，故改称秦庄。聚落呈团块状分布。有文化大院 1 处、图书室 1 处、小学 1 处。经济以种植业为主，种植小麦、玉米等。有公路经此。

王官屯 371526-B06-H10
[Wángguāntún]

在县驻地鱼邱湖街道东南方向 25.5 千米。琉璃寺镇辖自然村。人口 1 200。明洪武年间，王姓官员奉旨由山西洪洞县督迁民来此定居，取名王官屯。聚落呈团块状分布。经济以种植业为主，种植小麦、玉米等。有公路经此。

王屯 371526-B06-H11
[Wángtún]

在县驻地鱼邱湖街道东南方向 16.6 千米。琉璃寺镇辖自然村。人口 800。原名彭屯，后王姓从山西洪洞县迁来，王姓人丁兴旺，改称王家屯，简称王屯。聚落呈团块状分布。经济以种植业为主，种植小麦、玉米。有公路经此。

西牛 371526-B06-H12
[Xīniú]

在县驻地鱼邱湖街道东南方向 17.5 千米。琉璃寺镇辖自然村。人口 1 100。明洪武年间，牛敬先由青州府益都县迁来，立村牛庄。1958 年，因有重名村，故加方位称西牛。聚落呈团块状分布。经济以种植业为主，种植小麦、玉米等。有公路经此。

徐庙 371526–B06–H13
[Xúmiào]

在县驻地鱼邱湖街道东南方向 22.1 千米。琉璃寺镇辖自然村。人口 1 000。明隆庆二年（1568），村中重修三宫庙，碑文记载“徐庙之由来久矣”，故名徐庙。聚落呈团块状分布。有省级文物保护单位琉璃寺烈士陵园。经济以种植业为主，种植玉米、小麦。有公路经此。

许家楼 371526–B06–H14
[Xǔjiālóu]

在县驻地鱼邱湖街道东南方向 20.7 千米。琉璃寺镇辖自然村。人口 800。许深、许洪迁此立村，因修有护院土楼，故名许楼。1982 年更名许家楼。聚落呈团块状分布。经济以种植业为主，种植玉米、小麦。有公路经此。

营坊 371526–B06–H15
[Yíngfāng]

在县驻地鱼邱湖街道东南方向 14.8 千米。琉璃寺镇辖自然村。人口 1 000。清康熙年间，王子明、刘振后跟随清将陈一鹏都督收复台湾后，居于六家营。因当地人蔑称南方人为“蛮子”，故以“蛮子营”取代“六家营”。1945 年后演变为营坊。聚落呈团块状分布。经济以种植业为主，种植小麦、玉米。有公路经此。

赵寨子 371526–B07–H01
[Zhàozhàizi]

赵寨子镇人民政府驻地。在县驻地鱼邱湖街道西南方向 9.1 千米。人口 1 100。于、赵两姓建村，名于寨子赵庄，后称赵寨子。聚落呈带状分布。有幼儿园 1 处、小学 1 处、中学 1 处。经济以种植业为主，种植小麦、玉米、棉花。省道永莘路经此。

倪堂 371526–B07–H02
[Nítáng]

在县驻地鱼邱湖街道西南方向 11.9 千米。赵寨子镇辖自然村。人口 1 400。明末清初，倪氏由山西洪洞县迁陈庄村西边定居。清嘉庆六年（1801），倪氏在村西修一座庙堂。1945 年后与陈庄村统称为倪堂。聚落呈团块状分布。有小学 1 处。经济以种植业为主，种植小麦、玉米、棉花、大葱等。有公路经此。

北韩 371526–B07–H03
[Běihán]

在县驻地鱼邱湖街道西南方向 6.5 千米。赵寨子镇辖自然村。人口 600。明朝中期，韩氏由山西洪洞县迁来，立村韩庄。1970 年，为区别社内两个韩庄，因该村处于北方，故称北韩。聚落呈团块状分布。经济以种植业为主，种植小麦、玉米、棉花、花生等。有公路经此。

曹庄 371526–B07–H04
[Cáozhuāng]

在县驻地鱼邱湖街道西南方向 6.5 千米。赵寨子镇辖自然村。人口 500。明洪武年间，曹奉先由山西洪洞县迁来，以姓定名曹庄。聚落呈团块状分布。经济以种植业为主，种植小麦、玉米、花生等。316 省道经此。

大寨 371526–B07–H05
[Dàzhài]

在县驻地鱼邱湖街道西南方向 5.6 千米。赵寨子镇辖自然村。人口 400。明初，朱明、朱章兄弟二人从平阴县朱家海子迁此定居并建村，朱明所建村名大朱寨，后简称大寨。聚落呈团块状分布。经济以种植业为主，种植小麦、玉米、花生、棉花等。316 省道经此。

高寨子 371526–B07–H06

[Gāozhàizi]

在县驻地鱼邱湖街道西南方向 9.3 千米。赵寨子镇辖自然村。人口 1 300。高寨子系朱家湾、界家井、高家寨三村组成，因当时高家是富户，故定名高寨子。聚落呈团块状分布。经济以种植业为主，种植小麦、玉米、棉花、花生和杂粮等。有公路经此。

丁寨 371526–B07–H07

[Dīngzhài]

在县驻地鱼邱湖街道西南方向 9.6 千米。赵寨子镇辖自然村。人口 300。明朝中期，丁氏由山西洪洞县迁来立村。当时丁氏先人在朝为官，后告老还乡，立村丁寨。聚落呈团块状分布。经济以种植业为主，种植小麦、玉米等。有公路经此。

后纸 371526–B07–H08

[Hòuzhǐ]

在县驻地鱼邱湖街道西南方向 13.6 千米。赵寨子镇辖自然村。人口 300。明朝中期，张姓由山西洪洞县迁来落户。因其立村后从事造纸业，故称纸房头。后分支居于村北，名后纸房头，简称后纸。聚落呈带状分布。经济以种植业为主，种植小麦、玉米、棉花、平菇。有公路经此。

蒋官屯 371526–B07–H09

[Jiǎngguāntún]

在县驻地鱼邱湖街道西南方向 7.8 千米。赵寨子镇辖自然村。人口 1 200。明洪武年间，李氏由登州府招远县迁来定居，立村取名李尚庄。蒋、邱二姓相继迁来，改名蒋屯。因当时连年灾荒，蒋氏承担高唐州一半的军粮，人称蒋财主，外号蒋半州，故改村名蒋官屯。聚落呈团块状分布。经济以种植业为主，种植小麦、玉米、棉花、花生等。有公路经此。

穆庄 371526–B07–H10

[Mùzhuāng]

在县驻地鱼邱湖街道西南方向 9.3 千米。赵寨子镇辖自然村。人口 600。明朝中期，穆召先由山西洪洞县迁来，以姓定村名穆庄。聚落呈团块状分布。经济以种植业为主，种植小麦、玉米、棉花、花生和杂粮等。有公路经此。

寺后刘 371526–B07–H11

[Sìhòuliú]

在县驻地鱼邱湖街道西南方向 8.1 千米。赵寨子镇辖自然村。人口 300。清雍正年间，刘姓从旧城刘海子迁来，因村前有座报恩寺，故名寺后刘。聚落呈团块状分布。经济以种植业为主，种植小麦、玉米、棉花、花生和杂粮等。有公路经此。

王辛庄 371526–B07–H12

[Wángxīnzhuāng]

在县驻地鱼邱湖街道西南方向 7.5 千米。赵寨子镇辖自然村。人口 1 100。明朝中期，王氏、辛氏由山西洪洞县迁此立村，故名王辛庄。聚落呈团块状分布。经济以种植业为主，种植小麦、玉米、花生等。有公路经此。

枣园 371526–B07–H13

[Zǎoyuán]

在县驻地鱼邱湖街道西南方向 5.3 千米。赵寨子镇辖自然村。人口 400。因村里沙丘上盛长野生枣树，故取名枣园。聚落呈团块状分布。经济以种植业为主，种植小麦、玉米、大豆、棉花、花生等。316省道经此。

赵庄 371526-B07-H14

[Zhàozhuāng]

在县驻地鱼邱湖街道西南方向10.9千米。赵寨子镇辖自然村。人口500。明初，赵姓奉旨由京东广林县大铁街迁居于高唐州南朱家洼定居，以姓氏命名。聚落呈团块状分布。经济以种植业为主，种植小麦、玉米、棉花、大豆等。有公路经此。

周楼 371526-B07-H15

[Zhōulóu]

在县驻地鱼邱湖街道西南方向13.9千米。赵寨子镇辖自然村。人口500。本村原系周姓所立，后因周家发家，宅院全是瓦楼，故称周楼。聚落呈团块状分布。经济以种植业为主，种植小麦、玉米等。316省道经此。

周庄 371526-B07-H16

[Zhōuzhuāng]

在县驻地鱼邱湖街道西南方向11.7千米。赵寨子镇辖自然村。人口300。明末，周崇儒由山西洪洞县迁来立村，以姓定名，故名周庄。聚落呈团块状分布。经济以种植业为主，种植小麦、玉米、花生、棉花等。有公路经此。

姚王庄 371526-B07-H17

[Yáowángzhuāng]

在县驻地鱼邱湖街道西南方向6.1千米。赵寨子镇辖自然村。人口500。明朝中期，姚、王两姓由山西洪洞县迁来立村，取名姚王庄。聚落呈团块状分布。经济以种植业为主，种植小麦、玉米、棉花、花生等。322省道经此。

姜店 371526-B08-H01

[Jiāngdiàn]

姜店镇人民政府驻地。在县驻地鱼邱湖街道南方向4.8千米。人口600。姜、林二姓设店立村，名姜林店，后改称姜店。聚落呈散状分布。有幼儿园1处。经济以种植业为主，种植小麦、玉米、棉花。105国道经此。

八刘 371526-B08-H02

[Bāliú]

在县驻地鱼邱湖街道西南方向8.6千米。姜店镇辖自然村。人口900。刘君荣、刘士明由山西洪洞县迁来立村刘庄，因属八甲所辖，故称八甲刘庄，后改称八刘。聚落呈团块状分布。经济以种植业为主，种植小麦、玉米、棉花和杂粮等。有公路经此。

董后 371526-B08-H03

[Dǒnghòu]

在县驻地鱼邱湖街道西南方向7.8千米。姜店镇辖自然村。人口1 000。明永乐年间，董姓六户人家由山西洪洞县前来，立村六家董庄，后改称董庄。后为区别于小董，改名大董庄。1958年，大董庄又分为两村，因该村在北，故名董后。聚落呈团块状分布。经济以种植业为主，种植小麦、玉米等。有公路经此。

坟台 371526-B08-H04

[Féntái]

在县驻地鱼邱湖街道西南方向7.2千米。姜店镇辖自然村。人口900。明初，赵贤由山西洪洞县迁来，立村赵庄。因该村后有一土岗子，相传是一皇姑坟地，人们称之为坟台，久之，村亦名坟台。聚落呈团块状分布。经济以种植业为主，种植小麦、玉米和杂粮等。有公路经此。

梁庄 371526-B08-H05
[Liángzhuāng]

在县驻地鱼邱湖街道西南方向 14.5 千米。姜店镇辖自然村。人口 1 200。明末清初，梁氏从山西洪洞县迁来，立村梁庄。聚落呈团块状分布。有小学 1 处。经济以种植业为主，种植玉米、小麦。有公路经此。

鲁庄 371526-B08-H06
[Lǔzhuāng]

在县驻地鱼邱湖街道西南方向 5.4 千米。姜店镇辖自然村。人口 1 000。鲁氏由山西洪洞县迁来立村，名鲁庄。聚落呈团块状分布。经济以种植业为主，种植玉米、小麦。有公路经此。

三杨 371526-B08-H07
[Sānyāng]

在县驻地鱼邱湖街道西南方向 4.6 千米。姜店镇辖自然村。人口 800。清康熙年间，杨参由城西杨庄迁此定居，立村杨庄。后又有林姓迁来居住，人数较多，改称林家杨庄。民国初期，为区别临近几个杨庄，便以由北向南的顺序，改称此庄为三杨。聚落呈团块状分布。经济以种植业为主，种植小麦、玉米、棉花和杂粮等。105 国道经此。

尚官屯 371526-B08-H08
[Shàngguāntún]

在县驻地鱼邱湖街道西南方向 7.6 千米。姜店镇辖自然村。人口 2 300。明永乐年间，尚姓官员由山西洪洞县迁来建屯，名尚官屯。聚落呈团块状分布。有小学 1 处。经济以种植业为主，种植小麦、玉米、棉花和杂粮等。105 国道经此。

唐楼 371526-B08-H09
[Tánglóu]

在县驻地鱼邱湖街道西南方向 8.8 千米。姜店镇辖自然村。人口 800。唐姓由山西洪洞县迁来，因村内修建两座护村楼，故名唐楼。聚落呈团块状分布。经济以种植业为主，种植小麦、玉米、棉花和杂粮等。有公路经此。

辛店 371526-B08-H10
[Xīndiàn]

在县驻地鱼邱湖街道西南方向 7.3 千米。姜店镇辖自然村。人口 1 200。明万历年间，辛氏在此立村开店，故名辛店。聚落呈团块状分布。经济以种植业为主，种植小麦、玉米和杂粮等。有公路经此。

殷楼 371526-B08-H11
[Yīnlóu]

在县驻地鱼邱湖街道西南方向 13.1 千米。姜店镇辖自然村。人口 1 300。明永乐七年（1409），殷氏自东阿县大河口北旧城村迁此。殷氏后人殷培元收留了王氏乞儿，后王氏乞儿入翰林院教清太子即康熙帝。王翰林为报答养育之恩，在村前街中部修建瓦门楼，立旗杆作纪念，规定文官到此下轿，武官到此下马，自此，村称殷楼。聚落呈团块状分布。经济以种植业为主，种植玉米、小麦。有公路经此。

于桥 371526-B08-H12
[Yúqiáo]

在县驻地鱼邱湖街道西南方向 10.2 千米。姜店镇辖自然村。人口 1 300。清康熙年间，刘炳琪由山西洪洞县迁来立村，于姓随后迁来发展为大地主，因于家在河上建一座桥，故村更名于桥。聚落呈团块状分布。经济以种植业为主，种植玉米、小麦。有公路经此。

张井 371526-B08-H13

[Zhāngjǐng]

在县驻地鱼邱湖街道西南方向 6.3 千米。姜店镇辖自然村。人口 1 000。因白氏居此，并修有庙宇，故名白家庙。1949 年后，与张井村合并，统称张井。聚落呈团块状分布。经济以种植业为主，种植小麦、玉米、棉花和杂粮等。105 国道经此。

长郭 371526-B08-H14

[Chángguō]

在县驻地鱼邱湖街道西南方向 11.9 千米。姜店镇辖自然村。人口 1 200。明洪武年间，常姓立村名常庄。明末，郭家迁来，名常郭庄，后演变为长郭。聚落呈团块状分布。经济以种植业为主，种植小麦、玉米、棉花和杂粮等。有公路经此。

杨西 371526-B09-H01

[Yángxī]

杨屯镇人民政府驻地。在县驻地鱼邱湖街道东南方向 9.8 千米。人口 1 100。明初，杨姓官人督迁百姓屯田立村，故名杨官屯，简称杨屯。后按地理位置分两村，因该村在西，故名杨西。聚落呈团块状分布。有文化站 1 处、中学 1 处、小学 1 处。经济以种植业为主，种植小麦、玉米、棉花。308 国道、省道临高路经此。

安庄 371526-B09-H02

[Ānzhuāng]

在县驻地鱼邱湖街道东南方向 16.4 千米。杨屯镇辖自然村。人口 700。安宁携子迁来立村，故名安庄。聚落呈团块状分布。经济以种植业为主，种植小麦、玉米。有公路经此。

大李六 371526-B09-H03

[Dàlǐliù]

在县驻地鱼邱湖街道东南方向 11.5 千米。杨屯镇辖自然村。人口 1 100。明永乐年间，李陆由山西洪洞县迁来，故名李陆庄。后兄弟分家，该村为大李陆，后演变为大李六。聚落呈团块状分布。经济以种植业为主，种植小麦、玉米。有公路经此。

董官屯 371526-B09-H04

[Dǒngguāntún]

在县驻地鱼邱湖街道东南方向 9.5 千米。杨屯镇辖自然村。人口 1 500。明洪武年间，董姓官人奉旨迁民来此开荒，故名董官屯。聚落呈团块状分布。经济以种植业为主，种植小麦、玉米。有公路经此。

董庄 371526-B09-H05

[Dǒngzhuāng]

在县驻地鱼邱湖街道东南方向 10.2 千米。杨屯镇辖自然村。人口 700。明万历年间，董姓从山西洪洞县迁来，立村董庄。聚落呈团块状分布。经济以种植业为主，种植小麦、玉米。有公路经此。

杜庄 371526-B09-H06

[Dùzhuāng]

在县驻地鱼邱湖街道东南方向 8.7 千米。杨屯镇辖自然村。人口 800。明嘉靖年间，杜姓从山西洪洞县迁来，定居于刘家庄。明末清初，复迁于此，立村杜庄。聚落呈团块状分布。经济以种植业为主，种植小麦、玉米等。有公路经此。

高官屯 371526-B09-H07

[Gāoguāntún]

在县驻地鱼邱湖街道东方向 9.4 千米。杨屯镇辖自然村。人口 700。明洪武年间，高姓从山西洪洞县迁到此地开荒屯田，村名高官屯。聚落呈团块状分布。经济以种植业为主，种植小麦、玉米等。有公路经此。

夹东 371526-B09-H08

[Jiádōng]

在县驻地鱼邱湖街道东方向 7.8 千米。杨屯镇辖自然村。人口 1 100。因夹姓建村于河滩上，故得名夹滩。1995 年分为东、西两个村，本村位东，名夹东。聚落呈团块状分布。经济以种植业为主，种植小麦、玉米等。有公路经此。

夹西 371526-B09-H09

[Jiáxī]

在县驻地鱼邱湖街道东方向 7.8 千米。杨屯镇辖自然村。人口 900。因夹姓建村于河滩上，故得名夹滩。1995 年分为东、西两个村，本村位西，名夹西。聚落呈团块状分布。经济以种植业为主，种植小麦、玉米等。有公路经此。

姜庄 371526-B09-H10

[Jiāngzhuāng]

在县驻地鱼邱湖街道东方向 11.8 千米。杨屯镇辖自然村。人口 700。明永乐年间，姜龙从山西洪洞县迁居于此，立村姜庄。聚落呈团块状分布。经济以种植业为主，种植小麦、玉米等。有公路经此。

老君堂 371526-B09-H11

[Lǎojūntáng]

在县驻地鱼邱湖街道东方向 8.6 千米。杨屯镇辖自然村。人口 800。村西原有一座供奉老君的庙堂，故名老君堂。聚落呈团块状分布。经济以种植业为主，种植小麦、玉米等。有公路经此。

李官屯 371526-B09-H12

[Lǐguāntún]

在县驻地鱼邱湖街道东方向 11.1 千米。杨屯镇辖自然村。人口 1 200。明洪武年间，先民由山西洪洞县来此地建村，19 世纪 80 年代正式命名为李官屯。聚落呈团块状分布。经济以种植业为主，种植小麦、玉米等。有公路经此。

聂集 371526-B09-H13

[Nièjí]

在县驻地鱼邱湖街道东方向 13.8 千米。杨屯镇辖自然村。人口 800。明成化年间，聂姓由山西洪洞县迁来，立村后设了集市，故村名聂家集，简称聂集。聚落呈团块状分布。经济以种植业为主，种植小麦、玉米。有公路经此。

钱庄 371526-B09-H14

[Qiánzhuāng]

在县驻地鱼邱湖街道东方向 9.1 千米。杨屯镇辖自然村。人口 700。明洪武年间，钱姓由山西洪洞县迁来立村钱庄。聚落呈团块状分布。经济以种植业为主，种植小麦、玉米。有公路经此。

施屯 371526-B09-H15

[Shītún]

在县驻地鱼邱湖街道东方向 14.2 千米。杨屯镇辖自然村。人口 700。明洪武年间，施、管两姓来此定居，取名施管屯。管氏失传后，取名施家屯，1945 年后改名施屯。聚落呈团块状分布。经济以种植业为主，种植小麦、玉米。有公路经此。

小屯 371526-B09-H16

[Xiǎotún]

在县驻地鱼邱湖街道东方向 12.2 千米。

杨屯镇辖自然村。人口 1 100。明嘉靖年间，臧克从山西洪洞县迁来，立村小屯。聚落呈团块状分布。经济以种植业为主，种植小麦、玉米。有公路经此。

谢庄 371526-B09-H17
[Xièzhuāng]

在县驻地鱼邱湖街道东方向 7.7 千米。杨屯镇辖自然村。人口 800。明永乐年间，谢姓由山东即墨县迁此立村，命名为谢庄。聚落呈团块状分布。经济以种植业为主，种植小麦、玉米。有公路经此。

杨东 371526-B09-H18
[Yángdōng]

在县驻地鱼邱湖街道东方向 9.9 千米。杨屯镇辖自然村。人口 800。明洪武年间，杨姓官员奉旨由山西洪洞县迁来此地，命名为杨官屯。为避重名，1982 年，以方位更名杨东。聚落呈团块状分布。经济以种植业为主，种植小麦、玉米。有公路经此。

张大屯 371526-B09-H19
[Zhāngdàtún]

在县驻地鱼邱湖街道东方向 14.8 千米。杨屯镇辖自然村。人口 1 500。明永乐年间，张氏从山西洪洞县迁居于此，立村张大屯。聚落呈团块状分布。经济以种植业为主，种植小麦、玉米等。有公路经此。

张四屯 371526-B09-H20
[Zhāngsìtún]

在县驻地鱼邱湖街道东方向 15.3 千米。杨屯镇辖自然村。人口 1 000。明万历年间，张氏兄弟从山东青州来此开荒种地，后来兄弟几人中只有张四长期居住下来，故取名张四屯。聚落呈团块状分布。经济以种植业为主，种植小麦、玉米等。有公路经此。

周老庄 371526-B09-H21
[Zhōulǎozhuāng]

在县驻地鱼邱湖街道东方向 14.1 千米。杨屯镇辖自然村。人口 1 200。以姓氏命名。聚落呈团块状分布。经济以种植业为主，种植小麦、玉米等。有公路经此。

三　交通运输

聊城市

城市道路

振兴路 371500-K01
[Zhènxīng Lù]

在市境北部。东起滨河大道，西至站前街。沿线与花园路、鲁化路、柳园路、卫育路、向阳路、昌润路相交。长 5.4 千米，宽 60.0 米，沥青路面。1995 年开工，1996 年建成，2001 年改扩建。取“振兴中华、建设聊城”之意得名。两侧有聊城市人力资源和社会保障局、东昌府区新区办事处、聊城市实验中学、聊城七中、振兴路小学、新星小学、育红小学、实验中学、阳光小学等。是市区东西向交通干道，通公交车。

东昌路 371500-K02
[Dōngchāng Lù]

在市境中部。东起东外环路，西至站前街。沿线与庐山路、中华路、华山路、光岳路、鲁化路、花园路、柳园路、卫育路、汇金街、向阳路、昌润路相交。长 11.5 千米，宽 60.0 米，沥青路面。1954 年开工，2004 年改扩建。因聊城明、清时为东昌府治，故名东昌路。两侧有中共聊城市委、聊城市人民政府、聊城日报社、聊城市人民医院、聊城市人民银行、聊城市住建局、金鼎商厦、中国运河文化博物馆、昌润大酒店等。是市区东西走向主干线，通公交车。

湖南路 371500-K03
[Húnán Lù]

在市境南部。东起东环路，西至海源路。沿线与昌润路、南关街、柳园路、光岳楼、中华路相交。长 18.7 千米，宽 60.0 米，沥青路面。2013 年开工，2014 年建成。因位于东昌湖以南而得名。两侧有聊城体育馆、聊城大学、西安交大聊城科技园、聊城市教育局、聊城市物价局、聊城市食品药品监督管理局等。是市区东西走向交通干道，通公交车。

昌润路 371500-K04
[Chāngrùn Lù]

在市境西部。北起高速桥，南至湖南路。沿线与东昌路、兴华路、振兴路、建设路、香江北路相交。长 6.2 千米，宽 70.0 米，沥青路面。1969 年开工，1986 年扩建，1994 年、1995 年改扩建。原名湖西路，因昌润大酒店在此路，更名昌润路。两侧有市政府行政复议委员会、聊城市社会科学院、聊城市交通局、聊城市工商局、农业科技市场、铁路医院、光明医院、眼科研究所、市手足外科医院、香江大市场等。是市区南北走向交通干道，通公交车。

柳园路 371500-K05
[Liǔyuán Lù]

在市境中部。北起高架桥，南至湖南路。沿线与财干路、建设路、振兴路、兴华路、东昌路、育新街、利民路、后菜市街相交。

长 7.1 千米，宽 60.0 米，沥青路面。1958 年开工，2013 年改扩建。以穿过柳树园得名。两侧有鲁西瓜果蔬菜大市场、新华书店、百货大楼、聊城电视台、聊城广播电视台、聊城市检察院、聊城市市政管理处、聊城市畜牧局、电视台、聊城市委党校。为市区南北主干线，通公交车。

花园路 371500–K06
［Huāyuán Lù］

在市境中部。北起财干路，南至湖南路。沿线与建设路、振兴路、兴华路、东昌路、育新街、利民路、后菜市街相交。长 6.5 千米，宽 46.0 米，沥青路面。1967 年开工，1971、1992、2006、2012 年改扩建。因聊城公园在此街路东，故名。两侧有聊城大学西校区、聊城职业技术学院、聊城市化工学校、聊城市农业机械管理局、市耳鼻喉医院等。是市区南北向交通干道，通公交车。

光岳路 371500–K07
［Guāngyuè Lù］

在市境东部。北起北二环，南至南二环。沿线与湖南路、长江路、利民路、长江路、东昌路、辽河路、建设路相交。长 17.6 千米，宽 60.0 米，沥青路面。2014 年改扩建。因境内光岳楼得名。沿途分布了多所教育院校和汽车销售城，为聊城教育和经济发展的主轴线。两侧有聊城大学东校区、聊城高级工程职业学校、聊城高级财经职业学校、聊城市高级职业学校、聊城交通技工学校等。是市区南北走向交通主干道，通公交车。

铁路

邯济铁路 371500–30–A–b01
［Hánjǐ Tiělù］

国有铁路。起点河北省邯郸市，终点山东省济南市。1996 年修建，2000 年 4 月建成通车，2002 年 12 月正式通过国家竣工验收。2011 年开始增建第二线，并对既有线路实施电气化改造。2014 年 10 月 21 日全线开通，12 月 30 日投入运营。为国家一级双线电气化铁路，客货共线。邯济线自建成运营以来，承担着为铁路干线分流、实现东西向物资交流的重要作用，是晋中煤炭外运的重要通路。

京九铁路 371500–30–A–b02
［Jīngjiǔ Tiělù］

国有铁路。起点北京，终点九龙。全长 1 123.6 千米。1992 年开工建设，1996 年 9 月 1 日全线正式建成通车，2003 年完成全线复线改造，2013 年全线电气化改造完成。京九线为双线铁路，内燃机车牵引。有桥梁 307 座。京九线对完善我国铁路布局，缓和南北运输紧张状况，带动沿线地方资源开发，具有十分重要的意义。

公路

高邢高速公路 371500–30–B–a01
［Gāoxíng Gāosù Gōnglù］

高速公路。起点高唐县汇鑫街道张唐村西，途经梁村镇、汇鑫办事处、十三里铺镇、金郝庄镇、松林镇、先锋办事处，至临清市先锋街道李庄村北的鲁冀界漳卫运河。全长 46.097 千米。2009 年 6 月开工，2012 年 6 月建成。沥青路面，路基宽 26 米。沿线与青银高速公路、308 国道、254 省道相接。是贯穿山东、河北的省际大通道，大大提高了山东西北部区域公路的通行能力和通达深度，改善了区域出行条件，发挥了路网整体效益。

济南聊城高速公路 371500–30–B–a02

[Jǐnán Liáochéng Gāosù Gōnglù]

高速公路。起点京台高速与济聊高速公路连接处，途经德州市齐河县，以及聊城市茌平县、东昌府区、冠县，终点山东河北界。全长 143.6 千米。1994 年 5 月至 1996 年 12 月修建第一期工程济南至聊城一级汽车专用线，1998 年 5 月至 2000 年 9 月修建济聊馆高速公路第二期。沥青路面，路宽 24.5 米。与济青、京台、京沪、德商高速公路相接。是山东省“三纵、三横、一环”公路框架的组成部分。

青银高速公路 371500–30–B–a03

[Qīngyín Gāosù Gōnglù]

高速公路。起点山东省青岛市，终点宁夏回族自治区银川市。全长 1 610 千米，山东境内长 458.369 千米。2003 年 10 月开工，2005 年 11 月建成。一级高速公路，沥青路面，路宽 24 米。与 105 国道、316 省道相接。是我国高速公路规划五纵七横的一条横向线，是中国“十五”在建投资最大、线路最长的国家级高速大动脉。

105 **国道** 371500–30–B–b01

[105 Guódào]

国道。起点北京，终点广东省珠海市。聊城境内长 93.862 千米。1990 年开工，1995 年建成，后多次改建。为国家一、二级公路，沥青路面，路宽 15~22 米。与 308 国道、514 国道、520 国道、青银高速公路相接。105 国道纵贯山东省南北，是连接冀、鲁、豫三省交通运输的重要通道。

106 **国道** 371500–30–B–b02

[106 Guódào]

国道。起点北京市，终点广东省广州。聊城境内长 13.591 千米。1970 年始建。二级公路，沥青路面，宽度 9 米。与 309 国道和 315 省道交叉。作为交通运输体系的重要组成部分，以强大的通行能力、快捷的运行速度、灵活的运行方式等特性极大地提高和丰富了运输的能力和内容。

308 **国道** 371500–30–B–b03

[308 Guódào]

国道。起点山东省青岛市，终点河北省石家庄市。聊城境内长 28.151 千米。1979 年开工，1989 年建成，2002 年改建。一、二级公路，沥青路面，路面宽 15~23 米。与 242 省道、520 省道、322 省道、316 省道、105 国道、514 国道、高邢高速公路、高东高速公路相接。是山东省东西方向重要的交通通道，不仅承担鲁西北中部交通出行，同时还承担区域交通出行任务，在聊城市干线公路交通网中的地位举足轻重。

309 **国道** 371500–30–B–b04

[309 Guódào]

国道。聊城段起点齐河茌平交界处刘集，终点山东省河北省交界处。全长 115.061 千米。1956 修建刘集至聊城段泥结碎石路面，1980 年改建成沥青路面。聊城至七一大桥段始建于 1967—1968 年，1984 年改建。刘集至茌平任匠路口 2003 年改建，茌平任匠路口至聊城段 2006 年改建，聊莘路口至省界 2010 年改建，2014 年对刘集至聊城莘县路进行大修。一、二级公路，沥青路面，路面宽度 12~30 米。与 105 国道、106 国道、316 省道、706 省道、259 省道、260 省道、315 省道、济聊高速相交。该路与济聊高速公路交叉并行，横贯聊城市，为连接鲁冀两省重要通道。

254 省道　371500-30-B-c01

［254 Shěngdào］

省道。聊城段起点德州夏津与聊城临清交界处，终点山东省、河南省交界处。全长 108.529 千米。夏津至聊城段 2002 年升级改造。聊城至阳谷段路线始建于 1970 年，1992 年改建。夏津临清交界处至聊城段建于 2002 年，聊城至阳谷南环 2003 年改建，阳谷南环至寿张 2005 年改建。一、二级公路，沥青路面，路面宽度 12~22 米。与 322 省道、257 省道、706 省道、324 省道、济聊高速相交。缩短了运输时间，促进聊夏线公路沿线的经济发展。

257 省道　371500-30-B-c02

［257 Shěngdào］

省道。起点聊城市临清先锋大桥西山东、河北交界处，终点聊城市茌平县博平汽车站。全长 54.594 千米。1959 年开工，1968 年铺设沥青路面，1986 年改建成二级公路。后经多次改建维修，2013 年对先锋大桥东至博平汽车站进行了改建。一、二级公路，沥青混凝土路面，宽 12~30 米。与 315 省道、德上高速、254 省道、258 省道、316 省道相交接。该道路作为交通运输体系的重要组成部分，以强大的通行能力、快捷的运行速度、灵活的运行方式等特性极大地提高和丰富了运输的能力和内容。

258 省道　371500-30-B-c03

［258 Shěngdào］

省道。聊城段起点聊城临清北环五里庄路口，终点聊城东阿位山闸桥南。全长 89.914 千米。临清至聊城段始建于 1971 年，1987 年改建加宽，2008 年改造提升；聊城至位山段始建于 1972 年，2001 年改建。一、二级公路，沥青混凝土路面，宽 12~23 米。与 258 省道、315 省道、706 省道、324 省道、济聊高速相交接。该路南北走向纵贯聊城市，为连接外地的重要交通要道，缓解沿线巨大的交通流量，加速物资生产和商品流通。

259 省道　371500-30-B-c04

［259 Shěngdào］

省道。聊城段起点聊城临清东环郭屯南，终点聊城莘县、范县交界处张富村。全长 117.866。临清至莘县段 1993 年建成通车；莘县至张富村 1970 年开工，1988 年改建。2001 年对莘县至张扶村终点改建，2013 年对临清至莘县南环段进行改建。一、二级公路，沥青路面，宽 9~40 米。与 260 省道、316 省道、333 省道、315 省道、258 省道、324 省道、济聊高速、309 国道相交接。主要承担市际间和区域内重要节点间的中长距离运输，为社会生产和生活提供安全、舒适、高效、可持续的运输服务，推进经济加快增长。

260 省道　371500-30-B-c05

［260 Shěngdào］

省道。起点临清，终点观城。全长 119.115 千米。临清至冠县、莘县界 1977 年开工；冠县、莘县界至丈八 1996 年开工；丈八至观城原为县乡路，1994 年开工，2002 改建升级。2006 年对临清至冠县南环段改建，2004 年对冠县南环至丈八改建，2002 年对丈八至观城段改建。一、二级公路，沥青混凝土路面，宽 12~15 米。与济聊高速、309 国道、315 省道、333 省道、324 省道、259 省道相交接。在公路网中占据主干地位，是跨地区干线公路，承担着经济区间和市际中长距离的客货运输，对沿线旅游开发、生态环境保护、区域经济合作都有不同程度的促进作用。

315 省道 371500-30-B-c06

[315 Shěngdào]

省道。起点永安，终点馆陶。聊城境内长 69.916 千米。1958 年修筑；1970 年聊城地区公路段拓建；1937 年复修临清城区至汪庄路段，1948 年改建，1974 年铺筑沥青路面；德州至临清城区段于 1997 年加宽；2005 年修建三环路段；2010 年改建。一级路，沥青混凝土路面，路面宽 15~22 米。与 322 省道、257 省道、259 省道、260 省道、258 省道相接。促进山东省到河北省的路网结构优化和协调发展，充分发挥路网整体性功能，提高综合服务能力。

316 省道 371500-30-B-c07

[316 Shěngdào]

省道。聊城段起点禹城、高唐交界处，终点聊城莘县南环 259 省道路口。长 110.363 千米。贾庄至博平段始建于 1957 年，1967 年改建；聊城位大庙至莘县段 1969 年修建。1981 年、1983 年、1985 年等多次改建，2006年对禹城高唐界至聊城莘县路口改建，2011 年对聊城莘县路口至莘县南环改建。一、二级公路，沥青混凝土路面，宽 15~26 米。与 105 国道、308 国道、316 省道、322 省道、257 省道、309 国道、706 省道、259 省道相交接。作为交通运输体系的重要组成部分，以强大的通行能力、快捷的运行速度、灵活的运行方式等特性极大地提高和丰富了运输的能力和内容。

322 省道 371500-30-B-c08

[322 Shěngdào]

省道。起点山东省聊城市高唐 308 国道交叉口，终点山东、河北界。全长 63.931 千米。原为县乡路，2003 年改建升级，2014 年大修。一、二级公路，宽 15~30 米，沥青混凝土路面，双向二至八车道。与 105 国道、308 国道、316 省道相接。作为交通运输体系的重要组成部分，以强大的通行能力、快捷的运行速度、灵活的运行方式等特性极大地提高和丰富了运输的能力和内容。

324 省道 371500-30-B-c09

[324 Shěngdào]

省道。聊城境内起点齐河、东阿界，终点山东、河南界。山东省境内全长 174.211 千米，聊城境内全长 122.669 千米。1969 年开工，1986 年建成，后经历年改建维修。一、二级公路，沥青混凝土路面，路面宽 12~22 米。与 105 国道、329 省道、710 省道、258 省道、254 省道、333 省道、259 省道、260 省道相交接。作为交通运输体系的重要组成部分，以强大的通行能力、快捷的运行速度、灵活的运行方式等特性极大地提高和丰富了运输的能力和内容。

329 省道 371500-30-B-c10

[329 Shěngdào]

省道。聊城段起点平阴黄河大桥南济聊界，终点山东、河北界七一大桥西馆陶县。全长 108.699 千米。2004 年新建东阿至聊城段，连接聊城至馆陶段。2014 年对东阿至聊城东环路段加宽。一级公路，沥青混凝土路面，路面宽 30~43 米。与 105 国道、324 省道、710 省道、309 国道、254 省道、258 省道、706 省道、济聊高速、259 省道、260 省道、315 省道、106 国道相接。该路自东向西贯穿聊城市，为重要交通道路。

333 省道 371500-30-B-c11

[333 Shěngdào]

省道。聊城段起点河南、山东界，终点山东、河北界。1996 年改建；2004 年，冠县界至省道 316 线平交道口加宽改建；2005 年改建平交道口至阳谷界段。二级公路，沥青路面，宽 15~22 米。与德上高速、259 省道、260 省道、316 省道相接。

706 省道　371500-30-B-c12

[706 Shěngdào]

省道。起点道口铺办事处，终点侯营镇。2003 年开工，同年建成，2014 年改造加宽。一级公路，路面宽 21~48 米，沥青混凝土路面。与 309 国道、316 省道、329 省道相接。

710 省道　371500-30-B-c13

[710 Shěngdào]

省道。聊城段起点山东省聊城市东阿县大桥镇，终点聊城光岳路口。全长 33.7 千米。1965 年始建，1971 年修建沥青路面，1978 年加宽，1989、1991、2013 年分段改建。沥青混凝土路面，路面宽 12~23 米。与 324 省道、329 省道、105 国道、706 省道相接。

东昌府区

城市道路

建设路　371502-K01

[Jiànshè Lù]

在区境北部。东起光岳路，西至站前街。沿线与鲁化路、花园路、柳园路、卫育路、向阳路、昌润路相交。长 7.0 千米，宽 60.0 米，沥青路面。1966 年开工，2006 年改扩建。在聊城市城区北端，取“振兴中华、建设聊城”之意，故名建设路。两侧有聊城中通客车有限公司、聊城肿瘤医院、香江光彩大市场、聊城汽车总站等。是市区东西向主要干道之一，横贯市区北部，通公交车。

特色街巷

米市街　371502-A02-L01

[Mǐshì Jiē]

在古楼街道东南部。长 0.7 千米，宽 7 米，石料路面。因是漕运兴盛以来聊城最早的粮食集散地而得名。这里粮店汇聚，鼎盛时期足有数十家，南通龙湾运河，旱路或水路南通北达。清末设有粮业公所，城关 72 家粮行经常在此聚会议事。民国年间，粮业逐渐衰微，米市街的粮食买卖最终结束。2014 年被评为省级历史文化街区。

礼拜寺街　371502-A02-L02

[Lǐbàisì Jiē]

在古楼街道东南部。长 0.5 千米，宽 12 米，石料路面。因此街中段有开工于明永乐年间的清真西寺而得名。是回族集中居住的街道。2014 年被评为省级历史文化街区。

桥梁

东昌路徒骇河大桥　371502-N01

[Dōngchānglù Túhàihé Dàqiáo]

在东昌府区城区东部。桥长 237 米，桥面宽 22.6 米，最大跨度 40.6 米。1966 年动工。此桥为东昌路跨徒骇河的桥，故名。为中型河道桥梁，结构型式为混凝土结构板式桥。担负城区主干道东昌路交通任务，最大载重量 30 吨。通公交车。

车站

聊城北火车站 371502-R01

[Liáochéngběi Huǒchē Zhàn]

铁路货运二等站。在聊城市西北部。1992 年兴建，1996 年投入使用。总占地面积 964 640 平方米，总建筑面积约 6 700 平方米。主要办理京九线、邯济线货物列车的接发、解编作业、机车出入库，以及货物发送、到达作业。年发送货物 6.1 万吨，不办理客运业务。是山东西部的重要铁路枢纽，为聊城货运提供了方便，推动聊城的经济发展。

聊城火车站 371502-R02

[Liáochéng Huǒchē Zhàn]

铁路客货两用三等站。在聊城市东昌府区西部。1996 年开工，1996 年投入使用，2009 年站房改造工程正式启动，2012 年新站房正式启用。总占地面积 62 万平方米，总建筑面积约 14 950 平方米。共有客车接发线路 6 条，站台 4 座，年发送旅客 260 万人，可供 2 500 人同时候车。车站主要担负聊城市及邻近部分县市区的农业产品、外贸出口及生活物资的运输任务。

聊城汽车总站 371502-S01

[Liáochéng Qìchē Zǒngzhàn]

长途汽车一等站。在聊城市东昌府区北部。2003 年建成投入使用。占地面积 65 亩，建筑面积 16 000 平方米，由商业区、候车办公区、停车场、站前广场四大部分组成。下设汽车西站、汽车南站、香江光彩大市场发车区、农贸发车区及 2 个卫星站。现有营运线路 125 条，辐射聊城 8 个县市、省内山东 16 地市、国内 9 省 3 个直辖市，日发客车 1 600 余班次，日发送旅客 2 万人。是聊城市最大的公路客运站。

临清市

城市道路

华美路 371581-K01

[Huáměi Lù]

在市境南部。东起聊临路转盘，西至临莘路口。沿线与龙山路、新华路、永青路、曙光路、三和路相交。长 4.3 千米，宽 30~41.5 米，沥青路面。2010 年开工，2011 年建成。因此路途经华美医院而得名。两侧有华美医院、通达物流等。是城市主干道，通公交车。

温泉路 371581-K02

[Wēnquán Lù]

在市境中部。西起龙山路，东至东环路。沿线与新华路、永青路、曙光路、三和路、站前路相交。长 1.4 千米，宽 65.7 米，沥青路面。1990 年开工，2012 年建成。因路西端为临清市最早开发的温泉水，故名温泉路。沿途休闲文化氛围较为浓厚。两侧有临清市民政局、临清大剧院、运河广场、临清市文化馆、临清市博物馆等。是临清市城区主干道，通公交车。

青年路 371581-K03

[Qīngnián Lù]

在市境中部。东起站前路，西至西环路。沿线与马市街、青年桥、新华路、永青路、曙光路、三和路相交。长 4.3 千米，宽 8.9~35.6 米，沥青路面。1988 年开工，2005 年建成。因大部分位于青年路街道境内，且途经青年桥，故名青年路。沿途休闲文化氛围浓厚。两侧有武训小学、京华中学、第三高级中学、大众公园、体育场、临清市自然资源和规划局、临清市财政局等。是临清市城区主干道，通公交车。

红星路 371581-K04

[Hóngxīng Lù]

在市境中部。东起站前路，西至天桥。沿线与大众路、新华路、永青路、曙光路、三和路相交。长 3.4 千米，宽 13.8 米 ~40.8 米，沥青路面。1994 年开工，1998 年建成。因该路原有商贸中心红星百货大楼，故名红星路。沿途商业氛围浓厚。两侧有火车站、长途汽车站等。是临清市城区主干道，通公交车。

先锋路 371581-K05

[Xiānfēng Lù]

在市境中部。东起站前路，西至先锋桥。沿线与健康街、大众路、新华路、永青路、曙光路、三和路等相交。长 3.4 千米，宽 18.2 米，沥青路面。1986 年开工，2009 年建成。因该路途经先锋大桥而得名。沿途历史文化氛围浓厚。两侧有聊城市第二人民医院、交通运输局、老汽车站、公安局等。是临清市主干道之一，通公交车。

解放路 371581-K06

[Jiěfàng Lù]

在市境中部。东起东环路，西至西环路。沿线与健康街、大众路、新华路、永青路、曙光路、三和路、站前路等相交。长 8.7 千米，宽 14.2 米，沥青路面。1992 年开工，2005 年建成。因解放战争而得名。两侧有中色奥博特铜铝业有限公司、运河热电、银河纸业、中兴面粉厂等。是城区主干道之一，通公交车。

银河路 371581-K07

[Yínhé Lù]

在市境北部。东起东环路，西至卫运河大桥。沿线与大众路、新华路、永青路、曙光路、三和路、站前路相交。长 3.5 千米，宽 36.2 米，沥青路面。1989 年开工，2008 年建成。因银河集团原址在此条路上而得名。两侧有三和宾舍、综合行政执法局等。是临清市主干道之一，通公交车。

站前路 371581-K08

[Zhànqián Lù]

在市境东部。北起银河路，南至济津河。沿线与解放路、先锋路、红星路、青年路、温泉路等相交。长 3.7 千米，宽 30.2 米，沥青路面。1989 年开工，2001 年建成。因途经临清市火车站广场而得名。沿途商业氛围浓厚。两侧有黑庄菜市场、义乌商贸城、火车站广场等。是临清市城区主干道，通公交车。

三和路 371581-K09

[Sānhé Lù]

在市境东部。北起银河路，南至华美路。沿线与解放路、先锋路、红星路、青年路、温泉路、文化路等相交。长 4.3 千米，宽 36.2 米，沥青路面。1989 年开工，1990 年建成，2009 年改扩建。因其途经临清市明星企业三和集团而得名。沿途商业氛围浓厚。两侧有三和宾舍、三和纺织集团、歇马亭、退役军人事务局等。是临清市城区主干道，通公交车。

曙光路 371581-K10

[Shǔguāng Lù]

在市境中部。北起解放路，南至华美路。沿线与先锋路、红星路、青年路、育新路、温泉路、文化路相交。长 6.1 千米，宽 9.2~31.2 米，沥青路面。1987 年开工，2007 年建成。取“旭日东升”之意得名。两侧有京华中学、齐鲁银行、建设银行、沪农商银行等。是临清市城区主干道，通公交车。

永青路 371581–K11
[Yǒngqīng Lù]

在市境中部。北起银河路，南至华美路。沿线与解放路、先锋路、红星路、青年路、育新路、温泉路、文化路等相交。长 6.8 千米，宽 11.2~31.2 米，沥青路面。1998 年开工，2003 年建成。此路地处古永青街东侧，沿用古街名。沿途教育文化氛围浓厚。两侧有电业局、鲁润大厦、第三幼儿园、中国人民银行、临清法治文化广场等。是临清市城区主干道，通公交车。

启秀路 371581–K12
[Qǐxiù Lù]

在市境西南部。北起青年路，南至文化路。沿线与育新路、新兴街、永兴街相交。长 1.0 千米，宽 12.2 米，沥青路面。2011 年开工，同年建成。因近古楼（亦称启秀楼）而得名。沿途有逸夫小学南校、临清一中初中部，教育文化气息浓厚。通公交车。

柴市街 371581–K13
[Cháishì Jiē]

在市境北部。南起青年路，北至红星路。长 1.0 千米，宽 12.2 米，沥青路面。2011 年开工，同年建成。因明朝这里是买卖交易柴火的街市，故名。沿途商铺林立，商业氛围浓厚，是临清市新兴商业贸易一条街。是城区的次干道之一，通公交车。

新华路 371581–K14
[Xīnhuá Lù]

在市境中部。北起银河路，南至华美路。沿线与解放路、先锋路、红星路、青年路、育新路、温泉路、文化路等相交。长 6.8 千米，宽 24.2~26.1 米，沥青路面。1987 年开工，2002 年建成。因地处城关中心，取建设新中国之意得名新华路。沿途教育、商贸文化氛围浓厚。两侧有新华书店、第三幼儿园、临清宾馆、豪翰商贸城、卫河酒业、第四幼儿园等。是临清市城区主干道，通公交车。

特色街巷

考棚街 371581–A01–L01
[Kǎopéng Jiē]

在青年路街道西北部。长 0.8 千米，宽 9 米，沥青路面。明代在此设“工部营缮分司”，专门督理烧造、解运贡砖，称工部街。清乾隆四十一年（1776）在此改设考棚，设置考院，为四县生童应试之所，改称考棚街。该路途经吉市口街、考棚街牌坊、县治遗址阁楼、基督教堂、青碗市口等。

桥梁

曙光桥 371581–N01
[Shǔguāng Qiáo]

在临清城区东南部。桥长 70.3 米，桥面宽 34.6 米，最大跨度 28.5 米，桥下净高 5.3 米。2012 年动工，2013 年建成。因位于曙光路，故名。为中型河道桥梁，结构型式为预应力连续梁拱组合式桥。最大载重量 50 吨，通公交车。

古楼桥 371581–N02
[Gǔlóu Qiáo]

在临清城区中部。桥长 27.4 米，桥面宽 18.2 米，最大跨度 4.6 米，桥下净高 19.3 米。2001 年动工，同年建成。因附近有临清古楼旧址，故名。为小型河道桥梁，结构型式为桁架式拱桥。最大载重量 10 吨，通公交车。

青年桥 371581-N03

[Qīngnián Qiáo]

在临清城区西部。桥长 27.4 米，桥面宽 18.3 米，最大跨度 15 米，桥下净高 2.6 米。2001 年动工，同年建成。因位于青年路，故名。为小型河道桥梁，结构型式为双曲拱独孔桥。最大载重量 10 吨，通公交车。

卫运河大桥 371581-N04

[Wèiyùnhé Dàqiáo]

在临清城区西部。桥长 600 米，桥面宽 18 米，最大跨度 121 米，桥下净高 20 米。1990 年动工，同年建成，2013 年改造。因下穿漳卫运河，故名卫运河大桥。为大型公路桥，结构型式为混凝土结构简式梁桥。最大载重量 30 吨。

车站

临清市火车站 371581-R01

[Línqīng Shì Huǒchē Zhàn]

铁路客货两用三等站。在临清市区东部。1994 年 4 月开工，1996 年 9 月投入使用。占地面积 28.9 公顷，总建筑面积约 3 500 平方米。临清站规模为 2 站台、6 条线路，其中 3 条客车到发线路具备 20 辆编组客车的接发条件。临清站东侧设货场，有货物线 3 条。车站办理客运业务客车 18 趟，客运年发送量 3.1 万人，货物发送量 63 万吨。临清火车站是京九铁路大动脉自北向南进入山东省的第一站，为区域协调发展及国家实施经济宏观调控提供了重要运力支持。

临清市长途汽车站 371581-S01

[Línqīng Shì Chángtúqìchē Zhàn]

长途汽车客运二等站。在临清市中部。1952 年开工；1996 年 4 月新站开工，1997 年 8 月完工，1999 年 9 月 28 日搬迁并正式使用；2007 年扩建新候车室，2008 年 5 月 1 日正式交付使用。总占地面积 1.7 公顷，建筑面积 4 559 平方米。有候车大厅 1 个、发车位 20 个，日均始发班次 380 个，平均日旅客发运量 3 600 人，年旅客发送量达 132 万人次以上。对方便居民出行、增强区域联系、深化城乡统筹和区域统筹具有积极的支持意义，是临清市公路枢纽体系中重要的一环。

阳谷县

城市道路

清河路 371521-K01

[Qīnghé Lù]

在县境南部。东起燕山路，西至西环路。沿线与黄山路、宁津路、谷山路、大寺街、紫荆街、西城路相交。长 4.8 千米，宽 50 米，混凝土路面。1995 年开工，1996 年建成。以境内小清河冠名。两侧有黄河河务局、第二实验中学、城市规划局、民政局、实验中学、实验幼儿园、景阳冈酒业有限公司、阳谷华泰化工有限公司、机动车尾气检测中心、狮子楼完全小学等。是阳谷城区街道东西主干线，通公交车。

谷山路 371521-K02

[Gǔshān Lù]

在县境中部。南起南环路，北至北环路。沿线与清河路、景阳路、博济桥路、运河路、赵王河路、黄河路相交。长 6.5 千米，宽 50 米，沥青路面。1988 年开工，2006 年重修，2008 年建成。阳谷旧城中心有谷山，路以此得名。两侧有博济桥广场等。为县城南北主干线，通公交车。

车站

阳谷火车站 371521-R01
[Yánggǔ Huǒchē Zhàn]

铁路客货两用三等站。在清河东路与燕山路交汇处东部。1992 年开工，1996 年 9 月投入使用。占地面积 31.2 公顷，建筑面积 2 100 平方米。规模为 2 站台、6 条线路，货场有货物线 3 条。车站现开行管内客车 1 对，跨局直通客车 5.5 对，年客运发送量 12 万人，货运量 26 万吨。

阳谷汽车站 371521-S01
[Yánggǔ Qìchē Zhàn]

长途汽车客运二等站。在黄河东路与燕山北路交汇处东北部。1954 年开工，2008 年迁现址扩建，2009 年 9 月建成使用。占地面积 66.7 公顷，建筑面积 8 714 平方米。设有微机售票口 3 个、发车位 28 个，拥有营运线路 64 条，投放车辆 200 余部，日均发送班次 190 班，年客运量 44 万人。是阳谷县的客运集散中心。

莘县

城市道路

振兴街 371522-K01
[Zhènxīng Jiē]

在县境中部。东起甘泉路，西至阳平路。沿线与滨河路、通运路、莘亭路、建设路、新华路、工农路、健康路相接。长 3.5 千米，宽 40.0 米，沥青路面。1968 年开工，1985 年建成，1997 年改扩建。因街旁文昌阁得名文昌街，1985 年取振兴莘县之意更今名。两侧有公路管理局、民政局、希望小学、燕塔金街、百货大楼、县委党校等。是县城东西走向主要干道，通公交车。

甘泉路 371522-K02
[Gānquán Lù]

在县境东部。北起耕莘街，南至武阳街。沿线与滨河南路、滨河北路、振兴街、伊园街、鸿图街、创业街、小康街相接。长 5.6 千米，宽 50.0 米，沥青路面。1993 年开工，1994 年建成，2000 年、2007 年、2011 年扩建。因路旁甘泉井遗迹得名。两侧有人民广场、伊尹酒店、就业培训中心大学生孵化基地、电子商务产业园、金水温泉酒店、莘县一中等。是县城东部的南北主干道，通公交车。

商业街 371522-K03
[Shāngyè jiē]

在县境中部。东起甘泉路、西至工农路。沿线与莘阳路、通运路、皇行路、莘亭路、建设路、新华路、工农路相交。长 2.4 千米，宽 18.0 米，沥青路面。1969 年开工，1973 年、1985 年改扩建。因文化局、文化馆、文庙都在此街，故名文化街。后因此街商贸发达，遂名商业街。两侧有燕塔金街、文庙、成和商厦、春笋幼儿园、中心市场等。通公交车。

新华路 371522-K04
[Xīnhuá Lù]

在县境中部。北起鸿图街，南至滨河南路。沿线与文化街、民主街、政府街、商业街、振兴街、大安街、伊园街相交。长 3.5 千米，宽 36.0 米，沥青路面。1984 年开工，1991 年、1992 年、1993 年、2006 年改扩建。因该街与振兴街相交处有新华书店而定名为新华路。两侧有中心市场、图书馆、同仁医院、明天幼儿园、鲁西驾校等。通公交车。

桥梁

蔡庄大桥 371522-N01

[Càizhuāng Dàqiáo]

在县境东南部。桥长 155.6 米，桥面宽 24.5 米，最大跨度 23.5 米，桥下净高 4.9 米。1994 年动工，同年建成。因位于蔡庄西得名。为大型公路桥，结构型式为混凝土预应力空心板桥。最大载重量 30 吨。通公交车。

车站

莘县汽车站 371522-S01

[Shēnxiàn Qìchē Zhàn]

长途汽车客运站。在莘县伊园街中段路南，莘县城区东北部。1952 年始建，1970 年移至今通运路与振兴街交叉口的东北角，2004 年搬迁至现址。占地面积 2 0601.5 平方米，候车室使用面积 1 500 平方米。现拥有 1 个候车厅、10 个发车位及 1 栋办公楼，配有远程网络售票系统、电子导乘系统、危险物品检测系统等现代化设施。始发班次 203 个，过往班次 35 余个，平均日旅客发运量 2 200 人，年旅客发送量达 80 万人次以上，是莘县唯一的客运集散中心。

茌平县

城市道路

铝城路 371523-K01

[Lǚchéng Lù]

在县境北部。西起茌新河，东至任匠村。沿线与西环路、龙山街、枣乡街、中心街、商业街、东环路相交。长 11.4 千米，宽 27.0 米，沥青路面。2003 年建成。因茌平有铝城之称得名。两侧有茌平新汽车站、正泰大酒店、信发集团。是连接其他县市的重要东西向交通道路，通公交车。

新政路 371523-K02

[Xīnzhèng Lù]

在县境中部。西起龙山南街，东至东外环路。沿线与枣乡街、顺河街、中心街、商业街相交。长 5.8 千米，宽 20.0~60.0 米，沥青路面。1980 年开工，同年建成，2013 年扩建。因行政机关均设置在该道路，故名。两侧有县环保局、县地税局、县卫生局、人民广场、县招商局、县农业局、县农机局、县工商局、县教育局等。是县内主要东西走向交通干线，通公交车。

文化路 371523-K03

[Wénhuà Lù]

在县境南部。西起枣乡街，东至迎宾大道。沿线与中心街、顺河街、沿河小路相交。长 1.3 千米，宽 20.0 米，沥青路面。1997 年开工，1998 年建成，2003 年改建。该地属于县里文化起源发源地，茌平一中、职业高中坐落在该路段，故名文化路。两侧有县劳动局、县委党校、县医院等。是县内主要东西走向交通干线，通公交车。

枣乡街 371523-K04

[Zǎoxiāng Jiē]

在县境西部。北起信发路，南至枣乡大桥。沿线与铝城路、振兴路、新政路、文化路、文化南路、汇鑫路、民生路、建设路相交。长 5.9 千米，宽 62.0 米，沥青路面。2003 年开工，2004 年建成。因茌平盛产博陵枣而得名。两侧有城关中学、枣乡街小学、县财政局、县地税局、县国税局、实验小学、县公安局、县审计局等。是县内主要南北走向交通干线，通公交车。

中心街 371523-K05
[Zhōngxīn Jiē]

在县境中部。北起北环路，南至汇鑫路。沿线与铝城路、泰和路、振兴路、新政路、隅东隅西路、文化路、文化南路相交。长10.2千米，宽27.0米，沥青路面。1993年开工，1995年建成，2007年扩建。以位于城区中心位置而得名。两侧有茌平县人民政府、县妇幼保健院、县住建局、县档案局等。是县内主要南北走向交通干线，通公交车。

迎宾大道 371523-K06
[Yíngbīn Dàdào]

在县境东部。北起新政路，南至南环路。沿线与隅东路、文化路、文化南路、汇鑫路、民生路、建设路相交。长2.2千米，宽60.0米，沥青路面。2011年开工，2012年建成。迎宾大道南接济聊高速茌平出口，取迎接四方宾客之意命名。两侧有新东方建材城等。是县内主要南北走向交通干线，通公交车。

桥梁

徒骇河大桥 371523-N01
[Túhàihé Dàqiáo]

在县城西部。桥长300米，桥面宽30.0米，最大跨度20.0米，桥下净高8.8米。2006年动工，同年建成。因跨茌平县徒骇河而得名。为大型公路桥，结构型式为预应力简支空心板桥。最大载重量30吨。通公交车。

北田大桥 371523-N02
[Běitián Dàqiáo]

在县城西北部。桥长300米，桥面宽13.5米，最大跨度13.0米，桥下净高8.8米。1995年动工，1996年建成，2009年扩建。因位置临近胡屯镇北田村而得名。为大型公路桥梁，结构型式为简支空心板桥。最大载重量30吨。通公交车。

车站

茌平火车站 371523-R01
[Chípíng Huǒchē Zhàn]

铁路货运三等站。在县境北部。1999年开工，2000年4月投入使用。因位于聊城市茌平县内，故名茌平火车站。占地面积21.9公顷，建筑面积3 153平方米。有正线2条、到发线6条，北侧设有货场，有3条货物线。年发送货物80万吨。西侧衔接信发专用线，信发专用线有货物线5条、空车线1条、重车线1条。对改善茌平交通运输条件及促进茌平经济发展都具有重要意义。

博平火车站 371523-R02
[Bópíng Huǒchē Zhàn]

铁路货运站。在博平镇东南部。1997年开工，2000年4月投入使用。因位于茌平县博平镇境内，故名。总占地面积11.5公顷，总建筑面积约1 383平方米，途经线路为邯济线。博平站有到发线2条、正线2条，主要办理军用列车、货物列车和路用列车的到发和会让工作，只办理货运到达业务。对改善茌平交通运输条件及促进茌平经济发展都具有重要意义。

东阿县

城市道路

曙光街 371524-K01
[Shǔguāng Jiē]

在县境中部。东起香江路，西至西外环。沿线与环球路、人民街、前进街、青年街、工业街相交。长 5.2 千米，宽 30.0 米，沥青路面。1996 年开工，2004 年建成。寓意破晓之光已经在望，故名。两侧有东阿广场、喜鹊广场、县人民政府等。通公交车。

府前街 371524-K02
[Fǔqián Jiē]

在县境南部。北起文化街，南至老聊滑路。沿线与光明街、商业街相交。长 1.0 千米，宽 40.0 米，沥青路面。1982 年开工，1984 年建成，2014 年改扩建。因位于县人民政府前得名。两侧有县人民政府、县公安局、县体育局、百货大楼、工人文化宫等。通公交车。

前进街 371524-K03
[Qiánjìn Jiē]

在县境中部。北起北外环路，南至老聊滑路。沿线与阿胶街、光明街、文化街相交。长 3.5 千米，宽 30.0 米，沥青路面。1987 年开工，同年建成，2014 年扩建。街名寓意着东阿县发展前进的美好愿望。两侧有县环保局、县招商局、县林业局等。通公交车。

青年街 371524-K04
[Qīngnián Jiē]

在县境中部。北起阿胶街，南至老聊滑路。沿线与曙光街、文化街、商业街相交。长 1.8 千米，宽 30.0 米，沥青路面。1989 年开工，同年建成。寓意着青年人朝气蓬勃，是建设社会主义现代化强国的主力军，表示党和政府对青年寄予很大的信任和希望，故名。沿线有国税局、质监站、烟草专卖局等。通公交车。

工业街 371524-K05
[Gōngyè Jiē]

在县境东部。北起北外环路，南至老聊滑路。沿线与光明街、商业街、文化街、曙光街、阿胶街相连。长 2.8 千米，宽 50.0 米，沥青路面。1996 年开工，同年建成，2014 年改扩建。因该道路两侧曾经工业密集，故名工业街。两侧有县住房和城乡建设局、县交通局、县邮政局、实验中学、县农业局、阿胶集团等。通公交车。

阿胶街 371524-K06
[Ējiāo Jiē]

在县境北部。东起香江路，西至人民街。沿线与前进街、青年街、工业街相交。长 2.9 千米，宽 25.0 米，沥青路面。1989 年开工，2004 年建成。因该道路途经东阿阿胶集团，故名阿胶街。两侧有银座购物广场、县财政局、阿胶集团等。通公交车。

光明街 371524-K07
[Guāngmíng Jiē]

在县境南部。东起工业街，西至人民街。沿线与前进街、青年街相交。长 1.8 千米，宽 25.0 米，沥青路面。1990 年开工，2002 年建成。取光明大道之意，命名光明街。两侧有自来水公司、建材公司、第一运输公司等。通公交车。

文化街 371524-K08
[Wénhuà Jiē]

在县境南部。东起香江路，西至环球路。

沿线与人民街、前进街、青年街、工业街相交。长 2.6 千米，宽 25.0 米，沥青路面。1988 年开工，2005 年建成，2012 年改扩建。因该道路途经东阿县第一中学、东阿县第一实验小学，故名文化街。两侧有县人民政府、第一中学、第一实验小学、县住房和城乡建设局等。通公交车。

商业街 371524-K09
[Shāngyè Jiē]

在县境南部。东起香江路，西至环球路。沿线与人民街、府前街、前进街、青年街、工业街相交。长 3.5 千米，宽 25.0 米，沥青路面。1985 年开工，1997 年建成。因该道路有东阿县老百货大楼，是曾经的商贸中心，故名。两侧有县卫生局、老县医院、中医院等。通公交车。

桥梁

曙光街大桥 371524-N01
[Shǔguāngjiē Dàqiáo]

在东阿县县城西南部。桥长 60.0 米，桥面宽 20 米，最大跨度 25.0 米，桥下净高 5.0 米。1997 年动工，1998 年建成。以道路名称命名。为中型河道桥梁，结构型式为双曲拱桥。担负城区干道交通任务，最大载重量 15 吨。通公交车。

车站

东阿县长途汽车站 371524-S01
[Dōng'ē Xiàn Chángtúqìchē Zhàn]

长途汽车客运二等站。在东阿县北部。1989 年 9 月建成，2008 年 4 月搬迁到北环路中段。占地面积 4.7 万平方米。有发车位 14 个、营运线路 17 条，日发送班次 201 个，日发送旅客近 1 500 人次。是东阿县最主要的客运集散中心之一。

冠县

城市道路

西环路 371525-K01
[Xīhuán Lù]

在县境西部。南起南环路，北至冉子路。沿线与振兴路、冠宜春路、滨河路、团结路相交。长 4.4 千米，宽 100.0 米，沥青路面。1996 年开工，同年建成，2001 年、2012 年改扩建。因位于县城西部而得名。两侧有新奥光彩小学、冠州中心敬老院、县民政局等。是城区四环路之一，通公交车。

红旗路 371525-K02
[Hóngqí Lù]

在县境中部。南起南环路，北至冉子路。沿线与振兴路、冠宜春路、兴贸路、振兴路、滨河路、团结路相交。长 4.5 千米，宽 50.1 米，沥青路面。1983 年建成，1986—1996 年、2001 年、2007 年改扩建。为纪念伟大的革命先辈们而得名。沿途为城区主要商业、文化集中地。两侧有县国税局、县地税局、县公路局、县市政处、县财政局、县人民政府等。是城区主干道之一，通公交车。

武训大道 371525-K03
[Wǔxùn Dàdào]

在县境东部。南起南环路，北至济馆高速口。沿线与北环路、冉子路、振兴路、冠宜春路、滨河路、冠桑路相交。长 7.3 千米，宽 100.1 米，沥青路面。1999 年开工，2001 年建成，2006 年扩建。为纪念历史名人武训而得名。沿途为冠县主要企业集中区域。两侧有赛雅集团等。是城区南北主干道，通公交车。

东环路 371525-K04

［Dōnghuán Lù］

在县境东部。南起南环路，北至北环路。沿线与杭州路、苏州路、冉子路、振兴路、冠桑路相交。长 6.7 千米，宽 100.1 米，沥青路面。2000 年开工，2001 年建成，2005 年、2014 年改扩建。因位于县城东而得名。两侧有众泰有限公司、冠县烈士陵园、冠县殡仪馆、奈伦果汁、恒远重工、山冶重工等。是城区四环路之一，通公交车。

南环路 371525-K05

［Nánhuán Lù］

在县境南部。西起西环路，东至东环路。沿线与红旗路、建设路、武训大道相交。长 6.2 千米，宽 100.1 米，沥青路面。2000 年开工，2001 年建成。因位于县城南而得名。两侧有中心医院、双语育才学校、钢材市场、建材市场等。是城区四环路之一，通公交车。

团结路 371525-K06

［Tuánjié Lù］

在县境中部。西起西环路，东至武训大道。沿线与红旗路、工业路、建设路、兴华路相交。长 6.1 千米，宽 35.1 米，混凝土路面。1988 年建成，2013 年改扩建。因东段为汉族聚居区，西段为回族聚居区，取民族团结之意而得名。两侧有实验幼儿园、外国语小学等。是城区次干道之一，通公交车。

滨河路 371525-K07

［Bīnhé Lù］

在县境中部。西起西环路，东至武训大道。沿线与教育路、体育场路、红旗路、工业路、建设路、兴华路相交。长 4.1 千米，宽 25.1 米，沥青路面。1977 年开工，1988 年建成，2001 年、2007 年、2012 年改扩建。因临清泉河而得名。两侧有精英中学、冠县实验小学、中共冠县党校、清泉河风景区等。是城区次干道之一，通公交车。

冠宜春路 371525-K08

［Guànyíchūn Lù］

在县境中部。西起西环路，东至武训大道。沿线与育才路、教育路、红旗路、和平路、工业路、建设路、兴华路相交。长 4.1 千米，宽 40.1 米，混凝土路面。1983 年建成，1991 年、1996 年、2001 年、2006 年、2013 年改扩建。因冠宜春酒厂在此而得名。沿途为城区主要商业、文化集中地。两侧有县住建局、县国土资源局、冠县一中、武训高中、县医院等。是城区主干道之一，通公交车。

振兴路 371525-K09

［Zhènxīng Lù］

在县境中部。西起西环路，东至东环路。沿线与教育路、红旗路、和平路、工业路、建设路、兴华路、武训大道相交。长 6.1 千米，宽 43.1 米，混凝土路面。1988 年建成，2005 年改扩建。取振兴冠县之意而得名。两侧有冠星小学、冠星集团、冠县职教中心、崇文中学、武训广场、冠洲集团等。是城区主干道之一，通公交车。

冉子路 371525-K10

［Ránzǐ Lù］

在县境北部。西起西环路，东至东环路。沿线与教育路、红旗路、和平路、工业路、建设路、清泉路、武训大道、兴业路相交。长 6.1 千米，宽 100.1 米，沥青路面。2000 年、2007 年、2013 年改扩建。春秋时期，孔子及弟子冉子来冠县讲学，冉子不幸病故，葬于冠县，为纪念冉子而得名。两侧有冠县火车站、冠县长途汽车站、建安商贸城、宝信物流园、新瑞集团、工业区管委会等。是进入县城主要干道之一，通公交车。

北环路 371525–K11
[Běihuán Lù]

在县境北部。西起冠北路，东至东环路。沿线与建设路、清泉路、武训大道相交。长 6.4 千米，宽 100.1 米，水泥沥青路面。2011 年开工，2013 年、2014 年改扩建。因位于县城北部而得名。两侧有清华园学校等。为城区四环路之一，通公交车。

建设路 371525–K12
[Jiànshè Lù]

在县境东部。南起南环路，北至北环路。沿线与冉子路、白杨路、振兴路、冠宜春路、滨河路、团结路相交。长 4.5 千米，宽 50.1 米，沥青路面。1983 年建成，1997 年、2001 年、2012 年、2014 年改扩建。因当时路旁正在建设新区而得名。两侧有清华园学校、中医院等。是县城主干道之一。通公交车。

桥梁

任家洼桥 371525–N01
[Rénjiāwā Qiáo]

在县城东部。桥长 546.5 米，桥面宽 16 米，最大跨度 20 米。1949 年动工，1989 年改建，2007 年重建。因位于定远寨镇任家洼东而得名。为大型公路桥，结构型式为钢筋灌注桩预应力空心板桥。最大载重量 55 吨。

七一大桥 371525–N02
[Qīyī Dàqiáo]

在县城西部。桥长 975.1 米，桥面宽 16 米，最大跨度 60 米。2011 年动工，2012 年建成。因 7 月修建，故名七一大桥。为大型公路桥，结构型式为预应力钢筋混凝土连续梁桥。最大载重量 55 吨。

车站

冠县汽车站 371525–S01
[Guànxiàn Qìchē Zhàn]

长途汽车客运二等站。在冠县城区北部。1951 年建立，1979 年 3 月迁至冠县振兴路 51 号，2004 年 9 月搬迁至冉子路中段南侧。因位于冠县，主营汽车运输业务而得名。占地面积 20 980 平方米，拥有站前广场、停发车场、候车室，28 个发车位，30 条营运线路，日发送班次 386 个，日发送旅客 3 000 人次左右。主要承担县内与周边地区公路交通客运任务，是冠县对外交通的渠道之一。

高唐县

城市道路

光明路 371526–K01
[Guāngmíng Lù]

在县境北部。西起超越路，东至东外环路。沿线与汇鑫路、滨湖路、北湖路、管道街、东兴路相交。长 7.1 千米，宽 50.0 米，沥青路面。2006 年开工，2014 年建成。该路名取“迈开大步，走向光明”之意，故名。两侧有高唐县泉林纸业集团、高唐县泉林电厂、山东蓝山集团等。是县城东西走向主要干道，通公交车。

泉林路 371526-K02

[Quánlín Lù]

在县境北部。西起超越路，东至盛世路。沿线与汇鑫路、滨湖路、北湖路、管道街、春长街、东兴路相交。长 5.9 千米，宽 90.0 米，沥青路面。2005 年开工，2006 年建成。因泉林集团而得名。两侧有山东中信建工集团、高唐汽车站等。是县城东西走向主要干道，通公交车。

人和路 371526-K03

[Rénhé Lù]

在县境北部。西起超越路，东至东外环路。沿线与汇鑫路、滨湖路、北湖路、管道街、春长街、东兴路相交。长 7.1 千米，宽 80.0 米，沥青路面。2002 年开工，2006 年建成。路名取“盛世太平，政通人和”之意，故名。两侧有高唐县国土资源局等。是县城东西走向主要干道，通公交车。

金城路 371526-K04

[Jīnchéng Lù]

在县境中部。西起超越路，东至盛世路。沿线与汇鑫路、滨湖路、北湖路、官道街、春长街、东兴路相交。长 8.9 千米，宽 60.0 米，沥青路面。1986 年开工，2011 年建成。因高唐素有“金高唐”美誉，故名。两侧有高唐县人民医院、高唐县林业局、高唐县文广新局、高唐一中纪念广场等。是县城东西走向主要干道，通公交车。

鼓楼路 371526-K05

[Gŭlóu Lù]

在县境中部。西起西外环路，东至盛世路。沿线与超越路、汇鑫路、滨湖路、南湖路、北湖路、官道街、春长街、东兴路相交。长 7.1 千米，宽 45.0 米，沥青路面。1995 年开工，1997 年建成，2001 年、2002 年、2006 年、2010 年、2011 年改扩建。因沿途有古钟楼而得名。两侧有时风集团、泉林酒店、文化广场、第一实验幼儿园、第二实验幼儿园、交通大厦、第一实验小学等。是县城东西走向主要干道，通公交车。

时风路 371526-K06

[Shífēng Lù]

在县境中南部。西起超越路，东至盛世路。沿线与汇鑫路、滨湖路、南湖路、管道街、春长街、东兴路相交。长 7.1 千米，宽 70.0 米，沥青路面。1995 年开工，2014 年建成。因时风集团而得名。两侧有高唐县职业教育中心学校、高唐县第二中学、时风工业园等。是县城东西走向主要干道，通公交车。

政通路 371526-K07

[Zhèngtōng Lù]

在县境南部。西起西外环路，东至盛世路。沿线与超越路、汇鑫路、滨湖路、南湖路、管道街、春长街、东兴路相交。长 7.2 千米，宽 90.0 米，沥青路面。1995 年开工，2014 年建成。路名取“盛世太平，政通人和”之意，故名。两侧有高唐县人民政府、高唐县人民法院、高唐县人民检察院、高唐县人民广场、时风电厂等。是县城东西走向主要干道，通公交车。

超越路 371526-K08

[Chāoyuè Lù]

在县境西部。北起北外环路，南至南外环路。沿线与光明路、泉林路、人和路、金城路、鼓楼路、时风路、政通路相交。长 8.4 千米，宽 90.0 米，沥青路面。2002 年开工，2004 年建成。因超越集团而得名。两侧有超越纺织股份有限公司、东大集团、高建集团、时风热电产业园等。是县城南北走向主要干道，通公交车。

汇鑫路 371526-K09
[Huìxīn Lù]

在县境西部。北起北外环路，南至政通路。沿线与光明路、泉林路、人和路、金城路、鼓楼路、时风路、政通路相交。长 6.8 千米，宽 65.0 米，沥青路面。2001 年开工，2010 年建成。因位于汇鑫街道而得名。两侧有山东智德纺织有限公司、高唐县开发区管委会、高唐县时风中学等。是县城南北走向主要干道，通公交车。

滨湖路 371526-K10
[Bīnhú Lù]

在县境中西部。北起光明路，南至南外环路。沿线与泉林路、人和路、金城路、鼓楼路、时风路、政通路相交。长 8.9 千米，宽 80.0 米，沥青路面。1985 年开工，2014 年建成。因为此路濒临高唐县南湖和北湖，故名滨湖路。两侧有高唐汽车站等。是县城南北走向主要干道，通公交车。

北湖路 371526-K11
[Běihú Lù]

在县境中部。北起光明路，南至鼓楼路。沿线与泉林路、人和路、金城路相交。长 4.6 千米，宽 50.0 米，沥青路面。1986 年开工，2013 年建成。因此路横跨高唐县北湖，故名。两侧有泉林大酒店、高唐县人民医院等。是县城南北走向主要干道，通公交车。

官道街 371526-K12
[Guāndào Jiē]

在县境中部。北起光明路，南至南外环路。沿线与泉林路、人和路、鼓楼路、时风路、政通路街相交。长 10.6 千米，宽 80.0 米，沥青路面。1996 年开工，同年建成，2002 年、2003 年、2012 年、2014 年改扩建。因为此路在历史上即为县城交通要道，古时称官马大道，故名官道街。两侧有建设银行高唐支行、农业银行高唐支行、中国银行高唐支行、金城广场、县委党校等。是县城南北走向主要干道，通公交车。

春长街 371526-K13
[Chūncháng Jiē]

在县境中部。北起泉林路，南至政通路。沿线与人和路、金城路、鼓楼路、福源路、时风路相交。长 3.8 千米，宽 50.0 米，沥青路面。1988 年开工，2012 年建成。取“春风长绿”之意命名。两侧有交通大厦、高唐县第四实验小学等。是县城南北走向主要干道，通公交车。

盛世路 371526-K14
[Shèngshì Lù]

在县境东部。北起光明路，南至政通路。沿线与泉林路、人和路、金城路、鼓楼路、福源路、时风路相交。长 4.1 千米，宽 90.0 米，沥青路面。2000 年开工，2004 年建成。取“政通人和，盛世太平”之意命名。两侧有高唐县盛世农资市场、高唐中华农机厂、高唐县金华农机厂、森广驴肉加工厂等。是县城南北走向主要干道，通公交车。

桥梁

马桥桥 371526-N01
[Mǎqiáo Qiáo]

在高唐县县城西部。桥长 204.8 米，桥面宽 7.8 米，最大跨度 20 米，桥下净高 10 米。1992 年动工，同年建成，2002 年扩建。因在马桥村而得名。为大型公路桥，结构型式为钢筋混凝土空心板梁桥。最大载重量 30 吨。通公交车。

车站

高唐汽车站　371526–S01

[Gāotáng Qìchē Zhàn]

长途汽车客运二等站。在高唐县城西北部。2005 年 3 月开工，2006 年 10 月建成并投入使用。占地面积 35 651 平方米，建筑面积 10 000 平方米，站内设有候车大厅、售票大厅、旅客问讯处等服务设施。主要营运线路有公交线路 11 条，城区公交线路 6 条，市际线路 7 条，省际线路 4 条，区内线路 2 条。拥有客运车辆 208 部，其中长途客车 53 部，公交客车 155 部。日发班次 240 多班次，接送过路班车 268 班次，年客运量 180 万人。是目前山东省内设备最完整、功能最先进、建设标准最高的二级客运站之一。

四　自然地理实体

聊城市

河流

徒骇河 371500-22-A-a01
[Túhài Hé]

外流河。在省境西北部。因“徒骇者，禹疏九河，用工极众，故人徒惊骇也”，而得名。发源于莘县古云镇文明寨，流经阳谷县东昌府区、茌平区、高唐县、禹城市，至沾化县注入渤海。河长 420 千米，流域面积 1.4 万平方千米。纵比降时陡时缓。河流主要靠降水补给，干旱时河流无水，靠从黄河引水，平均每年从黄河引水 28 亿立方米。由于黄河含沙量大，河道淤积严重，五年之内（1979—1983）淤积泥沙 2 800 万立方米。徒骇河不仅用作排水除涝，还能引黄灌溉。主要支流有老赵牛河、苇河、赵王河、秦口河、土马河等。

马颊河 371500-22-A-a02
[Mǎjiá Hé]

外流河。在省境北部。因至唐朝形似“马脸”而得名。起源于河南省濮阳市，流经莘县、冠县、东昌府区、茌平县、临清市，在无棣县黄瓜岭流入渤海。市境内长 124 千米，宽度 60 米，流域面积 2 805.8 平方千米，径流量 184~514 立方米 / 秒。发展水产养殖业。无通航能力。主要支流有鸿雁渠、辛庄沟、元庄沟、道庄沟和沙姑庙沟。

金线河 371500-22-A-a03
[Jīnxiàn Hé]

徒骇河支流。在省境西部，市境西南部。相传古时在谷疃村北开挖河道时，曾挖出一条长长的金线，经擦洗后鲜艳光亮，当时的知县认为这是吉祥之兆，便将这条新开挖的河流命名为金线河。发源于莘县樱桃园镇境内，流经莘县、阳谷县，于李风桃村注入徒骇河。长 55.4 千米，宽 10 米，流域面积 172 平方千米，径流量 35 立方米 / 秒。主要功能为灌溉、水产养殖。主要支流雷庄沟。

金堤河 371500-22-A-a04
[Jīndī Hé]

外流河。在省境西部，县境西南部。发源于河南省新乡市，经浚县、濮阳县、范县、莘县、阳谷县，于台前县东张庄闸汇入黄河。长 158.6 千米，宽 75 米，流域面积 5 047 平方千米。径流量 2.22 亿立方米 / 秒。主要功能为灌溉、水产养殖。

临清市

河流

卫运河 371581-22-A-a01
[Wèi Yùnhé]

外流河。在省境西部，市境西南部。战国前叫清水，后因发源于卫国又主要流经卫国，故称卫河。1949 年后称卫运河。发源于卫河和漳河的交汇处，流经烟店镇、唐园镇、青年街道、先锋街道后到河北省沧州地区，直到天津与海河汇流入海。长 44.2 千米，宽 600~2 200 米，流域面积 38 000 平方千米，径流量 26.3 立方米 / 秒。是一条以防洪、灌溉综合利用为主要功能的河道。

阳谷县

河流

黄河 371521–22–A–a01
[Huáng Hé]

外流河。在省境北部。因水色浑黄而得名。在古籍中最早称“河”，《汉书》中始有黄河之称。发源于青藏高原巴颜喀拉山北麓的约古宗列盆地，自西向东分别流经青海、四川、甘肃、宁夏、内蒙古、陕西、山西、河南及山东 9 个省（自治区），最后流入渤海。全长约 5 464 千米，流域面积约 752 443 平方千米。河水夹带到下游的泥沙总量，平均每年超过 16 亿吨，其中有 12 亿吨流入大海，剩下 4 亿吨长年留在黄河下游，形成冲积平原，有利于种植。黄河是中华文明最主要的发源地，中国人称其为“母亲河”。黄河流域有肥原沃土，物产丰富，山川壮丽，居民几占中国总人口四分之一，耕地则约占全国 4 成。黄河源流段从星宿海至青海贵德，上游段自贵德至江西省河口镇，中游段从河口镇到河南孟津，下游段自孟津到山东利津县注入渤海。主要支流有汾河、洮河、渭河等。

京杭大运河 371521–22–A–a02
[Jīngháng Dàyùnhé]

人工水道。在省境北部，市境西部。因起止点而得名。发源于北京通州，流经北京、河北、天津、山东、江苏和浙江，最终流入钱塘江。全长 1 797 千米，山东境内长 643 千米，宽 70~90 米。京杭大运河的通航里程为 1 442 千米，其中全年通航里程为 877 千米。可分为通惠河、北运河、南运河、鲁运河、中运河、里运河、江南运河七段。

新金线河 371521–22–A–a03
[Xīn Jīnxiàn Hé]

徒骇河支流。在省境西部，县境西南部。相传古时在谷疃村北开挖河道时，曾挖出一条长长的金线，经擦洗后鲜艳光亮，当时的知县认为这是吉祥之兆，便将这条新开挖的河流命名为金线河，后因河流改道扩建，称此河为新金线河。发源于西湖镇范庄村，流经高庙王镇、西湖镇、大布乡、定水镇，于李丙东村入徒骇河。长 26 千米，宽 11 米，流域面积 259 平方千米，径流量 32.1 立方米 / 秒。主要功能为灌溉、水产养殖。主要支流有苏王董支渠。

运河杈 371521–22–A–a04
[Yùnhé Chà]

小运河支流。在省境西部，县境东南部。为疏浚运河而开挖，因形似一树杈而得名。发源于黄河，流经陶城铺，于张秋镇下闸村北汇入小运河。长 6.3 千米，宽 9 米，流域面积34平方千米，径流量 12.7 立方米 / 秒。主要功能为灌溉、水产养殖。主要支流有赵店沟。

小运河 371521–22–A–a05
[Xiǎo Yùnhé]

徒骇河支流。在省境西部，县境东部。来源于京杭大运河，为京杭大运河的一部分。发源于张秋镇东街张秋闸，跨张秋镇、阿城镇、七级镇，于苏里井南入赵王河。

长 39.5 千米，宽 16 米，流域面积 331 平方千米，径流量 74.5 立方米 / 秒。主要功能为灌溉、水产养殖。

羊角河 371521-22-A-a06
[Yángjiǎo Hé]

外流河。在省境西部，县境北部。因形似羊角，故名羊角河。发源于侨润街道小迷魂阵村，流经侨润街道、大布乡、石佛镇、定水镇、郭屯镇，于郭店屯镇宋堤口入徒骇河。境内全长 17 千米，宽 15 米，流域面积 56.9 平方千米。主要功能为灌溉、水产养殖。主要支流有石佛公路沟。

东阿县

河流

赵牛新河 371524-22-A-a01
[Zhàoniú Xīnhé]

外流河。在省境西部，县境东北部。因有知县赵清、县丞牛文浚之，故名赵牛河，后因官路沟纳入赵牛河，统称赵牛新河。发源于鱼山镇大姜村，流经铜城街道、新城街道、姚寨镇，在高集镇东娄村出境，注入徒骇河。长 43.4 千米，宽 37 米，流域面积 455 平方千米，流量 56.7 立方米 / 秒。河流泥沙量大。沿岸文化遗址丰富，有仓颉墓、张本家族墓、鱼山曹植墓、王宗汤遗址等。主要功能为灌溉、水产养殖。主要支流有官路沟、二干渠、十六米沟、高集杨柳边界沟、东阿齐河边界沟。

中心河 371524-22-A-a02
[Zhōngxīn Hé]

外流河。在省境西部，县境东北部。原名新河，清咸同年间，黄河决口冲刷成河，又名丰民渠。1945 年后经大力治理，因居黄河和赵牛新河之间，改名中心河。发源于陈集镇朱旺山南，流经陈集镇、姚寨镇、大桥镇、牛角店镇，于高集镇朱场村东北出境，入德州市齐河县仁里集，与巴公河汇流入赵牛新河。长 25.4 千米，平均宽 27 米，流域面积 211 平方千米。流量 35.0 立方米 / 秒。河流泥沙量大。沿岸文化遗址丰富，有王集遗址、大窑遗址等。主要功能为灌溉、水产养殖。主要支流有国侯沟。

新巴公河 371524-22-A-a03
[Xīn Bāgōng Hé]

外流河。在省境西部，县境东南部。因下游入巴公河，时称巴公一干。1962 年平渠还耕时，该段仍作为排水河道保留，上至新旧城闸，下至齐河界统称巴公河。1997 年 7 月，将牛角店镇的国侯沟纳入巴公河，统称新巴公河。发源于鱼山镇旧城新村，流经铜城街道、大桥镇、姚寨镇，于牛角店镇刘营村出境，于德州市齐河县仁里集北入赵牛新河。长 23.7 千米，平均宽 5 米，流域面积 109.4 平方千米，流量 28.6 立方米 / 秒。河流泥沙量大。沿岸文化遗址丰富，有冢子遗址、香山遗址等。主要功能为灌溉、水产养殖。主要支流有海棠沟。

五　名胜古迹、纪念地和旅游地

东昌府区

纪念地

孔繁森同志纪念馆 371502-50-A-c01
[Kǒngfánsēn Tóngzhì Jìniànguǎn]

在城区中部。因纪念孔繁森同志而得名。1995 年 9 月 10 日开馆，2013 年 4 月改扩建，次年 2 月投入使用。纪念馆占地面积 1.9 万平方米，主体建筑 8 700 平方米，绿化率 43.3%，包括基本陈列展厅、交流展厅、综艺展厅、影视报告厅、阳光大厅和纪念广场。基本陈列展厅集中展示孔繁森的典型事迹，交流展厅、综艺展厅和影视报告厅常年承办文化主题展示和公益活动，纪念广场是聊城新的文化地标和英模文化主题公园。下辖孔繁森纪念园，是孔繁森同志的骨灰安放地。孔繁森同志纪念馆全面宣传了孔繁森同志的光辉事迹。通公交车。

重点文物保护单位

光岳楼 371502-50-B-a01
[Guāngyuè Lóu]

在城区中部。明弘治九年（1496），吏部考功员外郎李赞在《题光岳楼诗序》中曰“‘光岳楼’，取其近鲁有光于岱岳也”，因此得名。明洪武七年（1374）始建。1984 年 5 月至 1985 年 12 月对光岳楼主楼进行了全面维修。占地面积 1 236 平方米，外观为过街式四重檐歇山十字脊楼阁，由 4 个半圆拱门和 50 多级台阶组成。坐北朝南，分为墩台和主楼两部分。墩台为砖石砌成的正四棱台，南向拱门两侧又各开一小拱门。主楼筑在高台之上，全为木结构，方形外加围廊，高约 24 米，4 层 5 间，歇山十字脊顶，四面斗拱飞檐，且有回廊相通。是中国既古老又雄伟的木构楼阁，是宋元建筑向明清建筑过渡的代表作，在中国古代建筑史上有着重要地位。1988 年 1 月被批准为国家级文物保护单位。

山陕会馆 371502-50-B-a02
[Shānshǎn Huìguǎn]

在区境南部。是由山西、陕西商人为了联乡谊、祀神明而兴建的一处神庙与会馆相结合的建筑群，故名山陕会馆。乾隆八年（1743）始建，历时四年，山门、正殿等主体工程竣工，其后逐年扩修，至嘉庆十四年（1809），方具现今之规模。会馆长 77 米，宽 43 米，占地面积 3 311 平方米。沿中轴线由东到西依次为山门、戏楼、钟鼓楼、南北看楼、碑亭、中献殿、关帝殿、春秋阁。南北对称组建各种楼和房，形成封闭式的三个院落，共有亭台楼阁 160 多间。山陕会馆是历史上聊城商业发达、经济繁荣的见证，它的石雕、木雕、砖雕和绘画工艺对于研究中国的古代建筑史、商贸史、戏剧史、运河文化史、书法、绘画、雕刻艺术史以及清代资本主义萌芽因素的产生具有极高的资料价值。1988年6月被批准为国家级文物保护单位。

隆兴寺铁塔 371502-50-B-a03

[Lóngxīngsì Tiětǎ]

在区境南部。因在隆兴寺内并以铁石等材料建设而得名。始建于宋代，明永乐年间倒塌，成化二年（1466）由隆兴寺主持祖崇等僧众重新竖立。后因年久失修大部倾圮，仅存底部五层。1973年整修复原。塔为八角形仿木结构铸铁式佛塔，由地宫、塔座、塔身、塔刹四部分组成，塔座高3米，塔身高15.5米。地宫内出土有铜菩萨、铜佛、青花瓷瓶、瘗钱、舍利子等佛教器物。隆兴寺铁塔是我国为数不多的铁石建筑，是中国六大古铁塔之一，不论在建筑风格，还是在石雕艺术上，都有较高的研究价值。2006年5月被批准为国家级文物保护单位。通公交车。

土桥闸遗址 371502-50-B-a04

[Tǔqiáozhá Yízhǐ]

在区境北部。因该遗址在区境梁水镇镇土闸村而得名。始建于明代，2010年8月至12月对土桥闸遗址进行了全面发掘。土桥闸主要由两侧石砌燕翅及闸口构成。燕翅系长方形青石材砌成，两翼向外延伸，上部砌石已坍塌多层，唯西侧保存较好。闸口由两侧的燕翅围拢而成，为水流、船只通道，长约5米，宽约7.5米，水面上残高约2米，中部为闸门所在，两侧还有宽约30厘米、深约6厘米的闸门槽。土闸建造年代较早，为当时运河上重要水利设施，其设计坚固合理，施工精细，为研究同类型水利设施提供了重要的参考资料，对研究运河漕运历史及水利工程发展具有重要意义。2013年5月被批准为国家级文物保护单位。有公路经此。

海源阁 371502-50-B-b01

[Hǎiyuán Gé]

在城区中部。海源阁之名取自《学记》“先河后海”语意。由清代藏书家杨以增于清道光二十年（1840）创建，1992年10月重新修复。海源阁为三间硬山脊南向楼阁，面阔三间，上下两层，下为杨氏家祠，上为宋元珍本及手抄本等秘籍收藏处。藏书楼前有一长条状小院，东侧有两座长廊式高台读书亭。楼下东首为通往后院的通道，杨宅第四进院内为海源阁明清版本藏书处。海源阁为清代四大私人藏书楼之一，是中国历史上官私藏书的典范，为我国文化事业的发展做出了积极贡献。1956年12月被批准为省级文物保护单位。

堂邑文庙 371502-50-B-b02

[Tángyì Wénmiào]

在区境西部。因处于堂邑镇的文庙建筑群而得名。金大定年间始建。现存建筑占地十余亩，建筑面积1 316平方米，有棂星门、泮池、大成门、金声门、玉振门、大成殿、乡贤祠、名宦祠等二十余间。大成殿为文庙的中心建筑，面阔五间，进深三间，筑于高60厘米的砖台之上，大殿正面主、次间辟门，梢间设窗，门前有一宽6米、长18米的月台。后面主间辟门，两侧各设一窗。大成殿梁架为斗拱抬梁式结构。大成殿是孔庙的主体建筑，是祭祀孔子的中心场所。是鲁西北地区最完整的文庙建筑群，为研究明清文庙建筑提供了实物依据。2006年12月被批准为省级文物保护单位。有公路经此。

聊古庙遗址 371502-50-B-b03

[Liáogǔmiào Yízhǐ]

在区境北部。因颛顼庙又名聊古庙而得名。龙山文化至商周时期遗址。遗址为方形高台地，暴露面积约 3 000 平方米，文化层厚约 2 米。遗址表面散布着大量陶片，可识器型有龙山文化时期的罐、杯、豆、盆，殷代的鬲，周代的绳纹筒瓦等。颛顼庙是祭祀颛顼的庙宇，有钟楼、鼓楼、大殿、廊房、后楼等建筑。颛顼墓在颛顼庙后，为长方形高台地。圣水井为一古井，井水甘洌清澈，“圣泉携雨”为聊城古八景之一。1945 年庙毁，现仅存遗址。遗址对研究聊城城市变迁史、聊城历史、史前文明有重要价值。2013 年 10 月被批准为省级文物保护单位。有公路经此。

梁乡闸 371502-50-B-b04

［Liángxiāng Zhá］

在区境北部。因所在地而得名。明永乐九年（1411）始建，1951 年重新治理张秋镇至临清河段，维修梁乡闸。闸跨南北向河道，闸南北长约 40 米，东西宽约 20 米，主要由两侧石砌燕翅及闸口构成。燕翅系长方形青石材砌成，现存十余层高，两翼向外延伸，上部砌石保存较好，两侧路面上仍可见砌石基体，向西延伸约 32 米。闸口由两侧的燕翅围拢而成，为水流、船只通道，长约 5 米，宽约 7.5 米，中部原为闸门所在，两侧还有宽约 30 厘米、深约 6 厘米的闸门槽。梁乡闸为当时运河上的重要水利设施，见证了当年漕运兴盛，更是研究运河漕运历史及水利工程发展的重要实物资料，具有较高的学术价值。2013 年 10 月被批准为省级文物保护单位。有公路经此。

堠堌汉墓 371502-50-B-b05

［Hòugù Hànmù］

在区境西北部。因所在地而得名。东汉墓葬。占地面积 11 877 平方米。墓葬高大，墓冢呈覆斗状，封土高 16 米，底边南北长 110 米、东西长 107 米，为东汉清河王刘庆之墓。在封土上发现有唐代的陶质兽面瓦当、青砖残片，宋代的瓷质碗底、碗口沿残片。是目前聊城市发现的唯一王侯级墓葬，有重要的考古价值，也为东汉时期东昌府区及周边县市的城市历史研究提供了实例。2006 年 12 月被批准为省级文物保护单位。

范公祠 371502-50-B-b06

［Fàngōng Cí］

在区境北部。因该祠堂为纪念范筑先将军而得名。1947 年始建。范公祠原面积 4 899 平方米，有正门、大殿、二殿、东西厢房、纪念塔等建筑，塔后是范公祠正殿，殿内正中安放范筑先将军戎装塑像，两侧墙壁上绘有多幅抗战壁画。现仅存大门、纪念塔和石碑，面积共 27.3 平方米。具有重要爱国主义教育意义。2013 年 10 月被批准为省级文物保护单位。有公路经此。

道署西街老粮库 371502-50-B-b07

［Dàoshǔxījiē Lǎo Liángkù］

在城区中部。因在道署西街路北市粮食局院内而得名。明洪武三年（1370）始建，曾多次重修。现址上有改建的粮库 8 个，建筑面积 1 834 平方米。老粮库形制特殊，风格独特。其中，1、2 号粮库共 12 间，坐北朝南，青砖砌墙，屋顶起脊，外墙写有《愚公移山》全文，东、西山墙均写有毛主席语录，均白地黄字，系重要文化遗存。3、4 号粮库共 12 间，坐北朝南，青砖砌墙，屋顶起脊，墙上有毛主席《纪念白求恩》全文和“为人民服务”的黄漆字，东西山墙为毛主席题词。5、6 号粮库共 12 间，坐南面北，与 3、4 号粮库相向而立，构成一个四方小院，东西山墙有毛主席语录等标语。7、8 号粮库共 12 间，坐北面南，中有前后门，上有通风窗，下有通风口。为研究当时建筑风格和社会形态提供了实物依据。2013 年 10 月被批准为省级文物保护单位。通公交车。

重要景点和一般名胜古迹

聊城东昌湖旅游区 371502-50-D-a01
[Liáochéng Dōngchānghú Lǚyóuqū]

在区境西南部。因景区内主要景点东昌湖而得名。整个景区主要分为东昌湖、运河两大区域，主要景点有名人岛、水城广场、湖滨公园、湖心岛、水车园、荷香岛、百竹园、湿地公园、沙滩浴场、金凤广场、腾龙广场、廊桥、运河大小码头等，建筑主要有江北水寨、明珠剧场、二十一孔桥、光岳楼、孔繁森纪念馆、运河文化博物馆、山陕会馆、范筑先纪念馆等。东昌湖风景区是聊城极具水文化特色的旅游资源，集中体现了聊城“水、古、文”的特色，营造出聊城“城中有湖，湖中有城，城湖河一体”的独特风貌。2006 年 10 月被评为国家 AAAA 级旅游景区。通公交车。

堂邑民俗旅游区 371502-50-D-a02
[Tángyì Mínsú Lǚyóuqū]

在区境西部。因在堂邑镇，以民俗文化旅游为特色而命名。整个景区内主要景点有堂邑文庙、孔繁森故居、孔繁森陈列馆、古城墙、中国葫芦艺术博物馆、木版年画展馆、天亿顺生态园、鲁西第一村——刘庄村、中华葫芦第一村——路庄村。发挥古镇优势，修缮、治理、重建了一批有价值的古文化遗址，是一处自然景观与人文景观相结合的优秀旅游胜地。着力培植生态旅游资源，努力建设山东古镇新貌，促进旅游经济产业化。2008 年 5 月被评为国家 AA 级旅游景区。329 省道经此。

临清市

重点文物保护单位

鳌头矶 371581-50-B-a01
[Áotóujī]

在市境西部。因该建筑在河汊处垒砌石坝如鳌头突出，北支旧河临清、会通二闸与南支新河板闸、砖闸四布左右如鳌足，广济桥尾其后若鳌尾，明正德年间知州马纶因其形提名鳌头矶。明代始建，1978 年依原貌修葺一新，1984 年进一步彩绘修缮。占地 292 平方米。现存吕祖堂、望河楼、观音阁牌坊及碑刻 2 通。体现了高超的建筑技艺和不朽的艺术价值。2001 年 6 月被批准为国家级文物保护单位。有公路经此。

戴湾闸 371581-50-B-a02
[Dàiwān Zhá]

在市境东南部。因所在地而得名。元皇庆二年（1313）始建，明永乐十五年（1417）疏浚会通河，2013 年对戴湾闸进行了全面维修。由墩台、雁翅、石防墙（已毁）组成。南北相距 50 米，东西相距 100 米（现残存雁翅相距 20 米），占地 5 000 平方米。闸体由青石砌筑，条石间凿以燕尾槽铁汁浇注相牵，浑然一体。戴湾闸在会通河上属保存最为完整的闸建，是研究古代漕运、治水、运河变迁等珍贵的实物资料，具有较高的历史价值、科学价值、文物价值。2006年5月被批准为国家级文物保护单位。有公路经此。

会通闸 371581-50-B-a03
[Huìtōng Zhá]

在市境西部。此闸为元明时期会通河上的桥闸，故名会通闸。元元贞二年（1296）

始建，时称会通闸。明永乐十五年（1417），宋礼、白英重凿会通河，在临清开挖新河，新建船闸，会通闸弃用。弘治三年（1490），白昂治水时重新启用此闸。明正德年间，在两闸墩间起拱为桥，称会通桥。2013年进行了全面清理修缮。该闸由南北闸墩、闸口、雁翅、裹头、万年枋、铺底石、保护底石及木桩组成。占地面积1 147平方米，闸口东西长4.2米，南北宽6.2米，深6米。对研究古运河航运及水坝的建设有着重要的科研价值。2006年5月被批准为国家级文物保护单位。有公路经此。

临清河隈张庄明清砖窑遗址
371581-50-B-a04
[Línqīnghé Wēizhāngzhuāng Míngqīng Zhuānyáo Yízhǐ]

在市境东南部。明清时期是临清贡砖烧造地，故名。建于明初。该遗址为全国现存较大的一处贡砖烧造遗址，占地300公顷。贡砖烧造是明清时期临清手工业发展的重要标志，为研究古代宫官建筑营建、贡砖烧造、工部督理以及临清手工业和城市发展史的重要运河文化遗存。2006年5月被批准为国家级文物保护单位。京九铁路经此。

临清运河钞关 371581-50-B-a05
[Línqīng Yùnhé Chāoguān]

在市境西部。因原设机构而得名。明宣德四年（1429）始建。明万历二十七年（1599），税监马堂横征暴敛，激起民变，焚烧了马堂署，即钞关。明正德十五年（1520）重修钞关公堂。清乾隆十一年（1746）重修钞关公署。清光绪二十七年（1901），钞关署治被废弃。2000年重修钞关仪门，并对南、北穿厅进行了维修。现存有仪门、南北穿厅、船料房、书卷房等80余间古建筑，占地3 500平方米，是大运河沿线现存唯一的钞关旧址。其遗址是运河文化的重要载体，是研究我国运河经济、文化、漕运、课税、吏治等不可或缺的重要文化遗产。2001年6月被批准为国家级文物保护单位。有公路经此。

临清闸 371581-50-B-a06
[Línqīng Zhá]

在市境西部。此闸为元明时期会通河上的桥闸，是会通河临清段的最北处，与卫河相连，故名临清闸。元至元三十年（1293）开凿会通河时始建，时称临清闸。明永乐十五年（1417）宋礼、白英重凿会通河时，此闸废弃。弘治三年（1490），白昂治水时重新启用此闸。明万历年间在原闸的闸墩之上起拱为桥，称问津桥。明崇祯时续修问津桥。2013年进行了全面清理修缮。两座闸墩呈东北、西南排列，闸口宽6米。闸墩宽4.5米，长6.2米，高6.8米；闸板槽宽0.3米，深0.25~0.28米。闸墩两翼雁翅宽10.5~12米不等，裹头3~4.5米不等，占地面积525平方米。闸墩与雁翅立墙均用大型长方形石块砌筑，石块与石块间各凿有燕尾槽，用铁水浇铸成铁锔紧相连接。雁翅石墙内用三合土夯打而成。临清闸有力地证实了普遍的大运河认知价值，也为会通河历史的研究提供了新的建筑史资料。2006年5月被批准为国家级文物保护单位。有公路经此。

舍利宝塔 371581-50-B-a07
[Shèlì Bǎotǎ]

在市境西北部。因塔内存放舍利子而得名。建于明万历三十九年（1611）。该建筑为仿木构楼阁式砖塔，通高61米，八面九级，逐层略有收分，通体近乎垂直。每层八面辟窗，四明四假，明暗相错。塔顶呈将军盔形，上覆铸铁覆钵，各层辟有转角形石质梯道，可迂回逐层攀登至顶层。此塔在临清明清时期运河漕运必经要道，是商贸、官接之要冲，体现了古代劳动人民的聪明才智和艺术创造力，是中国古代建筑的杰作，亦是研究临清运河文化的宝贵资料。2001 年 6 月被批准为国家级文物保护单位。高邢高速经此。

月径桥 371581–50–B–a08

[Yuèjìng Qiáo]

在市境西部。因此桥处于临清繁华区，为观赏月景之处，故名月径桥。清顺治九年（1652）始建。该桥为砖石结构，单孔，半圆形，直径 4.6 米，孔高 2.3 米，通高 6 米，桥身长 5.8 米，桥身宽 3.1 米，桥栏砖砌高 1.3 米。东雁翅栏墙高 1~1.8 米，长 19.6 米，最宽处 5.8 米；西雁翅长 12.3 米，最宽处 11.4 米，占地面积 222 平方米。此桥是研究临清市井文化、运河城市民俗文化的重要遗存。2006 年 5 月被批准为国家级文物保护单位。有公路经此。

临清砖闸 371581–50–B–a09

[Línqīng Zhuānzhá]

在市境西部。此闸因最初为砖砌而成，故名。建于明永乐十五年（1417）。正德八年（1513）重建，砖闸改砌石堰，改阔金门口（闸口）加杉木闸板为九板。宣统三年（1911），船闸添建中墩，改闸为桥。1951 年疏浚会通河张秋至临清段，在陶城铺及牛屯设虹吸管引黄河水补充水量以利通航，同年 12 月修复临清头闸、二闸（临清砖闸），闸河重新启用。1965 年闸河头闸改建为大型扬水站，闸河作用殆尽。临清砖闸虽敷设桥板，但墩台、雁翅原建筑格局未改，占地面积 1 341 平方米。此闸与入卫南板闸（头闸）上下互联、前后启闭，形成漕河前后两座船闸，是运河入御河（卫河）漕船转漕的管控枢纽，是明清两季运河转输卫河的咽喉闸涵。该闸作为一座大运河遗址，具有运河水工和税关双重文化内涵，其文物价值、史料价值弥足珍贵。2006年5月被批准为国家级文物保护单位。有公路经此。

临清清真寺 371581–50–B–a10

[Línqīng Qīngzhēn Sì]

在市境西部。因所在地而得名。明弘治十七年（1504）始建，明嘉靖四十三年（1564）、清乾隆四十四年（1779）、清嘉庆十四年（1809）、清光绪十三年（1887）分别进行了维修。1980 年 9 月维修正殿、后殿；1988 年 5 月翻修望月楼；1989 年 9 月维修北讲堂，恢复了重檐牌坊式山门；1990 年 8 月翻修沐浴房，整修了庭院；1996 年 6 月重建了南讲堂；1999 年加宽了正门至桃园街的通道，两旁辅以装饰墙。占地面积 1.2 万平方米，所有建筑为砖木结构，中轴线上自东而西依次为山门、望月楼、正殿、后殿、后门；左右两侧对称排列角亭、经堂、沐浴房、供殿、楼、堂等建筑。清真寺既有中国宫殿建筑特点，又包含阿拉伯建筑艺术特点，是研究运河城市回族迁徙、繁衍并与汉族团结共处的地域实物资料，具有较高的文物价值。2001 年 6 月被批准为国家级文物保护单位。有公路经此。

陈公堤遗址 371581–50–B–b01

[Chéngōngdī Yízhǐ]

在市境西部。该遗址为宋代黄河故堤，因由河北运使陈尧叟所筑，故名陈公堤。宋代始建，元代黄河改道后，该堤废弃。占地 50 公顷，高 8 米，东西长 1 000 米，南北宽 150 米。现古堤及周围种植万余株桑树，其中百年古桑树 1 000 余株。遗留的百年古桑树对研究古植物学及其生态环境具有极为重要的文物价值，是研究黄河故道旧堤面貌、风土人情、环境发展的珍贵资料。2013 年 10 月被批准为省级文物保护单位。通公交车。

华美医院诊疗楼 371581-50-B-b02
[Huáměi Yīyuàn Zhěnliáolóu]

在市境西北部。因由华方捐款，美国人所建，故名华美医院。清光绪二十六年（1900）始建；1941 年关闭医院，因战火四处迁移；1950 年春由河北省威县迁入临清市，重新回到临清华美医院旧址，因保存完好，再度启用华美楼。华美医院诊疗楼为砖木结构，平面呈“T”字形，坐西朝东，占地面积 434 平方米。歇山四坡顶，面阔 60 米，进深 20 米，前后设内廊，地上两层，地下一层，内设各科室百余间。檐下饰木质斗拱，彩绘质朴，是中外建筑风格相结合的一座建筑，对研究早年西式风格建筑具有较高的参考价值。2013 年 10 月被批准为省级文物保护单位。

孙家大院 371581-50-B-b03
[Súnjiā Dàyuàn]

在市境西部。因此地为孙氏居住老宅，故名孙家大院。建于明代。占地 1 200 多平方米，坐北朝南，共四进院落。廊房的门、窗、挂络、隔扇多雕有梅、兰、竹、菊、八宝、冰凌等纹饰，颇具徽派建筑风格。此院落历代遭到数度破坏，第一进已被拆毁，但是整体院落保存完好。孙家大院是临清城市变迁的见证，是研究运河明清建筑史的实物资料，具有较高的文物价值。2006 年 12 月被批准为省级文物保护单位。

临清县衙南门阁楼 371581-50-B-b04
[Línqīng Xiànyá Nánmén Gélóu]

在市境西部。因原建筑功用而得名。明洪武二年（1369）始建，2008 年进行维修。坐北朝南，砖砌基座，占地面积 70 平方米，高 3 米，长 10 米，宽 7 米，下部辟门洞，阁楼面阔 3 间，进深 2 间，歇山卷棚顶，抬梁式木构架，筒瓦覆顶，飞檐挑角。明正统十四年（1449）在临清闸东北三里处建砖城，县治便移至城内，此地废弃，遂成为县治遗址，仅有过街门楼保存至今。此阁楼是临清治所迁徙、城市变迁和发展的见证，具有较高的文物史料研究价值。2013 年 10 月被批准为省级文物保护单位。有公路经此。

三元阁码头 371581-50-B-b05
[Sānyuángé Mǎtóu]

在市境西部。因此地原有一建筑名三元阁，故修建码头时命名为三元阁码头。明嘉靖二十一年（1542）始建，1949 年后卫运河历次清淤中都对该闸进行加固。坐东朝西，长、宽各 15 米，台高 4 米，占地 219 平方米，基础为条石砌筑。此码头当时被称为运河之上第一商业码头，是运河名城商业繁盛的渊薮之地，对研究当时临清运河漕运繁盛景象具有极高的文物价值、经济价值。2013 年 10 月被批准为省级文物保护单位。有公路经此。

冀家大院 371581-50-B-b06
[Jìjiā Dàyuàn]

在市境北部。因是冀氏修建的家族院落，故名。明洪武二十一年（1388）修建，明景泰、嘉靖、万历年增建。清嘉庆年间，武德骑尉冀辉大兴土木，构建宅第，至道光初居地 2 万平方米，房舍 400 余间。现存建筑占地 570 平方米，主院仍存两进，南跨院存四进，北跨院一进，西院一进，有穿厅、廊房、绣楼、耳房、影壁等，多饰木雕、砖雕、石雕。它是鲁西北地区保存较为完整的古民居之一，是研究明清建筑史、民俗文化、家族史不可多得的实物资料，具有较高的文物价值。2006 年 12 月被批准为省级文物保护单位。有公路经此。

汪广洋家族墓 371581-50-B-b07

[Wāngguǎngyáng Jiāzú Mù]

在市境西南部。因墓葬家族而得名。明代墓葬，2008 年汪氏后人对该墓地进行保护修缮。占地 7 000 平方米，有明清墓葬 20 座、碑刻 10 通，是汪广洋及后世子孙的墓地。该家族墓地是鲁西地域民俗文化的主要代表和集大成者，对研究明清时期鲁西民俗文化具有重要的文物价值。2013 年 10 月被批准为省级文物保护单位。有公路经此。

汪家大院 371581-50-B-b08

[Wāngjiā Dàyuàn]

在市境西部。因宅主为安徽省歙县洪琴村人汪永椿，故名汪家大院。清乾隆五十七年（1792）始建。坐北朝南，占地 2 538 平方米，三进院落。第一进由门楼、影壁组成；第二进由南房三间、西廊房三间组成，中间为天井；第三进有正屋三间、耳房两间（明间为客厅，耳房为卧室）、南北廊房各三间（南廊房已毁），中间为狭长天井。建筑结构为砖墙、木质梁架，方砖铺地，门罩、影壁砖雕朴质华丽，廊房隔扇、窗棂雕花细腻多彩。整座宅院是鲁西北地区保存较好的一处徽派建筑，对研究徽商在临清经商、善举、交往等活动，以及临清与徽商之间的社交活动、商贸促动、商贸发展等都有着可资之用。2006 年 12 月被批准为省级文物保护单位。有公路经此。

赵家大院 371581-50-B-b09

[Zhàojiā Dàyuàn]

在市境中部。因民国年间临清名医赵悦仁购得为宅第，故命名为赵家大院。明洪武五年（1372）始建。现存房屋 8 栋，占地面积 1 403 平方米。原院落共六进，现第一进、第四进已被拆毁。西跨院共三进，穿厅是硬山卷棚顶，后鼓棚与穿厅相连，柱础、枋额、雀替多有菊兰、八宝雕饰，窗棂、隔扇多有花卉、回纹雕饰。此院落作为京杭运河沿岸接待过往使节、达官、显贵、公差的驿馆旧址，存世稀少，是研究运河明清两代临清对外交流的实物资料，具有较高的文物价值。2006 年 12 月被批准为省级文物保护单位。有公路经此。

朱家大院 371581-50-B-b10

[Zhūjiā Dàyuàn]

在市境中部。清末民初时期，由朱景运购得改为私人宅邸，故命名为朱家大院。明代始建。朱家大院现为民宅，坐北朝南，占地 1 829 平方米，现存房屋 60 余间，由三处院落组合而成。前院共两进，第一进由门楼、照壁和三间北房组成；二进有廊房十五间。后院两进，第一进由南屋三间、东屋七间、穿堂一间组成（现西屋已毁）；第二进由东屋五间、北屋六间组成（现西屋已毁）。后跨院两进，第一进由北屋、南房各三间，西屋八间组成；第二进南、北屋各三间。院内建筑均为砖木结构，坚固耐劳，梁驼、雀替、门窗、挂络等木质构件雕刻有鱼莲、花卉、冰凌、八宝等吉祥纹饰。朱家大院是对研究运河文化、古建筑史不可或缺的实物资料。2006 年 12 月被批准为省级文物保护单位。有公路经此。

山东临清黄河故道省级地质公园

371581-50-B-b11

[Shāndōng Línqīng Huánghé Gùdào Shěngjí Dìzhì Gōngyuán]

在市境东北部。因依托黄河故道而建，故名。占地面积 50 公顷。公园内有沙丘、沙垄、风蚀洼地、抛物线沙丘、缓起伏沙丘、新月形沙丘、新月形沙丘链，有听涛厅、探花桥、九龙潭、东郊春树、陈公堤、大河龙里、黄河古渡雕塑等景点。景区内多年形成可作为地质研究的地质地貌，保存较完好，具有极高的科学研究、科普教育和经济开发价值，具有高品位的美学欣赏内涵。2013 年 10 月被批准为省级文物保护单位。有公路经此。

阳谷县

纪念地

刘邓大军强渡黄河战役纪念园 371521-50-A-b01

[Liúdèng Dàjūn Qiángdùhuánghézhànyì Jìniànyuán]

在县境南部。1947 年 6 月 30 日，刘伯承、邓小平率领人民解放军强渡黄河，千里跃进大别山，将渡河指挥部设在这里，故名。2012 年进行扩展式修复。纪念园分刘邓大军强渡黄河指挥部旧址、强渡黄河战役纪念馆和渡河广场三部分，再现了刘、邓两位首长带领战士渡河的情景。为广大群众缅怀革命前辈丰功伟绩、接受革命传统教育和爱国主义教育的场所。2005 年 11 月被批准为省级爱国主义教育基地。254 省道经此。

重点文物保护单位

古阿井 371521-50-B-c01

[Gǔ'ē Jǐng]

在县境东部。因所在地而得名。始建于明代，清光绪五年（1879）重建。古井造型古朴，雕琢精细。亭内有龟驮碑，高约 5 尺，宽 2 尺余，碑上篆刻“古阿井”三个大字，“井”字内还有一点。正面石柱楹联为“圣代即今多雨露，仙乡留此好源泉”，横额“济世寿人”。具有重要的考古价值。有公路经此。

重要景点和一般名胜古迹

狮子楼旅游区 371521-50-D-a01

[Shīzilóu Lǚyóuqū]

在阳谷县古城中心。因该景区围绕狮子楼及其发生的故事而建，故名。是水浒旅游线上的重点景区。狮子楼始建于宋景佑三年（1036），高 15.8 米。楼前列石狮两对，楼内陈列水浒人物塑像。主要景点有王婆茶馆、武大郎家、冷酒馆、纸扎店、西门药店、盐店、绒线铺、绸缎庄、客栈、狮子大酒楼、棋社、戏台、玉皇庙等。阳谷县狮子楼旅游区现已成为一处集旅游观光、休闲游乐、学术研讨、影视拍摄为一体的综合性旅游景区。2010 年 11 月被评为国家 AAAA 级旅游景区。通公交车。

景阳冈旅游区 371521-50-D-a02

[Jǐngyánggāng Lǚyóuqū]

在县境东部。后周显德元年（954），宰相李谷在此治理水患，积劳成疾，病逝于此。皇帝将李谷葬于此地，并亲赐御碑，碑中铭文写道：李谷学禹居山冈，脚登大堤面朝阳。亲手绘下好风景，万人歌唱李宰相……此诗前三句尾字倒念为“景阳冈”，后人为纪念李谷，遂将此地改名为景阳冈。总占地面积 33 公顷，其中水面 10 公顷。相传英雄武松在此打虎除害而名扬四海，同时也是大型龙山文化遗址。主要景点有三碗不过冈酒店、山神庙、武松打虎处、毛主席题字碑、虎文化馆、武松庙、碑林、虎池等二十余处。旅游区北部有湖面百余亩，可供游客垂钓、划船。人文与自然景观有机结合，区内沙丘起伏，林荫蔽日，飞鸟群集，是游客寻觅英雄足迹、放松身心的旅游胜地。2001 年 10 月被评为国家 AAAA 级旅游景区。324 省道经此。

莘县

纪念地

马本斋烈士陵园 371522-50-A-c01

[Mǎběnzhāi Lièshì Língyuán]

在莘县张鲁镇南部。因纪念马本斋烈士而得名。1944年2月修建陵园，1955年修建纪念亭。1985年重建。2012年对陵园内部设施进行改造，建设了纪念广场，更换了陵园大门，装修了烈士纪念堂，增设了毛泽东、周恩来、朱德等党和国家领导人题词纪念碑。占地10亩。陵园坐北朝南，主体由园门、碑亭、烈士墓和纪念堂组成。碑亭呈六角形，高14米，占地64平方米，单檐结构，琉璃瓦覆顶，亭中立有烈士纪念碑。纪念堂内安放着烈士的半身汉白玉雕像。陵园融中国古代建筑和阿拉伯建筑风格于一体，为广大群众缅怀革命前辈丰功伟绩、接受革命传统教育和爱国主义教育的场所。1999年4月被批准为市级文物保护单位。有公路经此。

重点文物保护单位

韩氏家族墓地 371522-50-B-a01

[Hánshì Jiāzú Mùdì]

在莘县董杜庄镇梁丕营村北部。因墓地所属氏族而得名。占地5.9公顷。该墓地包括神道碑东北150米处的韩国昌、韩允中父子墓2座，神道碑2通，北宋绍圣二年（1095）补刻的牵马俑石马、羊、虎，墓表石刻4件，神道碑西北300米处发现的五代时期韩氏后代墓葬4座。具有较高的考古价值、历史研究价值和旅游开发价值。2006年5月被批准为国家级文物保护单位。有公路经此。

朝城清真寺 371522-50-B-b01

[Cháochéng Qīngzhēn Sì]

在莘县朝城镇北街村路西。因所在地而得名。建于明永乐年间，清康熙年间重修。1937年，大殿北山曾遭日本炮弹轰击，至今修补痕迹可见。1963年、1985年修缮。是一座阿拉伯建筑风格的清真寺，由大门、过厅、大殿组成。占地面积1 680平方米，建筑面积1 200平方米。是朝城一带回族同胞进行宗教活动的重要场所。2013年10月被批准为省级文物保护单位。有公路经此。

朝城天主教堂 371522-50-B-b02

[Cháochéng Tiānzhǔ Jiàotàng]

在莘县朝城镇南街村西部。建于民国初年。占地2.7公顷，主建筑圣堂面积500平方米，砖墙、灰瓦双梁叠架，另有瓦房10间和1940年由德国修女建造的7间2层楼1座。现在存有修女楼、圣堂、大门。对研究宗教发展历程具有重要意义。2013年10月被批准为省级文物保护单位。有公路经此。

朝城耶稣教堂 371522-50-B-b03

[Cháochéng Yēsū Jiàotàng]

在莘县朝城镇北街村西部。因所在地而得名。1897年建造。主建筑为礼堂，建筑面积约1 000平方米，钟楼尚在。1947年，该教堂曾一度为南峰县、观朝县会议室，20世纪80年代曾改为朝城地毯厂，现在归教会管理。对研究宗教发展历程具有重要意义。2013年10月被批准为省级文物保护单位。有公路经此。

孟洼遗址 371522-50-B-b04

[Mèngwā Yízhǐ]

在莘县朝城镇孟庄村北部。因遗址为一盆地，比四周低0.6~1米，故名孟洼遗址。汉代遗址。孟洼遗址系武阳故城遗址，1974 年在遗址中挖台填沟时，出土数件陶罐并发现房屋、灶坑和街道遗址。占地面积 180 公顷。出土陶片有灰、红两色，以灰色为多，出土罐、盆多为汉代遗物，另有质地细腻、做工精良、釉彩光华艳丽的唐三彩道士和宋元时期的粗白瓷盘、碗等。2006 年 12 月被批准为省级文物保护单位。有公路经此。

王旦墓 371522-50-B-b05

［Wángdàn Mù］

在莘县东鲁街道群贤堡村东部。因墓主人而得名。宋代墓葬。原有墓葬 3 座，现仅存墓葬 1 座，高 3 米，直径 8.5 米。墓前有碑刻 1 通，坐北面南，碑高 1.8 米，宽 0.66 米，1992 年 9 月由王旦的后裔捐资而建，正面书“宋相文正公讳旦字子明墓”，背书《重立宋相王旦墓碑志》，刻有王旦的生平简介及墓地的变迁。具有重要的考古价值。2013 年 10 月被批准为省级文物保护单位。有公路经此。

相庄遗址 371522-50-B-b06

［Xiāngzhuāng Yízhǐ］

在莘县东鲁街道相庄村东南部。因所在地而得名。唐代遗址。面积 120 000 平方米，文化堆积层厚 0.5~3 米，遗址先后出土各类文物 60 余件，有铜佛、陶器、三彩器。遗存埋藏较为丰富，出土的器物做工精细，人物造型生动、形象，动物造型栩栩如生，釉色纯正。充分反映了当时高超的手工艺技术。2006 年 12 月被批准为省级文物保护单位。有公路经此。

莘县文庙 371522-50-B-b07

［Shēnxiàn Wénmiào］

在莘县商业街东段路北部。是纪念和祭祀我国伟大思想家、政治家、教育家孔子的祠庙建筑。明洪武三年（1370）始建，成化、弘治、崇祯和清乾隆年间曾数次重修。2002 年维修。原有棂星门、启圣祠、明记堂、敬亭、名宦乡贤二祠。占地 2 439 平方米，现有主建筑大成殿、仿古西厢房、古藤古槐及古柏 4 棵、碑刻 2 通、状元桥、泮池、棂星门。大成殿面阔五间，进深三间，系单檐歇山式建筑，殿内木柱和梁架风格有元末明初的特征。具有较高的历史艺术价值。2006 年 12 月被批准为省级文物保护单位。有公路经此。

张庄古墓 371522-50-B-b08

［Zhāngzhuāng Gǔmù］

在莘县十八铺镇太子张庄村西北部。因所在地而得名。东周墓葬。墓高 5 米，直径 44 米，占地 3 249 平方米，墓前曾发现石碑 1 块，碑高 1.08 米，宽 0.28 米，厚 0.11 米，上刻楷书“孝伋墓殷连顿首赠”2 行 8 字。具有重要的考古价值。2013 年 10 月被批准为省级文物保护单位。有公路经此。

自然保护区

联合国 2606 项目平原森林生态区
371522-50-E-c01

［Liánhéguó 2606 Xiàngmù Píngyuán Sēnlín Shēngtàiqū］

在县境西北部，马颊河以西，地处冀、鲁、豫三省交界处。占地面积 0.616 平方千米。因造林项目名称而得名。属平原地区，西南高，东北低，位于黄河、海河两大流域。为暖温带季风气候区。马颊河流经。植被有毛白杨林、杨树林、经济林等。主要保护对象有杨树、泡桐、刺槐。为鲁西黄河故道杂种白杨种、刺槐、楸树、杂交杨等树种研究提供了现实依据。有公路经此。

茌平县

重点文物保护单位

教场铺遗址 371523-50-B-a01
[Jiàochǎngpù Yízhǐ]

在县境东部。因所在地而得名。龙山文化时期至汉代遗址。整个遗址为缓岗高台地，东高西低。东西长470~520米，南北宽320~350米。遗址地表采集有龙山文化的尊、盘、甗及商周时期的簋、瓶、瓮等陶器残片。出土了大量陶器、石器、骨角器、蚌器等遗物，其中不乏精美的磨光蛋壳黑陶杯、磨光黑陶三足盘等陶质礼器，且出土了带有明显痕迹的卜骨。该城址对中国古代社会复杂化进程的研究、中国早期国家起源与形成以及夷、夏两大文化集团相互关系的研究具有较高的学术价值。2006年5月被批准为国家级文物保护单位。有公路经此。

尚庄遗址 371523-50-B-a02
[Shàngzhuāng Yízhǐ]

在县境中部。因所在地而得名。龙山文化时期至汉代遗址。地势隆起，为缓坡土岗，高出周围约3米，地表散布大量陶，文化层厚度约5米，其分布面积约78 000平方米。出土文物有龙山文化的罐、鼎、豆等及商周时期的簋、盆等陶器残片。尚庄遗址为山东龙山文化类型的划分和分期提供了宝贵资料。2013年5月被批准为国家级文物保护单位。老105国道经此。

仰山书院 371523-50-B-b01
[Yǎngshān Shūyuàn]

在县境西部。清代建筑，乾隆年间始建，道光年间增修，2008年由曲阜古建维修队进行落架维修。为三间出檐硬山式、二层楼砖木结构，青砖灰瓦，屋顶为三架梁结构，彩绘装饰，坐北朝南，东西长约10.9米，南北宽约6.4米，进深5.4米。有砖木二层硬山式结构，拱券门窗，屋顶前檐立三角形影墙，左右二角各有墙柱，房脊有吻兽及走兽。为研究当地清代和民国建筑风格及建筑技巧提供了重要依据。2013年10月被批准为省级文物保护单位。有公路经此。

南陈遗址 371523-50-B-b02
[Nánchén Yízhǐ]

在县境东部。以发掘地为南陈村而得名。1978年发现，1980年开始挖掘，2006年正式命名为南陈遗址。地势隆起，为缓坡土岗，高出周围约3米为高岗，后由于农业生产年年平整土地，改变其原来面貌使遗址变为平地。南北长300米，东西宽260米，面积约78 000平方米。遗址主要内涵为龙山文化遗存，地表采集有龙山文化的豆、器盖等陶器残片。该遗址对研究东夷、华夏两族的关系提供了新的线索。2006年12月被批准为省级文物保护单位。有公路经此。

李孝堂遗址 371523-50-B-b03
[Lǐxiàotáng Yízhǐ]

在县境南部。因所在地而得名。龙山文化时期至汉代遗址。地势隆起，为缓坡土岗，遗址中部略高于四周，东西长约96米，南北宽93米，面积8 900平方米。遗址主要内涵为新石器时代文化遗存，地表采集有龙山文化的尊、鬲、鼎及商周时期的尊、簋、盆等陶器残片。对研究鲁西地区新石器时代的文化面貌提供了重要线索。2013年10月被批准为省级文物保护单位。有公路经此。

台子高遗址 371523-50-B-b04

[Táizǐgāo Yízhǐ]

在县境东部。因所在地而得名。新石器时代至周代遗址。整个遗址东西长 64 米，南北宽 56 米，面积约 358 464 米。地表采集有龙山文化的尊、壶、鬲及商周时期的瓮、罐、盆等陶器残片。文化层厚约 7 米。对研究鲁西地区新石器时代的文化提供了重要线索。1977 年 12 月被批准为省级文物保护单位。有公路经此。

王菜瓜遗址 371523-50-B-b05

[Wángcàiguā Yízhǐ]

在县境西部。因所在地而得名。春秋战国时期遗址。遗址中心部位高出周围约 0.5 米，南北长 280 米，东西宽约 580 米，总面积约 162 400 平方米，文化堆积约 2 米。采集标本有战国时期的盆、罐、砖等陶器残片。该遗址是春秋战国时期的博平古城，为研究中国春秋战国时期的文化提供了重要资料。2013 年 10 月被批准为省级文物保护单位。有公路经此。

重要景点和一般名胜古迹

茌平枣乡生态园 371523-50-D-a01

[Chípíng Zǎoxiāng Shēngtàiyuán]

在县境西部。由于该景区是圆铃大枣原产地，整个景区以枣园为主，2013 年由肖家庄镇人民政府正式命名为茌平枣乡生态园。整个景区分为科技园、博览园、生态园、养生园和文化园五大部分。内有重耳雕塑、枣树王，建筑主要有望晋台、孝慈湖、二十四孝雕塑、枣王斋、中国圆铃大枣博览馆、百枣玫瑰园等。是集观光、休闲、娱乐、采摘等为一体的现代化观光农业示范区。2013 年 11 月被评为国家 AAA 级旅游景区。254 省道、257 省道经此。

四照楼风景区 371523-50-D-a02

[Sìzhàolóu Fēngjǐngqū]

在县境西部。该景区是以四照楼为核心景观建设的旅游景区，故名。主要景点包括四照楼、仰山书院、滨河公园、枣园观光园、袁楼党史纪念馆。是集观光、休闲、娱乐、采摘等为一体的旅游胜地。2014 年 11 月被评为国家 AAA 级旅游景区。309 国道、316 省道经此。

东阿县

重点文物保护单位

曹植墓 371524-50-B-a01

[Cáozhí Mù]

在东阿县铜城南部。因墓主而得名。始建于三国魏太和七年（233）三月。墓室分甬道、前室、后室三部分。隋开皇十三年（593），立墓碑一座，高 1.7 米、宽 1.1 米，有额无题字，碑文 22 行，每行 43 字；明弘治八年（1495），山东按察司题诗刻石一方；明隆庆元年（1567），东阿县令立祠；1931 年立墓碑一座。墓葬依山营穴，封土为冢，墓室以砖石垒筑而成，墓壁采用三横一竖砌法。有较高的历史价值和科学研究价值。1996 年 11 月被批准为国家级文物保护单位。有公路经此。

前赵遗址 371524-50-B-b01

[Qiánzhào Yízhǐ]

在县城北部。因所在地而得名。龙山文化时期遗址。该遗址平面呈舟形，长约 449 米，中间宽 140 米，西南宽约 90 米，东北端宽约 80 米，面积约 53 000 平方米。遗址的中部边缘部位均有 30 米左右的断口，两边断口比较对称。东北角为弧角，宽约 8 米墙土坚硬，东南有一条东北至西南凹状带，应是近遗址的古河道。其文化层厚 2~3.3 米，可分两层，上层为商周层，下层为龙山文化层，采集标本有陶罐、盆、瓮等陶片。为探讨研究中国古代文明产生、发展以及社会形态演变，都有十分重要的历史价值和科学研究价值。2006 年 12 月被批准为省级文物保护单位。有公路经此。

邓庙汉画像石墓 371524–50–B–b02

[Dèngmiào Hànhuàxiàngshí Mù]

在东阿县姜楼镇北部。因所在地而得名。汉代墓葬遗址。墓葬中画像内容主要有历史故事、神话传说、现实生活、飞鸟异兽、花草鱼龙等。该墓坐北向南，双寐室东西并排，呈“中中”字形，为一盝顶式十室夫妻墓，墓主人身份不详。由甬道、中室、后室、耳室组成。墓东西长 11.85 米、南北宽 7.85 米。因早年被盗，此墓仅出土 250 余枚五铢钱、1 件残石豆、1 件厕所石板。整座墓葬共用石 178 块，其中在墓壁上雕刻画像内容的有 37 块，尤为珍贵。此石墓充分反映了东汉时期社会的现实生活和思想意识形态，是研究汉代史的珍贵实物资料，具有较高的史学价值、文物价值和艺术价值。2006 年 12 月被批准为省级文物保护单位。有公路经此。

王集遗址 371524–50–B–b03

[Wángjí Yízhǐ]

在东阿县工业园区王集村南。因所在地而得名。龙山文化时期遗址。该遗址南北长 300 米，东西宽 250 米，面积约 75 000 平方米。遗址堆积可分三层：上层为灰褐土，厚 0.35~1 米，出土商周时期的鬲、罐等陶器残片；中层为黑灰色土，厚 1~0.3 米，出土有豆、罐、鼎、盆等陶器残片；下层为黑灰色土，厚 1~2 米，出土有龙山文化的罐、鼎、盆等陶器残片，有夯土城墙存在。具有重要的考古价值。2013 年 10 月被批准为省级文物保护单位。有公路经此。

王宗汤遗址 371524–50–B–b04

[Wángzōngtāng Yízhǐ]

在东阿县铜城西南部。因所在地而得名。龙山文化时期至汉代遗址。该遗址南北长 430 米，东西宽 230 米，呈一舟形，文化堆积厚达 2.5 米，总面积约 98 900 平方米。遗址的中心有古墓葬一座，南北长 35 米，东西宽 30 米，面积约 1 050 平方米。此遗址与传说中的仓颉所处的时代比较接近，具有十分重要的考古研究价值。2013 年 10 月被批准为省级文物保护单位。有公路经此。

张本家族墓地 371524–50–B–b05

[Zhāngběn Jiāzú Mùdì]

在东阿县铜城西南部。因是张本家族的墓地而得名。明代墓葬。该墓地南北长约 60 米，东西宽 20 米，占地面积 1 200 平方米。张本与其父张从善的墓葬在 1962 年遭到破坏，墓室结构不详，在两墓葬中出土汉白玉石质墓志铭各一盒。主要历史文物有墓表、石坊、石羊、石人、石虎等，分别置于墓前和神道的两侧，今保护完好。墓表为楞石柱，柱上端各刻一望天猴，通高 235 厘米。石坊柱为八楞，莲花柱础，柱上端雕刻莲花球状。2013 年 10 月被批准为省级文物保护单位。有公路经此。

邓庙石造像 371524–50–B–b06

[Dèngmiào Shízàoxiàng]

在东阿县姜楼镇南部。因所在地而得名。宋元时期造像。造像由青石采取圆雕技法刻成，以圆雕和高浮雕为主，历经岁月磨蚀，造像光滑发亮，更显得质朴厚重。

对研究宗教发展历程具有重要意义。2013年10月被批准为省级文物保护单位。有公路经此。

魏庄石牌坊 371524-50-B-b07

[Wèizhuāng Shípáifāng]

在东阿县姜楼镇东北部。因所在地而得名。节孝坊建于清康熙五十九年（1720），孝子坊建于乾隆四十五年（1780）。两坊相距16米，全部用清石料雕砌而成。节孝坊面阔7.2米，高7.4米，建筑结构2楼3间4柱，楼为歇山式，顶有石垄，脊两边有垄吻，正脊柱有葫芦状石雕，楼角原有小狮子脊兽，檐下雕有椽、垂柱和斗拱等仿木结构。孝子坊面阔6.8米，高6.6米，建筑结构为3间4柱，柱顶端有一石狮，为蹲式。中间坊上有二龙戏珠浮雕，额坊有刻字。是康乾盛世的产物，是存世不可多得的石砌建筑物，具有较高的艺术价值和文物价值。2006年12月被批准为省级文物保护单位。有公路经此。

净觉寺 371524-50-B-b08

[Jìngjué Sì]

在东阿县刘集镇西南部。由中国佛教协会一诚会长亲题寺名净觉寺。北宋大观三年（1109）始建，明正统六年（1441）寺僧普锦重建，1920年山东督军兼省长张怀芝重修，并在其内设有义学学堂。该寺坐北朝南，占地面积6 605平方米。现存有天王殿、大雄宝殿、藏经楼、东西栅门、钟鼓楼、地藏殿、观音殿等。此寺均为砖石，抬梁式结构，单檐硬山式建筑。寺院内尚有明《柯亭郡重修净觉寺记碑》和清《重修净觉寺西殿碑记》碑二幢。具有较高的文物价值和欣赏价值。2006年12月被批准为省级文物保护单位。有公路经此。

重要景点和一般名胜古迹

东阿药王山景区 371524-50-D-a01

[Dōng'ē Yàowángshān Jǐngqū]

在县境中部。因景区内塑有药师佛、李时珍、华佗等八大药王，故名。总面积2.2万平方米。主要建筑有药王庙三大殿（药王殿、观音殿、财神殿）、龙王庙、福寿台、钟鼓楼等。药王殿是药王山主殿，供奉有“药师三尊”之称的药师佛、日光菩萨、月光菩萨和李时珍、华佗等八大药王，观音殿供奉着送子观音，财神殿供奉着文昌神和眼光奶奶。建有三道山门，山道两侧建有石雕栏板100块，每块栏板雕刻有一则著名医家的行医故事。药王庙围墙外侧还有99块阿胶故事碑廊。是市民休闲观光、寄托美好愿望的一处重要场所。2011年11月被评为国家AAAA级旅游景区。有公路经此。

东阿阿胶城景区 371524-50-D-a02

[Dōng'ē Ējiāochéng Jǐngqū]

在县境西北部。因该景区由东阿阿胶集团管理，且景区以阿胶文化为主题，故名。占地面积103平方千米。建有老济南城门、老东阿城门、四合院、贡胶馆及其他清末民初风格仿古建筑等。景区为清末民初古城建筑风格，最早拍摄电视剧《大宅门1912》，后建有贡胶馆，主要宣传和弘扬阿胶文化。是一处集自然观光、影视文化与人文景观相结合的优秀旅游胜地。2011年11月被评为国家AAAA级旅游景区。有公路经此。

东阿县鱼山曹植墓风景区 371524-50-D-a03

[Dōng'ē Xiàn Yúshān Cáozhímù Fēngjǐngqū]

在县境西南部。由于景区所在地为鱼山，且景区内主要有曹植墓，故名。占地面积530平方千米。整个景区分为山下人文景观和山上自然景观两大部分。内有国家一级保护文物——隋碑，建筑主要有隋碑亭、曹子建墓纪念馆、梵音洞、洗砚池、仙人足印、穿阳洞、浴仙池、碑林、惊鸿亭等，其景点均系三国、隋、明、清代遗迹。是一处自然景观与人文景观相结合的优秀旅游胜地。2010 年 12 月被评为国家 AAA 级旅游景区。有公路经此。

洛神湖公园 371524-50-D-a04
[Luòshénhú Gōngyuán]

在东阿县西北部。原名曹植公园，因建安才子曹植墓在此地而得名，后因景区内建有洛神湖、洛神桥，故名。占地面积 0.22 平方千米。有子建桥、小鱼山、阿胶亭、游龙亭、洛神桥、公园东大门、洛神湖、小鱼山、阿胶亭、鹤岛、游船码头等主要景点。湖中鱼类有鲤、链、鲫、鳙等 70 余万尾，可供垂钓。是一处自然景观与人文景观相结合的优秀旅游胜地，在改善生态、保护资源、丰富群众文化生活等社会服务方面发挥着重要作用。为国家 AA 级旅游景区。有公路经此。

自然保护区

山东东阿黄河国家森林公园
371524-50-E-a01
[Shāndōng Dōng'ē Huánghé Guójiā Shēnlín Gōngyuán]

在县境南部。东至大桥镇黄河大桥北首，南至刘集镇位山引水闸，沿引黄干渠向北，北至沉沙池北沿。面积 2 446 公顷。因依附黄河而得名。系黄河冲积平原，属大陆性温带季风气候，水资源丰富，水质较好，植被主要为次生植被。2010 年 12 月被批准为国家森林公园。公园内有各种植物 67 科 237 种，野生动物 300 余种。公园的建设不仅对美化和改善城市生态环境起到了重要的作用，同时在提高城市形象、增强城市核心竞争力、服务市民及开展各种重大社会活动等方面发挥着不可替代的作用。有公路经此。

冠县

重点文物保护单位

萧城遗址 371525-50-B-a01
[Xiāochén Yízhǐ]

在县境西北部。因在北馆陶镇萧城，为宋辽订立“澶渊之盟”时所筑，故名。宋代遗址。此城呈正方形建筑，占地面积 179 公顷，现存东北城角高达 12 米，西南城角高 10 米，西北、东南城角高约 8 米，护城河宽 80 米。四城角沿直角处向外夯筑“箭楼”。现有点将台、箭楼、城门楼、烽火台、饮马井及萧太后杀降斩俘的“万人坑”遗址。萧城遗址对后人了解宋辽历史、研究我国的军事城池发展历程具有重要意义。2013 年 5 月被批准为国家级文物保护单位。有公路经此。

武训墓及祠堂 371525-50-B-b01
[Wǔxùn Mù Jí Cítáng]

在县境东北部。为纪念行乞办义学的武训先生而修建。1903 年，临清、馆陶和堂邑三县联合所建，正房 3 间，供奉武训牌位，1937 年扩建，1989 年 4 月修复，1997 年 5 月进行修缮，在保留原貌的前提下，基础提高了 1.5 米，增加了月台。1995 年 9 月，修建南至校门、北至武训祠 140 米的碑廊，共树碑 26 通，每碑高 3.1 米。占地面积 4 万平方米。祠堂坐北朝南，面阔 5 间，属歇山式建筑，隔扇门，直棂窗。武训墓坐落在祠堂北侧，直径 5 米，高 1.8 米。2006 年 12 月被批准为省级文物保护单位。有公路经此。

辛庄遗址 371525-50-B-b02
[Xīnzhuāng Yízhǐ]

在县境西南部。因所在地而得名。龙山文化时期至春秋战国时期遗址。文化层距地表 5 米，文化堆积层厚约 2.5 米。有龙山文化时期的翁、罐等，商周时期的罐、鬲、鬶等，春秋战国时期的瓦当、罐等。具有重要的考古价值。2013 年 10 月被批准为省级文物保护单位。有公路经此。

陈镛墓 371525-50-B-b03
[Chényōng Mù]

在县境东北部。因墓主人而得名。明代墓葬，墓前有碑刻一通。具有重要的考古价值。2013 年 10 月被批准为省级文物保护单位。有公路经此。

南街民居（张梦庚故居） 371525-50-B-b04
[Nánjiē Mínjū（Zhāngmènggēng Gùjū）]

在冠县中部。因在清泉街道南街村，为张梦庚烈士故居而得名。清代建筑。占地面积 3 396 平方米，建筑面积 1 000 平方米。该民居由三处院落组成，坐西朝东，均为硬山起脊青砖瓦房，抬梁式结构，门窗为格棂门窗。该民居对研究当时的社会经济、民居建筑艺术有一定的重要价值。2006 年 12 月被批准为省级文物保护单位。有公路经此。

北馆陶故城 371525-50-B-b05
[Běiguǎntáo Gùchéng]

在县境西北部。因所在地而得名。隋至清代遗址。现存遗址有古城墙东南角、东北角、西北角、东护城河、北护城河。城墙残存的部分高约 3 米，护城河深约 2 米。西北角城墙平均只有 1 米多高，最高的 3 米左右；东北角残留的城墙长 100 米左右；东南角保存较好。对研究我国城池建筑及县城演变发展史都具有重大意义。2013 年 10 月被批准为省级文物保护单位。有公路经此。

西街清真寺 371525-50-B-b06
[Xījiē Qīngzhēn Sì]

在县境中部。因所在地理位置而得名。建于明永乐三年（1405），到明末清初扩大了规模。建筑现只剩一座由大殿、东讲堂、北讲堂、南讲堂、门楼组成的四合院。建筑面积 580 平方米，大殿坐西朝东，面阔 3 间（21 米），进深 18.6 米，分前殿和后殿（13 间），均为硬山式建筑、抬梁式结构。南讲堂坐南朝北，面阔 3 间（9.8 米），进深 5.8 米；东讲堂面阔 5 间（18.9 米），进深 6.7 米，均为抬梁式结构、硬山式建筑，窗均是格棂门窗，有 1 米宽的前廊。现该寺保存较好，是研究当地民俗宗教与地方史的重要实物资料。2013 年 10 月被批准为省级文物保护单位。有公路经此。

后田庄六十二烈士墓 371525-50-B-c01
[Hòutiánzhuāng 62 Lièshì Mù]

在县境西北部。因安葬八路军先遣队一团三营十连 62 位指战员（均系冠县籍）而得名。建于1946年。墓为圆形，直径8.3米，高 1.7 米。有石碑一通，高 3.1 米，上面刻双龙戏珠，中间刻有“民族英雄”四个大字。碑文为阴文楷书，碑阴刻着 62 位烈士英名。碑两侧由青砖镶裱，上顶覆有清灰瓦，起脊四角翘尖，形为亭楼。为广大群众缅怀革命前辈丰功伟绩、接受革命传统教育和爱国主义教育的场所。1999 年 4 月被批准为市级文物保护单位。有公路经此。

重要景点和一般名胜古迹

中华第一梨园 371525-50-D-a01
[Zhōnghuá Dìyī Líyuán]

在县境北部。因园区特色植物而得名。梨园景区一期开发500亩，形成了春观花、夏赏绿、秋尝果、冬品树的常年观光胜地。景区以“两帝一寺”（光武帝、永乐帝和寒露寺）为文化主线，以具有300年树龄的梨树王为中心，规划了梨王宫、结义园、梨仙居、百果园、百草园、罗汉林、养生院、娱乐园和寒露寺遗址等13个景观单元，其中观景园建有三层共16米高的观景台，两条各100多米长的栈道似两条飘浮的彩虹飞架在梨树丛中。60多个各具特色的景点，彰显着中华第一梨园的秀丽风采。2006年被评为国家AAA级旅游景区。通公交车。

清泉河风景区 371525-50-D-c01
[Qīngquánhé Fēngjǐngqū]

在县境中部。因以清泉河为主体而得名。总面积140万平方米。清泉河风景区是围绕“清泉河”打造的生态型旅游风景区，突出“水清、岸绿、景美、游畅”和“自然、灵动”的特征，并充分结合民风民俗，建设了生态湿地公园、下沉式市民广场、文化艺术中心广场、百鸟岛、印象清泉河、清泉湖公园等十大功能区，其中由原水塔改建而成、被命名为“八面来风”（时来运转）的自转移动式风车是整个景区的点睛之笔。景区水面面积32.42万平方米，建设亲水平台9处，设置游艇、游船码头1个，临水建设了便于游人休憩的亭子4个。绿化面积43.34万平方米，做到了乡土树种和景观树种的有机融合。清泉河生态风景区成为冠县城区唯一一个集旅游观光、科普教育、休闲娱乐、抗震防灾、人防疏散于一体的全天候、开放式旅游风景区。

高唐县

纪念地

琉璃寺烈士陵园 371526-50-A-c01
[Liúlísì Lièshì Língyuán]

在县城东南部。因所在地而得名。1946年建立。园内安葬着1939年在抗日战争中捐躯献身的48位烈士。陵园坐北朝南，南北长100米，东西宽85米，占地约8 000平方米。主要由纪念堂、墓地和碑亭组成。陵园院内东部为烈士墓地，墓地南北长39.6米，东西宽29米，在墓地上东西排列着8排烈士坟墓，墓与墓之间行距6米，间距4米，均为土坑竖穴墓。墓地北侧约30米处是烈士纪念堂，面阔五间，长17.6米，宽6.94米。纪念堂内陈列着英雄的光辉事迹和人民群众纪念先烈的图片。墓地南15米处为碑楼，南北长2.45米，东西宽2.42米，高约3.80米。碑楼为青砖砌筑，攒尖顶，四周有门，绿琉璃瓦覆面。陵园为继承先烈遗志、弘扬爱国主义精神起到积极的推动作用，是聊城市爱国主义教育基地和高唐县党性教育基地。1999年4月被批准为市级文物保护单位。有公路经此。

重点文物保护单位

兴国寺塔 371526-50-B-a01
[Xīngguósì Tǎ]

在县城北部。因在兴国寺内而得名。建于唐贞观年间，明、清曾维修。平面呈八角形，青砖砌筑，共13级。塔高37.5米，塔基占地面积为33平方米。第一层系重檐，檐下设斗拱，北有门洞。二层以上每层4个门洞，塔顶为全葫芦状。塔北10米处有古槐 1 株，故有“唐塔宋槐”之说。为研究古代建筑起到积极作用。2013 年 5 月被批准为国家级文物保护单位。通公交车。

高唐文庙 371526-50-B-b01

[Gāotáng Wénmiào]

在县城中部。因所在地而得名。元代建筑。文庙建筑包括大成殿、照壁、月宫门、厨房、东门、西门，现存大成殿和文庙门前的两棵古槐。大成殿面阔 5 间，进深 4 间，占地面积 275 平方米，为单檐歇山式建筑，顶部正脊前后除用黄绿琉璃瓦砌出三个菱形外，其余均为灰瓦。檐下斗拱均为装饰附件，并非承担重力的力拱。经历代维修，现为清代建筑风格。是祭祀孔子实施儒学教育的处所，也是历代官办学堂，是研究当地民俗宗教与地方史的重要实物资料。2006 年 12 月被批准为省级文物保护单位。通公交车。

清平文庙 371526-50-B-b02

[Qīngpíng Wénmiào]

在县城西南部。因所在地而得名。金大定十三年（1173）始建，后历代多有修缮。现仅存大成殿、影壁和古柏 15 棵。大成殿占地面积 278 平方米，坐北朝南，面阔 5 间，进深 3 间，单檐灰瓦歇山顶，四架梁前后廊，梁架结构基本保留了明代的建筑风格。影壁在大成殿正南 70 米处，高 5 米，东西宽 10.25 米，厚 1.27 米，清乾隆年间建筑，整体用长方体青砖平铺砌成。是祭祀孔子实施儒学教育的处所，也是历代官办学堂。2013 年 10 月被批准为省级文物保护单位。通公交车。

清平迎旭门 371526-50-B-b03

[Qīngpíng Yíngxù Mén]

在县城西南部。因所在地得名。清平于北宋宣和七年（1125）建成土城，清盛世乾隆六十年（1795）改为砖城，重修四门和城楼，都是砖木结构。占地 215.8 平方米。城楼四角凌空，门墙高 7.4 米，宽 13.2 米。门洞高 6.35 米，宽 4.25 米，深 16.35 米。门额“迎旭”二字尚存，为清乾隆二十五年（1760）刻。是研究当地民俗宗教与地方史的重要实物资料。2013 年 10 月被批准为省级文物保护单位。通公交车。

涸河墓群 371526-50-B-b04

[Gùhē Mùqún]

在县城东北部。因所在地而得名。东汉墓葬。分布在固河村西半部，东西宽约 1.5 千米，南北长约 3 千米。封土高大的古墓有 7 座，其中封土占地面积在 5 亩左右的有 3 座，封土占地面积在 10 亩左右的有 4 座；封土高达 8 米左右，另外还有十几座封土较小的古墓。出土陶楼、绿釉陶厨俑等珍贵文物，其中陶楼是稀世珍品，同时还出土了一批汉画像石，汉画石原被砌在固河村西部一流水口上，在墓中为墓室门框，上面刻有虎头御环拉手，并有花草、青龙、白虎、朱雀、玄武等汉画石。对研究汉代墓葬具有重要价值。2006 年 12 月被批准为省级文物保护单位。有公路经此。

朱昌祚家族墓 371526-50-B-b05

[Zhūchāngzuò Jiāzú Mù]

在县城北部。以墓主人得名。清代墓葬。墓地为一高出四周耕地 0.8 米的土台，东西宽 75 米，南北长 38 米。茔地位次为北上南下共有 10 座坟墓。对研究清代墓葬具有重要价值。2013 年 10 月被批准为省级文物保护单位。有公路经此。

报恩寺遗址 371526-50-B-c01

[Bào'ēnsì Yízhǐ]

在县城西南部。以原有寺庙名称命名。元代建筑。现遗址仅存明隆庆四年（1570）

高唐州《重修报恩寺记》碑文1通。具有一定考古价值。2014年10月被批准为市级文物保护单位。有公路经此。

减水回龙庙遗址 371526-50-B-c02

[Jiǎnshuǐhuílóngmiào Yízhǐ]

在县城东北部。以原有寺庙名称命名。始建于至元七年（1270）。庙内原有五座大殿，从南到北分别为前马殿、娘娘殿、玉皇殿，东西两边分别有一处阎王殿，另有一座后宿宫。前马殿左右有两座小庙（关爷庙、土地庙），共有房屋70余间，内供神像66个。1947年庙宇被毁掉，现仅存石碑3通、石人3个。是研究当地民俗宗教与地方史的重要实物资料。2014年10月被批准为市级文物保护单位。有公路经此。

邢家佛寺遗址 371526-50-B-c03

[Xíngjiāfósì Yízhǐ]

在县城东北部。以原有寺庙名称命名。邢家佛寺始建年代不详，明嘉靖年间重修。南北长130米，东西宽54米。原有山门、大殿、配房、院墙为砖木结构。遗址上有明嘉靖年间“重修邢家佛寺碑”和“重修邢家佛堂碑”二通。对研究古代历史有重要价值。2014年10月被批准为市级文物保护单位。有公路经此。

北关清真寺 371526-50-B-c04

[Běiguān Qīngzhēn Sì]

在县城中部。因所在地而得名。清代建筑。清咸丰四年（1854），清真寺曾遭到破坏；光绪八年（1882），教友同费资财重修寺垣；1990年维修清真寺大殿，修建了9间讲堂和沐浴堂。北关清真寺坐西面东，占地面积1 200平方米，平面呈长方形。沿中轴线自东向西，依次为大门、照壁、大殿。清真寺大门为砖石结构，单拱顶部的屋脊上附以瑞兽，门前石狮为新作，整个大门基本保留了清代风格。大殿面积110平方米，明三暗九式，单檐灰砖灰瓦建筑，由前殿、中殿、望月楼三部分组成，另有光绪年间的石碑两通。是研究当地民俗宗教与地方史的重要实物资料。2003年1月被批准为市级文物保护单位。通公交车。

南关村清真寺 371526-50-B-c05

[Nánguāncūn Qīngzhēn Sì]

在县城中部。因所在地而得名。清代末年始建，1995年曾翻修大殿屋顶，2002年复建北屋讲堂5间。占地面积594平方米。大殿坐西朝东，进深三间，单檐灰砖灰瓦建筑，屋脊与脊背有精美的花兽图岸。是研究当地民俗宗教与地方史的重要实物资料。2014年10月被批准为市级文物保护单位。通公交车。

金谷兰墓 371526-50-B-c06

[Jīngǔlán Mù]

在县城西北部。因墓主人而得名。建于1938年。墓葬地上封土高1.5米，周长7.5米。在缅怀先烈的丰功伟绩、弘扬先烈的革命精神、坚定理想信念方面起到积极作用。1999年4月被批准为市级文物保护单位。316省道经此。

华歆墓 371526-50-B-c07

[Huáxīn Mù]

在县城东北部。因墓主人而得名。三国时期墓葬。墓葬占地面积40平方米，封土高约2米。为研究古代历史起到积极作用。1999年4月被批准为市级文物保护单位。有公路经此。

吕才墓 371526-50-B-c08

[Lǚcái Mù]

在县城西南部。因墓主人而得名。唐代墓葬。墓南原为一条神道，两旁有石人、石马、石羊等石雕。因处沙荒地，风吹沙移，天长日久，封土渐小，石雕被淹。1958年在村南挖引黄渠时，将神道上的两只石羊掘出，其出土点正是神道的东西两边沿。由于村民建房南迁，现墓地被压在房基下。具有一定考古价值。2014年10月被批准为市级文物保护单位。有公路经此。

秦氏祖茔 371526-50-B-c09
[Qínshì Zǔyíng]

在县城东南部。因墓主人而得名。清代墓葬。墓群东西长49米，南北宽39米。现存三座墓冢，分别为秦庄始迁祖秦聪及其两个儿子的墓冢。秦氏祖茔内有17通碑刻，3通为族谱碑，其余14通为墓碑，年代从清代到民国。具有一定考古价值。2014年10月被批准为市级文物保护单位。有公路经此。

李玉带烈女碑 371526-50-B-c10
[Lǐyùdài Liènǚ Bēi]

在县城东部。以人名命名。清代石刻。碑为青石灰石质，长1.4米，宽0.6米，立于砖修的碑楼内。碑正面上方横书“坤元正气”四字，中间碑文楷书阴刻。具有一定考古价值。2014年10月被批准为市级文物保护单位。有公路经此。

重要景点和一般名胜古迹

鱼丘湖风景区 371526-50-D-a01
[Yúqiūhú Fēngjǐngqū]

在县城中部。因鱼丘湖而得名。总面积2.2平方千米。景区主要景点有柴府花园、李逵井、湖心岛望岳亭、孙大石美术馆、九孔玉带桥、八大名人壁、文昌宫大成殿、文化艺术广场、李苦禅艺术馆、大觉寺、船坊茶室、秦王破阵台、历史碑廊、书画一条街、垂钓中心、栈桥水廊、龙起山观湖亭。属华北地区最大的县级城区湖，对繁荣高唐的旅游市场起到积极的作用。2006年11月被评为国家AAA级旅游景区。通公交车。

清平森林公园 371526-50-D-a02
[Qīngpíng Sēnlín Gōngyuán]

在县城西南部。因所在地而得名。由国有林场和清平新村两部分组成。面积10.4平方千米。主要旅游景点有白杨林景区、森淼庄园垂钓中心、御临度假村、果蔬采摘区等，园内主要建筑有仿古四合院、森林木屋、垂钓中心餐饮楼等。森林覆盖率在93%以上。是鲁西北植被资源、野生动物和药材资源最集中、最丰富的地方。2010年1月被评为国家AAA级旅游景区。有公路经此。

六　农业和水利

聊城市

灌区

彭楼灌区 371500-60-F01
[Pénglóu Guànqū]

在聊城市西南部。因彭楼引黄闸得名。1998 年 5 月开工，2003 年 8 月建成，2004 年 7 月通过验收。自 2007 年起分 7 期进行续建和节水改造工程，2013 年完工。灌区地形自西南向东北倾斜，西南高、东北低。海拔高程（黄海）35~40.4 米。灌区微地貌类型复杂，岗、坡、洼相间分布，以河滩高地和缓平坡地为主，占总面积的 77.1%。控制斜店乡及边缘乡镇部分面积的耕地灌溉。有公路经此。

位山灌区 371500-60-F02
[Wèishān Guànqū]

在聊城市中部。因引黄闸建于位山村西侧，故名。1958 年位山灌区建成引水，1962 年停灌，1970 年复灌，1981 年改建。灌溉面积 73 万亩。灌区骨干工程设有东、西 2 条输沙渠，2 个沉沙区和 3 条干渠，长 274 千米；分干渠 53 条，长 797 千米。位山灌区控制聊城 8 个县（市区）90 个乡（镇）的全部或大部分耕地，是黄河下游最大的引黄灌区。有公路经此。

渠道

位山一干渠 371500-60-G01
[Wèishān 1 Gànqú]

在聊城市东部。自聊城高新技术产业开发区顾官屯镇西城铺村起，至高唐县琉璃寺镇姜寺村止。1968 年 11 月 10 日开工，12 月竣工。长 63.06 千米，底宽 20 米，流量 57 立方米 / 秒，设计灌溉面积 53.4 万亩。主要建筑物有二刘节制闸、红旗、壶口渡槽等，共修建各种建筑物 70 座。一干渠承担着高新区、经开区、茌平县、高唐县等 4 个县（区）100 万亩耕地的灌溉任务，同时为鲁西化工集团、茌平金牛湖等提供工业、生态环境用水。309 国道经此。

位山二干渠 371500-60-G02
[Wèishān 2 Gànqú]

在聊城市中部。自聊城江北水城旅游度假区于集镇席庙村起，至高唐县尹集镇解庄村止。1958 年 10 月 1 日开始引黄放水。1962 年停灌，1970 年复灌，1981 年改建。长 92 千米。全部衬砌，宽度 20 米，平均流量 80 立方米 / 秒，衬砌高度 4 米，最大水深 4 米，纵比降 1/14 000。承担着度假区、东昌府区、经开区、高唐县、茌平县 5 县（区）的 130 万亩农田灌溉任务，同时为东昌湖、古运河、徒骇河、谭庄水库、南王水库等提供工业、生态环境及城乡生活用水。有公路经此。

位山引黄三干渠 371500-60-G03
[Wèishān Yǐnhuáng 3 Gànqú]

在聊城市西部。自聊城江北水城旅游度假区于集镇姚于村起，至临清市大辛庄街道邱屯村止。1958 年 10 月 1 日开始引黄放水，1962 年停灌，1970 年复灌，1981 年改建，1982 年修王堤口渡槽，同年修王铺渡槽，1983 年竣工。长 78.6 千米，全部衬砌，宽 50 米，渠底宽 40 米，渠墙高 6 米，纵比降 1/17 000，设计最大流量 91 立方米 / 秒。承担阳谷县、度假区、东昌府区、冠县、临清市等 5 个县（市区）250 万亩耕地的灌溉任务，同时为中华（聊城）电厂水库、冠县冉海水库、临清城南水库等工业、城乡生活供水及引黄济津、引黄入冀（补淀）跨流域调水。有公路经此。

俎店渠 371500-60-G04
[Zǔdiàn Qú]

在聊城市西南部。自莘县起，至阳谷县止。1953 年开工。长 31.31 千米，控制流域面积 224.3 平方千米，水深 4 米，底宽 3.5 米，设计流量 71.6 立方米 / 秒。该渠是马颊河之东、徒骇河之北的重要排水渠道。有公路经此。

临清市

灌区

王庄灌区 371581-60-F01
[Wángzhuāng Guànqū]

在临清市西南部。因灌区渠首泵站在烟店镇王庄，且主要功能为灌溉农田，故名王庄灌区。2012 年建成。灌区面积 1.193 3 公顷，有效灌溉面积 9 200 公顷。是通过卫运河提水修建的农业灌溉枢纽，兼具农业灌溉、防洪排涝等综合利用功能，是临清市最大的引卫灌溉工程。315 省道经此。

渠道

裕民渠 371581-60-G01
[Yùmín Qú]

在临清市东北部。自位山灌区三干渠下游的新华路街道郭庄闸起，至金郝庄、杜洼村止。1952 年开挖，1959 年开挖了从运河右岸刁庄村向东北到金郝庄的一条河道，1962 年、1965 年进行扩大治理，1970 年按 64 年雨型作为排涝标准进行治理，1981 年、1985 年和 2012 年进行清淤治理。长 33.7 千米，流域面积 452 平方千米，径流量 60 立方米 / 秒，东西走向。平均河底宽度为 13 米，水深 3.2 米。主要作用为农田灌溉。257 省道经此。

莘县

林场

莘县国有马西林场 371522-60-C01
[Shēn Xiàn Guóyǒu Mǎxī Línchǎng]

国有林场。在莘县大王寨镇西部。面积 10 912.9 亩。20 世纪 50 年代初建立国营王奉苗圃，1962 年将该苗圃命名为国营王奉林场，1986 年改为莘县国有马西林场，1980 年 7 月从周边毗邻村庄新征沙荒地 8 005 亩。属于黄河古道沙区生态系统，主要保护对象为毛白杨林、杨树林、经济林、野生花草、野生动物，主要景点有毛白杨林景观、杨树林景观、经济林景观、野生花草景观、天然氧吧，主要建筑物有茅草房、欧式建筑、红瓦房、草房。该生态区因丰富的森林资源、规模大、林相好，形成多种景观，打造成集餐饮住宿、会议培训、休闲度假为一体的接待场所。2001 年被批准为城市自然保护区。有公路经此。

渠道、堤防

彭楼引黄干渠 371522-60-G01

[Pénglóu Yǐnhuáng Gànqú]

在聊城市西南部。莘县境内自古云镇高堤口引黄闸起，至莘县王奉镇化庄村止。1998 年开工，2000 年底竣工，2001 年通水。长 70.4 千米，包括输沙渠、沉沙池、输水渠、输水干渠四部分。灌溉面积约 130 万亩，是重要的引水灌溉工程。有公路经此。

莘县北金堤堤防 371522-60-G02

[Shēn Xiàn Běijīndī Dīfáng]

在莘县南部。自古云高堤口起，至古城北寨与山东阳谷交界止。始建于公元 11 年，公元 70 年建成。1855 年黄河在铜瓦厢决口改道后，该堤在现行河道以北。1951 年开辟北金堤滞洪区。经三次加固复堤，1985 年成为现状。长 33.7 千米。堤顶宽度 8~12 米，堤顶高程 53.28~50.29 米，防洪水位 50.80~48.08 米，临背高差最大值 4.16 米，护堤地管护范围为临河 7 米、背河 5 米。是较为完整的防洪工程。259 省道经此。

茌平县

林场

茌平县国有广平林场 371523-60-C01

[Chípíng Xiàn Guóyǒu Guǎngpíng Línchǎng]

属县林业局管辖。在县境南部。面积 142 公顷。因在原茌平县广平乡境内，故名茌平县国有广平林场。原为 1931 年建设的私人林场，1949 年 6 月改名为聊城专区广平林场，1976 年更名茌平县国营广平林场，1996 年更名为茌平县国有广平林场。属暖温带大陆性季风型气候，植被类型有针阔混交林、落叶阔叶林、灌草丛，主要动植物类型有木本植物 64 科 229 种，草本植物 200 余种，鸟兽类 200 余种。主要产业为植树造林，防风固沙，减少自然灾害，为群众生产生活提供生态屏障和保障。有公路经此。

茌平县国有菜屯林场 371523-60-C02

[Chípíng Xiàn Guóyǒu Càitún Línchǎng]

属县林业局管辖。在县境西部。占地面积 119 公顷。因在菜屯镇境内，故名茌平县国有菜屯林场。1959 年 10 月建立。森林面积 1.03 平方千米，森林覆盖率 65%。场内木本植物 20 余种，草本植物 20 余种，鸟兽类 30 余种。林场气候宜人，空气含氧量高，负离子多，湿度大，空气质量优，为天然氧吧。主要产业是林木管理、苗木培育。804 省道、254 省道经此。

东阿县

灌区

六里灌区 371524-60-F01

[Liùlǐ Guànqū]

在东阿县东部。以所在村命名。1999 年开工，1999 年建成。长 1.5 千米，上口宽 9 米，下底宽 3 米，深度 2.2 米，平均流量 2 立方米 / 秒，建有农桥 2 座，水流入郭口西干渠。主要用于灌溉及排涝。通公交车。

渠道

新西干渠 371524-60-G01

[Xīnxī Gànqú]

在东阿县东部。自陈集镇起，至姚寨镇止。1985 年开工，2005 年竣工。长 7.7 千米，口宽 19 米，底宽 9 米，深度 2.5 米，平均流量 10.5 立方米 / 秒。该工程建设桥 15 座、涵洞 1 处、水闸 45 处。主要用于灌溉及排涝。通公交车。

南分干渠 371524-60-G02

[Nánfēn Gànqú]

在东阿县东部。自班滑河起，至兴屯支渠接口止。1958 年动工，同年竣工。2010 年修固衬砌。长 1.5 千米，宽 20 米，底宽 6 米，深 2.8 米，平均水流量 2 立方米 / 秒。主要用于灌溉及排涝。通公交车。

冠县

灌区

班庄灌区 371525-60-F01

[Bānzhuāng Guànqū]

在冠县西南部。因大部分在斜店乡班庄境内而得名。1958 年修建，1997 年改建成现状规模。设计灌溉面积 36 万亩。灌区在卫河上建有提水泵站 2 座，设计提水流量 20 立方米 / 秒，设计灌溉面积 36 万亩，有效灌溉面积 21.6 万亩。班庄泵站两处配有 12 台机组，装机 1855 千瓦。班庄泵站建站时间早，灌溉面积大，涵盖斜店乡、清泉街道、崇文街道、万善乡、梁堂乡、桑阿镇等乡镇。有公路经此。

乜村灌区 371525-60-F02

[Niècūn Guànqū]

在冠县西部。因在东古城镇乜村区域内而得名。1958 年修建，2005 年 7 月改建成现状规模。设计灌溉面积 14 万亩。灌区现有县营扬水站 1 座、灌溉骨干渠道 1 条、支渠 12 条。灌溉面积涵盖东古城镇、北馆陶镇等乡镇。有公路经此。

高唐县

林场

清平林场 371526-60-C01

[Qīngpíng Línchǎng]

国有林场。在高唐县西南部。总面积 15 573 亩，林地面积 13 500 亩。因在清平镇而得名。1959 年始建。林场以黑杨为主体，已形成乔、灌、藤、草、动物、微生物交互混生，多元化、多层次的森林体系。2000 年被定为国家级公益林区。322 省道经此。

渠道

引黄灌区一干渠 371526-60-G01

[Yǐnhuáng Guànqū 1 Gànqú]

在高唐县东南部。自姜店镇石庄村起，至琉璃寺镇姜寺村止。1958 年开工，同年建成。长 6.3 千米，宽 10 米。平均流量 3 立方米 / 秒，沿渠建有 1 座涵闸、8 座农桥。是高唐县引黄灌溉的主要引水渠道，对高唐东南部的农业灌溉起到重要作用。有公路经此。

引黄灌区二干渠 371526-60-G02

[Yǐnhuáng Guànqū 2 Gànqú]

在高唐县中部。自清平镇尹庄村起，至固河镇吴官屯村止。1958 年开工，同年竣工。长 31 千米，宽 20 米。平均流量 20 立方米 / 秒。沿渠建有 6 座涵闸、20 座农桥。是高唐县引黄灌溉的主要引水渠道，对高唐县的农业灌溉起到非常重要作用。有公路经此。

词目拼音音序索引

deng

di

dian

diao

ding

dong

dou

long

lou

lu

luan

lun

luo

lü

ma

mai

man

mao

mei

meng

mi

mian

miao

ming

mu

nan

wei

wen

wu

zhang

zhao